KB249241

한말 성리학의 거유

기정진

한말 성리학의 거유

기정진

박학래 지음

성균관대학교
출 판 부

| 머리말 |

　19세기를 지나 20세기로 이어지는 한말(韓末)은 우리 역사상 최대
의 변혁기였다. 도덕적 이상사회를 향한 성리학자들의 열망과는 달
리 19세기에 접어든 조선 사회는 지배층의 가혹한 수탈과 이에 따
른 백성들의 기의(起義)가 속출하며 말기적 병폐를 드러냈고, 이에
더하여 서양 제국과 일본의 통상 압력이 무력시위로까지 이어지면
서 서서히 세계 체제로 편입되고 있었다. 이 시기를 연상하면 대립,
반목, 갈등, 혼란, 무질서 등 결코 긍정적일 수 없는 단어만이 떠오
를 정도로 혼돈 그 자체였다. 조선의 전 시기에 걸쳐 변화의 소용돌
이가 잠잠하던 시기는 없었지만, 이 시기만큼 강도가 거세었던 시
기도 없었다고 하겠다. 이러한 시대 상황 하에서 한말 유학을 대표
하는 거유(巨儒)로 평가받는 노사(蘆沙) 기정진(奇正鎭)은 날카로운
현실 인식과 학문 연구를 통해 괄목할 만한 업적을 남겼다.

　조선 성리학 육대가(六大家) 중 한 학자, 혹은 근대 유학의 삼대
가(三大家) 중 한 사람으로 평가하는 것에서도 확인되듯이 기정진
은 성리학 이론에서 탁월한 업적을 남겼다. 경직된 학문 풍토 속
에서도 당대 학술에 대한 날카로움을 견지하는 등 기정진의 학문
적 관심과 태도는 실로 담대하였다. 당시 기호학계의 학술 풍토와
학문 전승에 대해 서슴없이 비판하며 논리 정연한 학문 체계를 구

축하였고, 전대(前代) 성리학의 유산을 치밀한 분석과 사색을 통해 재해석하여 논쟁의 지양점을 찾아나갔다.

또한 당시 국가 위기 상황에 대한 날카로운 분석과 대안 제시, 제국주의 침략에 맞선 실천적인 위정척사운동의 전개 등에서 드러나듯이 그가 보여준 실천 방면에서의 영향력 또한 자못 심대하였다. 특히 그는 당대 지배층에 대한 날선 비판을 서슴지 않았다. 무질서와 혼란의 원인을 당시 지배층에게 두고, 이를 개혁하기 위한 실천 가능한 방안을 제출하여 성리학적 가치의 실현에 몰두하였다.

여기에 그치지 않고 강학을 통해 문인제자를 배출하여 호남은 물론 영남에까지 그 학문적 영향력이 미쳤고, 그 문인제자들은 기정진의 학문과 삶을 온전히 계승하여 위난의 시대를 거치면서도 그 명맥을 유지하여 오늘에 이르고 있다. 영호남에 걸쳐 배출된 문인제자들의 영향력이 아직도 상존하고 있는 점에 비추어 볼 때 기정진의 학문과 실천 양 방면에서 거둔 성취는 오늘에까지 미친다고 해도 과언이 아니라 하겠다. 이런 점에서 기정진의 학문, 특히 체제 변혁기에 걸쳐 전 인생을 살다간 인생(人生) 역정(歷程)에서 드러나는 실천적인 삶의 모습은 박제화(剝製化)된 박물관의 유물이 아니라 오늘에도 살아 있는 지적 유산인 것이다.

본서는 이러한 기정진의 삶과 학문을 총 3부로 나누어 정리하였다. 제1부는 기정진의 시대와 생애를 검토한 것이다. 최근의 연구 성과를 반영하여 그의 생애를 보다 세밀하게 고찰하고자 하였고, 기정진과 그의 문인들을 호남 사림 형성기와 결부하여 그 의미를 찾아보았다. 제2부에서는 기정진의 학문세계를 서술하였다.
19세기 성리학계의 동향을 학파 분화와 이에 따른 논쟁의 확대에
두고 기정진의 학문을 조선 성리학 논쟁과 관련하여 서술하였다.
호락논쟁(湖洛論爭)·사칠논쟁(四七論爭)을 비롯하여 특징적인 리기
설(理氣說)을 전반적으로 검토하였고, 실천 지향적 위정척사사상과
운동도 서술하였다. 제3부에서는 기정진의 저작 중 의미 있는 몇
가지 저술을 골라 완역 내지 부분 번역하였다. 후대에 논쟁으로
비화된 「납량사의(納凉私議)」, 「외필(猥筆)」 등은 완역하여 사상체계
의 근간을 확인할 수 있도록 하였고, 「병인소(丙寅疏)」, 「임술의책
(壬戌擬策)」 등은 부분 번역하여 부족하나마 기정진의 생생한 목소
리를 전달하고자 하였다. 총 3부로 구성된 본서는 필자의 박사학
위 논문을 토대로, 이후 필자가 추가로 연구한 내용을 첨가하여
정리한 것이다. 그리고 최근 학계에 발표된 연구 성과도 참고하여
본서 집필에 적극 반영하였다. 하지만 기정진에 대한 학문과 삶을
온전하게 담아내기에는 부족하다는 것을 자인하지 않을 수 없음
을 고백한다.

　기정진에 대한 학계의 관심이 점차 확대되고 있고, 연구주제 또
한 넓어지고 있다. 특히 지방학에 대한 연구열이 고조됨에 따라 전
라지역을 중심으로 한 호남학에 대한 학자 및 지자체의 관심이 한
층 가열되고 있어 기정진뿐만 아니라 그의 문인제자를 포함한 호
남유학에 대한 연구가 활성화되고 있다. 본서도 이런 추세와 결부
하여 호남유학의 맥락 하에서도 기정진과 그의 제자문인의 위상을

고찰하는 데 주의를 기울였다. 하지만 아직 완정한 체계를 갖추지 못한 만큼 앞으로 이러한 관심이 더욱 제고되기를 기대한다.

본서가 나오기까지 적지 않은 분들의 도움을 받았음을 지면을 통해 밝히고 고마움을 전하고 싶다. 〈유학사상가 총서시리즈〉 발간 작업에 참여를 권유해주신 성균관대 최영진 교수님, 부족한 번역문을 꼼꼼히 검토해주신 장숙필 선배님, 그리고 동료 선후배들에게 감사를 드린다. 특히 책의 편집과 제작을 맡아 도움을 주신 성균관대 출판부 관계자 여러분께 감사드리며, 늘 바쁘다는 핑계로 함께 하는 시간을 자주 가지지 못하는 어여쁜 천사들 서희·현우·진희와 늘 남편에 대한 배려를 아끼지 않는 아내에게 미안함과 고마움을 동시에 전한다.

아무쪼록 본서가 주위 분들과 동료 학자, 그리고 독자들에게 유익한 책으로 기억되길 희망하며, 앞으로 보다 완비된 연구서 발간에 매진할 것을 다짐한다.

2007년 11월 22일
깊어가는 늦가을밤 미룡골에서
朴鶴來 적음

■ 머리말

제 **1** 부

기정진의 시대와 생애

제1장 시대적 배경

한말(韓末) 유학을 대표하는 성리학자 중 한 사람으로 손꼽히는 노사 기정진(蘆沙 奇正鎭)은 정조(正祖) 말년에 태어나 세도정치기인 순조(純祖) · 헌종(憲宗) · 철종(哲宗)을 거쳐 고종대(高宗代)에 생을 마감하였다. 이른바 '내우외환(內憂外患)'의 절정기였던 19세기를 고스란히 살다 간 그에게 있어 혼란과 무질서로 점철된 시대 문제는 삶에 그대로 투영되어 학문과 행동을 방향 짓는 밑바탕이 되었고, 그 또한 시대의 문제를 해결하기 위한 방안에 골몰하였다.

그가 활동했던 시기의 조선 사회는 전(前) 시대부터 표면화하기 시작하였던 성리학적 지배 질서의 이완과 이에 따른 혼란이 더욱 가중되면서 지배 체제의 모순이 극명히 드러난 조선 최대의 혼란기였다. 또한 이전 시기 한역(漢譯) 서학서(西學書)의 유입 등으로 인하여 일부 지식인층에게 그 실체가 드러난 천주교(天主敎)와 서양 자연과학의 영향이 보다 강화되었고, 심지어 신앙적 차원에서 천주교를 믿는 신자들이 나타나기도 하였다. 이에 더하여 이양선(異樣船)의 출몰이 가시화되면서 구체적인 통상 요구가 진행되던 시기이기도 하였다. 특히 간접적으로만 인식되었던 서양(西洋) 제국(諸國)이 천주교 탄압 등을 빌미로 무력시위를 감행하였고, 통상 요구를 구체화하면서 대외적 모순이 날로 격화되어가던 격변기였다.

정조 말년에 해당하는 1798년에 태어나 어린 시절부터 조선 사회의 말기적 병폐를 목도하며 시대의 혼란과 마주했던 기정진은 시대의 혼란을 극복하고자 하는 의식적 노력을 기울였고, 이에 대한 구체적인 대책을 제안하기도 하였다. 또한 그의 학문적 결실은 퇴계와 율곡 이후 제기된 여러 학술 논쟁을 인지하고, 이것을 비판적으로 계승·극복하고자 한 결과였고, 당대(當代)에 제기된 여러 성리 논쟁의 쟁점을 극복하려는 지향점이었으며, 동시에 시대 혼란을 극복하고자 하는 열망 하에서 제기된 위정척사(衛正斥邪)의 이론적 기반이기도 하였다. 따라서 기정진 학문의 배경이자 모태가 되었던 당대의 시대 상황을 검토하는 것은 그의 학문과 사상이 어떠한 배경에서 형성되었는가를 확인하는 밑거름이 된다고 하겠다.

1. 정치 사회적 배경

19세기에 접어들어 조선의 정국은 정조의 갑작스러운 죽음으로 인해 어린 순조에게 왕위가 계승되면서 이른바 '세도정치기(勢道政治期)'를 맞이하였다. 노론(老論) 정국 하에서 정쟁(政爭)이 지속되는 가운데에서도 정조는 탕평정치(蕩平政治)를 통해 왕권 강화를 꾀하는 한편, 새로운 사회 경제적 변동에 부응하여 정치를 일신하고 새로운 정책을 시행하고자 했지만, 결국 그 뜻을 이루지 못하고 어린 순조에게 왕위가 이어진 것이다.

순조가 등극한 후 정조의 개혁 정치는 어쩔 수 없이 일대 변화를 맞이하게 되었다. 영조(英祖)의 계비인 정순왕후(貞純王后)와 그녀를 등에 업은 경주(慶州) 김씨(金氏) 일파는 신유사옥(辛酉邪獄) 등을 통해 정국에 파란을 일으켰다. 그리고 요동쳤던 일련의 정국으로 인해 정조의 정책은 서서히 무너졌고, 오래지 않아 개혁의 물꼬는 닫히고 말았다. 정치의 주도권은 마침내 국왕에서 처족(妻族)·외척(外戚)에게 돌아가고 말았다. 풍양(豐壤) 조씨(趙氏)·안동(安東) 김씨(金氏) 등으로 이어지는 19세기 세도정치 정국은 그나마 이전 시기까지 조선 정치를 이끌었던 붕당(朋黨)정치의 이념조차 무너진 비정상적인 정치 체제를 의미하는 것이었다.

특정 가문과 벌열(閥閱) 등 소수 가문에게 정국 주도권이 집중되고, 이러한 체제가 이어지면서 일탈된 정치 체제에 저항하는 움직임도 서서히 드러나기 시작하였다. 그리고 급기야 1811년 홍경래(洪景來, 1771~1812)는 평안도 지역을 중심으로 새로운 세상을 꿈꾸며 변혁(變革)을 위한 변란을 일으켰다. 비록 관군(官軍)에 의해 진압되었지만, 백성들은 홍경래를 저항과 변혁의 상징으로 인식하였고, 그만큼 당시 체제에 대한 백성들의 불만은 컸고, 또한 끊이지 않았다.

당시 체제 모순은 수취 체제의 병폐(病弊)로 극명히 드러났다. 소수 가문에 집중된 권력 하에서 정상적인 관료 임용 통로인 과거제도(科擧制度)는 폐해(弊害)를 극명히 보여주었고, 과거제의 폐해에 따른 매관매직(賣官賣職) 등 부정한 관리 임용은 행정체계의 문란으로 이어졌다. 특히 지방 관리들의 무능과 부패, 그리고 이에 기생하는 토착세력인 서리(胥吏)들의 농간은 백성들의 삶을 막다른 골목으로 몰아갔다.

아울러 농업 생산력과 상품화폐 경제가 발달함에 따라 농민층이 급속히 분해되었고, 자영농민(自營農民)들의 몰락과 유민(流民)의 발생이 급속히 증가하는 가운데, 사회 변화에 맞추어 제반 제도를 개혁하지 못한 당시 사회제도와 체제는 모순을 잉태한 기반이기도 하였다. 이른바 '삼정문란(三政紊亂)'으로 일컬어지는 전정(田政), 군정(軍政), 환곡(還穀)에서의 모순은 국가 재정을 충당하는 수취 체제가 아니라 백성들의 고혈을 짜는 수탈 구조로 변모하고 있었던 것이었다. 이러한 수탈 구조 하에서 백성들은 곤궁한 삶조차도 꾸려나가기 어려웠고, 급기야 저항으로 이어져 농민기의(農民起義)로 표면화되었던 것이다.

기정진이 활동하던 호남(湖南)을 비롯하여 삼남(三南) 지방에서 발생한 백성들의 저항은 1862년 진주(晉州) 지역을 시작으로 전국적으로 확대되었다. 관아에 나아가 연명으로 호소하는 등 수탈 구조에 맞서 소극적으로 저항하던 백성들은 자신들이 요구한 폐단의 시정이 받아들여지지 않자 전면 봉기를 감행하였고, 급기야 농민들의 기의는 전라도, 경상도, 충청도 등으로 확대되었다. 그리고 농민뿐만 아니라 몰락한 양반까지 가세해 수취 체제를 둘러싼 대내적 혼란은 극에 달하였다.

농민들의 조직적인 저항을 불러일으킨 수취 체제의 모순과 함께 지배층을 형성하고 있었던 당시 사대부들의 기풍도 적지 않은 문제점을 노출하고 있었다. 이른바 양반과 유림(儒林)의 중심지였던 서원(書院)은 그 본연의 기능을 상실한 채 농민 수탈의 근거지로 변모하고 있었고, 이에 따라 사대부와 양반들이 건강한 사회 기풍을 조성하는 데에는 일정한 한계를 노정하고 있었다. 또한 부익부 빈익빈 현상으로 인해 호세가(豪勢家)들은 낭비와 무절제로 일관했고, 서양의 면포 등이 유입되어 시장 체제도 급속히 변화하고 있었다.

이렇듯 19세기 초중반에 이르는 조선 사회는 대내적으로 극심한 혼란에 처해 있었고, 이러한 모순과 혼란은 체제의 위기로까지 심화하고 있었다.

2. 대외적 모순의 심화

대내적 혼란에 더하여 서양 제국들의 무력시위와 통상 요구는 이전 시기보다 더욱 노골적으로 드러났다. 조선 사회가 대외 관계에 있어서 새로운 국면에 접어들기 시작한 것이다.

18세기 말 진산사건(珍山事件)으로 인해 최초의 사학교서(邪學敎書)가 내려지면서 성리학적 가치관과 규범의식에 대한 문제가 정치 문제로 떠오르면서 서양 및 서학에 대한 문제는 본격화되었다. 그리고 19세기에 접어들어서는 보다 본격적으로 서양과 그 학문적 체계가 조선 사회를 뒤흔들기 시작하였다.

앞서 밝힌대로 1801년의 신유사옥(辛酉邪獄)은 정치 세력의 변동을 가져왔을 뿐만 아니라 사학(邪學) 배척의 성격도 가지고 있었다. 그런 만큼 적어도 당시 조선 정국을 주도하는 세력은 척사(斥邪) 정신으로 무장하고 있었고, 국가정책도 이러한 연장선상에서 공고화되고 있었다.

하지만 조선 정부의 강력한 서학 탄압에도 불구하고 서양 신부들의 잠입과 이에 따른 서교(西敎), 즉 천주교 교세 확장은 가속화되었고, 이러한 움직임은 체제 위협의 요소로 이해되기도 하였다.[1] 이에 따라 기해사옥(己亥邪獄, 1839)이 발생하였고, 이어 척사윤음(斥邪綸音)이 반포되기에 이르렀다. 풍양 조씨 세도가들에 의해 주도된 척사윤음은 성리학적 가치 질서에 대한 재공고화이자 조선 정부의 서양에 대한 기본 정책의 천명이었다.

천주교를 금압(禁壓)하는 정책이 계속되었지만 천주교의 확산은 지속적으로 이루어졌다. 조선인 최초의 신부인 김대건(金大建, 1822~1846)이 귀국한 것을 비롯하여 프랑스 신부들의 활동이 더욱 확대되었다. 여기에 더하여 이양선 출몰이 거듭되는 가운데, 특히 프랑스 함대는 거듭된 천주교 박해에 항의하는 국서(國書)를 보내오기도 하였다. 독일 상인 옵페르트의 통상 요구, 미국 상선 제너럴셔먼 호 사건 등 잇단 이양선 출몰과 통상 요구에 대해 조선은 강력한 방어 태세를 유지하면서 거부로 일관했다. 급기야 1866년 프랑스 신부 처형에 항의하던 프랑스 함대가 강화도를 점령하여 외규장각의 주요 전적을 약탈하고 불태우는 병인양요(丙寅洋擾)가 발생하였다. 제국주의의 만행을 여실히 보여준 이 사건이 발생하자 조선은 강력한 대응 태세를 통해 프랑스 함대를 퇴각시키며 강한 척사 의식을 대내외에 보여주었다.

---

1 정옥자, 「19세기 척사론의 역사적 위상」, 『한국학보』 78, 152쪽.

　　병인양요 이후 척사 의식이 유림계의 대세를 이룬 가운데 1871년 신미양요(辛未洋擾)가 발생하였다. 홍선대원군의 아버지인 남연군(南延君) 묘지 도굴사건에 이어 발생한 이 사건은 천주교의 전파를 위한 것이었다기보다는 개항을 통한 통상을 목적으로 한 것이었다. 다시 말해 미국이 제너럴셔먼 호 사건에 대한 응징과 조선과의 통상 관계 수립을 목적으로 군함을 이끌고 강화도를 침략한 것이다. 위협적인 외교수단을 통해 개항을 이루려던 미국은 조선 정부의 강경한 쇄국정책과 저항에 밀려 퇴각하였고, 조선은 이 사건을 계기로 전국 각지에 척화비(斥和碑)를 세우고 쇄국정책을 더욱 강화하였다.

　　하지만 쇄국정책을 주도했던 홍선대원군이 1873년 하야(下野)하고, 명분상 고종의 친정체제가 구축되면서 쇄국정책은 개화정책으로 선회하였다. 그리고 이러한 정책 전환의 이면에는 명성황후(明成皇后, 1851~1895)와 그녀를 등에 업은 척족 세력이 자리하고 있었다.

　　더이상 쇄국정책을 고수할 수 없다는 상황 판단에 따라 대외정책이 변화되는 틈을 타 일본은 끈질긴 무력시위를 통해 개항 요구를 관철시켜, 마침내 1876년 병자수호조약(丙子修好條約)을 체결하였다. 일본의 정치 경제적 영향력을 조선 사회에 확대·심화하려는 의도가 다분히 반영된 이 조약을 통해 조선은 본격적인 개항의 길로 접어들게 되었고, 이후 정치적 격변과 혼란이 이어지는 가운데 속속 서양 제국과 통상조약을 맺게 되었다. 그리고 조선은 일본과 서양 세력의 각축장이 되어 대외적 모순을 극명하게 드러냈다.

　　서양 제국과 일본의 끊임없는 무력시위와 개항 요구를 통해 진행된 대외적 모순의 심화는 조선 지식인의 새로운 대응을 요구하였다. 종래의 가치 체계에 대한 이해를 바탕으로 화이관(華夷觀)에 입각한 전통 유학자들은 위정척사 사상(衛正斥邪思想)을 공고히 하면서 실천적 지향을 표면화하였고, 18세기 북학파 학자들을 계승한 일단의 지식인은 개화파(開化派)로 자정(自定)하면서 정국의 주도권을 가늠하고

자 하였다. 위정척사, 즉 쇄국과 개화로 대별되는 지식인들의 대립은 학문과 정치적인 측면에 전반적인 반목 현상을 드러냈다. 더구나 전통적인 성리학적 가치관에 입각했던 성리학자 내부에서도 대외적 모순에 대처하는 방법과 지향을 두고 갈등이 빚어지는 등 대내적 혼란에 거듭된 대외적 모순의 가중은 19세기를 특징짓는 시대 상황으로 자리하게 되었다.

3. 사상적 배경

19세기 조선의 성리학계, 특히 기호학계는 이전 시기부터 인물성동이(人物性同異)·미발심체유선악(未發心體有善惡)·성범심동이(聖凡心同異)·명덕분수(明德分殊) 등 다양한 주제를 두고 본격적인 논변이 진행되었던 호락논쟁(湖洛論爭)의 영향 하에 놓여 있었다. 주자성리학 절대화 현상 속에서 제기된 18세기의 호락논쟁은 침체된 당시 학계에 새로운 활력소가 되기도 하였지만, 19세기에 접어들어 정치적 입장과 맞물리면서 학계의 갈등과 반목을 낳는 원인이 되기도 하였다. 호론(湖論)과 낙론(洛論)에 대해 각자의 입장에서 시비(是非)를 가리고, 당쟁의 도구로 삼는 등 호락 양론의 후학들은 앞선 시기의 학자들에 대해 자기의 입장에서 악의적인 비판을 서슴지 않았다. 그만큼 논쟁의 말폐(末廢)가 드러나고 있었던 것이다.[2]

호락 양론의 극심한 대립 속에서도 양론을 비판적으로 극복하고자 하는 노력 또한 진행되었다. 당시 기호학계의 중심인물 중 한 사람이었던 이지수(重山齋 李趾秀, 1779~1842)와 송시열(宋時烈)의 가학을 계승

---

2 19세기에 접어들어 빚어진 호락논쟁의 대립 양상에 대해서는 노관범, 「19세기 후반 호서산림의 위상과 '정학' 운동—연재 송병선(1836-1905)을 중심으로」, 『한국사론』 38, 1997 참조.

한 송병선(淵齋 宋秉璿, 1836~1905) 등에 의해 진행된 이 흐름은 호락 양론의 지양과 극복을 통해 당시 사상계의 반목과 질시를 해소하고자 하는 노력이었고, 나아가 사상계의 분열이 국가의 위기를 초래할 수 있다는 염려에서 비롯된 것이었다. 이러한 일련의 흐름 속에서도 호락 양론은 각각의 입장에서 자신의 학설을 고수하려는 경향이 더욱 심화되어 갈등이 쉽게 해소되지 않았다. 하지만 이러한 노력은 성공적으로 학계의 흐름을 주도하지는 못했지만, 기호학계의 자기 반성적 입장을 드러내는 등 일정한 성과를 거두기도 하였다.

한편, 호락논쟁 이외에도 기호학계 내부에서는 이항로(華西 李恒老, 1792~1868)과 그의 문인인 김평묵(重菴 金平默, 1819~1891), 유중교(省齋 柳重敎, 1832~1893) 등을 중심으로 심설(心說)에 대한 논변이 제기되기도 하였다. 그리고 이 논의는 임헌회(鼓山 任憲晦, 1811~1876)와 전우(艮齋 田愚, 1841~1922)에게까지 파급되어 이항로 문인 내부는 물론, 홍직필(梅山 洪直弼, 1776~1852)로부터 연원하는 임헌회 및 전우 계열 문인들 사이에서도 핵심적인 논변 주제 중 하나로 부각되었다.

이러한 19세기 기호학파의 흐름은 이전 시기와는 뚜렷이 구분되는 학계 지형도를 형성하는 하나의 원인이 되었다. 조선 후기 정권을 장악한 노론 학계는 호락논쟁을 통해 일단의 분화가 진행된 가운데, 19세기에 접어들어 세도정권이 자리 잡은 후부터 학계도 경향(京鄉) 분리 현상이 뚜렷해지고 있었다. 이전의 성리학 위주 학맥과는 일정 정도 차별화된 학풍이 서울을 중심으로 한 지역에 자리한 가운데, 기호학계는 다양한 학맥에 연원하는 여러 학파들의 분립되는 양상을 보였다.[3] 율곡으로부터 이어지는 학맥에 대한 계승을 바탕으로 각기 뚜렷한 학문적 성취를 이룬 학자를 중심으로 문인 집단이 형성되어 하나의 학파로 분립하는 현상이 확연해졌다. 기정진을 중심으로 한 노

---

3 고영진, 「기정진학파의 학통과 사상적 특성」, 『대동문화연구』 39, 2001 참조.

사학파(蘆沙學派)는 물론이고, 이항로를 중심으로 한 화서학파(華西學派), 당대 산림으로 학문적으로나 정치적으로 뚜렷한 위상을 가진 송병선 중심의 연재학파(淵齋學派), 오희상(老洲 吳熙常, 1763~1833)을 계승한 낙론 계열의 유신환(鳳棲 兪莘煥, 1801~1859)을 중심으로 한 봉서학파(鳳棲學派), 박세화(毅堂 朴世和, 1834~1910)를 정점으로 하는 의당학파(毅堂學派), 임헌회에 이어 뚜렷한 학문적 성취를 이룬 전우(田愚) 중심의 간재학파(艮齋學派) 등 다양한 학파가 병립되어 있었다. 이러한 학파의 분립 현상은 기호학계 뿐만 아니라 영남학계도 마찬가지였다.[4]

　다양한 학파의 분립이라는 성리학계의 지형 변화는 단순히 문인 집단의 분화 현상이 이전 시기보다 뚜렷이 드러났다는 의미뿐만 아니라 전대(前代) 성리학에 대한 이해와 계승에 있어서 다양한 입장이 반영된 결과이기도 하였다. 퇴계와 율곡 이후 성리학적 입장에 따라 크게 기호학파와 영남학파로 구별되었던 조선 성리학계가 정치적 이해와 학설 계승의 입장차, 그리고 학파 내 주도권을 둘러싸고 분화의 조짐이 드러난 이래, 19세기에 들어와 그 조짐이 보다 현실로 분명하게 드러난 것이다. 동시에 사단칠정(四端七情)논쟁, 호락논쟁 등에서 제기된 여러 논쟁점에 대한 상이한 이해가 결과한 것이었다. 리기호발설(理氣互發說)을 부정하고 기발리승(氣發理乘)만을 긍정하는 전제 위에서 심시기(心是氣)를 적극 수용하는 연재학파와 간재학파 등 정통 율곡 계열의 학파가 존재했는가 하면, 이와는 구별되게 화서학파 등은 기에 대한 리의 적극적인 주재를 기본으로 리 중심의 이론 체계를 수립하여 심시기를 비판적으로 계승하였다. 특히 기호학계 내에서는

4　영남학파 내에서도 유치명(定齋 柳致明, 1777~1861), 이진상(寒洲 李震相, 1818~1886), 장복추(四未軒 張福樞, 1815~1900), 허전(性齋 許傳, 1797~1886) 등과 같은 중심인물에 의해 개별적인 학파 형성이 이루어지고, 이진상이 심즉리(心卽理)를 제기한 것과 같이 특징적인 성리설이 제기됨에 따라 학문적 독자성을 가진 문인집단이 형성되었다. 한말 성리학계의 학파 분화에 대해서는 금장태·고광직, 『유학근백년』(박영사, 1984) 등 참조.

리기(理氣)에 대한 가치론적 이해를 바탕으로 리(理)의 주재성을 강화하는 리 중심의 리기론이 제기되어, 사단칠정 및 인물성동이, 그리고 심(心) 등에 대한 리 중심의 입장이 제기됨에 따라 학파별 분화는 학문적 입장 차이로 뚜렷하게 대별되었다.

이렇듯 19세기 기호학계는 율곡의 성리설을 연원으로 하면서도 각기 상이한 계승점이 드러나고, 이러한 상이한 학문적 입장이 주자성리학에 대한 면밀한 검토와 결부되면서 자기 나름의 학설이 제시되어 학파의 분화는 성리설의 분화라는 학문적 특징을 띠게 되었다. 그리고 상이한 학문적 입장은 학파 간 논쟁으로 이어져 조선 성리학을 종결짓는 대단원의 학술 논쟁을 심화시켰다. 영남학파도 기호학파와 비슷한 양상을 띠며 학파의 분화가 이루어져, 19세기에 접어든 조선 성리학계는 다양한 학파의 분립 속에서 전대 성리학에 대한 새로운 이해와 이에 따른 학설 수립이 이루어짐에 따라 이전과 다른 학문적 풍토가 전개되었고, 학파 간 논쟁이 이어지면서 대립과 연대가 동시에 이루어지기도 하였다.

여기에 더하여 정통 성리학과는 차별화된 학문 경향도 제기되어 또 다른 갈등 양상을 드러내기도 하였다. 조선 후기에 접어들어 정통 성리학에 대한 비판과 함께 새로운 학문적 경향성을 띠고 제기된 실학적 학풍은 19세기에 이르러서도 분명한 학적 기반을 갖추고 영향력을 확대해가고 있었다. 정약용(茶山 丁若鏞, 1762~1836)을 위시한 성호학파의 실학적 학문과 낙론을 비판적으로 계승한 북학 계열의 학문은 정통 성리학과는 차별화된 면모를 보였고, 뒤이어 서양과의 화의(和議)를 주장하는 일련의 지배층들인 개화론자들도 역사의 전면(前面)으로 부상하고 있었다. 특히 개화파들은 서양 세력의 통상 요구에 대해 전향적인 생각을 가지고 자신의 입장을 피력하였고, 이들의 이러한 정향(定向)은 기존 성리학적 가치관에 입각한 기호계열 학자들과 극심한 대립을 내포하고 있었다.

19세기 중엽 이후 조선 사상계는 성리학적 가치 질서와 이에 기반한 봉건 지배 질서 체제를 옹호하는 전통 성리학자와 이에 반하여 서양 학문에 대해 긍정적인 시선을 보내며 새로운 질서를 모색하는 개화파로 나뉘어 뚜렷한 대립 양상을 띠고 있었다. 이러한 구도 하에서 전통적인 화이(華夷) 관념에 입각하여 철저한 척사(斥邪) 의식을 가지고 있었던 당시 성리학자들은 대외적인 상황의 변화에 민감하게 대처하면서 서양 학문에 대한 비판적 의식을 강화하여 개화파들의 문제점을 드러내고 성리학적 가치를 재공고해야 할 과제를 가지게 되었던 것이다.

이른바 '위정척사'로 불리는 19세기 전통 성리학자들의 학문은 비록 리기심성론을 비롯한 성리설에서는 분화의 양상을 보였지만, 개화 논의에 대해서는 강한 반대 의지를 피력하며 분명한 자기 정체성을 확립하고자 하였다. 정도와 방향에서는 일정한 차이가 드러나지만, 전통 성리학자들 저변에는 성리학적 가치와 지배 체제에 대한 강한 신념이 자리하고 있었고, 서양의 가치관과 개화 논의에 대해 뚜렷한 분별 의식을 가지고 비판적 태도를 가졌던 것이다.

이렇듯 19세기 성리학은 사상적으로 다양한 학문적 입장이 제기되는 가운데 학파 분화 현상이 뚜렷해지고, 학파의 다기화(多岐化) 현상은 학문적 경향의 차별화로 드러나 특정 학설에 대한 논쟁이 지속적으로 제기되는 등 성리학계의 논의 활성화로 나타났다. 그리고 이러한 학파 간 논쟁은 조선 성리학의 이론적 심화로 이어져 결국 조선 성리학을 마감하는 데에 이르게 되었다. 또한 시대 상황과 맞물려 이들에게 부과된 사상적 과제는 안으로는 대내적 혼란을 치유하는 대책의 강구와 더불어 서양 학문과 일단의 개화 논의에 대한 대처로 드러났다. 다시 말해 전통적인 성리학적 이념에 근거하여 화이(華夷) 의식을 현실화하고, 성리학적 가치관을 온존시키는 것이 이들에게 부과된 또 다른 과제였던 셈이다.

    기정진은 이러한 사상적 상황 속에서 현실을 외면하거나 사상적 대립에서 피해가지 않고, 정주학적 세계관에 입각하여 사상적 과제를 해결하는 데 지속적인 관심을 기울였다. 그 결과 조선 성리학 6대가 중 한 사람으로 평가받을 만큼 특징적인 학문을 정립하게 되었던 것이다.

제2장 가계

　기정진(蘆沙 奇正鎭)은 한말 유학을 대표하는 성리학자이다. 일찍이 현상윤(玄相允)이 『조선유학사(朝鮮儒學史)』에서 조선 성리학을 대표하는 6명의 학자 중 한 사람으로 그를 손꼽을 정도로 성리학에 대한 이해가 깊었고, 리(理)를 중심으로 하는 특징적인 성리설을 제기하여 당대부터 그의 활동지였던 호남(湖南)뿐만 아니라 영남 등 전국적으로 명망을 받은 학자였다. 특히 그는 삼정문란(三政紊亂)으로 특징지워지는 대내적 모순과 서구 제국의 통상 압력으로 대표되는 대외적 혼란에 맞서 위정척사(衛正斥邪)의 기치를 높이 들고 실천적인 지향성을 뚜렷이 보여주어 일찍부터 이론과 실천 양면에서 뚜렷한 자취를 남긴 학자로 평가받았다.

　18세기가 저물고 19세기의 여명이 밝아오는 정조 22년(1798), 기정진은 부친 기재우(奇在祐, 1769~1815, 뒷날 吏曹參判으로 贈職)와 모친 안동(安東) 권씨(權氏) 사이에서 태어났는데, 태어난 곳은 현재 전라북도 순창군 복흥면 동산리(舊지명은 槽洞)이다. 그가 이곳에서 유년시절을 보내게 된 것은 부친이 형편이 어려워 그가 태어나기 3개월 전에 이 지역으로 이거하였기 때문이었다. 그는 이곳에서 부친과 모친이 연이어 사망한 후 18세 때인 1816년, 부친의 유명에 따라 선대의 고향인 전라남도 장성 하남으로 이거하기 전까지 살면서 학문에 정진하였다.

　그가 생애를 보낸 지역은 장성을 중심으로 한 호남 지역에 한정된다. 비록 전국적인 명망이 있어 호남을 위시하여 영남과 충청 지역의 학자들이 그를 찾아와 수많은 제자들이 배출되었지만, 그는 장성의 여러 곳을 전전하며 학문과 강학에 몰두하였다. 그가 장성에 정착하여 평생을 보내게 된 까닭은 그의 선조와 깊은 연관이 있고, 또한 그의 처가 등 인적 관계가 이 지역을 기반으로 하면서 그의 학문적 영향력을 심화·확대하는 데 역할을 하였기 때문이었다.

1. 호남의 대표적인 가문 출신

기정진의 관향은 행주(幸州)이다. 시조는 고려(高麗) 평장사(平章事)를 지낸 기순우(奇純佑)이다. 행주 기씨 가문은 대대로 현달한 인물을 많이 배출한 걸출한 집안 중 하나였다. 행주 기씨는 조선에 접어들어 세종과 문종 때의 명신(名臣)으로 판중추원사(判中樞院事)에 오르고 청백리에 수록되기도 한 기건(奇虔, ?~1460)을 배출하였고, 대대로 관향인 행주 지역(지금의 경기도 고양)에 살았다.

사화기(士禍期)에 접어들어 기묘사화로 인해 조광조(靜庵 趙光祖, 1482~1519)가 전라도 능주로 유배되자, 기묘명현(己卯名賢)의 한 사람으로 손꼽히는 기정진의 선조인 기준(服齋 奇遵, 1492~1521)은 김식(金湜)·김정(金淨) 등과 함께 유배형을 받았고, 이어 신사무옥(辛巳誣獄)이 터져 유배지에서 교살되었다. 이렇게 화를 입게 되자 그의 둘째 형인 기원(奇遠)과 넷째 형인 기진(奇進)은 함께 전라도 광주로 낙남(落南)하게 되었고, 대대로 호남 지역에 세거하게 되었다.[1]

기정진의 직계 선조는 아니지만 기진의 넷째 아들이 이황(退溪 李滉, 1501~1570)과 더불어 사단칠정(四端七情)논쟁을 벌였던 기대승(高峰 奇大升, 1527~1572)이다. 사림 정신을 이어받아 벼슬에 나아가서도 강직한 기개를 떨치기도 하였던 기대승은 학문에 있어서도 남다른 의욕을

---

1 기정진의 가계에 대한 내용은 기정진의 행장과 묘갈명을 비롯하여 최근 발표된 김봉곤의 박사학위 논문인 「노사학파의 형성과 활동」(한국학중앙연구원 박사학위 논문, 2007. 8)을 참고하였음.

보여 당시 호남의 거유였던 김인후(河西 金麟厚, 1510~1560), 이항(一齋 李恒, 1499~1576) 등과 교유하면서 태극을 비롯한 여러 성리학적 주제에 대해 논의하였다. 특히 그는 정지운(秋巒 鄭之雲, 1509~1561)의 「천명도설(天命圖說)」에 대한 퇴계의 논의에 대해 편지를 내어 질정하여 조선 성리학의 최대 논쟁인 '사단칠정논쟁'을 이끌었고, 이를 통해 조선 성리학의 향방을 가늠하는 데 적지 않은 영향을 미쳤다. 행주 기씨 집안은 바로 기대승을 계기로 호남의 명문 집안으로 발돋움하였고, 그로 말미암아 가학(家學)의 전통이 수립되었다.[2]

한편, 기정진의 10대조인 기원(奇遠) 가계에서는 호남의 대표적인 문인 중 한 사람인 기효간(錦江 奇孝諫, 1539~1593)이 배출되면서 호남 지역에서 두각을 나타내었다.[3] 김인후・이항의 문인이었던 그는 기대승의 문하에도 출입하면서 일생 벼슬길에 나아가지 않고 학문에만 전념하였고, 후진 양성에 주력하여 호남의 은덕군자(隱德君子)로 불렸다. 특히 그는 임진왜란이 일어나자 장성 남문에서 창의(倡義)하여 크게 승리를 거두었고, 진주성 전투에도 참가하여 추후 선무원종공신(宣武原從功臣)에 봉해지기도 하였다.

이후 4대를 내려와 기정진의 5대조인 기정익(松巖 奇挺翼, 1627~1690)은 송시열(尤庵 宋時烈, 1607~1689)의 문하에 출입하였고, 학행이 뛰어나 참봉(參奉)에 제수되었으나 나아가지 않았다고 한다. 하지만 송시열의 문인으로 자정함에 따라 기정진 집안이 노론 가문으로 자리 잡는 데 결정적인 역할을 담당하였다. 기정진 대의 송시열 가문과의 긴밀한

---

2 기대승의 학문이 가학적 전통으로 수립된 것은 기정진 대에서도 확인된다. 기정진은 명시적으로 기대승의 학문을 계승한다고 하지는 않았지만, 문인들에게 항상 기대승과 이황의 사칠논변서(四七論辨書)를 읽혔다. 그리고 그의 사단칠정에 대한 견해도 기대승의 그것과 유사한 측면이 다분하다고 할 수 있다.

3 기정진은 그의 나이 28세 때 당시 학계의 중심 인물이었던 김매순(金邁淳)에게 기효간의 묘문(墓文)을 받아내는 등 각별한 애정을 가지고 있었다.(『蘆沙先生文集』 부록 卷1, 10b, 「年譜」 참조)

관계는 기정익 대에 이루어진 사제 관계와 이후 이루어진 교유에 힘입은 것이었다.

한편, 기정진의 직계 조상을 살펴보면, 그의 5대조인 기정익의 형인 기정하(奇挺夏)의 아들 기형(奇泂)이 아들을 두지 못해 기정익의 셋째 아들 기식(奇湜)이 낳은 기종상(奇宗相)을 입양하였는데, 그가 바로 기정진의 증조부가 된다. 처음에 행의(行義)가 있어 동몽교관(童蒙敎官)에 증직되었다가 뒤에 사복시정(司僕寺正)이 가증(加贈)되었는데, 그의 대(代)에 와서 가문이 크게 번성하였다고 한다. 그는 슬하에 기태온(奇泰溫)·기태량(奇泰良)·기태공(奇泰恭)·기태검(奇泰儉) 등 아들 넷을 두었는데, 그 중 둘째인 기태량(1749~1769)이 기정진의 조부이다.

기정진의 조부모는 일찍 사망하였고, 그의 어린 아들인 기정진의 부친 기재우(奇在祐, 1769~1815)와 두 딸은 백부인 기태온이 양육하였다고 한다. 그의 부친인 기재우는 백부의 보살핌 속에서 학문에 정진하였으나 과거에는 급제하지 못하였다. 그리고 남원의 사족인 권덕언(權德彦)의 딸과 혼인하여 장성군 서이면 소곡리에 거주하다가 흉변(凶變)이 거듭되자 1798년 3월 전북 순창군 복흥면 조동으로 이주하였다.

부친 대에 이르러 기정진의 집안은 그리 넉넉한 편은 아니었다고 전해진다. 집안에 노비가 1명에 불과할 정도로 영세한 형편이었다는 것이다. 하지만 기정진의 부친은 어려서 부모를 여의고 입신양명(立身揚名)에 뜻을 두었지만, 기정진을 낳고 나서 곧 '나의 일은 의탁할 곳이 있다'면서 과거에 응시할 것을 포기하였다고 한다. 그리고 자식 교육에 매달려 기정진의 학문적 성취에 온 힘을 기울였다. 자식에게거는 기대가 남달라 학문에 정진하도록 배려하였고, 그 결과 기정진 대에 이르러 그의 가문은 크게 번성할 수 있게 되었다.

기정진이 학문적 성취를 이루고 번성하게 된 이면에는 그가 활동하던 시기에 그의 친가 집안이 적지 않은 숫자의 현달한 인물을 배출

노사 경모비
(장성군 진원초등학교 소재)

할 정도로 유력 가문으로 성장한 것이 한 요인이었다. 선대에 이미
기대승, 기효간 등 출중한 학자를 배출하고 명망 있는 가문으로 자리
잡고 있었지만, 순조 대부터 철종 대에 이르는 이른바 세도정치기(勢
道政治期)에 이르러서는 그의 집안 인물 가운데 문과급제자 2명을 포
함하여 생원진사시에 입격한 인물이 10여 명이나 배출될 정도로 그
의 가계는 호남 지역 내에서 비중 있는 위치를 차지하고 있었다. 더
구나 기정진 당대 문과 급제자를 비롯하여 영향력을 갖춘 인물들이
모두 기정진과 8촌 이내의 친척이었을 만큼 그의 가문은 장성을 위
시한 호남의 유력 가문으로 자리 잡고 있었다.

이러한 당대의 친계 모습은 선대로부터 내려오는 가학적 연원과
더불어 증조부 대에 이르러 재정적으로도 안정을 가지게 되었던 것
에 힘입은 것이라 하겠다. 그리고 학문적으로는 기대승에 의해 이루
어진 가학적 풍모가 이어지면서 호남을 대표하는 학문적 중심 가문
으로 자리잡은 것이라 하겠다.

2. 혼맥(昏脈)을 통한 인적 기반 확충

기정진이 호남뿐만 아니라 전국적으로 학문적 명성을 가지게 된 이면에는 그의 탁월한 학문적 식견과 선대로부터 이어진 가학의 영향도 어느 정도 역할을 하였지만, 혼맥(婚脈)을 통한 직간접적인 인적 네트워크가 형성되었던 것도 하나의 기반으로 작용하였다고 볼 수 있다. 그의 가계는 16세기에 기대승이라는 탁월한 인물을 배출하였지만, 이후 전국적으로 주목받은 인물이 나오지 않았고, 비록 호남 지역 내에서는 명망 있는 가문으로 평가받고 있기는 하였지만, 전국적인 가문으로까지는 부상하지는 않고 있었다. 더구나 기정진은 특정한 스승 밑에서 학문 수업을 받지 않았고, 뚜렷한 사승 관계가 없었다는 점에서 그의 학문적 정치적 영향력이 호남을 넘어 전국적인 주목을 받은 데에는 그가 전대(前代) 및 당대(當代)에 구축한 인적 네트워크가 작용한 것이라 할 수 있고, 그 인적 네트워크는 혼맥을 통해 인맥이 형성되고 확충되었다는 점에 주목해야 할 필요가 있다고 하겠다.

후술하겠지만 기정진은 14세 되던 1815년 김인후의 후손인 진사(進士) 김의휴(金宜休, 1771~1833)의 딸과 혼인하였다. 그가 김인후 집안과 혼인하게 된 데에는 그의 집안이 일찍부터 울산 김씨 집안과 혼맥을 쌓아온 것도 하나의 원인이 되지만, 직접적인 원인은 어려서부터 그의 자질을 높게 평가하고 주목했던 하서 집안의 주요 인물 중 한 사람인 김장환(金章煥, 1761~1835) 때문이었다. 기정진의 학문적 탁월성과 천재성에 주목하여 일찍부터 그를 높게 평가한 김장환의 배려로 당시 장성 맥동에서 경제적 기반을 갖추고 있었던 김의휴 집안과 혼맥을 맺게 됨으로써, 기정진은 학문에 정진할 수 있는 안정적인 기반을 마련함과 동시에 자신의 인맥을 확대할 수 있는 기초를 갖추게 되었다. 왜냐하면 당시 김의휴 집안을 비롯한 하서 가문은 당시 전국적인 명망을 갖춘 호남의 대표 가문으로 평가받고 있었기 때문이다.

하서 집안이 전국적인 명문으로 부상하게 된 결정적 계기는 1796년 김인후가 문묘(文廟)에 종사되었기 때문이었다. 문묘종사를 계기로 하서 집안은 전국적인 명망을 갖춘 가문으로 자리 잡았고, 호남은 물론 전국적인 유력 가문과 직간접적인 관계를 맺게 되었다. 특히 김인후를 종향한 필암서원(筆巖書院)의 원장을 집권 노론계열에서 지속적으로 맡았던 것에서도 하서 집안의 위상을 확인할 수 있다. 18세기 이후 김원행(金元行), 김이안(金履安), 김종수(金鍾秀), 심환지(沈煥之), 홍직필(洪直弼) 등 당대를 대표하는 노론계 학자들이 연이어 필암서원의 원장직을 맡았다는 것은 그만큼 김인후와 그의 가문이 전국적인 명망 가문으로 굳건하게 자리잡고 있음을 보여주는 사례인 것이다.[4] 그리고 이러한 전국적인 처가 가문의 위상과 김인후의 학문적 위상이 결혼을 통해 기정진에게 고스란히 이어지게 되어 그가 성장할 수 있는 배경으로 작용하게 되었던 것이다.[5]

이렇듯 기정진은 김인후 가문을 통해 호남을 비롯하여 충청과 영남의 주요 가문과 깊은 유대를 가질 수 있는 토대를 마련하게 되었다. 김인후 가문은 18세기 후반 이후 호남에서는 정철 가문을 비롯하여 이유태 가문, 고경명 가문 등과 혼맥을 맺었고, 영남 지역에서는 정여창 가문, 충청 지역에서는 송시열 가문 등과 혼인 관계를 유지하고 있었다.[6] 그리고 이러한 가문과의 연계는 기정진의 학문이 성숙된 이후, 그의 학문적 영향력을 확대하는 데 주요 토대로 작용하였다.[7]

---

4 필암서원과 관련된 내용은 윤희면, 「전라도 장성 필암서원의 정치사회적 기능」, 『역사학연구』, 호남사학회, 2001 참조.
5 기정진은 자신의 문인들에게 학문을 전수할 때 자신의 선조인 기대승의 문집뿐만 아니라 김인후의 문학 작품을 열람하도록 하는 등 관심을 기울였다. 그리고 낙론계 학자인 도암 이재(陶庵 李縡, 1680~1746)에 대한 관심도 표명하였다. (趙性家, 『月皐先生文集』卷, 「沙上日記」 참조.)
6 김인후 가문의 자세한 혼인 관계에 대해서는 김봉곤, 「노사 기정진의 교유관계와 인맥」, 『조선시대의 사상과 문화』4, 집문당, 2003 참조.
7 정철, 고경명 가문의 자손들 중에서 추후 기정진의 문인으로 입문하는 자가 적지 않

고산서원(전남 장성군 진원면 진원리 소재)

3. 후손들의 학문 계승과 활동

기정진 당대부터 호남 지역의 유력 가문으로 성장한 행주 기씨 집안은 기정진을 정점으로 호남은 물론 전국적으로 유력한 인사들을 적지 않게 배출하였다. 그만큼 기정진의 영향력이 컸던 것이다. 하지만 기정진은 잦은 병치레와 경제적 어려움 속에서 아들 만연(晩衍)과 장손 우기(宇蘷)가 자신보다 먼저 사망하는 등 가정적으로 불우한 측면도 가지고 있었다.[8]

그는 부인인 울산 김씨와의 사이에 1남 1녀를 낳았는데, 아들은 만

왔고, 정여창 가문을 통해 기정진은 영남 지역에도 다수의 문인을 배출하였다.

8 기정진의 외아들인 만연은 순조 19년인 1819년에 태어나 병자수호조약이 체결되던 1876년에 사망하였다. 그는 기정진이 「임술의책(壬戌擬策)」은 과거시험을 보는 것처럼 이름을 쓰는 것과 같다고 하여 불사르라고 하였으나, 개인적으로 소장하여 훗날 이 대책이 알려지게 하였다.

연이고, 사위는 정호(鄭濩)이다. 정호는 정철 가문의 후손으로, 고산서원에 배향된 기정진의 문인인 김록휴(金祿休)의 처(妻)와 8촌간이다.

아들 만연은 슬하에 아들 다섯을 두었다. 기정진의 다섯 손자는 우기(宇夔), 우번(宇蕃), 우만(宇萬), 우몽(宇蒙), 우업(宇業)이다. 안타깝게도 장손인 우기는 기정진 생전에 먼저 사망하였고, 이런 안타까움을 마주하고 기정진은 직접 묘지명을 써 슬픔을 달래기도 하였다.[9] 그리고 장손 우기는 슬하에 딸만 두어 막내 손자인 우업의 아들 춘도(春度)를 양자로 삼았고, 사위는 박영학(朴泳學)이다. 둘째 손자 우번의 아들은 준도(準度)이고, 셋째 손자 우만의 아들은 낙도(洛度)·숙도(淑度)이다. 그리고 우몽의 아들은 근도(近度)·선도(宣度)인데, 선도는 우업이 자식이 없어 입양되었다. 외손자는 해문(海聞)·해만(海萬)·해빈(海彬)이고, 외손녀들은 각각 이승적(李承迪)·정영수(鄭永壽)·양회인(梁會寅)에게 출가하였다.

기정진의 직계 자손 중 특기할 만한 인물은 기우만(1846~1916)이다. 셋째 손자인 기우만은 조부인 기정진 생전부터 학문적 역량을 인정받았고, 기정진 문인 집단에서 중추적인 역할을 담당하였다. 그리고 고산서원에 배향된 초기 인물 6인 중 한 사람이다. 일찍이 진사에 합격하여 익릉 참봉(翼陵參奉)에 제수되었으나 취임하지 않았던 기우만은 노사학파 내부는 물론 세간에서 기정진의 학문을 이을 만하다는 평가를 받았다. 특히 그는 호남의 전기 의병을 이끌었던 대표적인 인물로서 기정진의 위정척사 사상과 운동을 계승하였다. 그리고 1902년 『노사집(蘆沙集)』 중간(重刊)과 맞물려 제기된 기호학파 성리학자들의 기정진 성리설에 대한 비판에 맞서 노사학파 문인들의 내적 결속을 다지면서 반비판을 주도하는 등 기정진 성리설 수호에 앞장섰다. 기정진 문인 중에서 가장 많은 문인들을 배출하여 호남 지역 내에서 기

---

9 『蘆沙先生文集』 권26, 「夔孫墓誌銘」 참조.

정진의 학문을 계승하는 데 기여하였다. 유저(遺著)로 『송사집(松沙集)』
이 있다.

한편, 기정진의 직계 자손은 아니지만 행주 기씨 가문에서도 적지
않은 문인들이 배출되어 기정진의 실천지향적 위정척사 사상과 특징
적인 성리설을 계승하는 데 앞장섰다. 그 대표적인 인물로는 기정진
과 8촌 사이인 기봉진의 아들 기삼연(奇參衍, 1851~1908)을 비롯하여 기
양연(奇陽衍, 1827~1895), 기홍연(奇弘衍, 1828~1898), 기재(奇宰, 1854~1921)
등을 손꼽을 수 있다. 특히 기삼연은 을미사변 이후 기우만과 거의하
기로 맹세한 후 의병을 이끌었고, 체포된 후 탈출하여 호남의병을 이
끌며 전기 의병을 주도하여 백마장군(白馬將軍)이라는 별명을 얻기도
하였다. 그리고 그의 문하에서 송진우(宋鎭禹, 1890~1945)와 같은 인물
이 배출되기도 하였다.

1. 천재적 면모를 보인 유년시절

기정진은 조선 사회의 새로운 중흥기를 이룩했던 정조가 서거하기 2년 전인 1798년 6월 3일(음력) 전라도 순창군 조동에서 태어났다. 금빛 얼굴을 한 대인〔金面大人〕이 꿈에 나타나 어린 사내아이를 품에 안겨주는 태몽을 꾸고 열두 달 만에 그가 태어났다고 한다. 그래서 어릴 때 자(字)를 금면대인이 주었다고 하여 '금사(金賜)'라고 하였다. 나중에 대중(大中)을 자로 썼고, 후에 대중(大仲)으로 바꾸기도 하였다.

이미 3살 때부터 뛰어나고 장중한 거인(巨人)의 기상이 있었고, 4살 때에 벌써 배움을 청하였을 정도였다고 한다. 이때 기정진은 말을 배우자 이미 문자를 알 정도에 이르렀지만, 부친은 그의 몸이 허약하고 병치레를 자주 한 것을 염려하여 허락하지 않았다. 5세에 이르러 『천자문(千字文)』을 배우는 것을 시작으로 본격적으로 배움의 길에 접어들어, 거의 한 달 만에 『효경(孝經)』,『격몽요결(擊蒙要訣)』 등을 읽어나갔고, 한 번 읽으면 잊지 않았으며, 글 또한 잘 지었다고 한다.

하지만 그 해 12월부터 홍역(紅疫)을 앓기 시작하였고, 이듬해에는 마을에 천연두〔痘疾〕가 유행하자 홍역이 낫지 않은 상태에서 천연두를 피해 잠시 백부(伯父)의 집으로 피했으나, 결국 천연두에 걸리고 말았다고 한다. 자식의 병세를 염려한 부친이 백방으로 약을 구해오

---

1 생애와 활동은 주로 「연보」를 비롯한 행적 관련 자료와 선행 연구 논문을 참조하였다. 특기할 사항이 아닌 경우는 각주를 생략하였다.

고 치료하였으나 끝내 왼쪽 눈을 실명하고 말았다. 하지만 그는 걱정하는 부모를 안심시킬 정도로 생각이 깊었다고 한다. 이때 한쪽 눈을 실명한 기정진은 훗날 탁월한 학문적 성취를 일궈 '장안의 수많은 사람들이 장성 고을의 눈 하나 없는 사람만 같지 못하다'고 하는 '장안만목 불여장성일목(長安萬目不如長城一目)'이라는 말을 만들어 내기도 하였다.

천연두를 앓아 한쪽 눈을 실명했음에도 불구하고 좌절하지 않은 기정진은 『소학(小學)』을 비롯하여 경사자집(經史子集)을 차례로 읽어 나갔다. 그리고 학문적 성취가 커짐에 따라 주변의 기대 또한 높아갔다. 종조부인 기태검은 6살 때 기정진이 지은 글을 보고 '용모와 재량이 진정 하늘이 내었다'고 칭찬하고, '우리 집안의 경사에 그치지 않고, 장차 일세의 인물이 될 운명(命)'이라고까지 극찬하였다고 한다. 이와 같은 평가를 받게 된 까닭은 어렸지만 배움을 통해 글을 읽고 익히는 데 그치지 않고, 우주와 자연에 대한 원리적 이해를 쌓아나갔기 때문이었다. 7세 때 지은 「영마석(詠磨石)」이라는 시를 보면 그의 학문이 얼마나 조숙했는지를 확인할 수 있다.

天動地靜理　　하늘이 움직이고 땅이 고요한 이치를
吾反磨石看　　나는 도리어 맷돌에서 보았네.[2]

맷돌의 움직임을 천지의 원리에 빗댄 이 시는 그가 얼마만큼 어려서부터 세계에 대한 원리적 이해가 탁월했는지를 확인시켜준다. 아울러 그는 이때 김인후의 「영천시(詠天詩)」에 차운(次韻)하여 다음과 같은 시를 지었다.

---

2 『蘆沙先生文集』, 附錄 卷1, 2b, 「年譜」.

天以蒼蒼便作玄	하늘은 푸르고 푸른 것으로 현묘함을 만드니
其高無極廣無邊	그 높음은 끝이 없고, 그 광대함은 끝닿은 데가 없네.
隨人善惡報施速	사람의 선악에 따라 은혜를 베풀고 보답하는 것이 빠르니
至理昭昭遽若連	지극한 이치가 밝고 밝아 문득 연이은 것 같네.[3]

천지(天地)의 원리를 통해 인간의 선악(善惡) 문제를 결부지은 이 시의 내용은 기본적으로 성리학적 세계관의 기본 원리를 분명히 이해한 바탕 위에서 표현된 것이고, 그만큼 그가 어린 나이임에도 불구하고 성리학적 세계관의 맥락을 충분히 파악하고 있음을 보여준 것이라 평가할 수 있다. 따라서 '일세(一世)를 풍미하는 뛰어난 인물이 될 것'이라고 예견한 종조부의 평가는 허언(虛言)이 아니었던 것이다.

8세 때인 1806년에 이르러 기정진은 1월에 『강목(綱目)』을 읽기 시작하여 6개월 만에 마치고, 이때부터 경사(經史)를 비롯한 제자서(諸子書)를 누구의 도움을 받지 않고 스스로 읽어나가게 되었다. 어렵고 의심스러운 것이 없을 정도로 경서를 읽어나가자, 오히려 주변의 장로(長老)들이 의문 나는 것을 들고 찾아와 질문할 정도였다고 한다. 그해 9월에는 여러 장로들을 따라 내장산에 올라가 시를 짓기도 하였다. 어린 나이임에도 불구하고 탁월한 문장과 깊은 학문으로 인해 그의 명성은 더욱 높아갔고, 이에 따라 사방의 선비들이 모여들게 되었다고 한다. 그의 말을 듣고 그의 덕을 본 선비들은 한결같이 그에 감복하여 이구동성으로 '생지(生知)의 신동(神童)'이라고 칭찬하였다고 한다. 특히 인근에 살던 김인후의 후손인 김장환(金章煥, 1761~1835)은 그를 두고 "예로부터 신동들은 부박(浮薄)하고 재주가 승(勝)한 병을 면치 못하는데, 이 신동(기정진)에 이르러서는 성정(性情)이 깊고 차분해서 겉으로 드러나지 않으면서도 대범하고 과묵하며, 찬찬하고 자세

---

3 같은 책, 2b~3a, 「年譜」

(仔細)하면서도 바르고 정한 바가 있어 덕을 마음속에 지니고 있고, 재주를 밖으로 나타내지 않으니 참으로 큰 기운을 받은 사람이다. 내가 감히 그의 이름을 부르지 않겠다"라고 말하였다고 한다. 이렇듯 주위의 주목을 받고 평가받게 되자 인근의 어른들이 그를 경애하지 않은 자가 없었다고 한다. 또한 장성 동쪽에 정사(精舍)를 짓고 강학에 전념하고 있던 문신(文臣) 이윤성(七迂 李潤聖, 1765~1831)은 기정진의 글에 대해 "질(質)이 문(文)보다 앞서고, 리(理)가 조(藻)보다 뛰어나니, 글을 토해내는 것이 법도가 있고, 말을 내는 것이 도(道)에 가깝다"고 평가하였다.

이 시기에 이르러 인근 지역의 여러 선비들과 문인 학자들로부터 신동으로 평가받은 기정진은 성리학적 이론에도 밝아 성리(性理)와 격물치지(格物致知)에 대한 문답을 주고받았을 정도였다. 그리고 병으로 아파 누워 있더라도 이웃 아이가 책을 끼고 배우러 오면 깨우쳐주었고, 대하는 풍모가 엄한 스승과 같았다고 한다.

9세 때에는 『춘추사전(春秋四傳)』을 읽어 반년 만에 마쳤다. 이때 부친이 병을 얻어 눕게 되자 그는 수개월 동안 주야로 부친을 모셔 주위의 감탄을 자아낼 정도였다고 한다. 그리고 인근에서 뛰어난 인물로 자처했던 최수재(崔秀才)[4]라 부르던 자가 찾아와 배움을 청하자 돌아갈 때 시(詩)를 주어 그의 사욕(私欲)을 은근히 꼬집고, 위기지학(爲己之學)으로서의 학문 본령을 표현하였다. 그만큼 그는 주위의 평가나 기대에 기대어 이름을 얻기보다는 학문 본연에 충실하고자 하는 뜻을 어려서부터 보였던 것이다.

10대에 접어들어 『대학연의(大學衍義)』 등 성리학 전적(典籍)을 읽기 시작한 그는 이때부터 본격적으로 성현의 책에 전심하여 고요한 거

---

4 「연보」에는 그의 이름을 확인할 수 없어 '흠고(欠攷)'라고 기록되어 있다. 추측하건대 기정진이 천재 소리를 들으며 명성이 드높자 자신도 그에 못지않다고 뽐내면서 기정진을 찾아와 학문을 겨룬 것으로 여겨진다.

처나 혹은 산방(山房)에 나가 낮에는 먹는 것을 잊기도 하고 밤에는 잠자리에 들지 않을 정도였다고 한다. 글 읽는 소리가 밖으로 나가지 않아 그 깊이를 헤아릴 수는 없었지만, 오직 종숙부인 기재선(立齋 奇在善, 1792~1837)[5]만이 "이 사람은 바야흐로 오묘하게 합치하는 기관(妙契關)에 있다"고 평가하였다고 한다.

이렇듯 그의 명성과 학문적 깊이가 높아가자 당시 순창 군수였던 이광헌(李光憲, 1764~?)[6]이 그를 격려하는 편지를 보내어 만나기를 청하였는데, 그는 만남을 정중히 거절하면서 "합하(閤下)께서 신명(神明)으로 군(郡)을 다스리되, 간교하고 교활한 무리들을 제거하여야 합니다"라고 답하고, 굶주리고 황폐한 백성을 위해 선정을 베풀 것을 정중히 요청하였다. 물론 그에게 내려진 하사품에 대해서도 정중히 돌려보냈다고 한다. 그는 이렇듯 어려서부터 선정(善政)을 위한 위정자의 자세를 마음속에 새기고 있었던 것이다.

한편, 이때 기정진은 창평(昌平)의 인암(麟巖)에 세운 춘추정(春秋亭)의 기문(記文)을 지어 춘추대의에 입각한 정신을 표출하기도 하였다. 당초 양석규(梁錫圭)[7]가 신동으로 이름 높았던 기정진에게 기문을 요청하였으나 그가 거절하자, 다시 부친에게 부탁하여 지었다고 한다. 그는 이 기문을 통해 공자(孔子)로부터 주자(朱子)를 거쳐 정립된 춘추

---

5 기재선은 기정진보다 6세 연상으로 기정진이 가장 믿고 따랐던 인물이다. 그는 생원시에 급제한 후 당시 세도정치의 중심인물이었던 조종영(趙鍾永)에게 기정진을 광세(曠世)의 진유(眞儒)로 추천하기도 하였다. 1836년 무고를 당해 병을 얻어 이듬해 병사하였다. 그가 사망하자 기정진은 그의 행장을 지었다(『蘆沙先生文集』 卷28, 「從叔立齋公行狀」 참조).

6 당시 순창 군수였던 이광헌은 증조부가 낙론의 중심인물인 이재(李縡)이고, 외조부가 안동 김씨 가문의 핵심 인물이자 낙론 종장 중 한 사람인 김문행(金文行)일 정도로 학문적 연원이 있는 인물이었다.

7 「연보」에는 양사문(梁斯文)이라고 하여 이름을 상고할 수 없다고 되어 있으나, 여러 기록을 통해 볼 때 지금은 사라진 춘추정은 양산보(梁山甫)의 8대손인 양석규가 창평 인암 마을의 기린바위 위에 지은 정자로 확인된다. 그리고 그는 송환기(宋煥箕)의 문인이었다.

(春秋) 정신과 존왕양이(尊王攘夷)의 뜻을 밝혔다.

> 우리 동방 한 지역의 대명유신(大明遺臣)은 해외(海外)의 번신(藩臣)으
> 로 종국(宗國)을 회복하고 화란(華亂)을 제거하는 데 뜻을 두어야 한다.
> 오직 우리 효종대왕께서 또한 그 가히 해서는 안 되는 것임을 알면서
> 도 행하셨으니 실로 이는 공자의 대일통(大一統) 춘추 의리이니, 해가
> 중천에 뜬 것처럼 환하게 밝힌 것이다. 이에 규방의 부녀자나 초야의
> 소인들도 모두 가슴 속에 춘추를 갖게 되었다.[8]

이 글을 통해 기정진은 송시열로부터 본격화된 숭명배청(崇明排淸)
의 존주론(尊周論)을 계승한 뚜렷한 성리학적 역사 인식을 보여주고
있다. 그리고 이러한 역사 인식이 효종 조부터 드러난 북벌(北伐)로부
터 연원하여 일반화되었음을 명시하여 우리나라의 역사 인식과 대외
인식 및 문화 의식이 여기에 바탕해야 함을 역설하고 있다. 이러한
그의 입장은 선조인 기정익(奇挺翼)이 송시열의 문인이었고, 이로부터
가학적 연원이 마련되었음을 고려한다면 당연한 귀결이라 하겠다. 실
제로 기정진은 12세 때 「제송암(題松巖)」이란 시를 지어 5대조인 기정
익을 기리기도 하였다. 송암은 장성(長城) 열리곡(悅理谷)에 있는 기정
익의 유지(遺址)로 송암(松巖)이라는 두 글자가 크게 새겨져 있는 데,
이를 보고 기정진이 시를 지었던 것이다.

이후 백암사(白巖寺) 등지에서 책을 읽으며 학문 정진에 힘쓴 기정
진은 14세 되던 1815년 김인후의 후손인 진사(進士) 김의휴(金宜休)의
딸과 혼인하였다. 당시 김의휴의 집안은 장성의 맥동(麥洞)에서 대대
로 천석군으로 알려진 대부호(大富豪)였을 뿐만 아니라 현달한 인물

---

8 『蘆沙先生文集』, 附錄 卷1, 6a, 「年譜」, "我東一域, 大明遺臣, 以海外藩臣, 志復宗
國, 欲除華亂. 惟我孝宗大王, 亦知其不可爲, 而爲之, 實是孔氏之大一統春秋之
義, 如日中天, 於是幽閨婦女·草野小人, 皆有腔子裏春秋云云."

을 많이 배출한 명문이기도 하였다. 특히 1796년 김인후가 문묘(文廟)에 종사된 것을 계기로 집안의 품격이 격상되어 김인후 집안은 호남을 대표하는 가문이자 전국적인 명망을 갖춘 명족(名族)이 되어 있었다. 그리고 기정진 집안인 행주 기씨 집안과는 누대로 혼인 관계를 맺어왔기 때문에 자연스럽게 결혼에 이르게 된 것이었다. 특히 어려서 기정진을 주목했던 김장환이 김인후 집안의 중심인물이었기 때문에 더욱 그의 결혼이 자연스럽게 성사될 수 있었다고 하겠다.

기정진은 결혼한 이후 처가가 있는 맥동을 여러 차례 왕래하였고, 이때 요괴(妖怪)를 물리친 일화를 남기기도 하였다. 혼례를 치른 후 얼마 되지 않아 친구의 집에 밤마다 요괴가 나타난다는 소식을 듣고 이 집을 지나던 기정진이 하룻밤을 유숙(留宿)하게 되었는데, 그 뒤로 그 집에 더 이상 요괴가 나타나지 않았다는 것이다. 이를 두고 사람들이 '바른 기운(正氣)이 이르자 사악한 기운(邪氣)이 스스로 물러갔다'고 일컬었다는 것이다. 그만큼 그가 가진 풍모와 기풍이 여느 사람과 달랐음을 짐작할 수 있다.

10대 중반 이후에도 꾸준히 학문에 정진한 기정진은 18세에 모친과 부친을 연이어 잃는 아픔을 겪었다. 1815년 1월 부친이 세상을 뜬 후 얼마 되지 않아 5월에 모친 권씨 부인도 47세의 비교적 이른 나이에 사망하게 된 것이다. 그 해 9월에 부모를 순창 조동에 합장(合葬)한 기정진은 10월 부친의 유명(遺命)에 따라 장성 하남으로 이거하였다. 그리고 지극 정성으로 3년상을 치른 후 처가가 있는 맥동으로 이사하였다.

2. 병마와 싸우며 학문에 정진한 청년기

어려서부터 잦은 병치레를 했던 기정진은 20대에 접어들어서도 과다한 독서로 인해 눈병을 앓는 등 병고(病苦)에 시달렸지만, 학문 정진을 게을리 하지 않았다. 인근 지역의 산방이나 절에 나아가 독서와 명상을 주로 했던 그는 아들 기만연(奇晩衍)이 태어난 1819년 이후 본격적으로 문수사(文殊寺) 남암(南庵), 관불암(觀佛庵) 등 인근의 암자나 산사에 기거하며 학문에 몰두하였다. "성현(聖賢)을 목표로 삼고 고요한 방에서 단정히 꿇어앉아, 속으로 외고 묵묵히 생각하여 웃지도 말하지도 않으면서 밤낮없이 침식을 잊은 것이 수십 년이었다"고 평가한 최익현(崔益鉉)의 「신도비명」을 보면, 그가 얼마만큼 학문에 몰두했는지를 확인할 수 있다. 이렇듯 학문에 몰두하고 명성이 자자했지만, 그는 젊어서부터 명성이 나는 것을 걱정하여, 스스로를 몹시 감추고 학문에 전념하였다고 한다.

한편, 기정진이 26세 되던 1823년 그의 종숙부 기재선이 상경하였을 때 당시 규장각(奎章閣) 부제학(直提學)이었던 조종영(趙鍾永, 1771~1829)이 추천할 만한 선비를 묻자 그는 주저없이 기정진을 추천하였다고 한다. 이런 내용은 「연보」에 다음과 같이 기록되어 있다.

> 조종영이 선비에 대해 기재선에게 묻자, 그는 "내가 아는 바로는 이 세상에 드문(曠世) 참 선비(眞儒)는 나의 종질 모씨(某氏, 즉 기정진)일 뿐"이라고 말하였다. 그는 항상 "기정진의 학문은 지극히 진실한 것에 근본하여 벽립천인(壁立千仞)의 우뚝 선 기상이 있습니다. 중국의 주광정(朱光庭)이 이천(伊川)을 조정에 천거하면서 '천지(天地)를 경위(經緯)할 만한 재주와 예악(禮樂)을 제작(制作)할 수 있는 도량을 갖추고 있다'고 말했는데, 기정진이 바로 여기에 해당되는 인물입니다"라고 말했다.[9]

비록 종숙부이지만 기재선의 평가는 20대 중반에 이른 기정진이

---

9 『蘆沙先生文集』, 附錄, 卷1, 10b, 「年譜」.

학문에 있어 뛰어난 인물임을 중앙 정계에까지 알리게 된 계기가 되었다. 더구나 당시 세도정치를 주도하고 있던 풍양 조씨의 주요 인물에게 그의 명성이 알려지게 됨에 따라 기정진은 이후 중앙 정계와 일정한 관련을 갖게 되었다고 하겠다.

2년 뒤 기정진은 서울에 올라갈 기회를 만들었다. 28세의 기정진은 서울로 가는 길에 9세조인 금강공(錦江公) 기효간(奇孝諫)의 묘를 배알하고, 이어 김매순(臺山 金邁淳, 1776~1840)을 만났다. 이 자리에서 김매순은 "지금 선비들은 많으나, 체(體)가 있으면 용(用)이 없다. 체용이 구비된 것을 나는 기정진에게서 보았다"라고 기정진을 극찬하였다. 이때 기재선도 함께 있었다고 한다.

서울에서 돌아오는 길에 기정진은 충청도 회덕(懷德) 오촌(鰲村)에 가서 대표적인 노론계 산림(山林)이었던 송시열의 8세손 송치규(剛齋 宋穉圭, 1759~1838)를 배알하였다. 이때 송치규는 기정진에게 "성명(聲名)을 들은 지 오래"라고 말하고, 문장(文章)의 학(學)과 성명(性命)의 학을 하는지를 물었다. 이에 기정진은 두 가지 모두 도달한 바가 있지 않다고 겸손해 하면서도 "일찍이 들어본 바로는 문장의 학문과 성명의 학문이 다르지 않습니다"라고 자신의 견해를 당당하게 밝혔다. 이에 기정진이 나가려 하자 송치규는 배웅하면서 "남방의 선비가 그 의귀(依歸)한 바가 있다"고 칭찬하였다고 한다. 이렇듯 기정진은 20대 후반에 이르러 당대 최고의 학자들로부터 학문적 식견을 평가받았던 것이다.

31세와 33세 때 거듭 향시(鄕試)에 나아가 급제한 기정진은 1831년 사마시에 응시하여 1등으로 급제하였다. 이 시험을 주관한 홍석주(淵泉 洪奭周, 1774~1842)는 "기정진의 문장은 리학(理學)에서 나왔다. 중간에 여러 단(段)의 말과 설(說)은 옛 사람들이 일찍이 말한 바가 없는 것이다. 과거를 통해 인재를 얻었으니 나는 부끄러움이 없다"고 말하고, 기정진의 답안지 종편(終篇)을 암송했다고 한다.

사마시 장원 시권

　사마시 급제를 통해 사환길이 열린 기정진은 35세 되던 1832년 강릉(康陵)[10] 참봉(參奉)에 제수되었다. 그는 처음 내려진 벼슬을 받들기 위해 서울에 올라갔으나, 이 일을 맡아본 이조(吏曹)에서 교지(敎旨)에 기정진의 현조(顯祖) 이름을 잘못 기록하고, 또 이름과 자(字)를 틀리게 쓰자, "이렇게 두 가지나 틀린 교지는 의리상 받을 수 없다"고 거절하였고, 이조에서 재빠르게 정정하였지만 끝내 사은숙배(謝恩肅拜)하지 않았다.

　이어 38세 때인 1835년 "연전(年前)에 기정진이 사직한 것은 세상에 높은 절개로 평가할 만하다"고 하여 다시 현릉(顯陵)[11] 참봉(參奉)이 제수되었으나 나아가지 않았다. 1837년에는 유일(遺逸)로 천거되어 사옹원 주부(司饔院 主簿)에 제수되었으나 또한 취임하지 않았다. 이런 와중에 각별하게 그를 아꼈던 숙부 기재선이 사망하였다. 그리고 이듬해인 41세 때 심한 병을 앓자 점치는 자가 기정진에게 "빌어야 한다. 빌지 않으면 위태롭다"라고 말하자, "어찌 빌 수 있겠는가?"라고 말

---

10 조선 제13대 왕인 명종(明宗)의 능. 경기도 구리시 동구동에 위치해 있다.
11 조선 제5대 왕인 문종(文宗)의 능.

하고 병환 중에도 점을 치지 않을 따름이라고 단호한 모습을 보여주었다.

44세 때인 1841년 봄에 기정진은 영남으로 유력(遊歷)을 떠나 덕유산으로부터 지리산을 돌아보고 삼가현에서 병(病)을 얻어 3일 간 유숙(留宿)하게 되었다. 이때 영남의 선비들이 기정진을 존모하여 시를 짓고 모임을 갖는 등 교유의 폭이 확대되었다. 그가 영남을 주유하게 된 것은 혼맥을 통해 그의 인맥이 영남으로까지 확대된 결과라 할 수 있다.

이듬해(1842) 다시 조정으로부터 전설사 별제(典設司別提)에 제수되었다. 이에 기정진은 여러 번 나라의 은명(恩命)을 사양한 것을 미안하게 여겨 나아갔지만, 겨우 6일이 되던 날 당시의 재상(宰相)이 밤에 사람을 시켜 만나기를 요구하자 기정진은 대답도 하지 않고 다음 날 병가(病暇)를 올렸다. 재상은 후회하여 곧 말을 재촉하여 관사까지 달려갔지만, 이미 기정진은 성문을 나간 뒤였다고 한다. 이런 일이 있은 후 얼마 되지 않아 평안도(平安道) 도사(都事)에 제수되었으나 역시 취임하지 않았다.

벼슬에 나아가기를 거절한 기정진은 이때부터 본격적으로 제자를 받아들이기 시작하였다. 사방의 선비들이 기정진의 명성을 듣고 찾아와 집지(執贄)했으나 그는 사도(師道)의 예로 대하지 않고 속수(束脩)[12]도 받지 않았다고 한다. 하지만 가르치는 데 있어서는 게으르지 않았고, 각자의 재질과 현우(賢愚)에 따라 모두 도움이 되도록 하였다고 한다.

---

12 묶은 육포의 예절이라는 뜻. 열 조각의 마른 고기로 예물 가운데 가장 약소한 것을 가리킨다. 스승을 처음 만나 가르침을 청할 때 작은 선물을 함으로써 예절을 갖춘다는 뜻이다. 『논어(論語)』 「술이(述而)」 편에 나온다.

3. 학문 체계를 정립한 중년기

기정진은 46세 때인 1843년 여름, 문수사 남암으로 피서를 가 그의 대표적 저작 중 하나인 「납량사의(納凉私議)」를 저술하였다. 그는 성리(性理)에 대해 드물게 말하였지만, 당시 성(性)에 대해 논하는 학자들이 리(理)와 분(分)의 경계에 어두워 리일(理一)을 형기(形氣)의 지국(地局)과 나누어놓고, 분수(分殊)를 형기의 뒤에 떨어뜨려 리(理)와 분(分)이 간격이 생기고 성(性)과 명(命)이 횡결(橫決)되어 천하에 성(性)을 논하는 것이 찢어졌다고 판단하여 이 글을 저술하였다. 기정진이 주목한 것은 18세기 이래 기호학계를 강타한 최대 논쟁인 인물성동이(人物性同異) 등 호락(湖洛)논쟁이었고, 이 논쟁의 주요 주제에 대해 리일분수(理一分殊)에 대한 독자적인 해석을 통해 지양하고자 한 것이었다. 그리고 이 해에 송시열이 사사된 곳에 세워진 정읍 고암서원(考巖書院)의 「중수기(重修記)」를 짓기도 하였다.

40대 중반에 접어들어 자신의 성리학적 체계를 본격화한 기정진은 48세에 이르러 「태극도설(太極圖說)」의 정(定) 자에 대한 문인의 질문에 답하는 「정자설(定字說)」을 작성하였고, 이어 리기(理氣)는 서로 발(發)하지 않고, 사단(四端)은 칠정에 포함된다는 내용을 골자로 한 사단칠정론에 대한 입장이 집중적으로 드러난 「우기(偶記)」를 지었다. 그리고 50세 때에는 참판 이응진(李應辰)의 인물성동이와 심기체질(心氣體質)에 대한 변론에 대해 답장을 보내 자신의 입장을 제시하기도 하였다. 이렇듯 중년에 접어든 기정진은 자신의 학문적 입장을 구체화하면서 자기의 입론을 여러 학자들에게 제시하였고, 이러한 학문 체계는 자신의 문인과 주변 학자들과의 문답을 통해 보다 극명하게 드러났다.

52세 때인 1849년에는 정여창(一蠹 鄭汝昌, 1450~1504)을 종향한 영남 함양의 남계서원(藍溪書院) 측에서 서원을 정비하면서 「남계서원 풍영

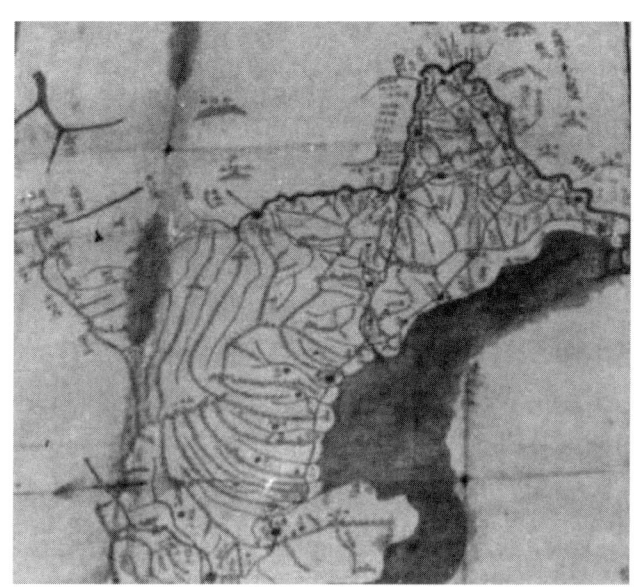

노사가 제작한
팔도지도(일부)

루중수기(藍溪書院諷詠樓重修記)」를 부탁하자 이에 응하여 기문을 지었
다. 그가 이 기문을 선뜻 쓰게 된 것은 어려서 그를 주목한 김인후의
후손인 김장환의 사위인 정여창의 후손 정환필(鄭煥弼)과 혼맥으로 연
결되었기 때문이었고, 앞서 영남 학자들과의 교유가 깊이 있게 이루
어진 때문이기도 하였다. 기정진의 인맥에서 적지 않은 비중을 차지
했던 처가쪽 인사들은 기정진의 학문적 영향력이 확대되는 데 적지
않은 기반으로 작용했음을 확인할 수 있는 대목이다. 1851년에는 부
인 울산 김씨가 사망하였고, 나주(羅州)에 장사지냈다.

  50대에 접어들어 학자적 명성에 걸맞게 주변 인사들의 학문적 주
요 쟁점에 대한 질정이 이어졌다. 그 중 권우인(權宇仁)의 질의는 기정
진의 리기 체계를 확립하는 데 큰 계기가 되었다. 일찍부터 진행된
그와의 서신 교환을 통해 기정진은 율곡의 리통기국(理通氣局)에 대한
자신의 입장을 피력하면서 리 중심의 리기 체계를 제시하였다. 그리
고 당대 기호학자 일부에서 율곡설에 대한 이해의 층차를 비판하고,

잘못된 논설을 바로잡고자 하였다.

　제자들을 가르침에 있어 기정진은 리기론과 같이 고답적인 학문에 매몰되는 것을 특히 경계하였다. 그래서 그는 학문함에 있어 그 단계를 아주 엄하게 하여, "손을 쇄소(灑掃)하는 절도(節度)를 모르고 입으로만 성리(性理)를 담론(談論)하는 것이 우리나라 유자(儒者)들의 큰 근심"이라고 강조하였다. 이것은 그가 비근한 일상생활에서의 성리학적 윤리의 실천을 강조했지, 고담준론(高談峻論)의 성리설에 매달리는 것을 경계하였음을 의미하는 것이다. 그리고 "천하에는 다만 하나의 바른 것과 하나의 그른 것이 있으니, 위로는 성현의 수세입교(垂世立敎)를 따라 다만 이것을 찾아야 한다"고 하고, 리기(理氣)에 대해서는 거의 드물게 말하였다고 한다. 그만큼 시비를 분명히 한 바탕 위에서 공리공론(空理空論)을 배격하고 구체적이고 실질적인 성리학적 도의 실현에 주안점을 둔 것이다. 그래서 그는 당시 학자들이 입만 열면 리기(理氣)를 말하니 이것이 수사(洙泗)의 학문과 다른 것이라고 꼬집기도 하였다.

　기정진은 중년에 접어들어 거듭된 병마와의 고투 속에서 자주 병석에 눕는 일이 잦아졌고, 그때마다 힘든 나날을 보내게 되었다. 50대 중반에도 질병에 걸려 수개월을 고생하다가 하사리(下沙里)로 이거하는 등 안정적인 생활을 하지 못할 처지에 놓이기도 하였다. 하지만 학자적 명성은 더욱 커져 57세 때 당시 정승이 영부사였던 정우용(鄭愚容)에게 천거할 선비를 묻자, 그는 주저없이 "남쪽 지방의 높은 선비이자 우리나라의 진유(眞儒)인 사람을 만나보았다"고 말하고, 다만 그가 임하(林下)에 뜻이 있어 출사할지 염려된다고 알렸다. 바로 그 사람이 기정진이었다. 그만큼 기정진의 명성이 조야(朝野)에서 빛나고 있었던 것이다.

　평소 기정진은 당론 시비에 대해 말을 하지 않았고, 혹 사람들이 그에 대해 말하면 그만두라고 제지하였는데, 59세에 이르러 그러한 뜻을 「산서잡록서(山西雜錄序)」에서 분명히 드러냈다. 그는 이 글을 통해 선조 대와 인조 대에 당시 당파가 동서남북으로 분열되어 무기와 계책을 적을 제압하는 데에 쓰는 것이 아니라 상대 당을 공격하고 자기 당을 옹호하는 데 썼으며, 충언(忠言)과 심모(深謀)를 자기 당에서 나오지 않으면 헐뜯고, 백성을 해치고 나라를 병들게 하는 자를 자기 당이라고 옹호하여 외적이 쳐들어오기 전에 나라가 망할 지경에 이르렀다고 당시의 당쟁에 대해 격렬하게 비판하였다. 이어 그는 항상 모든 일이 합해지면 강해지고 나누어지면 약해지는데, 지금 나라가 국론이 분열되고 원기가 약해졌으니 외적이 쳐들어오면 관중(管仲), 제갈량(諸葛亮)과 같은 인물도 막아낼 방도가 없다고 비판하고, 원기(元氣)가 약해지면 사학(邪學)이 범람하는 것은 오히려 다음 일이라고까지 하였다. 그리고 자신을 스스로 '동서남북의 사람'이라고 자칭하였다. 이것은 뒤에 그의 제자들이 색목(色目)에 구애받지 않게 하는 주요한 계기가 되었다.

60세 되던 해(1857)에 다시 무장(茂長) 현감(縣監)에 제수되고, 이어 1861년에 사헌부(司憲府) 장령(掌令)에 제수되었으나 모두 나아가지 않았다. 하지만 그는 국가의 중요 사안에 대해 외면으로 일관하지 않았다. 당시 승지(承旨)로 있었던 기문현(奇文鉉, 1811~?)이 복제(服制)에 대해 질정하자 자신의 입장을 상세히 적어 보내기도 하였다

4. 시대의 문제를 고민했던 노년기

기정진은 1862년 임술년에 삼남(三南) 지방에서 민요(民擾)가 발생하고, 조정에서 구언책(求言策)을 내어 삼정(三政)을 바로잡는 방안을 구하자 탁월한 정치적 식견을 담은 「임술의책(壬戌擬策)」을 작성하였다. 그는 이 대책을 통해 먼저 사대부의 풍습이 바르지 못한 것을 지적하

였고, 조정의 공경(公卿)과 방백(方伯)·수령(首領)·이서(吏胥) 등의 비위 사실로부터 과거(科擧) 또는 벼슬길에서 서로 경쟁하는 폐단과 부호(富豪)들의 겸병하고 사치하는 폐해에 이르기까지 낱낱이 지적하였다. 그리고 그 근본을 추구하면 임금의 한 마음에 귀결되는 것이라고 명시하였다. 아울러 군포(軍布)를 파기하고 환곡(還穀)을 덜어주며 상평창(常平倉)을 설치하고 민전(民田)을 한정할 것을 청하였다. 또한 조(租)·용(庸)·조(調) 법을 청하였다.

그의 이 대책에 대해 최익현은 "시대의 병폐를 적중하였으며, 모두 시행할 수 있는 것들이었다"고 평가하였다. 당시 대책은 말미(末尾)에 이름을 쓰도록 되어 있었는데, 기정진은 과거시험을 보는 사람이 시권(試券)에 쓰는 전례와 같다고 하여 그 초고(草稿)를 불사르게 하였다. 하지만 아들 기만연(奇晚衍)이 그것을 태우지 않고 간직하여 보관하여 전해지게 되었다.

철종이 승하하고 고종이 등극하자 조정에서는 기정진에 대한 관심이 높아졌고, 연이어 벼슬이 제수되었다. 1864년 2월에 장령(掌令)에 제수되었고, 이어 6월에는 정3품에 해당하는 군자감(軍資監) 정(正)으로 옮겼고, 다시 9월에는 지평(持平), 12월에는 사헌부(司憲府) 집의(執義)를 각각 제수받았으나, 모두 지방에 있다는 이유를 들어 체직(遞職)되었다.

1866년 병인년에 접어들어 집의에 제수되었고, 이해 7월 병인양요(丙寅洋擾)가 일어나자 기정진은 울화병이 생겨 침식을 폐하는 지경까지 이르렀고, 마침내 상소하여 방비책을 제기하였다. 이른바「육조소(六條疏)」라 불리는「병인소(丙寅疏)」를 저술한 것이다. 이때는 서양 제국주의 세력의 침범에 대해 화의(和議)의 여론이 비등하였고, 이에 대해 기정진은 서양 세력의 교활한 목적을 간파하지 않는다면 나라가 위태로울 것이며 결국 저들의 손에 놀아날 것이라 주장하고, 묘산(廟算) 즉 조정에서 의결한 계책을 정하는 일 등 여섯 가지 대책을 제시하였다. 이 소(疏)는 고종에게 받아들여지고, 조정에서 그의 식견이 높이 평가되었다. 이어 강화도가 함락되자 기정진은 의병(義兵)을 일으켜 원한을 풀려 하였지만, 소모사(召募使)가 남쪽으로 내려갔다는 말을 듣고는 곧 정지시켰다.

그해 7월에 동부승지(同副承旨), 8월 호조참의(戶曹參議)에 연이어 제수되고, 10월에 가선대부(嘉善大夫)의 품계와 함께 동지돈녕부사(同知敦寧府事)가 내려졌으나 취임하지 않았다. 그리고 동지돈녕부사를 사직하면서 두 번째의 소(疏)를 올렸다. 그는 이 소를 통해 사람을 뽑아 쓰는 두 가지 방법을 고종에게 아뢰고, 서양 세력이 물러감으로 인한 소회를 밝혔다. 더불어 사당(邪黨)이 적을 초래한 것을 구명하여 말하면서 "임술민요(壬戌民擾)와 북민월계(北民越界) 등 모든 변란이 일어나게 된 것은 사대부의 풍습이 바르지 못한 까닭"이라고 강조하였다.

시대적 혼란에 대해 성리학적 가치 체계에 입각한 구체적인 대책을 제기하며 19세기 중반의 혼란을 극복하고자 했던 기정진은 70세에 접어들어 자신의 학문 체계를 확립하고 문인을 양성하는 데 더욱 몰두하였다. 비록 시대 문제에 대해 비껴가지는 않았지만 말년에 접어든 그는 학문에 몰두하여 그의 주요한 저작들을 하나둘씩 저술하였다. 젊은 시절부터 암자나 산사에 칩거하면서 학문 연구에 몰두하였던 그는 말년에 이르러서도 관불암, 침수정(枕漱亭) 등을 찾아 학문 탐구에 몰두하였다. 그리고 주요 인사들과의 서신 왕래를 통해 주요 성리학적 주제에 대해 논의하였다.

76세 때인 1873년에는 민주현(沙厓 閔冑顯, 1808~1882)의 편지에 대해 답장하면서 중화(中和)에 대해 논하였고, 윤종의(淵齋 尹宗儀, 1805~1886)가 편지를 통해 의문점을 제시하자 상세히 답장하였다. 이어 박형수(朴瑩壽)가 명덕(明德)이 다만 기(氣)라는 설에 대해 문의하자 명덕을 기로 보면 명기(明氣)의 학문이 된다고 질책하고 명덕에 대한 자신의 입장을 저술하여 답장하였다.

이어 그는 노사학파의 3대 제자 중 한 사람인 정의림(日新齋 鄭義林,

1845~1910)이 형질(形質)과 기질(氣質)에 대해 누차 질문한 것에 대해 「형질기질설(形質氣質說)」을 지어 그에게 보여주었고, 민기용(閔璣容)의 편지에 답장하면서 복제(服制)에 대한 견해를 상세히 알려주기도 하였다.

77세 때인 1874년에 이르러 46세 때 저술한 「납량사의(納凉私議)」의 여러 단락을 수정하면서 자신의 리일분수 체계를 확립하였고, 자신의 아호(雅號)인 노사(蘆沙)에 대한 생각이 담긴 「노사설(蘆沙說)」을 저술하였다. 기정진은 젊어서부터 잠수(潛叟)·지리수(支離叟)·공동자(倥侗子)·무명와(無名窩)·노하병부(蘆下病夫) 등 몇 가지의 호를 사용하였지만 즐겨 쓰지 않았다. 기정진은 말년에 이르러 비록 굴원(屈原)의 「어부사(漁父詞)」에 나오는 어옹(漁翁)의 느낌이 나기도 하지만, 몇 년 전부터 주변 인사들로부터 노사(蘆沙)라고 불렸고, 거처하는 곳이 노산(蘆山) 아래 하사(下沙)이었기 때문에 노사(蘆沙)라는 호를 쓰게 되었다.

1876년 병자년에 접어들어 기정진은 1월에 자식을 잃는 아픔을 겪었다. 슬하에 단 하나뿐인 아들 만연을 잃은 그는 풍사(風邪)로 인하여 생기는 현기증인 풍현(風眩)을 앓고 있으면서도 약을 먹지 않고 견

노사 선생 유품(갓, 탕건, 옥돌담배상자, 은장도, 지팡이, 안석)

디고 있었다. 그리고 조정에서 새로이 일본과 수호조약(修好條約)을 체결했다는 연락 보고 문서인 저보(邸報)가 이르자 그는 깊은 생각에 잠기더니 얼마 후 붓과 벼루를 대문 밖으로 내던져버리라고 명하였다. 주변에 있던 문인이 의아하게 여겨 묻자 기정진은 "나는 외람되게 나라의 은혜를 입은 지가 지금 4대 왕조인데 나라 꼴이 이렇게 되었어도 말 한마디 못하니, 이러고 다시 무슨 문자를 짓는다고 하겠느냐?"라고 하였다고 한다. 이어 최익현이 도끼를 지고 나가 「병자지부소(丙子持斧疏)」를 올려 일본과 맺은 병자수호조약을 결사반대하였다는 소식이 전해지자, "동방에 사람이 없다는 원망은 면할 수 있게 되었구나"라고 말하고 얼굴색이 밝아졌다고 한다. 하지만 그의 심중에는 나라의 위난에 대한 절박함이 없어질 수는 없었다. 그래서 그는 그 해 겨울 다음과 같은 가요(歌謠)를 지었다.

공명도 너하여라
호걸도 나스르여
……
문다드니 심산이오
책펴니 사우로다
오라는듸 업건마는
흥다하면 갈가하노라[13]

1877년에 이르러 우로(優老)의 은전을 입어 가의대부(嘉義大夫)에 승급되었으나 기정진은 오래된 설사병〔宿痢〕과 풍현으로 고생하고 있었다. 하지만 병의 차도가 보이면 곧 학문에 몰두하였고, 81세 되던 1878년 8월 그는 그의 리기론의 정수가 담긴 「외필(猥筆)」 초안을 문

---

13 『蘆沙先生全集』, 附錄 卷1, 31a~b, 「年譜」.

인 조성가(趙性家)에게 보여주었다. 율곡 리기론의 핵심 명제 중 하나인 기자이(機自爾, 기틀이 스스로 그러함)와 비유사지(非有使之, 어떤 것이 시키는 것이 아님)를 비판하고, 리와 기를 상대하는 것을 부정하는 리존무대(理尊無對)와 리의 철저한 주재에 의한 기의 운동 변화만을 긍정한 이 글은 당대 화서학파의 김평묵으로부터 극찬을 받기도 하였다. 하지만 기정진 사후 영남의 기호학파 학자들의 문제 제기에 의해 논쟁이 발단되어 연재학파(淵齋學派) 및 간재학파(艮齋學派) 등 다른 기호 계열 학자들의 비판과 기정진 제자들의 반비판이 이어져 한말 최대 성리 논쟁으로 비화되기도 하였다.

　같은 해 기정진은 자신이 살던 진원에 정사(精舍)를 짓고 무등산에 있는 부친의 산소를 바라볼 수 있게 되어 매우 기뻐하며 담대헌(澹對軒)이라 이름을 지었다. 하지만 이듬해(1879) 1월부터 병세가 악화되기 시작하였고, 이에 기정진은 문하(門下)의 3대 제자로 평가받고 있던 김석구(金錫龜)·정재규(鄭載圭)·정의림(鄭義林)을 불러 자신의 성리설이 고스란히 담긴 「납량사의」와 「외필」을 보여주기에 이르렀다. 이 자리에서 기정진은 "이 글에 대해 들은 적이 있는가?"라고 물었고, 제자들은 "들은 적이 있지만, 읽은 적은 없다"고 대답하자, 글을 보여주고 읽게 하였다고 한다. 그런 후 기정진은 그들의 뜻을 물었고, 제자들은 한결같이 "원컨대 독실하게 믿겠다"고 대답하였다고 한다. 이렇게 기정진은 사망하기 한 해 전에 자신의 학설을 문인들에게 보여주고 자신의 학설을 전승시켰던 것이다. 훗날 이들은 기정진의 성리설에 대한 논란이 불거지자 노사 학맥의 선봉에서 스승의 학설을 수호하는 데 일익을 담당하였다.

　병환의 와중에도 자신의 성리설을 전수한 기정진은 다른 제자들의 질정에 차분히 답을 해주고, 『주역(周易)』을 읽는 등 서책을 손에서 놓지 않았다. 하지만 그 해 12월 21일 다시 병을 얻어 자리에 눕게 되었고, 12월 29일 세상을 떠나게 되었다. 그때 그의 나이 82세였다.

노사선생 묘역(전남 장성군 동화면 남산리 소재)

그의 부음(訃音)이 알려지자 조정에서는 관목(棺木) 등 장례 물품과 포(布)와 유지(油紙) 등을 보내왔고, 이듬해 2월 25일 문인 1백여 명이 참석한 가운데 장례가 치러졌다. 기정진의 유명(遺命)에 따라 영광(靈光) 봉산(鳳山)의 갑좌원(甲坐原)에 부인과 합봉(合封)하였다. 같은 해 4월 조정에서는 관원을 보내 치제(致祭)하도록 하였다. 그만큼 조정에서도 기정진의 사망을 애달파했던 것이다.

이후 얼마 지나지 않아 그의 문집이 발간되었고, 1892년 문인 조성가가 행장을 찬(撰)하였고, 1901년 최익현이 신도비명을 완성하였다. 그리고 1902년 처음 활자본으로 발간된 문집을 목판본으로 재간(再刊)하기로 하여 영남 단성 신안정사에서 작업이 이루어졌고, 문집과 제자들과의 문답을 정리한 『답문류편』을 간행하였다. 1906년 정재규가 「묘갈명(墓碣銘)」을 완성하였다. 이런 가운데 그에 대한 내외의 추증 작업이 이어져 1901년 2월 의정부(議政府) 의정(議政) 윤용선(尹容善)이 "천품이 고명하여 스승의 가르침 없이도 한 방면의 학풍을 이끌었는

노사선생 묘비

데, 그의 학문은 성리학이고 그의 뜻은 임금을 성군(聖君)이 되게 하여 백성들에게 은택이 미치도록 하는 것으로, 학업을 닦고 모범이 되어 단연 호남 유학의 종장"이라고 평가하면서 시호(諡號) 제정을 요청하였고, 1910년 7월 내부대신(內部大臣)이 증직되고 문간(文簡)이라는 시호가 내려졌다.

1927년 고산서원(高山書院)이 건립되어 그 사우에 조성가·이최선·김록휴·조의곤·정재규·기우만 등 문인 6인과 함께 봉안되었다. 그리고 1960년 그의 직전 제자를 비롯하여 재전 제자 및 삼전 제자의 명부인 『노사선생연원록(蘆沙先生淵源錄)』이 발간되었고, 1968년 『고산서원지(高山書院誌)』가 간행되었다. 그리고 1978년 고산서원의 장판각(藏板閣)이 준공되었으며, 서거 101년이 되던 1979년 기념사업회가 꾸려져 학술회의, 기념강연회, 추모비 건립 등이 진행되었다.

뚜렷한 스승 없이 자득(自得)을 통해 특징적인 성리설을 제기한 기정진은 잦은 병고 속에서도 한결같은 자세로 학문에 몰두하였고, 시대의 문제에 대해서도 정면으로 맞서 위정척사의 기치를 높이 들었다. 가학의 연원이 송시열에 닿아 있었던 만큼 범(凡) 율곡 학맥으로 분류할 수 있지만, 뚜렷한 사승 관계에 얽매이지 않았던 만큼 자유로움 속에서 날카로운 비판 정신을 가지고 있었다. 성리설에 있어서나 경세론에 있어서 그는 날카로운 비판 정신을 발휘하여 특징적인 학문과 실천적인 영역을 개척하였고, 영호남에 걸친 수많은 문인을 배출하여 한말 성리학의 대미를 장식하였다. 단순히 명예를 좇는 부류를 뛰어넘어 학문과 실천, 이상과 현실을 아우르는 그의 삶은 문인들에 이어져 한말 의병 활동으로 구체화되었고, 영호남의 유맥(儒脈)을 굳건히 하는 데 이바지하였다.

비록 병으로 인해 한쪽 눈을 잃었지만, 그는 밝은 눈으로 세상을 응시하였다. 키가 7척 반에 이르고,[14] 상체가 긴 대인의 풍모를 가지고 있었던 그는 잦은 병마 속에서도 뚜렷한 학문적 성취와 실천적 지향을 보여주었다. 이러한 그의 삶과 학문을 평하며 최익현은 「신도비명」을 통해 다음과 같이 적고 있다.

奇氏于東 厥有遠源	우리 동방의 기씨는 근원이 멀고멀어
顯仕儒學 奕世相因	현달한 관리와 유학자가 대대로 이어왔네.
天眷積累 將施其報	하늘이 공덕을 돌보아 보답을 베푸는데,
不榮以祿 佑我大道	벼슬로 주지 않고 큰 도로 내렸네.
生我先生 俾昭厥祥	우리 선생을 낳아 그 상서로움을 밝혔으니,
山河間氣 金玉其相	산하 사이의 기운은 금옥 같은 상이었네.
夙抱高識 玅契獨悟	일찍이 높은 지식 품어 홀로 심오한 경지를 깨쳤고

---

14 1척을 30.3cm로 환산하면, 기정진의 신장은 227.25cm이다. 그만큼 장신이었던 셈이다.

師友聖賢 長趨闊步　성현을 사우로 삼아 대로를 평탄히 활보했네.

孝爲行本 敬乃德基　효가 행실의 근본되고 경이 덕의 기반이 되어

坦然任眞 何慮何思　평탄하여 천연 그대로인데 무엇을 바라고 생각했으랴만

鶴鳴聲聞 理則由天　학 울음 소리가 들림은 이치가 본래 그러한 것

旌招煌煌 華誥聯翩　정초가 빛나고 화고가 잇달았네.

暫膺旋辭 盆守其窮　잠깐 나갔다가 곧 돌아와 그 궁구함 더욱 지켰으니,

匪我也果 惟義與終　내가 세상을 잊으려는 것 아니라 오직 의리만을 따르리.

際時多艱 憂心如焚　어려움 많은 때를 당하여 근심이 불타듯 하였고,

以策以疏 字字經綸　책과 소를 올렸는데 글자마다 경륜이었네.

視天夢夢 呼號何益　하늘이 흐릿한데 울부짖음 무슨 소용이런가,

卷而懷之 澗阿孔碩　경륜 거두어 간직하고 산골에서 즐겁게 살았네.

經濟之具 禹諸繼開　경세제민의 역량을 계왕개래에 쏟아,

于經于傳 咀嚼萬回　경전을 수없이 읽고 또 읽었네.

矻矻八耋 愈精愈求　여든 살 높은 나이에도 더욱 정미하게 탐구하여,

透前未到 樂而忘憂　이전에 이르지 못한 곳을 알고는 즐거워 근심마저 잊었네.

旣不我有 于古取正　내가 독창한 것 아니라 옛 경서에서 바름을 취했으니,

聖曰是哉 孰敢爾病　성인이 옳다 했거늘 누가 감히 틀렸다 하랴.

惟是叔季 痼疾主氣　다만 말세가 되어 기를 주장함이 고질이었으니,

鮮不大驚 謂我喜異　모두 크게 놀라면서 나더러 괴이함 좋아한다 하네.

匪我則異 反是古常　내가 괴이한 것 아니라 옛날의 떳떳함을 돌이킴이니,

謂余不信 親見紫陽　내 말이 믿어지지 않으면 친히 주자를 보게나.

在前在後 可俟可質　　성인이 앞뒤에 있으니 기다리고 질정하여도
　　　　　　　　　　　의혹 없으니,

違今合古 誰得誰失　　오늘날과는 어긋나지만 옛날과는 합하니 누가
　　　　　　　　　　　득이고 누가 실인가?

鬱鬱鳳山 山紆水長　　울울한 저 봉산은 산이 높고 물이 깊으며,

有斐令德 沒世可忘　　빛나는 훌륭한 그 미덕 길이 잊지 못하리.

제4장 교유 관계

기정진은 특정한 스승에게 학문을 전수받지 않고 스스로 독서와 사색을 통해 학문적 기초를 마련하였고, 여러 학자들과의 격의 없는 대화와 토론을 통해 자신의 학문적 체계를 완성해 나갔다. 스승이기를 자처하지는 않았지만 학문적 명망이 높아짐에 따라 일찍부터 많은 학자들이 그의 문하에 몰려들었고, 호남은 물론 영남 우도 지역에 이르는 광범위한 지역에서 문인을 배출하였다.

그의 주위에 많은 문인들이 모여들게 된 배경에는 일찍부터 그의 학문적 명망이 호남을 중심으로 한 인근 지역에 알려진 것도 영향을 미쳤지만, 학문적 명망과 인적 관계를 바탕으로 형성한 교유 관계도 적지 않은 기여를 하였다.[1] 특히 그는 학문 형성기뿐만 아니라 말년에 이르기까지 학파와 지역을 뛰어넘어 많은 학자들과 교유하였고, 교유의 내용도 단순한 친교를 넘어 학문적 소통과 실천적 지향의 연

---

1 학계에서는 그동안 그의 교유 관계에 대해서 그렇게 주목하지 않았다. 주로 기정진에 대한 연구가 그의 특징적인 성리설에 주목하여 진행되었고, 또 그가 독선기신(獨善其身)의 인생관을 유지했고, 당파에 연연하지 않았던 저간의 사정으로 인해 교유 관계에는 별로 관심을 기울이지 않았다. 또한 기정진의 학맥을 계승한 노사 문인들도 이 부분에 대해서는 그렇게 주목하지 않았던 것이 아닌가 한다. 대부분의 문인록에 종유(從遊) 내지 교유(交遊)에 대한 내용이 별도의 항목으로 정리되어 있음에 반해 기정진의 문인록에 해당하는 『노사선생연원록(蘆沙先生淵源錄)』에는 이러한 항목이 빠져 있다. 하지만 최근 들어 김봉곤을 비롯한 연구자들에 의해 그의 교유 관계 및 정계와의 연관성 등을 상세히 밝힌 연구물들이 발표되면서 구체적인 교유 관계와 양상이 드러나고 있다. 이러한 연구는 앞으로 기정진 사상에 대한 보다 다각적인 검토를 하는 계기를 마련하고 폭넓은 시야에서 그의 사상을 확인할 수 있다는 점에서 유용하리라 판단된다. 본 장도 이러한 학계의 연구 성과에 힘입어 작성되었음을 밝혀둔다.

대로 나아갔는데, 이것은 그의 교유 관계가 보여주는 실질적인 측면
이다.

또한 기정진의 교유는 자신뿐만 아니라 제자들을 통해서 더욱 확
대되고 깊어지기도 하였다. 대표적으로 이진상(李震相), 허전(許傳) 등
영남 학자 및 그의 문인과의 교유는 기정진 뿐만 아니라 영남 지역의
제자들을 통해 직접 혹은 간접적으로 이루어지기도 하였다.

1. 기호 지역 인사와의 교유

기정진은 비록 특정한 사승(師承) 관계는 없지만 가계(家系) 및 지역
적 기반으로 볼 때 범(凡)기호 계열 학자로 분류된다. 호남 지역이 17세
기 이후 대체적으로 율곡 – 우암으로 이어지는 기호학계의 학맥이 영
향력을 미치고 있었던 만큼 그는 기호 계열의 성리학에 영향을 받으
며 성장했고, 비록 율곡 성리설에 대한 비판적 논의도 제기했지만 기
본적으로 율곡 학맥의 연관 속에 그의 학문적 위상이 위치지워지고
있다. 따라서 그의 교유 관계도 기본적으로 기호학계와의 연관 하에
이루어졌다.

그의 문집에서 드러나는 교유 인사 중 대표적인 인물로는 당시 기
호학계의 중심인물인 임헌회(任憲晦), 송병선(宋秉璿) 등을 손꼽을 수
있다. 이 두 사람은 모두 19세기 중엽 이후 기호학계를 대표하는 명
망 있는 학자였을 뿐만 아니라 좨주(祭主)를 맡는 등 산림(山林)의 위치
에서 기호학계 전반에 많은 영향력을 미치고 있었다. 기정진은 임헌
회와 서신을 한 차례 주고받는 등 깊은 관계로까지 발전하지는 않았
지만, 송병선과는 지속적으로 일정한 관계를 유지하고 있었다.

송시열 가문의 인사들과 기정진이 인연을 맺게 되는 직접적인 계
기는 그가 26세 때 서울에 다녀오던 길에 송치규를 배알한 것에서 비

롯된다. 처가인 울산 김씨 가문을 통해 송시열 가문과 일정한 친분을 맺고 있던 기정진에 대해 송치규는 그의 학문 역량을 극찬하였다. 그리고 당시 송시열 가문의 주요 인물인 송달수(守宗齋 宋達洙)·송근수(立齋 宋近洙) 등이 호남 지역에 머물면서 저술과 강학 활동을 하면서 이 지역에 문인들을 배출하였기 때문에 일정한 관계를 맺을 수 있었던 것으로 여겨진다. 이러한 연유로 송병선은 1869년 기정진을 방문하여 직접적인 교유 관계를 맺었고, 이후 기정진은 송병선의 아호(雅號)인 연재(淵齋)에 대해 기문(記文)을 지어주는 등 우호적인 관계를 형성하였다.[2] 당시 송병선은 기호학계를 대표하는 산림(山林)의 지위에 있었던 만큼 그와의 교유를 통해 기정진은 기호학계의 중심인물임을 확고히 확인받은 것이 아닌가 여겨진다.[3]

한편, 기정진은 당시 기호학계의 중심인물군을 형성하고 있던 화서학파 문인들과도 깊은 교유를 맺고 있었다. 비록 이항로와 직접적인 인연은 없었지만, 그의 문인인 최익현(崔益鉉)을 통해 화서학파 문인들과 교유하였다. 최익현이 기정진과 직접적인 교유 관계를 맺게 된 것은 그가 제주 유배를 마치고 고향으로 돌아가던 1874년, 장성에 거주하던 기정진을 방문하여 그의 학문에 대해 존경의 뜻을 밝힌 데에서 시작된다. 유배생활 중 기정진의 주요 글들을 접했던 그가 호남을 찾아 직접적인 인연을 맺은 것이다.

이후 최익현이 위정척사의 선봉에서 활동한 것에 대해 기정진은 격려의 뜻을 보내는 등 서로 간에 교유의 깊이가 깊어졌다. 특히 최익현은 기정진의 학문을 화서 문인들에게 알리는 창구 역할을 맡아 김평묵(金平默) 등 주요 문인들에게 기정진의 주요 저작을 보여주기도

---

2 『蘆沙先生全集』 卷22, 5b~6a, 「淵齋記」 참조.
3 기정진 사후 1902년 『노사집(蘆沙集)』이 중간(重刊)될 때 송병선과 그의 문인들은 기정진의 학설이 율곡을 폄하하였다고 하여 극심한 반대와 함께 논란을 제기해 양 학파 간의 갈등이 빚어졌다. 하지만 기정진 생전에는 돈독한 우의를 유지하며 학문 적 교유를 진행하였다.

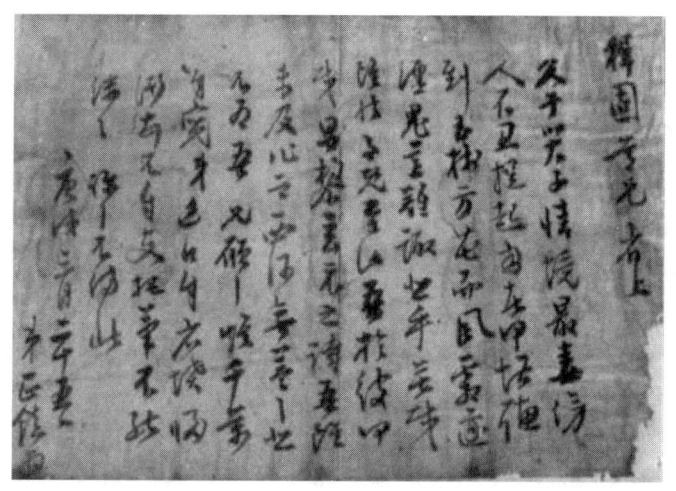

노사 친필 서간문

하였다. 이에 따라 김평묵은 "근세에 선정(先正)을 존숭한 분으로는 노사와 화서가 제일"이라고 기정진을 극찬하기도 하였다.[4] 기정진의 화서학파 문인과의 교유는 노사학파 문인들과 연계되어 학파 간 학문적 실천적 유대로 이어졌고, 한말 위정척사 운동과 의병 활동에서 두 학파는 그 중심에서 활동하였다.

한편, 기정진은 호남을 위시한 기호학계 인물들과 서신을 주고받으며 학문적 관계를 유지하는 한편, 시세(時勢)에 대해서도 의견을 교환하기도 하였다. 특히 그는 당시 기호학계 학자들과의 학문적 토론을 통해 성리학의 주요 주제에 대한 자신의 입장을 제시하는 등 학문 형성에 교유 관계가 주요한 축을 담당하고 있었다. 일례로 기호학맥에 속하는 것으로 추측되는 권우인(權宇仁)과의 교유는 그의 3대 저작 중 하나인 「리통설(理通說)」을 저술하는 직접적인 계기가 되기도 하였다.

---

4 『蘆沙先生文集』, 附錄 卷1, 「年譜」, 戊寅(1878) 8月條.

2. 영남 지역 인사와의 교유

이미 학계에서도 알려진 바와 같이 기정진은 호남뿐만 아니라 영남 지역에서도 적지 않은 문인들을 배출하였다. 직전 제자 600여 명 중 영남 지역, 특히 영남 우도 지역 문인은 20여 명에 불과하지만, 그 영향력은 호남 못지않았다. 노문(蘆門)의 3대 제자 중 한 사람으로 손꼽히는 정재규(鄭載圭)를 비롯하여, 기정진의 행장(行狀)을 작성한 조성가(趙性家), 그리고 최숙민(崔淑民) 등 노사학파 내에서 비중 있는 인물이 이 지역에서 배출되었고, 이들에 의해 기정진 학맥은 영남 지역 내에서 수백 명에 달할 정도로 번성하였다. 이렇게 영남 우도 지역에 기정진 학맥이 뿌리내리게 된 계기는 생전 기정진이 닦아놓은 인적 기반이 크게 작용한 결과였다.

기정진과 교유한 영남 우도 인물들은 대체적으로 노론(老論)에 속하는 인물들이다. 인조반정(仁祖反正) 이후 정권에서 소외된 이 지역 문인들은 노론화 정책이 지속적으로 추진되면서, 일부는 퇴계 문인으로 자정(自定)하였고, 일부는 노론 계열로 편입되는 등 다양한 학맥들이 활동하고 있었다.

기정진은 일찍이 혼맥(婚脈)으로 연결된 정여창 가문을 통해 영남 노론 인사들과 교유 관계를 맺을 기반을 가지고 있었다. 그리고 44세 때(1841) 이 지역을 방문하여 며칠을 유숙하면서 이 지역 학자들과 교분을 맺었고, 이를 계기로 이 지역 인사들과 깊은 관계를 맺게 되었다. 당시 이 지역의 학자들은 특정한 학맥만이 존립했던 것이 아니라 기호학계를 대표하는 여러 학맥들이 병립되어 있었고, 기정진은 이러한 인사들과 학맥을 넘어 자유롭게 교유 관계를 맺었던 것이다.

영남 방문을 계기로 정여창의 후손인 정환필(鄭煥弼, 1798~1859)은 남계서원의 기문(記文)을 요청하였고, 기정진은 기문을 통해 정여창의 학문을 칭송하는 등 돈독한 유대 관계를 지속했다. 그리고 이 지역의 기호 계열 학자인 민재남(閔在南, 1802~1873)을 비롯하여 지역과 학파를 넘어선 교유를 진행하였다.

　민재남은 송래희(錦谷 宋來熙, 1791~1867)의 문인임에도 불구하고 기정진을 방문하여 토론을 하는 등 학문적 유대를 굳건히 하였고, 그의 문하에 있던 학자들을 기정진의 문하로 이끌기도 하였다. 하달홍(河達弘, 1809~1877)의 경우는 서신 왕래를 통해 긴밀한 교유 관계를 유지하면서, 조성가와 같은 지역 내의 출중한 학자들을 기정진에게 보내는 등 학문적 유대에서 남다른 모습을 보였다.

　이 밖에도 19세기 중엽 이후 이 지역에 학문적 영향력을 확대하였던 한주학파 문인들과도 교유하였다. 이진상(寒洲 李震相)을 직접 만나거나 서신 왕래를 하지는 않았지만, 문인 제자들을 통해 간접적으로 그들의 학설을 접하고 자신의 견해를 피력하면서 학문적 동질성을 확인하는 등 교유 관계를 맺었다. 이러한 그의 교유는 이 지역의 문인 제자들을 통해 더욱 깊어져, 한주학파 문인 이외에도 김해 부사로 부임하여 강학 활동을 펼친 허전(許傳) 문인들과도 이어졌다.

3. 중앙의 정계 및 학계 인사와의 교유

　기정진은 일찍부터 학문적 명망을 얻어 주변 인사들로부터 이목을 받았을 뿐만 아니라 중앙 정계에서도 주목을 받았다. 당쟁과 세도정치에 대해 비판적인 인식을 가지고 있었지만, 기정진은 당시 정국을 주도하던 인사들과 직간접적으로 연계될 수밖에 없었다. 물론 이러한 그의 교유는 그가 특정 세력에 편승하여 관직을 제수받으려는 의도가 있었거나 정국에 자신의 영향력을 미치려는 것은 아니었다. 다만, 그의 학문적 명성과 영향력으로 인해 중앙 정계의 주목을 받았던 것이다. 그리고 세도정치기와 대원군 집정기를 거치면서 당대 유림의 지지를 이끌어내고자 하는 정국 운영자들의 의도가 다분히 담긴 유인책에 따른 것이었다.

앞서 밝힌 바와 같이 그는 과거에 급제하기 전부터 중앙 정계의 주요 인물들에게 그 존재를 확인받고 있었다. 숙부인 기재선에 의해 풍양 조씨 세도가인 조종영(趙鍾永, 1771~1829)에게 추천되었고, 처음 상경했을 때 당대 문장가로 명성을 떨쳤던 김매순(臺山 金邁淳, 1776~1840)으로부터 체용(體用)을 겸비한 학자로 평가받기도 하였다. 그리고 1831년 사마시(司馬試)에 급제할 때 주시관(主試官)이었던 홍석주로부터 극찬을 받기도 하였다. 김매순과 홍석주는 모두 당대를 대표하는 문장가이자 관료학자였던 만큼 기정진의 학문과 문장이 중앙 인사들에게 충분히 알려지는 계기가 마련된 것이었다.

철종 대에 접어들어 기정진은 중앙 정계로부터 크게 주목받지는 못했지만, 정원용(經山 鄭元容, 1783~1873)으로부터 천거되어 무장 현감, 사헌부 장령에 제수되기도 하였다. 정원용은 4대에 걸쳐 벼슬살이를 하며 영상(領相)에까지 오른 핵심 관료였던 만큼, 그의 천거로 기정진에게 벼슬이 제수되었다는 것은 그만큼 기정진의 중앙 정계와의 연관성이 적지 않았음을 보여주는 것이라 하겠다. 하지만 이 당시 기정진은 당색에 대해 부정적인 입장을 취하고 있었기 때문에 중앙 정계와 일정한 거리를 두고 있었다.

하지만 고종 대에 접어들어 기정진은 다시 주목을 받게 되고, 사헌부 지평·사헌부 집의·동부승지·호조참의·공조참판 등에 연이어 제수되었다. 이른바 산림직인 남대(南臺)에 오를 정도로 중앙 정계의 주목을 받은 것이다. 그가 고종 대에 중앙 정계와 깊은 관련을 맺게 되는 계기는 그의 제자인 민치완(閔致完, 1838~1911)에 의해 이루어졌다. 영남 산청 출신인 민치완은 대원군 이하응(李昰應) 밑에서 신임을 얻었던 것을 계기로 스승인 기정진을 추천하였고, 「병인소」 등을 통해 중앙 정계에서 확실한 평가를 받고 있던 기정진을 주목하였던 집권 세력은 적극 그를 이끌어내고자 하였다고 하겠다. 당시 고종도 기정진의 대책에 대해 "아뢴 여러 조목은 매우 명백하고 통쾌하여 능히 서양 오랑캐들의 간담을 서늘하게 할 만하다. 그대는 더욱더 훌륭한 방책들을 올려서 나의 지극한 뜻에 부응하도록 하라"고 하여 기정진을 중용하고자 하는 의도를 내비치기도 하였다.[5]

한편, 기정진은 중앙 정계의 실력자 중 한 사람인 윤육(尹堉, 1803~?)과도 친분을 맺고 있었다. 윤육은 부친인 윤오영(尹五榮)과 기정진을 방문하여 관계를 맺었고, 기정진은 그를 통해 윤종의(淵齋 尹宗儀, 1805~1886)와 교유하였다. 윤종의는 호남의 지방관으로 부임하면서 기정진을 내방하는 등 교유를 확대하였고, 10여 차례 이상 서신을 교환하면서 학문과 시세에 대한 의견을 나누기도 하였다.

이 밖에도 성균관 대사성, 이조참판을 지낸 이응진(李應辰)과는 인물성동이(人物性同異)와 심기체질(心氣體質)에 대해 편지를 주고받는 등 학술적 교유를 진행하였고, 병조참판과 좌승지 등을 역임한 민주현(沙厓 閔胄顯, 1808~1882) 등과도 교유하면서 학문과 시국에 대한 의견을 교환하기도 하였다.

---

5 『高宗實錄』卷3, 3년(1866 병인) 8월 16일.

제5장 노사학파의 형성과 전개

　19세기 중반 이후 조선 성리학계의 대표적인 특징 중 하나는 다양한 학파의 분립 현상이다. 이미 조선 중기 이후 사단칠정(四端七情)논쟁을 비롯한 여러 논쟁을 거치면서 특정한 학자를 중심으로 문제 중심의 학문 집단이 형성되었고, 이어 학맥이 이어지면서 학파의 형성과 분화가 진행되어 왔다. 그리고 이러한 학문 중심의 학파는 정치적 이해와 결부되면서 학문과 정치가 긴밀히 연관되는 구조 하에서 존립하고, 때로는 분화가 촉진되기도 하였다.

　대체적으로 조선조 유학은 크게 퇴계를 연원으로 하는 퇴계학파(退溪學派)와 율곡을 연원으로 하는 율곡학파(栗谷學派)가 지역적으로 기호와 영남으로 대별되면서 기호학파(畿湖學派)와 영남학파(嶺南學派)로 구별되는 양상을 보였다. 그리고 이 학파들은 정치적 입장과 연결되면서 대체적으로 율곡 계열은 서인, 퇴계 계열은 남인으로 구별되는 것으로 이해되고 있다. 이 밖에도 조식(曹植), 성혼(成渾) 등 뚜렷한 학맥으로 연결되는 학문 집단이 형성되기도 하였지만, 대체적으로 퇴계와 율곡을 중심으로한 학파가 주도적인 위치를 차지하며 학계와 정계를 주도하였다.

　19세기에 접어들어 조선 유학계는 크게는 기호학파와 영남학파의 구도 하에서 특정한 학맥의 계승 이외에 특별한 사승 관계에 연연하지 않고 독자적인 학문 집단을 형성하는 이른바 학파의 분화가 두드러지게 이루어졌다. 영남학파는 이진상(李震相)을 종장으로 한 한주학파(寒洲學派), 장복추(張福樞)를 연원으로 한 사미헌학파(四未軒學派) 등이 활동하고 있었고, 기호학계 내에서는 이항로를 중심으로 한 화서학파

(華西學派), 송병선을 중심으로 한 연재학파(淵齋學派), 유신환을 중심으로 한 봉서학파(鳳棲學派), 임헌회를 이어 전우로 이어지는 간재학파(艮齋學派), 박세화를 정점으로 한 의당학파(毅堂學派) 등 다양한 학파가 병립하고 있었다. 기정진을 위시한 노사학파(蘆沙學派)도 이러한 학파 중 한 학파로서 적지 않은 영향력을 미치고 있었다.

1. 노사학파의 형성과 학문 계승

기정진은 의도적으로 학문 집단을 형성하려 한 것은 아니었던 것으로 여겨진다. 하지만 일찍부터 학문적 명성이 알려졌고, 더구나 산림 직에 오를 정도로 정치적으로도 영향력을 가진 학자였던 만큼 그의 문하에는 자연스럽게 다양한 지역의 학자들이 모여들었다.

「연보」에 따르면 10대 때부터 인근의 학동(學童)들이 몰려들었다는 기록이 있는데, 이를 근거로 유추해볼 때 일찍부터 그의 문하에 문인 집단이 형성될 기초가 마련되었던 것으로 파악된다. 그리고 40대에 접어들어 본격적으로 문인들을 받아들여 학파다운 면모를 갖추어 나간 것으로 보인다.[1]

특별한 사승 관계를 가지지 않은 기정진의 입장에서 일찍부터 형성된 주변 학자들과의 교유 관계, 그리고 특히 제자들과의 격의 없는 대화와 토론은 그의 학문을 체계화하는 데 적지 않은 영향을 미쳤다. 그는 제자들과의 학문적 토론을 통해 자신의 학문적 입장뿐만 아니라 시세(時勢)에 대한 견해 등을 폭넓게 제시하는 등 학문과 경세(經世)

---

1 김봉곤은 최근 연구를 통해 기정진 문인들의 출생년도와 급문 시기를 분석하였고, 호남과 영남으로 문인들을 나누어 상세히 분석하였다. 그리고 학파 문인들의 학설 계승과 삼정책을 상세히 분석하였다. 김봉곤, 「노사학파의 형성과 활동」, 한국학중앙연구원 박사학위 논문, 2007. 8 참조.

에 대한 입장을 적극적으로 피력했다. 그리고 제자들의 질정은 그의 학문적 입장을 숙고(熟考)하는 계기가 되었고, 동시에 자신의 학문 체계를 가다듬는 밑거름이 되기도 하였다.

그의 사후에 편집된 『답문류편(答問類編)』은 이러한 사실을 확인할 수 있는 좋은 자료이다. 1890년 편집되고 1891년 간행된 『답문류편』은 총 15권으로 구성되어 있다. 권1의 도체(道體)를 비롯하여 성명(性命)·심성정(心性情) 등 주요 성리학적 주제, 『소학(小學)』·『대학(大學)』 등 경전에 대한 논의, 주돈이(周惇頤)·장재(張載)·정호(程顥)·정이(程頤)·주희(朱熹) 및 제유(諸儒)에 대한 입장, 관혼상제(冠婚喪祭) 및 방례(邦禮) 등에 대한 예론(禮論), 그리고 사론(史論) 등 폭넓은 주제에 걸친 기정진과 문인 간의 문답이 정리되어 있다. 문인과의 문답 주제는 물론이거니와 내용을 통해 볼 때 기정진은 문인들과 격의 없는 대화와 토론을 통해 자신의 학문 체계를 구체화하고 전수하였을 뿐만 아니라 문인 상호간의 학문적 일체감을 꾀하고 있음을 확인할 수 있다. 이러한 학문적 입장의 공유는 훗날 기정진의 학설에 대한 기호학계의 비판에 맞서 반비판을 전개하는 데 크게 기여하였고, 학파 내의 단합과 연대에 영향을 미쳤다.

한편, 노사학파는 기정진이 활동하고 있던 호남 지역은 물론 영남 우도 지역에도 상당수의 제자들을 배출하고 있다. 장성을 중심으로 담양, 광주, 화순, 고창 등 호남 지역뿐만 아니라 진주, 하동, 삼가 등 영남 우도 지역, 그리고 충청도 일부 지역에 직전 제자들을 배출하였다. 『노사선생연원록(蘆沙先生淵源錄)』에는 기정진의 직전 제자, 재전 제자 및 삼전 제자의 명단이 게재되어 있는데, 직전 제자의 수는 594명에 이르고, 재전 제자 및 삼전 제자의 수를 합하면 수천 명에 이를 정도로 커다란 문인 집단을 형성하였음을 확인할 수 있다.

직전 제자 중 90% 이상이 호남 지역에 분포하지만, 영남 지역 문인들의 학파 내 영향력도 간과할 수 없을 정도로 매우 컸다. 일례로 기정진을 종향(從享)한 장성의 고산서원에는 당초 조성가(月皐 趙性家, 1824~1904), 이최선(石田 李最善, 1825~1883), 김록휴(莘湖 金祿休, 1827~1899), 조의곤(東鳴 曺毅坤, 1832~1893), 정재규(老柏軒 鄭載圭, 1843~1911), 기우만(松沙 奇宇萬, 1846~1916) 등 6인이 배향되었는데, 그 중 조성가와 정재규는 각각 하동과 삼가 출신인 영남 문인이었다. 그만큼 문인 전체 숫자에 비해 영남 문인들의 영향력이 상당하였다.

위에 열거한 문인 이외에도 김석구(大谷 金錫龜, 1835~1885), 정의림(日新齋 鄭義林, 1845~1910)이 추후 배향되어 현재 고산서원에는 8인의 문인이 배향되어 있으며, 이들 중 김석구, 정의림, 정재규는 기정진 생전부터 문인 내부에서 학문적 역량을 인정받아 훗날 노사학파의 3대 제자로 일컬어졌다. 이 밖에 고산서원에 배향되지는 않았지만 직전 제자 중 손꼽히는 인물로는 김한섭(吾南 金漢燮, 1838~?), 정시림(月坡 鄭時林, 1833~?), 이희석(南坡 李僖錫, 1841~1904), 오준선(後石 吳駿善, 1851~1931), 기삼연(省齋 奇參衍, 1851~1908) 등이 있다.

기정진의 직전 제자들은 폭넓은 강학 활동을 통해 수많은 문인들을 배출하였다. 기우만을 비롯하여 정의림, 정재규 등을 통해 배출된 재전 제자의 숫자는 1천여 명을 상회하였고, 지역적으로도 더욱 확대되었다. 특히 직전 제자들은 강학 활동을 통해 기정진 대에 비해 월등히 많은 문인들을 배출하면서도 학문적 일체감을 더욱 강화하였다. 이들은 기정진의 문집을 사후 3년 만인 1882년에 간행하고, 이어 중간본을 발행하는 등 스승의 성리설을 계승하는 작업을 진행하면서 학파 내 학문적 일체감을 강화하였다. 그리고 기정진이 제기한 위정척사 사상을 계승하여 실천적인 위정척사 운동을 전개하였고, 19세기 말에 이르러서는 의병 활동을 통해 강한 의리 정신을 구현하고자 하였다.

재전 제자 중 대표적인 문인으로는 기우만 문하의 이종택(六峰 李鐘宅, 1865~?), 공학원(道峯 孔學源, 1869~1939), 양회갑(正齋 梁會甲, 1884~?),

김진현(雲坡 金珍鉉, 1878~?)을 비롯하여, 정재규 문하의 남정우(立巖 南廷瑀, 1869~1947), 정기(栗溪 鄭琦, 1879~?), 권재규(松山 權載奎, ?~?) 등을 손꼽을 수 있다. 이들도 학파의 연원인 기정진의 성리설을 계승하는 데 전력을 기울였으며, 강학 활동을 통해 많은 문인들을 배출하였다.

기정진의 대표적인 문인들은 기정진의 학문과 사상을 한두 번의 서신 왕래나 강학만을 통해 익힌 것이 아니었다. 그들은 수십년간 기정진의 문하에서 강학과 토론을 함께 하며 그의 학문을 전수받고 계승하였다. 그리고 기정진과 마찬가지로 출사보다는 초야에서 학문 연구에 진력하며, 강한 도학 정신으로 19세기 후반과 20세기 초반의 민족사적 전환기에 척사위정의 대표적 학파, 한말 의병의 선구로 자리 잡았다.

후술하겠지만 『노사집(蘆沙集)』 중간(重刊) 이후 기정진의 학문에 대한 기호학파 내부의 반발과 비판에 대해 적극 대응하여 기정진의 학문을 대내외에 천명한 것은 20세기 초반 성리학계의 가장 큰 이슈 중하나였다. 이최선의 경우는 「독외필(讀猥筆)」을 지어 기정진의 리기설을 다시 한 번 확인시켰고, 정재규는 당시 기호학파의 중심인물이었던 전우(田愚)가 그의 스승의 주저인 「외필」과 「납량사의」에 대해 비판을 가하자 반비판서를 저술하여 새로운 학술 논쟁을 이끌기도 하였다. 전우와의 논쟁은 그의 제자 정기(鄭琦), 공학원 등 많은 문인들에게까지 이어지기도 하였다. 이 논쟁이 심화되면서 기정진의 성리설은 노사학파 내에서 완전히 자리를 잡게 되었다.[2]

---

2 기정진의 성리설 비판에 대한 반비판서를 작성한 문인과 저술로는 李最善(石田, 1825~1883), 「讀猥筆」(『石田集』) / 崔琡民(溪南, 1837~1905), 「辨田艮齋凉議記疑」(『溪南集』) / 鄭載圭(老柏軒, 1843~1911), 「猥筆辨辨」, 「納凉私議記疑辨」(『老柏軒集』) / 鄭義林(日新齋, 1850~1910), 「辨田愚所著蘆沙先生納凉私議記疑」, 「辨田愚所著蘆沙先生猥筆辨」(『日新齋集』) / 孔學源(道峯, 1869~1939), 「辨猥筆辨」(道峯集」) / 鄭琦(栗溪, 1879~1950), 「猥筆後辨辨」(『栗溪集』) / 黃澈源(重軒, 1879~1950), 「納凉私議記議辨」, 「納凉私議記疑追錄辨」, 「猥筆辨辨」(『重軒文集』) / 權雲煥(明湖, ?~?), 「納凉私議記疑小箭」, 「納凉私議記疑追錄小箭」, 「猥筆辨小箭」(『明湖文

또한 기정진의 문인들은 대내외적 혼란이 점증되어가는 가운데, 당시 현실에 대한 인식도 기정진의 그것을 계승·발전시켰다. 그들은 강인한 기개와 절의로 척사위정의 길을 걸으며 한말 의병을 이끌어 화서학파와 함께 척사위정의 대표격으로 평가받고 있다.

기정진 생전에도 이최선 같은 문인은 「삼정책(三政策)」(1862)을 올려 기울어가는 내정에 대해 성리학적 현실관에 바탕한 적극적인 시무책을 펼치기도 하였다. 또한 기양연(奇陽衍, 1827~1895)은 토지개혁론을, 강인회(姜寅會, 1807~1880)와 안중섭(安重燮, 1812~1883)은 삼정부분개혁론을, 그리고 나도규(羅燾圭, 1826~1885)와 정하원(鄭河源, 1827~1902)은 삼정개선론을 각각 주장하였다.[3]

병인양요와 을미사변 등 서양과 일본 제국주의 침탈에 대해 기정진의 문인들은 격렬한 저항을 지속해 나갔다. 대부분의 제자들은 항일 의병 활동에 참가하여 호남 의병을 이끌었으며, 특히 기정진의 손자인 기우만은 을미사변이 일어나자 친일파 축출과 단발령 철회를 요구하는 상소를 올리고, 의병을 일으켜 호남의병장에 오르기도 하였으며, 『호남의사열전(湖南義士列傳)』을 저술하여 강인한 항일 정신의 맥을 기록하기도 하였다.

노사학파는 기정진 성리설의 계승과 구한말 제국주의 침략에 대한 국권 회복 운동을 주도하며 지금까지도 호남 유림의 대표적인 학파로 자리잡고 있다. 근현대사의 대표적인 민족주의자인 송진우(宋鎭禹)가 기정진의 종질이자 노사학파의 대표적 문인인 기삼연(奇參衍)에게서 학문을 익혀 유학의 종지와 독립 사상을 고취시켰다는 사실은[4] 기

集』) 등을 손꼽을 수 있다. 박학래, 「기호학파의 이기론—田愚의 蘆沙說 비판에 대한 鄭載圭의 반비판을 중심으로」, 『한국사상사학』 제19집, 2002, 448쪽 참조.

3 자세한 내용은 김봉곤, 「노사학파의 형성과 활동」, 한국학중앙연구원 박사학위 논문, 2007. 8, 195~223쪽 참조.

4 송진우는 기정질의 종질인 기삼연에게서 학문을 익혀 유학의 종지와 독립 사상을 고취했으며, 그의 호 고하(古下)도 기삼연이 지어주었다고 한다. (「古下 宋鎭禹 선

정진을 종장으로 한 노사학파의 학문이 조선 말기 성리학, 척사위정, 한말 의병에만 국한된 것이 아니라 근현대사에서도 지속적으로 계승되어왔음을 시사한다고 하겠다.

2. 노사학파의 위상

앞서 살펴본 바와 같이, 기정진은 생존 당시부터 거대한 문인 집단을 형성하고 호남을 넘어 영남까지 그 영향력을 확대하며 학문적인 면에서나 현실에 대한 실천적인 면에서 큰 영향력을 발휘하였다. 그리고 기정진 사후 빚어진 학문 시비 속에서도 노사학파 문인들은 기정진의 학문과 위정척사 정신을 계승하는 한편, 제국주의 침탈과 한일합방으로 이어지는 격변기에 의병 활동을 주도하는 등 영향력 있는 문인 집단으로서의 모습을 보여주었다.

이렇듯 기정진이 영향력 있는 호남을 대표하는 성리학자이자 영향력 있는 문인 집단을 형성할 수 있는 배경에는 그의 가계 및 인맥과 깊은 관련이 있다고 할 수 있다. 그는 비록 기호학파의 연원적 인물 중 한 사람인 기대승(奇大升)을 배출한 호남의 대표적인 가계인 행주 기씨 가문 출신이지만, 기정진 선대에는 그리 부각되는 유력한 학자를 배출하지 못하였다. 8대조인 기효간(奇孝諫)이 김인후(金麟厚)와 이항(李恒)의 문하에서 수학했고, 5대조인 기정익(奇挺翼)이 송시열(宋時烈)에게 수학하여 노론으로 위치지워졌지만, 이후 기정진 대에 이르기까지 특별히 학문적 자취를 남긴 인물이 부각되지는 않은 상태였다. 그러나 서서히 가문이 번성하고 과거 합격자들을 다수 배출하였고, 기정진도 어려서부터 학문적 탁월성을 인정받아 주변 인사로부터 주목

생의 스승 奇參然」, 『省齋 奇參衍先生傳』 참조)

을 받게 됨에 따라 호남의 주요 가문들과 두터운 관계를 수립할 수 있게 되었다.[5]

앞서 살펴본 바와 같이, 기정진은 혼인을 통해 호남의 대표적인 명문 세족인 김인후 집안의 명성과 인맥을 보유할 수 있게 되었고, 이를 통해 김인후 후손 가문은 물론 호남 및 영남의 유력 가문과 깊은 관계를 가지게 되었으며, 그의 영향력이 확대되는 기반으로 작용하였다. 실제로 기정진은 김인후 및 정철 후손들 중에서 다수의 문인을 배출하였다.

또한 기정진은 행주 기씨와 송시열 가문과의 통혼을 통해 인맥을 형성하게 되어 송시열 후손들과는 깊은 관계를 맺게 되었다. 이러한 혼맥 등을 통한 인맥 형성, 교유, 그리고 유력 인사와의 빈번한 접촉은 그가 호남의 핵심 인물로 부상하는 데 밑거름이 되었고, 그 결과 중앙 정계에서 그를 주목하게 되었다. 그리고 그의 문인 집단이 호남을 넘어 영남 지역으로까지 확대되는 데 결정적인 역할을 한 것으로 이해할 수 있다.

특히 호남 사림 형성기인 16세기 호남 사림의 중심적인 인물의 가계와 직간접적으로 인적 관계를 형성하고, 이들의 인적 물적 후원을 받을 수 있게 되었다는 것은 호남 유학의 새로운 전환을 의미한다고 하겠다. 고영진의 연구에 따르면,[6] 16세기 호남 사림은 사림정치기를 거치면서 서경덕(徐敬德) 계열과 송순(宋純) 계열로 크게 나뉘고, 기축옥사(己丑獄死) 이후 호남의 주도권은 정철을 위시한 송순 계열에게 귀착되는 것으로 정리된다. 송순 계열은 이후 문학에의 경도 및 인조반정(仁祖反正)을 계기로 주도권이 김장생(金長生), 송시열 등으로 이어

---

5 김봉곤의 연구에 따르면, 장성에 세거하던 기정진 집안은 순조 대부터 철종 대, 그리고 대원군 집권기에 걸쳐 과거 급제자를 다수 배출하면서 호남 일대를 대표하는 명문 가문으로 성장하였다. 김봉곤, 「노사 기정진의 교유관계와 인맥」, 296~298쪽 참조.
6 고영진, 「16세기 유학사상의 전개와 그 특성」, 『남명학연구』 3, 1993. ; 「호남사림의 학맥과 사상」, 『한국유학사상대계Ⅱ』, 한국국학진흥원, 2005.

지면서 독자성을 상실하는 것으로 정리되고 있다. 다시 말해 17세기 중반 이후 퇴계학파와 율곡학파로 학계가 재편되고 이들의 학설을 묵수하는 방향으로 나가게 됨에 따라 호남 사림은 독자적인 학파를 만들어내지 못해 학계에서 주도권을 잃고 율곡학파 등에 개별적으로 흡수되어갔다는 것이다.

이러한 선행 연구를 검토하면서 주목되는 것은 호남 사림이 타지역의 사림과 비교하여 독자적인 세력화를 기하고 성리학의 발전을 주도하는 중심 세력의 하나였던 16세기의 대표적인 인물인 김인후, 기대승, 정철 등 송순 계열 사림의 유산과 인맥, 그리고 가계가 시대를 뛰어넘어 고스란히 기정진에게 연결되고 있다는 점이다. 즉 송순 계열의 인맥과 학맥이 기정진에게로 집중되고 있는 것이다. 시론적 (試論的) 접근이기는 하지만, 이것은 호남 사림이 17세기 이후 중앙 정계에서 멀어지고 주변부화되는 양상에서 벗어나 19세기에 접어들어 기정진을 통해 16세기의 인맥과 학맥이 다시 결집되는 것을 의미하고, 기정진의 학문적 탁월성과 명망을 통해 이룩된 노사학파는 16세기 호남 사림의 부흥으로 파악될 수 있다는 것이다.

기정진은 가계와 혼맥 등을 통해 16세기 호남 사림과 연결될 뿐만 아니라 임진왜란 당시 의병으로 활약했던 인물들에 대한 여러 글들을 남기고, 호남 여러 문중의 족보 서문 등을 집필하는 등 호남 사림의 중심 역할을 하고 있으며, 이를 기반으로 영남으로까지 그 영향력을 확대하였다. 그리고 당시 호남 사림은 기축옥사로 인해 서경덕 계열 가문은 그 명맥만 유지할 뿐 영향력 면에서는 그리 비중이 높지 않았음을 고려한다면 기정진은 16세기 호남 사림 형성기의 학맥과 사상을 결집시켜 독자적인 세력화를 꾀하고 학계의 비중 있는 위상을 건립한 것으로 평가 가능하다.

이런 점에서 볼 때, 인적 기반을 바탕으로 기정진은 명실상부하게 초창기 호남 사림의 유산을 계승하여 학술 활동을 전개하였고,[7] 일찍부터 문인 집단을 형성하여 유림 내부의 위상과 비중을 강화하였으며, 나아가 정치적 영향력을 발휘할 수 있게 되었던 것이다. 따라서 기정진을 중심으로 형성되고 전개된 노사학파는 19세기 이후 조선 말기 유학계에서 큰 비중을 차지하는 동시에, 조선 성리학계에서 16세기의 호남 유학 유산을 고스란히 계승한 중심 학맥이라 평가할 수 있고, 아직까지 그 유산이 영향력을 발휘하고 있다고 하겠다.

---

7 퇴계와 고봉의 사칠논변에서 드러나는 기대승의 입장, 특히 사칠론을 마무리하면서 보였던 그의 이기심성론 경향이 기정진의 논의와 유사한 점이 있다. 리기일체관을 전제로 논의를 진행한 기정진의 이기설과 기대승의 이기론이 유사한 점이 있고, 기대승이 의미상으로 퇴계의 리발을 긍정했던 측면이 그러한 예라고 할 수 있다. 기정진의 이기심성론이 율곡의 학설에 대한 비판적 계승의 측면이 있지만, 한편으로는 율곡 이기심성론의 근간이 되는 고봉 성리설에 대한 계승적 측면도 있음에 유의한다면 16세기 호남 사림의 성리설과 기정진의 성리설의 연관 구조에 대한 해명을 통해 호남 성리학의 학풍을 사적인 측면에서 드러낼 수 있을 것이라 생각된다.

제 *2* 부

기정진의 학문 세계

제1장 한말 성리학계의 동향과 기정진의 위상

1. 학파의 분화와 논쟁의 가열

19세기에 접어들어 조선 성리학계는 이전 시기와는 전체적으로 차별화되는 양상을 보이고 있었다. 당시 정권을 장악하고 있던 서인 계열의 집권 노론 세력은 18세기 호락논쟁을 거치면서 학문적으로 분화 현상을 뚜렷하게 보였고, 이어 낙론 계열의 후예가 정권을 장악하면서 맞이한 세도정치기를 거치면서 적어도 기호학계는 학파의 분화에 있어 이전보다 더욱 가속화되는 양상을 보이고 있었다.

이러한 학계의 변화는 당시 정치 경제적 변화 현상과 맞물려 있기도 하였다. 정치뿐만 아니라 경제 문화적 중심이었던 서울과 인근 지역이 18세기 이후 지속적으로 상공업이 발달하고, 이로 인해 경제적 성장이 뚜렷해지면서 이른바 경화벌열(京華閥閱)이 형성되고, 지방도 사회 변화와 맞물려 기존의 사족 지배 체제가 약화되면서 수령권이 강화되는 등 변화 현상이 뚜렷해지면서 경향(京鄕) 분기 현상이 드러났다. 경향 분기 현상에 따라 성리학계도 중앙 학계와 지방 학계가 차별화되는 학문적 성향을 보이기 시작하였고, 학계의 분화도 가시화된 것이다.[1]

다양한 학문 조류에 대응하며 새로운 학문적 경향을 보였던 서울 중심의 학계와는 달리, 율곡에 대한 존숭과 학문적 계승의 입장을 보

---

1 고영진, 「기정진학파의 학통과 사상적 특성」, 『대동문화연구』 39, 성균관대학교 대동문화연구원, 2001, 198쪽.

였던 지방의 학계는 성리학의 주요 쟁점들에 대한 다양한 시각차가 드러나면서 분화의 조짐이 더욱 심화되고 있었다. 그리고 19세기 중반 이후에는 뚜렷한 학문적 성취를 이룬 특정 학자를 중심으로 다양한 문인 집단이 형성되었다. 물론 영남 학계도 학파의 분화 현상이 드러나지 않은 것은 아니지만, 기호학계의 학파 분화는 더욱 뚜렷하게 드러났다. 전대부터 이어져온 특정한 사승 관계 하에서 학맥을 잇는 인물을 중심으로 문인 집단이 형성되기도 하였지만, 사승 관계에 얽매이지 않은 몇몇 학자들에 의해서도 문인 집단이 형성되어 학파의 분화가 가속화되기도 하였다.

기호학계의 대표적인 문인 집단으로는 뚜렷한 사승 관계 없이 독자적인 학문 영역을 구축한 대표적인 학파인 경기도 지역의 이항로(華西 李恒老, 1792~1868) 계열의 화서학파(華西學派)를 비롯하여, 충청도와 전라도에 많은 문인을 배출하면서 송시열의 가학적 전통을 계승한 송병선(淵齋 宋秉璿, 1836~1905) 계열의 연재학파(淵齋學派), 19세기 초반 산림직을 맡아 중앙은 물론 지방의 학계에까지 적지 않은 영향력을 발휘한 낙론 계열의 홍직필(洪直弼)−임헌회(鼓山 任憲晦, 1811~1876) 학맥을 계승한 전우(艮齋 田愚, 1841~1922) 계열의 간재학파(艮齋學派), 오희상(吳熙常)을 연원으로 한 경기 지역의 유신환(鳳棲 兪莘煥, 1801~1859) 계열의 봉서학파(鳳棲學派), 충청도에서 활동한 박세화(毅堂 朴世和, 1834~1910) 계열의 의당학파(毅堂學派), 그리고 호남을 중심으로 영남 우도까지 그 영향력을 확대한 기정진 중심의 노사학파(蘆沙學派) 등을 손꼽을 수 있다. 이 밖에도 충청도에서 호론(湖論)의 학맥을 계승한 김복한(志山 金福漢, 1860~1924), 이설(復菴 李偰, 1850~1906) 등 다수의 크고 작은 문인 집단이 연이어 출현하는 등 다양한 문인 집단이 형성되고 있었다.[2]

---

2 19세기 한말 도학파의 분화에 대한 대체적인 내용은 금장태·고광직, 『유학근백년』(박영사, 1984) 등 참조.

다양한 학파의 분기 배경에는 기본적으로 18세기 호락논쟁으로 인한 기호학계의 분열과 이에 따른 학문적 갈등의 심화, 그리고 기호학계의 연원이 되는 율곡 성리설 계승에 있어서의 다양한 입장차 등이 게재되어 있었다. 그리고 이러한 학문적 입장차는 주자성리학에 대한 깊이 있는 탐색으로 이어졌고, 이에 따라 각 학파의 학문적 성격을 가늠하는 자가설(自家說)의 제기가 드러나 전대 성리논쟁에 대한 논란과 더불어 각 학파의 학문에 대한 쟁론이 벌어졌다. 19세기 중반 이후 불거진 기호학계의 학파간 논쟁은 개인 차원의 논쟁을 넘어 학파간 논쟁으로 확대되었고, 이러한 학문 논쟁은 각 학파의 학문적 결속을 강화하는 계기가 되었을 뿐 아니라 조선 성리학의 전반을 근본적으로 검토하는 반성의 기회가 되기도 하였다.

19세기 중반을 전후한 시기까지도 기호학계의 최대 논란은 호락논쟁이었다. 인성과 물성의 동이(同異)를 중심으로 다양한 학문적 주제에 대한 논변으로 확대된 이 논쟁은 18세기는 물론 20세기 초반까지 지속적인 학문적 관심 대상이었다. 그리고 화서학파 주도로 진행된 심설(心說) 논쟁을 비롯한 명덕(明德) 논쟁 등도 핵심적인 논쟁거리 중 하나였다.

화서학파 주도로 진행된 일련의 논쟁이 지속되면서 화서학파와 간재학파 간의 상반된 학문적 입장이 선명히 부각되었다. 이와 더불어 화서학파 문인들은 봉서학파 문인들과 문학론(文學論)을 둘러싸고 논란을 빚어, 화서학파에 대하여 간재학파와 봉서 계열 일부 문인들이 연합하는 양상이 빚어지기도 하였다.[3] 특히 낙론의 적통을 계승하면서 기호학계의 중심 맥락에 위치했던 전우(田愚)는 화서학파를 비롯한 여러 학파의 성리설에 대해 전방위적으로 비판을 가하며 논쟁의 중

---

3 정민, 「봉서 유신환의 고문관」, 『한국학논집』14, 1988 ; 「운양 김윤식의 문론고」, 『한국학논집』13, 1987 참조.

심에 위치하였고, 그의 논쟁적 태도는 그의 문인들에게도 이어져 여러 성리학적 주제에 대한 학파간 논쟁으로 비화되기도 하였다. 아울러 전우 자신의 학문적 탐색을 통해 구축한 성사심제설(性師心弟說) 등을 둘러싸고 같은 기호 계열인 연재학파 문인들과 생전부터 논란을 벌이기도 하였다.

이와 같은 일련의 기호학계의 논쟁은 학파간 연대와 대립으로 이어져, 때로는 특정 주제에 대해 학문적 연대가 진행되다가도 다른 주제에 대해서는 각기 다양한 입론의 양상을 보여주며 대립하는 등 연대와 대립이 착종하는 현상을 드러내기도 하였다. 하지만 그들의 학문은 기본적으로 주자성리학의 계승적 면모가 두드러졌고, 동시에 송시열을 중심으로 하는 노론의 정치적 입장—대표적으로 숭명배청을 이은 척사론—에서는 동일한 지향점을 보여주어 비록 처세에 있어 소극적 대응으로부터 강한 실천적 지향 등 다양한 모습이 드러났지만 한말 위정척사와 의병 활동에서의 뜻은 한가지였다.

2. 주리설의 강화와 기정진

앞서 밝힌 19세기 중엽 이후 기호학계에서 본격화되는 학술 논쟁과 학파 분화의 구도 하에서 기정진은 비교적 소극적인 태도를 보여주었다. 여러 학술 논쟁에 직접 참가하지는 않았지만, 그렇다고 학술계의 동향에 무관심으로 일관한 것은 아니었다. 비록 논쟁의 주체로 참여하지는 않았지만 그는 일련의 학술 논쟁에 대해 지속적인 관심을 표명하였고, 이에 대한 자신의 견해를 확인하였다. 특별한 사승 관계가 없었던 만큼 기정진은 객관적으로 기호학계의 여러 논쟁점에 대해 주의를 기울였고, 학문적 명망이 높아감에 따라 문인들이 모여들어 하나의 문인 집단을 형성하면서 제자들과 주변 여러 학자들의 질정을 통해 자신의 학문적 입장을 구체화하였다.

흔히 '유리론(唯理論)'[4] 내지 '리일원론(理一元論)'[5]으로 평가받는 기정진은 기실 당대 다른 학자들에 비해 성리설의 양이 많지 않다고 할 수 있다. 3대 저작으로 평가받는 「납량사의(納凉私議)」, 「리통설(理通說)」, 그리고 「외필(猥筆)」 등을 제외하면 서너 편 정도의 잡저 형태의 저작만이 있을 뿐이다.[6] 하지만 그는 깊이 있는 사색과 특히 교유인사 및 문인과의 거침없는 토론을 통해 자신의 학문적 입장을 체계화하였다. 그의 이러한 학문 과정은 조선 성리학 전반에 대한 반성적 고찰의 계기를 마련해주었고, 호락논쟁을 위시한 조선 성리학의 여러 논쟁점, 리기심성론 전반에 걸친 자신의 학설을 수립하는 기초로 작용하였다.

40대 중반 이후부터 체계화된 그의 학문은 이항로와 마찬가지로 리 중심의 이론 체계였고, 이는 기호학계의 전통적인 학문과는 일정한 거리가 있는 것이었다. 그래서 그의 사후에 빚어진 연재학파와 간재학파를 중심으로 한 비판과 기정진 문인들의 반비판은 20세기 초반 기호학계의 최대 논쟁 중 하나로 비화되었다. 그만큼 기정진의 학문은 기호학계의 전통적인 입장을 수정하면서 제기되었던 것이다.

---

4 현상윤이 그의 주저인 『조선유학사』에서 기정진의 리기론을 유리론으로 평가한 이래 일반적으로 기정진의 리기론을 유리론으로 평가하는 경향이 지배적이었다. 하지만 최근 들어 이에 대한 반성적 고찰도 제시되고 있다. 유리론에 대한 비판적 검토는 이상익의 「奇正鎭 性理學의 재검토」, 『철학』52, 1997. ; 이상호의 「노사 기정진의 성리설에 관한 재검토」, 『유교사상연구』7, 1994. 참조.

5 리일원론이라는 평가는 김형찬에 의해 제기되었다. 김형찬, 「이기론의 일원론화 연구」, 고려대 박사학위 논문, 1996, 참조.

6 기정진의 성리설이 본격적으로 드러난 저작은 3대 저술로 평가받는 「납량사의(納凉私議)」, 「리통설(理通說)」, 그리고 「외필(猥筆)」 이외에 「답인문(答人問)」, 「우기(偶記)」, 「정자설(定字說)」, 「형질기질설(形質氣質說)」 등 10편에도 미치지 못한다. 하지만 그의 사후에 제자인 정재규(鄭載圭), 김현옥(金顯玉) 등에 의해 편찬된 「답문류편(答問類編)」을 확인하면 그가 얼마만큼 다양한 성리학적 주제에 몰두하였는지를 확인할 수 있다. 저술을 통해 확인할 수 있는 기정진의 학술 면모는 그의 학문이 문인과 교유 인사와의 토론을 통해 구체화되었다는 것이다.

 이런 점을 고려할 때, 기호학계의 다양한 학파 분화라는 구도 하에서 드러난 기정진 학문의 특징적인 면모 중 하나는 율곡 리기심성론에 대한 주리적 계승의 측면이다. 이 특징은 이항로와 더불어 기호학계를 뒤흔들었고, 그 강도에 있어서도 전대에 비해 두드러졌다고 하겠다.

 율곡 리기심성론의 주리적 계승 면모는 기정진이나 이항로에게만 한정된 것은 아니었다. 비록 율곡설의 충실한 계승자로 평가받았던 전우가 기정진과 이항로의 리기심성론에 대해 신랄한 비판을 가하였지만, 그의 입장이 율곡설의 교조적 계승에만 머물렀던 것은 아니었다. 전우는 비록 심시기(心是氣) 등에 대해 비판적인 태도를 보인 화서학파와 기에 대한 리의 적극적인 주재를 강조한 기정진에 적대적인 입장을 드러냈지만, 그 자신도 성사심제(性師心弟) 등의 자가설을 통해 리를 중시하는 면모를 드러냈다. 이러한 점을 고려한다면 기호학파 전체는 아니지만 대체적으로 한말 기호학계는 전반적으로 성즉리(性卽理) 명제를 적극적으로 수용하는 전제 하에서 전대에 비해 리를 강화하는 방향으로 논의를 전개하고 있었다고 하겠다.

 기정진의 경우도 이러한 기호학계의 지형 아래에서 율곡이 리기호발설(理氣互發說)을 부정하고 기발리승(氣發理乘)을 수용한 전제 하에서 기에 대한 리의 철저한 주재성을 강화하면서 리존무대설(理尊無對說) 등을 제기하면서 리 중심의 리기론을 제시하였고, 이러한 그의 학문은 일찍부터 화서학파와 공유하는 측면이 두드러져 기호학계를 주도하는 중심 위치에 자리하게 되었다.

 기정진은 학문적인 면에서만 괄목할 만한 성취를 이루어 기호학계의 중심적인 지위에 오른 것은 아니었다. 후술하겠지만 그는 학문적 명성과 더불어 중앙 정계의 주목을 받았고, 유림 내부에서도 신망이 두터워 호남을 대표하는 학자로 평가받았다. 특히 대원군 집정기(執政期)에 만동묘가 훼철되자 호남 유림을 대표해 상소문을 쓸 정도로 호남을 대표하는 학자로 인정받고 있었으며, 비록 전시대에 비해 그 영향력은 약화되었지만 산림 직에 오를 정도로 정치적 영향력도 적지 않았다.

위와 같은 점을 고려할 때 기정진의 위상은 생전부터 기호학계에 손꼽히는 학자이자 호남 유림을 대표하는 명망가였다고 평가할 수 있다. 특히 그의 행적을 고려할 때 눈에 띄는 점은 리 중심의 리기론 체계와 이에 근거한 심성론의 전개라 할 수 있으며, 이러한 점은 그가 성리학적 가치 질서를 재공고화하고 대내외적 모순을 타개하는 현실 대응의 전략인 위정척사의 이론적 기반으로 작용했다고 하겠다.

제2장 리일분수를 통한 호락논쟁의 비판적 지양

　　조선 성리학 6대가 중 한 사람,[1] 내지 근대 유학 3대가 중 1인으로 평가받는 기정진이 자신의 학문을 구체화하면서 가장 관심을 두었던 주제 중 하나는 18세기 기호학계에서 제기되어 19세기까지 논란이 되었던 호락(湖洛)논쟁이었다. 「연보」에 따르면 기정진은 성리(性理)에 대해 자주 이야기하지 않았지만, 당시 성(性)을 논하는 사람들이 리(理) 와 분(分)의 경계에 대해 어두워 호락으로 분열되고 주기의 설이 횡행하여 부득이 논의를 하였다고 한다. 그만큼 기정진 당대 학계의 주요 관심사 중 하나는 호락논쟁이었다.[2]

　　호락논쟁은 기호학계의 적전(嫡傳)으로 평가받는 송시열의 고제(高弟) 중 한 사람인 권상하(權尙夏)의 문하에서 촉발된 논쟁이다. 권상하의 문인인 이간(李柬)과 한원진(韓元震)의 견해가 인물성동론(人物性同論)과 이론(異論)으로 각각 나뉘고, 그 논변이 진행되면서 해결의 실마리를 찾지 못하고 지속되어 스승 및 동료 학자들에게까지 파급되고 논의 주체와 주제가 확대되었다. 그리고 이 논변이 권상하 문하의 이른바 '강문팔학사(江門八學士)'뿐만 아니라 기호학계 전반으로 파급, 김창협 계열의 낙하 문인들도 이 논변에 참가하여 호론(湖論)과 낙론(洛論)이라는 지역적인 구분이 학문적 입장과 결부되어 논변이

1　현상윤, 『조선유학사』, 현음사, 1982.
2　기정진에게 있어 학술상 최대 관심은 주기(主氣)의 학문이 성행하는 것이었다. 그래서 그는 일찍이 문인들에게 "중인(衆人)의 안중(眼中)에는 모든 것이 기(氣)이고, 성인의 안중에는 모든 것이 리"라고 하여 리를 중시할 것을 강조하였다. (『蘆沙先生文集』, 附錄 卷1, 「年譜」, 46세조 참조)

지속되었다.

18세기에 제기된 호락논쟁은 경화되었던 기호학계에 새로운 활력소가 되어 학계에 생기를 불어넣고, 주자학에 대한 맹신(盲信)에서 벗어나 주자의 언설(言說)과 학설(學說)에 대한 진지한 검토와 반성을 추구하는 분위기를 만들기도 하였다. 하지만 주자학에 대한 비판적 검토를 통해 학계의 활력을 불어넣었던 이 논쟁은 이후 정치적 입장이 매개되면서 긍정적인 측면보다는 퇴행적인 면모를 드러내기 시작하였고, 호론과 낙론으로 나뉜 기호학계의 구도는 극단적인 대립의 양상으로까지 치닫기도 하였다. 19세기에 접어들어 호락으로 나뉜 각 학파의 후계자들은 자신의 학문적 입장을 반드시 지켜야 할 전통으로 인식하여 상대방을 폄하하고, 심지어 인신 모독까지 하는 등 교조적 계승의 면모를 보이기도 하였다.[3]

이에 더하여 유학에 대한 일반의 반응도 비판적이어서 호락논쟁은 그 본령의 모습을 진지하게 검토하는 작업으로 이어지지 못한 상태였다. 물론 호락 양론의 퇴행적 모습을 지양하고 조선 성리학의 전통 하에서 대립을 해소하려는 반성적 모습이 없었던 것은 아니지만, 호락의 지나친 대립의식은 여전히 학문적 해결을 보지 못한 채 분열의 양상을 띠고 있었다.

기정진은 이러한 상황 하에서 호락 양론의 대립을 비판적으로 극복하여 성리학의 본령을 찾고자 하는 의식적인 노력을 기울였다. 그의 대표적인 저술 중에서 가장 먼저 저술된 「납량사의」는 바로 이러한 문제의식이 반영된 결과물이라 할 수 있다. 그의 나이 46세 때인 1843년에 장성 인근의 남암(南庵)으로 피서를 가 저술한 이 「납량사의」를 통해 인성물성동이(人性物性同異) 등 호락논쟁의 주요 쟁점에 대해 비

---

3 노관범, 「19세기 후반 호서산림의 위상과 정학 운동—연재 송병선(1836~1905)을 중심으로」, 『한국사론』 38, 서울대 국사학과, 1997 참조.

판적으로 검토하였고, 이후에도 지속적으로 이 논쟁에 관심을 기울여 77세 때인 1874년 이 저작의 몇 개 단락을 고치기도 하였다. 그만큼 그의 학문적 관심은 호락논쟁의 비판적 극복에 있었던 것이다.

그는 이 저술을 통해 당시 성(性)에 대한 이해에서 호락으로 분열되어 그 결과 성과 명(命)이 나누어지고 말았다고 파악하고, 성즉리의 명제를 전제한 가운데 리를 중심으로 한 리일분수(理一分殊)에 대한 독자적인 해석을 통해 이를 비판적으로 극복하고자 하였다. 다시말해 그는 인성과 물성에 대한 동론(同論)과 이론(異論) 측의 입장을 리(理)와 분(分)에 대한 상함적(相涵的) 구조화를 통해 해소하고자 한 것이다.

기정진이 리일분수에 대한 특징적인 해석을 통해 호락논쟁을 비판적으로 극복하고자 했던 면모는 그의 성리학을 특징짓는 주요한 요소 중 하나였다. 그리고 이러한 특징적인 그의 학설은 당대에도 높은 평가를 받았다. 일례로 하겸진(晦峯 河謙鎭, 1870~1946)은 『동유학안(東儒學案)』을 저술하면서 기정진을 권상하(權尙夏)·김창협(金昌協)·이간(李柬)·한원진(韓元震)·김정묵(過齋 金正默, 1739~1799)과 함께 '호락학파(湖洛學派)'로 분류하여 서술하기도 하였다. 그리고 현대 학자들도 기정진의 성리설을 이러한 측면에서 분석하고 평가하고 있다.

1. 리를 중심으로 한 리일분수설 정립

앞서 서술한 바와 같이 호락논쟁을 비판적으로 검토한 기정진의 이론적 토대는 리일분수에 대한 독자적인 해석이었다. 그는 인성(人性)과 물성(物性)의 같고 다름이라는 호락논쟁의 핵심 주제에 대해 정주계(程朱系) 성리학의 주요 골자인 성즉리(性卽理)를 수용한 바탕 위에서 본체와 현상을 일원적으로 구조화하는 리일분수에 주목하여 동일성과 차별성의 대립을 극복하고자 하였다.

　일반적으로 리일분수에 대한 이해는 '천하 만물을 관통하는 보편 법칙으로서의 근원적 원리인 리일지리(理一之理)가 길거나 짧고 들쭉날쭉하여 가지런하지 않은〔參差不齊〕기의 운동 변화에 의해 구체적이고 개별적인 사물과 현상의 법칙인 분수지리(分殊之理)가 된다'는 것으로 요약된다. 자연 세계를 관통하는 보편 원리가 개별 존재 및 현상과 유기적인 관련을 맺고 있다는 것을 리(理)를 중심으로 체계화하는 논의가 바로 리일분수인 것이다. 이 논의는 단순히 존재론적인 논의일 뿐만 아니라 인간의 도덕적 원리를 자연 세계의 원리와 연관하여 사고하는 윤리 체계의 이론적 근거이기도 하다.

　리일분수설은 정이(伊川 程頤, 1033~1107)가 장재(橫渠 張載, 1020~1077)의 「서명(西銘)」에 대한 양시(龜山 楊時, 1053~1135)의 질문에 대답하는 과정에서 처음 제시되었다. 하지만 리일분수가 함의하고 있는 사고의 원형은 『주역(周易)』, 『시경(詩經)』, 『논어(論語)』 등에서 찾아볼 수 있다.[4] 그리고 북송(北宋) 오자(五子)의 첫머리를 장식하는 주돈이(濂溪 周敦頤, 1017~1073)의 『태극도설(太極圖說)』 등에서 그 사고의 체계적인 논의가 본격화되었다. 주희(晦庵 朱熹, 1130~1200)는 북송 성리학의 이론 체계를 이어받아 본체와 현상을 일관하는 리의 선험적 보편성과 개별적 현상성에 대한 체계적인 논의를 수립하였다. 이후 명대에 들어서도 리일분수설에 대한 논의는 지속되어 진순(陳淳)이나 나흠순(羅欽順)도 리일분수에 대한 논의를 진행하였다.

　조선의 성리학자들도 정주학이 수용되면서 본격적으로 리일분수에 대한 이해가 이루어졌고, 자연과 인간에 대한 존재론적 해명뿐만 아니라 도덕적 지향을 수립하는 이론으로 채용하였다. 특히 기호학계의

---

4 최영진, 「蘆沙 奇正鎭의 理一分殊說에 관한 고찰」, 『朝鮮朝 儒學思想의 探究』, 여강출판사, 1988 참조.

학문적 연원이 되는 이이(栗谷 李珥)는 리일분수설을 적극적으로 수용하여 리의 무형무위(無形無爲)와 기(氣)의 유형유위(有形有爲)를 근거로 자신의 학설인 리통기국설(理通氣局說)을 제시하였다. 그는 "대저 리(理)는 하나일 뿐이다. 본래 편정(偏正), 통색(通塞), 청탁(淸濁), 수박(粹駁)의 다름이 없으나, 타고 있는 바의 기(氣)가 승강비양(昇降飛揚)하여 일찍이 그치거나 쉼이 없으므로 뒤섞이고 들쭉날쭉하게 되어 이것이 천지만물을 생하므로 혹은 정(正)하고 혹은 편(偏)하고 혹은 통(通)하고 혹은 색(塞)하고 혹은 청(淸)하고 혹은 탁(濁)하고 혹은 수(粹)하고 혹은 박(駁)하게 되는 것이다. 리는 비록 하나〔一〕이나 이미 기를 타면 그 나누어지는 것이 만 가지로 달라지게 된다. 그러므로 천지(天地)에 있어서는 천지의 리가 되고 만물(萬物)에 있어서는 만물의 리가 되며 사람에 있어서는 사람의 리가 되는 것이다"[5]라고 하였다. 무형무위한 보편적 원리인 일리(一理)가 유형유위한 기를 타고 유행할 때 기의 참치부제한 운동 변화와 편정통색한 기의 속성과 결합하여 현상의 다양성이 드러난다는 것이다. 즉 다양성의 원인을 기에 두어 만물의 동일성 내지 보편성은 리, 현상의 다양성은 기에 각각 귀착시키는 리동기이(理同氣異)로 해석될 가능성을 열어놓은 것이다. 그래서 그는 "리가 어찌하여 만 가지로 다름이 있는가? 기가 가지런하지 못하기 때문에 기를 타고 유행함에 만 가지로 다름이 있게 되는 것이다. 리가 어찌 유행하는가? 기가 유행할 때에 리가 기틀〔機〕을 타기 때문"[6]이라고 하여 다양성을 리가 아닌 기의 현실적인 운동 변화에 두어 논의를 전개하였다.

---

5 『栗谷全書』卷10,「答成浩原」, "夫理一而已矣, 本無偏正通塞粹駁之異, 而所乘之氣, 升降飛揚, 未嘗止息雜糅參差, 是生萬物, 或正或偏 或通或塞 或淸或濁 或粹或駁焉, 理雖一而旣乘於氣, 則氣分萬殊, 故在天爲天地之理, 在萬物而爲萬物之理, 在吾人而爲吾人之理."

6 『栗谷全書』卷12,「答安應休」, "理何以有萬殊乎? 氣之不齊, 故乘氣流行, 乃有萬殊. 理何以流行乎? 氣之流行也, 理乘其機故也."

그럼에도 불구하고 이이는 리일분수에 대해 체용론적인 관점을 적용하여 접근하기도 하였다. 그는 "리에는 본래 체용이 있다. 일본(一本)의 리는 리의 체(體)이고, 만수의 리는 리의 용(用)이다"[7]라고 하여 리를 중심으로 동일성 내지 보편성, 그리고 다양성과 차별성을 구도화하려는 인식을 보여주었다. 하지만 일본의 리가 만수의 리로 현상화되는 직접적인 원인은 기에 두어지기 때문에 논란의 여지를 함유하고 있다고 하겠다. 다시 말해 리의 체용에 따라 근원적 실재로서의 리의 체〔一本之理〕와 현실 세계의 다양성의 원리인 리의 용〔萬殊之理〕이 존재하지만, 체용의 현실적 작동은 기의 운동 변화에 의해서 이루어지기 때문에 그 다양성의 원인은 기에 두게 된다는 것이다.

한편, 이이는 성즉리(性卽理)의 명제를 전적으로 수용함에도 불구하고, 리와 성을 구분하려는 의식의 일단을 보이기도 하였다. 리는 선하지 않음이 없음을 전제하여 인간의 도덕성을 확인하면서, 동시에 현상계에서 리가 독립적으로 존재할 수 없음〔理氣不相離〕에 주목하여 성은 리가 기에 있게 된 이후에 비로소 가리키는 것이라고 이해하였다.[8] 따라서 천지만물은 리로서는 보편적 동일성을 가지지만, 성으로서는 다르다는 입장이 드러날 수 있게 되는 것이다.[9] 이러한 이이의 입장은 기질지성과 본연지성을 이원적으로 이해하지 않음에도 불구하고, 성의 내용 규정이 달라질 수 있음을 내포하는 것이라 할 수 있다. 18세기 호락논쟁의 주요 논점이었던 인성과 물성의 동이에 대

---

7 『栗谷全書』 卷12, 「答安應休」, "理有體用固也, 一本之理, 理之體也, 萬殊之理, 理之用也."

8 『栗谷全書』 卷12, 「答安應休」, "大抵性卽理也, 理無不善, 但理不能獨立, 必寓於氣, 然後爲性."

9 이이는 "천지와 인물이 비록 각기 그 리(理)가 있으나 천지의 리는 곧 만물의 리이며, 만물의 리는 곧 사람의 리이니 이것이 이른바 통체일태극(統體一太極)이다. 비록 일리(一理)라고는 하나 사람의 성(性)은 물(物)의 성(性)이 아니고 개의 성(性)은 소의 성(性)이 아니니 이것이 이른바 각일기성(各一其性)이다"(『栗谷全書』 卷10, 「答成浩原」)라고 하여 동일성과 차별성을 각각 리와 성으로 이해하였다.

한 견해 차이도 성에 대한 내용 규정에 따라 나뉘었다는 점을 고려하면 성리학 내부의 이론적 구성이 이 논쟁을 예비하고 있었음을 짐작하게 한다.

(1) 리분상리(理分相離) 비판과 리분원융(理分圓融) 체계의 확립

기정진은 성에 대한 다른 이해 차이를 리일분수설에 대한 오해에서 비롯되었다고 진단하고, 본원적 실재이자 근원적 동일성의 원리로서의 리(리일지리)와 현상계에서 드러나는 다양성의 원리인 분(분수지리)을 분리시켜 이해하는 당시 학계에 대해 다음과 같이 비판적으로 규정하였다.

> 여러 사람들이 사람과 사물의 성(性)에 관해 이야기함에 그 귀결점은 다르지만 내 생각에 그 잘못은 한 가지이다. 어째서 잘못이 한 가지라 하는가? 잘못은 리(理)와 분(分)을 서로 나누는 데 있다. 어째서 리와 분을 서로 나눈다고 하는가? 여러 사람들의 생각을 살펴보건대 모두 다같이 리를 분이 없는 존재라 하고 분을 기(氣)로 인하여 존재하는 것이라 하여 리일(理一)을 형기로부터 분리된 곳에 한정시켜놓고, 분수(分殊)는 형기에 떨어진 다음으로 국한시킨다. 이에 리는 리요 분은 분이니, 성(性)과 명(命)이 갈라지게 된다. 성과 명을 갈라서 성을 논함에 비로소 천하가 갈라지기 시작했다.[10]

호락논쟁 당사자 및 계승자들의 가장 큰 문제로 기정진은 리와 분을 서로 분리하여 이해하고 있기 때문(理分相離)이라 비판하고 있다.

---

10 『蘆沙先生全集』卷16, 4b~5a, 「納凉私議」, "諸家言人物之性, 其歸雖殊, 竊意其所蔽一也. 曷言蔽之一. 蔽在理分相離. 曷理分相離. 詳諸家之意, 一是皆理爲無分之物, 分爲因氣而有, 限理一於形氣之地, 局分殊於墮形氣之後, 於是理自理, 分自分, 而性命橫決矣. 性命橫決而論性, 始爲天下裂矣."

리를 본원과 현상을 관통하는 일원적 원리로 파악하지 못하고 있음이 문제라는 것이다. 그래서 그는 리와 분을 나누어 이해하는 원인으로 1)리를 분이 없는 존재[無分之物]라 여기고, 2)분을 기로 인해 존재하는 것[因氣而有]으로 보기 때문이라고 비판한다. 리를 분이 없는 존재로 여기게 되면 궁극적인 원리로서의 리를 형기(形氣)와 분리시켜 이해하게 되고,[11] 또 분을 기로 인해 있는 것으로 이해하면 분수는 형기에 떨어진 뒤에 있는 것으로 이해하고 만다는 것이다.[12] 결국 리와 분은 상통하지 못하게 되고, 그 결과 보편 원리로서의 존재와 당위의 근거인 천명(天命)과 그것의 구체적인 실현 가능태인 현상세계의 성(性)이 유기적 연관성을 잃게 되고 만다고 비판하는 것이다.

그가 이렇게 성론의 분열을 우려한 것은 성리학적 세계관의 주요한 문제의식이 반영된 도덕적 원리의 근원성과 현실 세계의 실재성에 문제가 생기게 된다고 보았기 때문이기도 하다. 도덕의 근원적 원인인 리와 현상계의 구체적 원리인 분이 나누어지게 되면 성론의 분열도 문제지만, 도덕적 세계의 근거를 상실하게 된다고 파악한 것이다. 그래서 그는 "리와 분이 격단(隔斷)하게 되면 체와 용이 근본을 두 가지로 하고 현(顯)과 미(微)에 사이가 있게 되어, 같은 것은 스스로 같게 되고 다른 것은 스스로 다르게 되어 끝내 회통함을 기약할 수 없게 된다"[13]고 비판하였다. 그리고 그는 리와 분에 대한 자신의 견해를 통해 논의를 전개해 나간다.

---

11 리를 분이 없는 존재로 보면 인물성이론(人物性異論)과 같이 초형기의 관점을 설정하게 된다고 본다. 그렇게 되면 현상세계의 도덕적 원리인 성은 공허해질 수 있다고 비판하는 것이다.

12 이럴 경우 현상계의 원리인 분이 기에 의해 좌우되는 결과를 빚어 원리와 현상이 격리된다고 파악하는 것이다. 다시 말해 리가 기에 의해 좌우되어 가치중립 내지 악의 경향으로 흐를 가능성이 짙은 기에 의해 현상계가 주도된다고 비판하는 것이다.

13 『蘆沙先生全集』卷16, 14a, 「納凉私議」, "理分隔斷, 乃是體用二本, 顯微有間, 同者自同, 異者自異, 終無會通之期矣."

나의 얕은 견문으로 듣건대, 분(分)이란 리일(理一) 가운데의 세조리(細條理)이므로 리와 분 사이에는 층절이 용납되지 않는다. 분은 리의 상대가 아니다. 분수(分殊)라는 두 글자가 일(一)에 상대가 되는 것이다. 리는 만수(萬殊)를 함유하므로 일이라고 하니, 그 실은 일물(一物)이라고 하는 것과 같다. 다르다(殊)는 것은 진실로 다른 것(眞殊)이 아니므로 분수라고 하니, 다르다라는 것은 다만 그 분한(分限)일 뿐이다.[14]

기정진은 현상계의 다양성의 원리인 분을 현상계의 근원적 원리인 '리일 가운데 세조리[理一中細條理]'로 규정하여 리 속에 분을 포함시키는 일원적(一元的) 구조를 확립하고자 하였다. 분과 리가 상대적으로 규정되면 근원적 실체와 현상계의 원리가 분리되기 때문에 리와 분을 일원적으로 구조화시켜 리분상리에서 오는 문제를 극복하고자 하는 것이다. 그래서 그는 리와 분은 층절이 있을 수 없고, 분은 결코 리의 상대개념이 될 수 없다고 하여 리와 분을 일원적으로 구도화하는 것이다.

그에게 있어 리는 현상계의 다양성[萬殊]을 함유하고 있는 리[리일]이기 때문에 모든 존재 원리의 총합으로서 보편적 일자(一者)로 정의된다. 그렇기 때문에 리의 상대는 리에 포함된 분이 아니라 구체적으로 현상화된 분수가 된다.[15] 그리고 현상계의 원리인 분은 근원적 원리의 총합인 리일 가운데 세조리이지만 리와 다른 것은 아니라는 것이 기정진의 생각이다. 본체와 현상의 이원적 대립이 아니라 일원적

---

14 『蘆沙先生全集』卷16, 5a,「納涼私議」, "以膚淺所聞, 分也者理一中細條理, 理分不容有層節, 分非理之對, 分殊二字乃對一者也, 理涵萬殊, 故曰一, 猶言其實一物也. 殊非眞殊, 故曰分殊, 言所殊者特其分限耳."

15 기정진은 리일분수설을 전개하면서 리를 '리, 리일(理一), 일(一), 일리(一理)' 등의 용어를 사용하여 설명하고 있다. 그리고 분(分)은 리 가운데의 세조리로 규정되기 때문에 리의 상대 개념으로는 성립될 수 없다고 규정한다. 따라서 理는 동일성과 다양성의 원리가 통일된 원리적 법칙이고, 이것의 상대개념은 이 원리가 구체적 현상으로 드러난 분수라는 것이다.

구조화에 따른 결과이다. 그래서 현상세계에서 드러나는 다름(殊)은 진실로 다른 것(眞殊)이 아니라 리의 분한(分限)일 뿐이게 된다. 다시 말해 분이 리일에 내재되어 있을 때는 잠재되어 있는 다양한 현상의 원리이지만, 이것이 현상에 드러날 때는 보편 원리로서 리의 내용을 함유하고 있다는 것이다. 따라서 리와 분은 본체와 현상에 각각 귀속되어 나누어지는 것이 아니다. "리 밑에 한층 내려가 분을 이루고, 분 위에 한 걸음 올라가 리가 따로 있다고 하는 것이 아니다"[16]라는 그의 지적은 리와 분이 본체와 현상으로 각각 구분되는 것이 아님을 제시한 것이다. 즉 리는 본원적 실체이고, 분은 현상의 다양성이라고 하여 둘로 나누어 보는 이분법적 이해에 대해 리와 분은 내함적 관계에 놓여 있음을 지적한 것이다.

일반적으로 리일분수설에서 리〔理一之理〕가 개체에 품수되어 한정된 분〔分殊之理〕으로 다양하게 드러나지만, 분은 리가 분열되어 불완전하게 현상에 드러나는 것이 아니라, 그 분한으로서 동일성을 가지고 현상화되는 것을 의미한다.[17] 기정진도 이러한 맥락에서 리와 분이 근원적 차이점이 없음을 지적하고, 리와 분이 동질적 의미를 갖는다고 이해한 것이다. 동시에 각 개체가 하늘로부터 품수받은 원리인 분〔各具一太極〕에 본원적 동일성의 원리가 내재되어 있다고 확인함으로써 성선(性善)을 지향할 수 있는 현실적 기반을 갖추게 됨을 의미한다고 하겠다.

이러한 리와 분의 관계를 기정진은 다음과 같이 설명한다.

리는 원통(圓通)하므로 만리(萬理)가 곧 일리(一理) 가운데 함용된 것이

---

16 『蘆沙先生全集』卷16, 4a, 「納涼私議」, "初非沿理而下添一料而方成分, 泝分而上超一步而方稱理之謂也."

17 이러한 내용에 대해 주희는 달과 달그림자를 비유로 하여 설명하고 있다. 『朱子語類』卷94, 理性命章 참조.

며, 일리가 곧 만리의 실체이다. 만약 일(一)인데 만(萬)이 빠져 있고, 만인데 일을 방해한다면, 이것은 죽은 태극이요 산 태극이 아니다.[18]

　보편적 동일성의 원리와 차별적인 다양성의 원리는 서로 일원적으로 연관되어 있음을 보여주고 있다. 즉 현상계의 다양성의 원리〔萬理〕는 근원적 동일성의 원리(一理)에 함유되어 있고, 일리(一理)는 만리(萬理)의 실체이기 때문에 만이 없는 일, 일을 방해하는 만은 리의 본래적 의미를 상실한 것에 불과하다는 것이다. 궁극적 실체로서의 리(태극)를 다양성을 배제한 동일성으로, 현실계의 다양성의 원리를 동일성이 배제된 다양성으로 이해하게 되면, 리의 의미 자체가 성립될 수 없음을 제시하고 있는 것이다. 따라서 리에는 동일성과 다양성의 원리가 함께 공존해 있는 것이고, 이러한 원리들은 배타적인 관계에 놓여 있는 것이 아니라 서로 상함되어 있다. 리는 다양한 개체에 함유된 이치를 통합한 전체〔統體一太極〕이고, 분〔萬〕은 그것의 현실태이기 때문에 리에서 만이나 일을 배제하면 리의 개념은 성립되지 않게 된다.[19]

　그래서 그는 리〔一〕와 분〔萬〕의 관계를 다음과 같이 제시한다.

　일(一)은 만(萬)의 총화(總化)이고, 만은 일의 내실(內實)이다. 만을 제외하고 일을 말하고, 일을 제외하고 만을 말하는 것은 모두 리를 알지 못하는 것이다. 그 비고 빠짐이 없음을 말하면 이른바 만리삼연(萬理森然)이고, 그 처음에 봉합이 없음을 말하면 이른바 일리혼연(一理渾然)이니, 그 실은 두 가지 일이 아니다.[20]

---

18 『蘆沙先生全集』,「答問類篇」卷2, 7a, "理卽圓通, 故萬理卽一理之所涵, 一理卽萬理之實體. 若一而闕萬, 萬而妨一則死太極, 非活太極."
19 『蘆沙先生全集』,「答問類編」卷1, 14a, "一者萬之總也, 萬者一之實也. 外萬而言一, 外一而言萬, 皆不知理者也."
20 『蘆沙先生全集』,「答問類編」卷1, 14a, "一者 萬之總也, 萬者 一之實也. 外萬而言一, 外一而言萬, 皆不知理者也. 言其無所空闕, 則謂之萬理森然, 言其初無縫合, 則謂之一理渾然, 其實非有兩事也."

근원적 동일자로서의 리〔一〕는 다양성의 총화로서의 의미이고, 현상계의 다양성의 원리인 분〔萬〕은 리의 실상을 의미한다는 것이다. 따라서 리와 분은 상호 매개되는 것이고 혼연이라는 것이다. 일과 만은 두 가지로 나누어지는 것이 아니라 한 가지 체계에서 원융되어 있다는 것이다. 그래서 그는 자신의 리일분수에 대한 이해를 다음과 같이 정리한다.

> 나의 설은 리분원융(理分圓融)이다. 이는 이른바 체용일원(體用一元)·현미무간(顯微無間)이니 같은 것 가운데 다름이 있고, 다른 것 가운데 같음이 있어서 같음과 다름은 더 이상 논의할 필요가 없다.[21]

본원적 실체로서의 리에는 현상으로 드러날 잠재적 다양성의 원리가 내함되어 있고, 현상화된 분에는 리가 내재되어 있으므로 '리분원융(理分圓融)'이라는 것이다. 따라서 리와 분에는 동일성과 다양성의 원리가 통일되어 있으며, 동이(同異)의 문제는 더 이상 문제가 되지 않는다고 보는 것이다. 이러한 의미에서 기정진은 "리란 일실(一實)이면서 만분(萬分)이니 다를수록 더욱 같은 것이다. 일(一)이면서 분(分)임은 실제로 다름이 아니고, 다르면서 같음이 바로 진정한 같은 것"[22]이라고 하여 리의 내용을 '일이면서 분〔一而分〕'으로 규정짓고 동일성과 다양성을 포괄하였다.

(2) 리의 실재성과 분의 본연성 강조

리와 분의 상호 유기적 연관성을 통해 리분원융의 체계를 구축한

---

21 『蘆沙先生全集』卷16, 14a, 「納凉私議」, "如吾之說, 則理分圓融. 所謂體用一原, 顯微無間者, 同中有異, 異中有同, 同異不須論也."
22 『蘆沙先生全集』卷16, 9a, 「納凉私議」, "理者一實萬分, 愈異而愈同者也. 一而分, 非實異也, 異而同, 乃眞同也."

기정진에게 있어 해결해야 할 과제 중 하나는 근원적 본원으로서 현상세계의 다양성을 포함하고 있는 리의 현실적 실재를 확보하는 것이라 할 수 있다. 비록 리가 자체 내에 내함(內涵)하고 있는 분을 통해 현실에 정초되어 있다고 하더라도 자칫 리의 실재에 대한 부정으로 이어질 가능성이 있기 때문이다. 이러한 가능성에 대해 기정진은 태극에 대한 해명을 통해 리의 실재성을 확인한다.

동일성과 다양성의 원리가 원용된 리는 본체뿐만 아니라 현상에도 항상 실재하고 있음을 태극도설에 대한 자신의 입장인 '위허리실(位虛理實)'로 파악하여 다음과 같이 설명한다.

> 태극설은 대개 위허리실(位虛理實) 네 자면 족히 다하는 것이다. 그림 중에 윗면의 일권부터 만물화생권에 이르기까지 어찌 실제로 층절이 확정되어 있겠는가? 이것이 소위 위허(位虛)라는 것이다. 다섯 층이 모두 담담하고 원만하여 족하고 흠이 없으니 이것이 소위 리실(理實)이라는 것이다.[23]

무극이태극(無極而太極)으로부터 시작하여 만물화생(萬物化生)에 이르는 5개권으로 구분된 태극도설에 대해 각각의 권(卷)은 실제로 층절을 의미하지 않는다는 것이 기정진의 기본 입장이다.[24] 그래서 비록 태극도가 종적인 체계를 가지고 있지만 실제로는 층절로 구분되는 것이 아니기 때문에 그 위치는 허한 것이라 하여 '위허(位虛)'라는 것이

---

23 『蘆沙先生全集』 卷12, 8b, 「答金景範」, "太極說話, 大抵位虛理實四字, 足以盡之. 圖中上面一圈至萬物化生圈, 曷嘗實有層等確定也. 此所謂位虛也. 五層圈子, 皆一味白淡淡底, 圓足無欠缺底, 此所謂理實也."

24 후술하겠지만, 기정진의 리기론에서 중핵적 전제는 리기일체를 기반으로 한다는 점이다. 그의 관심은 리기일체의 현상에 대한 리기론적 구조화이지 본체와 현상을 구분하여 이해하는 것이 아니다. 이런 점에서 그는 충실한 현실론자이며 동시에 현실세계의 근원을 탐구하는 철학적 자세를 가지고 있었다고 평가할 수 있다.

다. 이것은 기본적으로 본체와 현상이 이원적으로 있는 것이 아니라 하나의 원융한 체계를 이루고 있음이 전제된 결과이다. 그리고 태극 도상의 허(虛)한 층절에는 모두 리(理)가 실재하고 있기 때문에 '리실 (理實)'이라고 하여, 원융한 세계 구성 체계 내에서 리는 항상 실재하고 있음을 확인한다. 결국 리는 무소부재(無所不在)하는 실재하는 원리 가 된다는 것이 그의 주장이다.

기정진은 '위허리실'을 통해 리의 보편적 실재성을 확인하고, 본체 와 현상을 관통하는 리의 원융한 체계를 확인한 바탕에서 현상세계 에서도 리의 실재를 역설하는 것이다. 그래서 그는 체용론을 전개하 여 "드러난 것으로부터 보면 동정은 때를 달리하고 음양은 위치를 달리하지만 태극은 있지 않은 곳이 없으니 이것은 체(體)가 용(用)에 갖추어 있음을 말하는 것"[25]이라 한다. 리일의 리로서의 태극이 현상 세계에 언제나 있음을 주장하는 것이다.[26] 현상세계에 무소부재한 리 는 천지나 인물, 그리고 초목 어디에나 항상 자재되어 있다고 본다. 그리고 이러한 리는 '현상화된 리'로서 분이지만, 그 분은 각구(各具) 한 일태극(一太極)이기 때문에 리는 항상 현상에 있게 된다. 이것이 바 로 각구일태극(各具一太極)으로서 리의 실재성이라는 게 기정진의 주 장이다.[27]

---

25 『蘆沙先生全集』,「答問類編」卷1, 6a, "自其著者而觀之, 則動靜不同時, 陰陽不動 位, 而太極無不在焉, 此言體藏於用也."

26 그의 대표적인 저작 중 하나인 「리통설(理通說)」에서도 그는 리의 보편적 실재를 확인 하고 있다. 즉 물(物)은 동정(動靜), 다과(多寡), 생사(生死) 등 시공간적 제약을 받지만 리는 이러한 제약을 넘어서는 보편적 존재임을 강조하여 리의 통(通)을 강조한다.

27 『蘆沙先生全集』卷9, 25a~b,「答閔克中」"蓋理雖一, 而一便有萬殊, 以萬殊而言, 則在天地爲天地之理, 在人物爲人物之理. 草木之理不可硬作禽獸之理, 禽獸之理 不可硬作吾人之理, 吾人之理不可硬作天地之理, 井井有條理, 不可相紊也. 然其 所謂理一者, 蓋一本萬殊之妙, 無所不在, 而皆主乎善也. 是則一而已矣. 合天地萬 物, 而只是這體段也. 只一事一物而亦是這體段也. 理之爲理只一. 一本萬殊之義, 而合萬物而言之, 則一本者, 統體之太極, 而萬殊者, 萬物之散殊也. 就一物而言 之, 則一本者, 各具之一太極, 而萬殊者, 一物中細條理也."

근원적 동일성과 총체성을 가진 리는 현상 속에서 분으로 현상화 되고, 분에 자재되어 있어, 다양성의 원리인 분이 현실에 실재한다는 것은 결국 리의 현상성을 의미하는 것이라 할 수 있다. 이러한 논리에 따라 기정진은 분이 현실에 실재함을 강조하여 리의 현상성을 주장하고, 나아가 분의 본연성을 제시하여 리의 위치를 확고히 정립시키고자 한 것이다.

리의 실재성을 확인하고 있는 기정진이 가장 주목한 또 하나는 현상적 원리인 분이 리와 함용의 관계에 있으면서 현실화된 원리로 드러나는 계기가 결코 운동 변화의 현실적 작용력을 가진 기에 의해 주도되지 않는다는 것이었다. 호락논쟁, 그 중에서도 인성과 물성의 동이에 관한 논란이 빚어진 원인을 '리분상리'로 규정하고, 그 원인의 하나로 '분을 기로 인하여 존재하는 것'으로 인식하였기 때문이라고 파악한 그로서는 당연한 논리적 귀결이다.[28]

리일분수설에 대한 일반적인 이해는 분수의 원인을 기로 파악하는 것이라 할 수 있다. 본체와 현상을 관통하는 원리인 리가 현상에서 개별적인 원리로 드러나는 계기는 변화와 운동의 실질적인 작용이자 참치부제한 기 때문이라는 것이다. 나아가 현상계의 다양성의 원인을 기에서 찾는 것은 리는 무형무위(無形無爲)하고 기는 유형유위(有形有爲)하다는 리기론의 기본 원칙과 함께 근원적이고 보편적 실체인 리는 순수하고 지선(至善)한 존재이므로 현상계에서 드러나는 악의 근거

---

28 화담과 율곡의 리기론의 핵심적 명제 중 하나인 '기자이(機自爾)', '비유사지(非有使之)'를 비판하고, 기의 자발적인 운동 변화를 부정한 기정진의 리기론은 그의 학문 체계가 형성될 무렵부터 그 논지가 갖추어져 있었다고 하겠다. 기의 자발적 운동 변화를 부정하고 리의 주재에 따른 기의 운동 변화만을 인정한 그의 리기 체계가 비록 말년에 저술된 「외필」을 통해 확인되지만, 이미 이러한 논지의 리기론은 그가 학문 체계를 구체화하던 젊은 시절 오랜 벗인 권우인과의 서신에서 나타나고 있다. 일례로 1822년 8월 권우인에게 답한 편지에서 그는 "리가 비록 기에게 권한을 위임하였지만, 기는 실제로 리의 명령을 받는다"(『蘆沙先生文集』 卷4, 13b, 「答權信元」)라고 기술하고 있다.

를 리로 돌릴 수 없기 때문이라고 할 수 있다.

  그러나 기정진은 현상계의 원리인 분이 드러나는 계기를 기로 돌리는 것은 현실의 다양성과 선악의 결정권이 가치중립적이고 가변적인 기에 의해 주도되게 하는 것이 되고, 결국 리약기강(理弱氣强)이 되고 만다고 파악한다. 또한 분의 원인을 기로 돌리면 본원적 실체로서의 리가 기에 의해 현상화되어 리와 분이 상호 매개점을 가지지 못하고 분리되고 마는 것을 의미하는 것이라 할 수 있다. 따라서 기정진은 기존 성리학자들의 논의를 다음과 같이 비판한다.

> 리는 머리와 다리가 없어 하나의 사물에 착락하지 못하고 명막한 사이에 매달려 있다가, 중도에 유력자에 의하여 구사되어 갑자기 만수를 성출하게 된다고 여기면 또한 잘못이 아닌가?[29]

  나누어짐(分)의 원인을 기로 파악하는 것은 리를 공허한 개념으로 이해하는 것이고, 기에 의해 다양성이 드러나면 그것은 우연성에 불과하다는 비판이다. 리에 내재되어 있는 다양성의 원리인 분은 기에 의한 우연성에 근거하여 드러나는 것이 아니라 리의 필연적인 자기 전개이며, 따라서 본연이라는 것이 그의 주장이다. "이 분은 임시로 배정된 것이 아니다. 본연이다"[30]라는 그의 주장은 바로 분의 본연성을 강조한 것이다.

  나아가 그는 분의 본연성을 리[理一之理]의 특성을 통해 확인하고자 한다. 그는 리일지리에 내재된 분의 절대적 원리성을 전제하고, 태극의 속성을 다음과 같이 설명한다.

---

29 『蘆沙先生全集』 卷16, 8b, 「納凉私議」, "以理無頭脚, 沒着落之一物, 懸在冥漠之間, 而中道被有力者驅使, 倉率排定成出萬殊來, 不亦誤哉?"
30 『蘆沙先生全集』 卷16, 7a, 「納凉私議」, "是分也, 非臨時排定, 是本然."

태극의 리는 원통(圓通)한 것 같지만 실은 방엄(方嚴)하다. 이것과 같은 것은 반드시 이와 같이 저것이 되지 않고, 저것과 같은 것은 반드시 저것과 같이 이것이 되지 않는다. 그러므로 사물의 사이에 유행하여 드러남에 각기 일정한 분으로 나뉘는 것이니, 더하는 것도 불가하고, 감하는 것도 불가하고, 과(過)한 것도 불가하고, 불급(不及)한 것도 불가하다.[31]

리에 내함된 분이 현상에 드러나는 것은 절대적인 것이기 때문에 더하고 덜함도 있을 수 없고, 따라서 본연성을 가지고 있다는 것이다. 이러한 입장에서 분의 본연성을 강조한 기정진은 '기로써 분을 말해야 하는 것이 아닌가?'라는 질문에 대해 "분이라는 말은 리는 실(實)하나 이름은 허(虛)하니, 다만 각각 정해진 한계가 있어 서로 넘어가지 아니함을 이르는 것이다. 본래 리의 이름도 아니며 기를 칭하는 것도 아니다. 일(一) 자(字)에 함용되어 있는 것으로부터 말하면 본래 지극히 은미한 이치이며, 각자 정해진 것으로부터 말하면 반드시 기가 지반이 된다. 그러므로 주자(朱子)가 '기가 분처(分處)가 됨에 또한 그것이 있다'라고 말한 것"이라고 대답한다.[32] 분을 한정이라는 의미로 해석하여 다른 것과 구별되는 원리로 파악하고, 분이 리일지리에 내재되어 있을 때는 현상화될 가능태로서 은미한 이치이지만, 이미 현상화 되었을 때는 기에 내재된다고 본다. 따라서 다양성의 원인은 기에 있는 것이 아니라 리에 내재된 분이며, 다만 기는 현상화될 때 '분의 기반'이 될 뿐 기 때문에 분이 생기는 것은 아니라는 것이 기

---

31 『蘆沙先生全集』, 「答問類編」 卷1, 2b~3a, "太極之理, 似圓通而實方嚴, 如此者必如此而不爲彼, 如彼者必如彼彼而不爲此, 故流行宣著於事物之間者, 截然各有一定之分, 加不得, 減不得, 過不可, 不及不可, 學者 明此也, 道者行此也."

32 『蘆沙先生全集』 卷16, 15a, 「納凉私議」, "分之爲言, 理實而虛名, 只是各有定限, 不相踰越之謂. 本非理之名, 本非氣之稱也. 自其涵於一者而言之, 則固至微之理. 自其定於各者而言之, 則必須氣爲之地盤. 故朱子謂氣謂分處 亦有之."

정진의 주장이다.

이러한 입장에 따라 그는 주리적 성리학자들도 다양성의 원인에 대해 기를 중심으로 이해해왔다고 비판하고, 기 때문에 인물의 다양성이 드러나는 것이 아님을 강조한다. "기를 말하는 것도 그 뜻은 리의 편벽됨과 온전함에 있다. 주리의 일변을 주장하는 선배 유학자[33]도 사람과 사물의 구별은 오로지 기에 달렸다고 한다(소주 : 여러 사람들의 논의가 모두 그렇다). 기를 말하고 리를 주로 하여 말하지 않으면 바름·통함·편벽됨·막힘이라고 말하는 것이 모두 하나의 빈껍데기에 불과하다. 어찌 이것으로 사람과 사물의 귀하고 천함을 나눌 수 있겠는가?"[34]라고 반문하면서 현상계의 다양성은 리에 내재된 다양성의 원리인 분이 기를 통해 드러나는 것이고, 다양성은 기의 속성이 아니라 리에 내재된 다양성의 원리가 기를 주재하여 드러나게 된다고 강조한다.[35] 현상의 다양성은 기에 내재된 리의 다양성, 즉 리의 편정(偏正), 리의 주재에 의해 드러난다고 이해해야 한다는 것이다.

기에 대한 리의 절대적인 주재성을 강조하는 기정진으로서는 인물의 차이는 리에 내재된 다양성이 기를 통해—리의 주재에 따른 기의 운동 변화—발현된 것에 불과하다고 여기는 것이다. 따라서 그는 기의 편정에 의한 다양성의 원인을 리에 내재된 '분한(分限)'으로써의 분으로 규정하여 설명한다.

---

33 퇴계도 천명도설에서 기의 편정(偏正)과 통색(通塞)을 중심으로 인물의 차이를 설명하고 있다. 이상은,『퇴계의 생애와 학문』(서문당, 1973), 223~227쪽 참조.

34 『蘆沙先生全集』卷16, 19b,「納凉私議」, "然則所言乎氣者, 乃所指則在乎理之偏全也. 先儒之主理一邊者, 乃謂人物之辨專在於氣(諸公之論皆然) 夫言氣而不以理爲主, 則所言正通偏塞者, 皆不過一箇空殼, 何足以爲人物之貴賤乎?"

35 리기불상리(理氣不相離)의 원칙을 강조하면서 리 중심의 리기론을 전개하는 기정진에게 있어 현상계의 모든 운동 변화는 기의 능동적인 운동 변화가 아니라 필연적 법칙인 리의 주재, 즉 리의 사지(使之)에 의한 운동 변화이다. 따라서 기에 의한 다양성의 현현은 인정될 수 없는 것이다.

108

『중용(中庸)』, 『대학혹문(大學或問)』에서 말하기를 "조수와 초목이 생겨남에 단지 형기의 편벽된 것만을 얻을 뿐이고 그 온전한 것을 관통할 수는 없으므로 그것은 천하여 그 물됨이 형기의 편벽되고 막힘에 구속되어 그 본체의 온전함을 채우지 못한다"고 하였다. 이것은 인과 물의 성이 비록 똑같이 이 리를 가졌다고 할지라도 리 가운데의 구분(分限)이 없을 수 없다는 말이다. 기는 이 리를 태우고 있으므로 비록 형기를 떠나지 않고 분(分)을 말하더라도 리일에 분이 없은 적이 없다는 것을 이것으로부터 알 수 있다.[36]

리의 분한으로부터 조수와 초목이 부여받은 형기의 편정통색(偏正通塞)이 드러났음을 명시적으로 확인하고 있는 기정진은 기본적으로 다양성의 원리를 함용하고 있는 리가 기를 타고 유행하여 하나의 개체를 구성하더라도, 기를 타고 있는 리는 보편적 원리와 개별적 원리가 통일된 것이고, 기를 주재하고 발현된다는 것이다. 이러한 설명은 결국 현상세계의 다양성의 원인은 기가 아니라 리에 있다는 것을 의미하고, 따라서 현실 세계의 중심은 리에 있게 되어 리약기강은 극복된다고 판단하는 것이다.[37] 현상계의 다양성의 원인은 리에 함용되어 있는 분(分)이며, 기는 다만 리의 주재에 따른 운동 변화만을 하기 때

---

36 『蘆沙先生全集』 卷16, 17a, 「納凉私議」, "故庸學或問, 即言鳥獸草木之生, 僅得形氣之偏, 而不能有以通貫乎全體, 彼賤而爲物者, 梏於形氣之偏塞, 而無以充其本體之全, 此言人物之性, 雖同此一理, 而理中之分限不能無也. 氣所以承載此理, 故雖不離形氣而言分, 而一之未嘗無分, 於此因可見矣."
37 여기에서 문제가 되는 것은 현상에 드러나는 악(惡)의 원인도 리에 잠재되어 있는 것인가 하는 문제이다. 기의 편정통색도 리의 주재에 의한 것이라는 논의는 결국 리를 악의 가능성까지 내포하는 것으로 이어질 수 있기 때문이다. 기정진은 이것에 대해 "일(事)의 악은 리의 본연은 아니지만, 리가 아니라면 악이 생겨날 때가 없다"고 하고, 이어 "리의 본연은 순선무악(純善無惡)하지만 기를 타고 유행함에 과불급의 오차가 없을 수 없고, 이것 역시 리세(理勢)가 그러한 것"이라 하여 악에도 리가 게재되어 있음을 시인한다. 그러나 리의 본연은 순선무악하다는 것을 강조하여 리가 성선(性善)의 근본임을 주장한다. (『蘆沙先生文集』 부록, 『答問類編』 권1, 34a~b, 「總論」 참조).

문에[38] 분의 기반으로서의 역할만 한다는 것이다.[39] 따라서 현상화된 리인 분은 리만도 아니며 기만도 아니지만, 기가 리의 분처가 된다고 하여 그가 리기론 전개의 전제로 삼은 '리기일체관(理氣一體觀)'의 입장을 전일적으로 관철시킨다. 보편성의 원리인 리에 자재되어 있는 다양성의 원리인 분이 기를 기반으로 하여 현상화된다고 보는 것이 그의 중심 입장이 되는 것이다.

(3) 리일과 분수의 상수성(相須性)

본체와 현상 간의 원리, 즉 동일성과 다양성의 원리가 리에 통일되어 있음을 통해 리의 실재성과 분의 본래성을 강조한 기정진은 리일 지리와 분수지리의 상호매개점을 리를 중심으로 한 기의 운동 변화를 통해 정립하였다. 이를 바탕으로 기정진은 현상 속에서 리와 분의 원리성이 어떻게 유기적인 결합을 하는가에 초점을 맞추어 논의를 전개해 나간다. 즉 원리와 현상의 유기적 관련성에 주목하는 것이다.

리와 분을 상함적 관계로 통일시킨 그의 논의 속에서 동일성과 다양성의 원리인 리는 현상 속에 자재되어 있음을 확인하는 것을 통해서만 그 존재 의의를 가질 수밖에 없다. 그래서 그는 리와 분의 상함성(相涵性)을 제시하면서 리일의 상대개념으로 분수(分殊)를 제시하였다.[40] 리일이 현상화되어 드러난 것, 즉 분수(分殊)를 리일의 상대 개념으로 제시하고 있는 것이다.

근원적 일자(一者)인 리일은 만물의 동일성과 다양성의 원리이며, 분수는 그것의 현상화이므로 서로 상대된다는 것이 기정진의 생각이다. 따라서 리일분수의 개념 성립을 위해서는 이 상대개념이 서로 상

---

38 기정진은 기의 운동 변화는 리의 주재 하에서만 이루어진다고 파악한다. 그래서 기의 운동 변화는 리의 주재, 즉 사지(使之)에 의한 것이다. 제2부 제3장 참조.

39 이때 분의 기반은 리로서의 분이 자재하는 곳, 즉 현실적 기반을 의미한다.

40 주15 참조.

수적(相須的) 관계를 이루고 있다고 파악한다. 그래서 그는 다음과 같이 리일과 분수의 관계를 설명한다.

> 리일분수인 하나의 글귀(一句)와 리일과 분수라는 두 가지 말(兩語)은 서로 기다려서 뜻을 이루는 것이므로 하나도 제거할 수 없다. 리일을 말할 때 벌써 분이 함유됨을 알아야 하고, 분수를 말할 때 이미 일이 자재해 있음을 보아야 한다.[41]

세계의 동일성과 다양성을 관통하는 원리인 리에는 분이 함유되어 있음은 물론이고, 현상세계 내에 원리로서의 리가 자재해 있음을 명시하고 있다. 즉 리일과 분수 어느 하나라도 배제하면 리일분수의 의미 자체가 성립될 수 없다는 것이다. 이것은 리라고 하는 원리만으로 세계를 설명할 수 없고, 다양한 현상 자체만으로 세계를 온전히 설명할 수 없다는 것을 의미한다. 따라서 리일과 분수는 각각 상대개념으로 자리잡아 서로가 서로를 요청하게 되는 것이다.

이러한 그의 태도는 원리로서의 리가 가지는 공허성을 배제시키면서, 동시에 현상세계 또한 원리와 유기적 연관 하에서 운동 변화함을 확인하는 것이라 하겠다. 그리고 그 중심에는 원리로서의 리가 전제되어 있는 것이다. 그래서 그는 리일과 분수, 즉 원리와 현상의 관련성을 리를 중심으로 설명하는 곳에서 주희의 태극론을 원용하여 구체적인 논증을 더한다.

그의 설명에 따르면,[42] 태극은 형상을 초월한 충막무짐한 존재이자 만물의 궁극적 근거가 되는 본원적 존재이다. 이런 태극이 현상화되지 않았지만(象數未形) 그 리가 이미 갖추어져 있다(其理已具)는 것은

---

41 『蘆沙先生全集』 卷16, 5a, 「納凉私議」, "一句兩語, 相須爲義, 除一箇不得. 故說理一時, 可知分之已涵, 說分殊時, 已見一之自在"
42 『蘆沙先生全集』 卷16, 5b, 「納凉私議」 참조.

리일 속에 현상화될 이치인 분이 함유되어 있음을 의미하는 것이다. 태극에는 다양성의 원리로서의 분이 가능태로서 내재되어 있기 때문에 궁극적 실체이자 만물 존재의 원인으로서 본체와 현상을 관통하는 원리가 되는 것이다. 따라서 리일지리는 모든 분수지리의 근거가 되며, 모든 현상의 원리의 총합인 리일 속에 현상화될 분이 가능태로서 존재하고 있음을 설명하고 있는 것이다.

형기이구란 태극 속에 내재된 분이 현상화된 것을 의미하며, 그 속에 리가 무짐(無朕)한 것은 리일이 자재되어 있음을 가리킨다. 여기에서 기정진은 근원적 실체로서의 태극이 현상과 분리된 것이 아니라 현상 그 자체에 내재되어 있음을 강조하고 있다. 리분상리에 따라 형기와 리일을 분리시키는 폐단을 주희의 명제 속에서 해결하고 있는 것이다.

이러한 논리는 상수미형과 형기이구라는 본체와 현상 간의 관계를 리기불상리(理氣不相離)의 원칙 속에서 불가분의 관계에 있고, 리일이라는 본원적 실체가 형기를 떠나 있는 것이 아니라 현상 속에 구현되어 있음을 제시한 것이다. 그래서 그는 "상수미형이란 한 구절은 미(微, 본체)를 말한 것이며, 형기이구라는 한 구절은 현(顯, 현상)을 말한 것이다. 미와 현 사이에 두 마디가 있는 것과 같다. 그러나 물(현상)은 스스로 시종이 있고, 리(본체)는 본래 성괴(成壞)가 없는 것이므로 실지는 두 가지가 있는 것은 아니다. 천하에 기를 떠나 독립한 리가 없으니 분수의 밖에 어찌 일찍이 따로 이른바 리일이 있으랴. 이 분수가 곧 리일처(理一處)라는 것을 알아야 한다. 분수가 일리임은 그렇게 알기 어려운 것이 아니다"[43]라고 하여 리가 공허한 이론적 개념이 아니

---

43 『蘆沙先生全集』 卷16, 6a, 「納凉私議」, "象數未形一句, 以言乎微也. 形器已具一句, 以言乎顯也. 若有兩節矣, 然物自有始終, 理本無成壞, 實非有兩事也. 天下無離氣獨立之理, 分殊之外, 曷嘗別有所謂理一者耶. 須知秖此分殊便是理一處, 分殊之爲一理, 亦無甚難曉者."

라 현실에 자재한 필연적 원리 내지 법칙이라는 점을 강조하였다. 그리고 현상은 한계를 가지지만 원리로서의 리는 완전하기 때문에 그 중심은 언제나 리에 있게 되고, 현상과 원리는 이원적으로 분리되는 것이 아니라 일체를 이룬다고 구조화하는 것이다.

현상(物)과 본체(理)를 일원적(一元的)인 구조로 규정하고 있는 것은 리의 현실적 실재에 대한 그의 관심이 드러난 대목이라 하겠다. 자칫 리에 주목할 경우, 리가 공허한 개념으로 전락할 가능성이 농후한 점을 유념하여, 그는 보편과 차별, 동일과 다양이라는 원리인 리가 현실에 구체적으로 실재함을 강조하는 것이다. 그래서 그는 "리는 본래 하나이므로 리일을 주로 하지만, 만 가지 다름이 그 가운데 함용되어 있다. 기에 즉한 즉 기가 이미 나누어지므로 분수를 주로 하지만 리일이 그 사이에 있는 것이다"[44]라고 하여 원리와 현상을 관통하는 리 중심의 리일분수설을 제시한 것이다.

결국 그의 리일분수설은 철저한 리 일원화 체계라 할 수 있다. 리의 원리적 법칙성이 현상에 관철되는 체계를 구축하기 위해 리분원융의 구조를 통한 리 중심 리일분수를 제시한 것이다. 이것은 직접적으로는 인성과 물성의 동이논쟁을 극복하고자 하는 그의 학문적 입장이 드러난 것이다. 하지만 그 이면에는 도덕적 당위성을 현실에서 구축하려는 성리학적 기본 태도가 전제되어 있는 것으로 규정할 수 있다. 도덕적 당위의 근거로서 리를 전제하여 '성즉리(性卽理)'의 관점을 수용하는 그로서는 리의 현실태인 분수지리가 그 절대성과 보편성을 구유함으로써 도덕의 당위에 대한 절대적 가치를 확인할 수 있다고 보았고, 동시에 그러한 분수지리가 구체적인 현실 속에 개재되어 있음을 확인함으로써 현실적 토대를 마련할 수 있다고 본 것이다.

---

44 『蘆沙先生全集』 卷16, 17b, 「納凉私議」, "理本一, 故理一爲主, 而萬殊涵於其中. 卽氣則氣已分, 故分殊爲主, 而理一在乎其間."

이때 그가 문제 삼은 여러 논의 중 가장 주목되는 것은 리의 보편적 동일성과 현실적 개별성과의 계기가 리가 아닌 다른 속성, 즉 기에 의해 매개되는 것이 아님을 확인하는 것이다. 즉 도덕적 원리의 현상화의 원인을 다른 속성(氣)에서 찾지 않고 단일한 원리에 내재된 개별 원리의 필연적 자기 전개로 이해하여 그 질적 동질성을 확보하고 있는 것이다.

2. 인성물성동이론의 비판

앞서 지적한 바와 같이 리일분수에 대한 독자적인 해석을 통해 리분원융의 세계 구성에 대한 체계를 구축한 기정진은 인물성동이 등 호락논쟁의 주요 쟁점에 대한 비판적 접근을 통해 논쟁점을 해소하고, 자신의 체계 내에서 이 논쟁을 종합·지양하고자 하였다. 기정진이 호락논쟁에서 가장 관심을 가졌던 주제는 인성물성동이와 같은 성(性)에 대한 이해였다. 그가 구축한 리분원융 체계도 성에 대한 리기론적 구조화라고 할 수 있다.

호락논쟁의 주체였던 한원진이나 이간의 성(性)에 대한 이해는 기본적으로 정주계 성리학에 기반한 것이었다.[45] 그리고 논의의 출발점은 이이의 리통기국설(理通氣局說)이라 할 수 있다. 리통(理通)을 통해 현상계에서 리의 전일적 존재성을 확인하면서 동론(同論)의 입장을 이끌어내고, 기국(氣局)을 통해 현상의 다양성을 확인하고자 하였다. 이것은 결국 이이의 리통기국설에 대한 이해에서 문제의 소지가 있음을 의미하는 것이고, 소급하면 리통기국설의 이론적 원천인 정주계

---

45 인물성동론이나 이론 측 입장 모두 주희의 언설에서 자기의 입장을 확인하고 있다는 점에서 정주계 성리학이 그들 모두의 입론 근거라 할 수 있다.

성리학의 리일분수설에 대한 해석에서 문제의 소지를 찾을 수 있음을 의미하는 것이라 하겠다. 그래서 기정진이 리일분수에 주목한 것이다.

그는 태극이나 리가 천명의 형식을 통해 현상계에 존재하는 것이 성이라고 이해한다. 『중용(中庸)』의 첫머리에 제시된 '천명지위성(天命之謂性)'이라는 구절로 대표되는 이러한 이해는 인간이나 만물에 내재된 성이 태극으로서의 리와 등치의 관계이자, 동시에 이 성이 태어나면서 받는 것으로 기질의 차이에 따라 달라지는 구체적이고 개별적인 리이기도 함을 의미한다. 다시 말해 성은 곧 리인 동시에 인물에 부여된 이후에 이름 붙여지는 두 가지 측면을 동시에 함유하고 있는 것이다. 인물성 동론자(同論者)들이 사용하는 성은 천명 혹은 태극으로서 같은 우주 근원으로서의 리임에 반해, 이론자(異論者)들이 구사하는 성은 기 속에 있는 구체적이고 개별적인 리이다. 이것은 결국 성에 대한 주안점이 각각 구별되는 것이고, 성과 리의 관계를 어떻게 파악할 것인가로 논점이 모아지는 것이라 할 수 있다.[46]

동론자나 이론자 모두 관점에 따라 동이가 각각 성립될 수 있다는 입장을 취하고 있다. 이러한 전제 하에서 한원진을 중심으로 하는 이론자들은 리기는 현상계에서 하나로 결합되어 있어 리와 기가 분리될 수 없는 상태를 성이라 하여 기국에 리를 배치시키고, 순수한 리는 초형기로 보았다. 그래서 리통에서 말하는 순수한 리와 기국에서 말하는 개별 사물의 리는 서로 차별화된다고 보고, 기국에서의 리가 바로 성이기 때문에 인물성은 다르다고 주장하였다. 이러한 주장은

---

46 인의예지로 구체화되는 우주의 궁극적 본원인 태극이나 리는 모두 인간의 도덕적 실천에 있어 그 근거가 되는 것이었기 때문에 이 논쟁의 궁극적 관심은 인간 도덕 실천의 근거 확보에 있는 것이라 할 수 있다. 따라서 태극이나 리 혹은 천명이 기에 의해 구체화되는 현상계에 있어 어떠한 양상으로 존재하는가라는 문제에 대한 입장의 차이가 그들 논쟁의 내용이라 할 수 있다. 윤사순, 「인성·물성의 동이논변에 대한 연구」, 『인성물성론』, 한길사, 1994 참조.

자칫 초형기로서의 순수한 리는 현상계에서는 있을 수 없고 단지 논리적으로만 있을 수 있다는 것으로 연결되어 리의 실재성 약화를 초래할 가능성이 농후하다.

반면, 이간을 중심으로 한 동론자들은 일원의 관점을 주로 하여 리의 순수성과 절대성은 확보하지만, 리기불상리(理氣不相離)의 관점을 간과하여 현상계에서 자칫 리의 실재성을 간과할 수 있다는 비판을 받을 소지를 안고 있다. 성즉리라는 기본 전제 하에서 성의 본질은 본연지성으로서의 리에 있음을 확인하지만, 리로서의 성과 기질과의 관련성을 해명하지 못하는 난점을 가져 자칫 공허함에 빠질 소지가 있는 것이다.

인물성동이논쟁의 직접적인 당사자는 아니지만 기정진은 인물성동이론에 깊은 관심을 보였고, 앞서 서술한 리분원융의 리일분수설을 통해 비판적 종합을 시도하였던 것이다. 특히 성에 대한 입장차에서 빚어지는 기존의 인물성동이론에 대해 그는 리분원융을 통해 그 대립을 지양하고자 하였다. 그리고 도덕적 근거이자 실천의 핵심인 리로서의 성을 현실 세계에 정초(定礎)하고자 하였다.

(1) 인성물성논쟁에 대한 기본 입장

기정진은 독자적인 해석을 통해 리 중심의 리일분수설을 구축하면서 기존의 논의에서 드러나는 문제의 핵심을 리분상리(理分相離)라고 규정하였다. 그리고 그 원인에 대해 리를 분이 없는 물〔無分之物〕로 보는 것과 분의 원인을 기로 한정한 것〔因氣而有〕에서 찾았다. 이것은 기본적으로 성을 규정하는 관점의 차이를 극복하고자 하는 시도라 할 수 있다. 즉 인물성동이논쟁에서 제시되는 관점의 구분(초형기·인기질 혹은 일원·이체)은 그 주장의 상이함에도 불구하고, 본연지성으로서의 리와 기질지성으로서의 분을 분리시키는 결과를 초래한다는 것이 문제의 핵심이라고 본 것이다. 이때 구분되는 리와 분은 각각 본연지성과 기질지성에 해당한다. 관점의 구분에 따라 각각 동과 이가 성립할 수 있다고 보는 측면에서 양론이 같고, 어느 관점을 취하는가에 따라 입장이 달라지는 점에서 볼 때, 양자는 모두 관점의 구분에 동의하고 있다고 하겠다.

이런 점에 주목하여 기정진은 이러한 관점의 구분이 바로 본연지성(理)와 기질지성(分)을 나누어 이해하게 되어 그 합일점을 찾지 못한다고 비판하는 것이다. 기정진이 지적하는 리분상리는 결국 본연지성과 기질지성의 분리이고, 초형기〔一原〕·인기질〔異體〕이라는 각각의 관점은 리(본연지성, 동일성의 원리)와 분(기질지성, 다양성의 원리)을 각각 고립화시켜 문제를 일으킨다고 파악한 것이다. 그래서 그는 초형기의 관점에 따라 리를 분이 없는 물(物)로서 파악하게 되면 리일을 형기와 분리한 곳에 한정시켜놓게 되어 본연지성의 절대성과 보편성을 확보할 수는 있지만 현실 세계에 있어 다양성과 리의 실재성을 확보하지 못하는 결과를 빚게 되고, 분을 기로 인하여 존재하는 것이라고 보는 인기질의 관점은 기질과 관련하여 다양성은 설명할 수 있지만 천명으로서의 리의 절대성과 보편성을 매개하지 못한다고 비판하는 입장이다. 이 두 가지 관점은 결과적으로 동일성과 다양성으로서의 본연지성과 기질지성의 매개점을 상실하게 되고(理自理, 分自分), 『중용』의 '천명지위성'이라는 명제를 통해 제시되는 본체(동일성)와 현상(다양성) 간의 유기적 구조가 파괴된다고 파악한 것이다.

이러한 문제에 대해 기정진은 본연지성과 기질지성의 유기적 연관성을 태극설에 기반하여 다음과 같이 설명한다.

주자(朱子)의 다음 두 구절은 가장 분명하고 이해하기 쉽다. 태극이란 그 상과 수가 아직 모습으로 드러나지 않았으면서도 그 리는 이미 갖추어져 있음을 일컫는 것이요, (소주 : 주자의 「태극도해」에서 충막무짐하지만 그 동정·음양의 리는 그 안에 다 갖추어져 있다는 것) 형기가 이미 갖추어져 있으면서도 그 리는 조짐이 없음을 일컫는 것이다. 〔소주 : 도해에서 동(動)과 정(靜)이 시간을 달리하고 음과 양이 위치를 달리하지만 태극은 존재하지 않음이 없다는 것〕 상수미형(象數未形)이란 아직 나누어지지 않은 일(一)이란 것이요 그 리가 이미 갖추어져 있다(其理已具)는 것은 분이 이미 그 안에 함유되어 있다는 것이 아닌가. 형기가 이미 갖추어져 있다(形器已具)는 것은 이미 정해진 분이요 그 리에 조짐이 없는 것(其理無朕)이란 일이 이미 자재함이 아닌가. 형기에서 분리하면서 형기에 섞이지 않은 것이다. 잘 보면 그것이 형기에 즉하여 있는 것을 볼지니 이것이 이른바 태극의 본체를 봄이 있는 것인저[47]

태극이란 그것이 현상으로 드러나지 않았지만 이미 그 안에 현상계의 다양성을 완전히 내포하고 있는 것이고, 이미 현상으로 드러난 다양성에는 이 태극이 보편적으로 실재하고 있다는 것이다. 따라서 아직 드러나지 않은 동일성의 원리인 태극에는 다양성의 원리가 내함되어 있으므로 리와 분은 분리되지 않는 것이고, 다양성의 원리가 구현된 현상에는 이미 동일성의 원리인 태극이 자재해 있다는 것이다. 본체와 현상 각각에는 이미 동일성과 다양성의 원리가 상호 모순없이 원융되어 있는 것이다.

태극을 중심으로 리분의 관계를 설명하는 논의는 기와의 관련성과 연결되어야 한다. 리는 현실상에 있어 기와 연관되어야 하는 것이기 때문이다. 그래서 기정진은 현상과 본체 간의 매개점을 리를 중심으로 설명하면서 기질과의 관련에 주목하였다.

---

47 『蘆沙先生全集』卷16, 5b, 「納凉私議」, "有朱子兩句語, 最分明易曉. 曰太極者, 象數未形而其理已具之稱(卽圖解, 所謂冲漠無朕, 而動靜陰陽之理悉具於其中者.) 形器已具而其理無朕之目(卽圖解, 所謂動靜不同時, 陰陽不同位, 而太極無不在焉者.) 夫象數未形則未破之一矣, 而其理已具則非分之已涵乎. 形器已具則旣定之分矣, 而其理無朕則非一之自在乎. 非有以離乎形器, 而其不雜乎形器者, 善觀者, 不妨其卽形氣而得之也. 此所謂太極之本體, 有見乎."

그래서 그는 리의 보편성과 기의 제한성을 전제하면서, 태극론을 연결시켰다. 보편적인 동일성의 원리인 리에 다양성의 원리가 내재된 본체(微)는 현상화되지 않은 상태이다. 그리고 실제 세계인 현상계에서 기를 떠난 리는 있을 수 없다. 기는 한계성(有始終)을 가지지만 리는 보편성(無成壞)을 가진다. 따라서 분을 포함한 리는 아직 드러나지 않았지만 기와 매개되어 있고, 기와는 달리 없어지는 것이 아니기 때문에 보편성을 가지게 된다고 보는 것이다. 따라서 기정진은 본체(理)와 현상(分)의 원리는 기를 기반으로 서로 원융될 수 있다고 생각한다.[48]

리를 중심으로 하여 세계 구성의 원리적 체계를 구축한 기정진의 리일분수론은 기본적으로 현상계에 주목하는 논의이기 때문에 기호학계의 기본 방향과 맞물려 리기일체관(理氣一體觀)을 바탕으로 한다. 그리고 리의 보편성 실재성과 기의 제한성을 지적하여 리를 매개로 근원적 동일성의 원리로서의 본연지성[理]과 현실적 다양성의 원리로서의 기질지성[分]을 현실상에 정초시키면서 분수된 현상이 리일처, 즉 리가 깃들어 있는 곳임을 강조하여 리[性]의 실재성을 확인하고 있는 것이다. 결국 기정진에게 있어 동일성과 다양성은 리를 중심으로 구조화된 세계의 두 측면이고, 따라서 이 세계를 파악할 때 형체가 있는 현상으로부터 보아 나누어 말하면 편전(偏全)이고, 그 본원을 거슬러 올라가면 본체가 되는 것이다.[49]

---

48 『蘆沙先生全集』卷16, 5b, 「納凉私議」, "象數未形一句, 以言乎微也. 形器已具一句, 以言乎顯也. 若有兩節矣, 然物自有始終, 理本無成壞, 實非有兩事也. 天下無離氣獨立之理, 分殊之外, 曷嘗別有所謂理一者耶. 須知, 此分殊便是理一處, 分殊之爲一理, 亦無甚難曉者."

49 『蘆沙先生全集』, 「答問類編」卷2, 7a, "然則緣何而有偏全之說? 曰偏全, 本非自上順下來底說話, 自形迹之可見者, 分而言之. 又逆推進一步而名其本體耳."

(2) 인물성 이론(異論)에 대한 비판

인물성동이론 모두 초형기(일원)와 인기질(이체)의 관점 구분에 따라 리와 분을 서로 분리시키는 문제점[理分相離]을 드러내고 있다고 규정한 기정진은 먼저 한원진을 비롯한 인물성이론자(人物性異論者)에 초점을 맞추어 비판을 가한다.

호서 지역을 중심으로 한원진의 논의를 지지한 이론자들은 한원진이 제시한 성삼층설(性三層說)에 따라 성을 초형기(超形器), 인기질(因氣質), 잡기질(雜氣質)로 구분하여 이해하고 있었다. 이때 제기된 관점 중, 초형기는 인간과 사물을 포함하여 기를 제외하고 리만을 가리키는 것이고, 인기질은 인간과 사물의 기질을 고려하여 그 심(心)의 리를 가리키는 것이고, 잡기질은 리와 기를 혼잡하여 말하는 관점이다. 그리고 초형기의 관점에서 보면 인간과 사물은 그 성이 동일하지만, 인기질의 관점에서는 인간과 사물의 성은 상이하고, 잡기질의 관점에서는 인간과 사물의 성이 상이함은 물론, 인간과 인간뿐만 아니라 사물과 사물 간의 성도 서로 다르다는 입장을 취하게 된다.[50]

이러한 관점 설정에 대해 비판적 태도를 취했던 기정진은 리와 분을 서로 분리시키는 원인에 주목하여 이 문제에 접근한다. 즉 이론자들이 내세운 관점 구분에 따른 성의 이해는 원천적으로 문제가 있다는 것이다. 그래서 그는 다음과 같이 이론자들에게 비판을 가한다.

이미 분이 없는 것을 리일이라고 생각했으니, 본연 위에 따로 본연의 일층을 세워서 만물의 일원으로 삼는 것도 이상할 것이 없으며 (소주 : 남당 한원진은 형기를 범하지 않고 그 리만을 지적하여 제일층의 본연으로 삼았다.) 인의예지를 기에 따라 각기 가리키는 성으로 삼아 인간과 사물의 성이 다르다는 이론(異論)이 있게 되는 것도 이상할 것이 없다.

---

50 韓元震, 『南塘集』 卷7, 2b.

120

(소주 : 남당 한원진이 말하기를 '천명은 형기를 초월하여 말한 것이고, 오
상은 기품에 근거하여 말한 것'이라 하였다.)[51]

리일분수설을 통해 리와 분의 원용 체계를 구축한 기정진으로서는
이론자들이 제시하는 초형기의 관점, 즉 분을 제외한 리만을 가리키
는 것은 용납될 수 없는 것이었다. 왜냐하면 초형기의 관점은 리에서
분을 제외하였을 뿐만 아니라 본연으로서의 리를 함용하고 있는 본
연한 분 위에 별도의 본연을 또 세우는 것이기 때문이다. 더구나 리
기론의 기본적인 원칙 중 하나인 현상세계에서 보편적이고 절대적인
도덕 원리인 리가 형기와 분리하여 실재하는 것처럼 이해될 수 있어
용납할 수 없기 때문이기도 하다.[52] 그래서 이론자들처럼 리에서 분
을 제외하여 초형기의 관점을 세우고, 오상을 기에 따라 있는 것으로
파악한다면, 그 자체 논의는 성립될 수 있지만 근원적으로 문제의 소
지를 안고 있는 것이라 규정한 것이다.
　그래서 기정진은 초형기의 관점 설정 자체에 문제점이 있음을 제
시하기 위해 태극도설에 대한 변증을 통해 구체적인 비판을 가한다.
즉 "태극도상은 조화의 측면에서 설명한 것이므로 이기(二氣) 오행(五
行) 만물(萬物)이 나누어진 가운데서 빼낼 수 없는 것을 빼내어 그 공
공한 일개 본령으로 한 것이다. 이하 제권이 곧 본색의 실체이니, 제1
권과 이하 제권이 차별이 있다는 것을 말한 것이 아니다"[53]라고 하였

---

51 『蘆沙先生全集』卷16, 8a, 「納凉私議」, "蓋旣以無分爲一, 則無怪其別立一層本然
　於本然之上, 以爲萬物之一原.(南塘以不犯形氣單指其理, 爲第一層本然) 無怪其
　以仁義禮智, 爲因氣各指之性, 而有人物性異之論. (南塘曰天命超形器而稱之, 五
　常因氣稟而名之.)"
52 리일분수설을 통해 기정진은 리를 중심으로 동일성과 차별성, 보편성과 국한성을 아
　우르는 체계를 구축하였지만, 그러한 원리가 현상계에 실재함을 무엇보다 강조하였
　다. 이런 점에서 그는 리기불상잡(理氣不相雜)의 관점이 이론적인 관점에서나 가능
　한 것이지 사실 자체에 대한 진술은 아니라고 파악한다. 따라서 초형기는 애초부터
　불가능하다는 것이 그의 입장인 것이다.
53 『蘆沙先生全集』卷16, 9b, 「納凉私議」, "圖象從造化邊說去, 故就二氣五行, 萬物

다. 그에 따르면 태극도의 제1권이나 이하의 제권은 모두 리가 조화
의 측면을 따라 드러나는 것을 나타내는 것이다. 이때 어느 곳에서나
이 리가 결여되어 있는 것이 아니다.[54] 세계의 원리적 이해에서나 현
실적 상황 하에서 언제나 리는 있지 않은 곳이 없기 때문이다. 각각
의 그림에서 이 리는 공공한 하나의 본령이고, 리는 기와 분리될 수
없는 것이기 때문에 형기와 분리될 수 없다는 것이다. 따라서 초형기
의 설정은 리가 기와 나누어질 수 없다는 점[理氣不相離]을 망각한 것
에 불과하다는 것이다. 그래서 그는 "반드시 한 층을 도출한 뒤에 만
물의 일원이 된다고 말하는가? 옛 성인은 도리에 대하여 형기와 섞어
말씀하시지 않고, 또한 형기와 분리하여 말씀하시지 않았다. 『시경(詩
經)』의 '사물이 있으면 법칙이 있다', 『주역(周易)』의 '한번 음하고 한
번 양하는 것을 도(道)라고 이른다'가 모두 이것이다"[55]라고 하여 거
듭 리가 형기를 초월할 수 없음을 강조하고, 초형기의 설정은 리기불
상리 불상잡 모두의 원칙을 벗어난 것임을 확인한다. 결국 이론자들
이 제시한 초형기의 관점은 "사물을 떠난 뒤에 법칙이 있고, 음양을
떠난 뒤에 도가 있게 된다"는[56] 문제점을 안게 되고, 따라서 리가 현
상계와의 연계를 벗어나 공허한 곳에 머무르게 된다고 비판하는 것
이다.[57]

　한원진을 비롯한 이론자들은 인기질의 관점에서 오상(五常)을 기에

散殊之中, 排出其不可排出者, 以爲公共, 一箇本領以下諸圈, 卽其本色實體, 非謂
第一圈與諸圈有差別也."
54 이러한 그의 주장은 앞서 서술한 '位虛理實'의 맥락에서 제시된 것이기도 하다.
55 『蘆沙先生全集』 卷16, 9b, 「納凉私議」, "必曰排出一層, 然後爲萬物之一原乎. 前
聖之於道理, 雖不雜形器而言之, 亦不離形器而言之, 詩言有物有則, 易言一陰一
陽之謂道, 皆是也."
56 『蘆沙先生全集』 卷16, 10a, 「納凉私議」, "離物而後有則, 離陰陽而後有道."
57 이러한 초형기의 관점 설정 비판은 동론자에게도 해당될 수 있다. 기정진이 주목한
것은 관점의 설정을 통해 성을 이원 내지 다원적으로 파악해서는 안 된다는 것이기
때문이다.

따라 각각 가리키는 성으로 보아 인물성이론(人物性異論)을 주장하였다. 이러한 인기질의 설정은 현실 세계의 다양성의 원인이 기에 있다는 것을 의미하는 것이고, 절대적 주재성을 가진 순선한 리로서의 오상이 기의 영향 하에 놓인다는 것을 의미한다고 볼 수 있다.

한편, 이론자들이 견지하는 인기질의 관점도 기정진은 승인할 수 없는 것이었다. 본연한 리의 현실적 현현(顯現)인 인의예지(仁義禮智)가 기에 의해 좌우된다고 여기는 관점이기 때문이다. 분이 기에 의해 좌우되어 드러난다는 것은 결국 현실적인 도덕 원리의 구현이 기에 의해 좌우되는 결과를 빚게 되어 문제가 있다고 보기 때문이다. 리의 절대적 주재에 따른 기의 존재와 운동만을 인정하는 그의 리기론적 입장에서 볼 때 인기질의 관점은 기가 리에 제한을 두는 것이어서 인정될 수 없는 것이다. 이러한 이론자들의 인기질 관점 제시도 기정진이 보기에는 초형기의 관점에서 비롯되는 것으로 이해된다. 그래서 기정진은 다음과 같은 자신의 비판적 입장을 제시한다.

> 아! 성이(性異)를 주장하는 것을 내가 불가하다고 말하는 것은 아니지만, 나와 다른 것은 그들이 오상(五常)을 대기(帶氣)라 한 것이니, 그러면 대본(大本)에 분명하지 못한 바가 있게 되어 할 수 없이 일원을 본연지성 위에 다시 세우게 되니, 이러면 리 밖에 분이 있게 되므로 마침내 이(異)를 주장하다가 동(同)을 폐해버리니, 성즉리(性卽理)가 헛된 말이 되고 만다.[58]

이론자의 입장에서 볼 때 오상은 기에 내재된 리를 가리키는 것이다. 기정진은 이러한 인기질의 관점은 초형기의 관점을 통해 순수한

도덕적 원리를 따로 규정하였기 때문에 설정된 것으로 이해하였다. 그래서 인기질의 관점에 따라 자칫 오상을 대기(帶氣), 즉 기에 의해 좌우되는 것으로 파악하게 되면 도덕적 원리로서의 순수한 오상이 기에 의해 좌우되어 그 순수성에 문제가 발생한다고 비판한다. 그리고 나아가서는 도덕적 원리의 근본에 대한 문제가 발생한다는 것이다. 따라서 기정진은 현상세계에 있어 도덕적 원리로서의 리(五常)가 기의 영향에 따른다는 이론자의 입장은 오상의 순수성과 본원성에 문제를 발생시켜 스스로 리의 순수성을 확보하기 위해 불필요하게 초형기의 관점을 세우게 된다고 본다. 그리고 초형기의 설정은 이미 지적한대로 비록 도덕적 원리로서 리의 순수성은 확보할 수 있을지 몰라도 현상세계에서 리와 기는 서로 분리되어 존재하는 것이 아니라는 리기불상리(理氣不相離)의 원칙에 위배될 뿐만 아니라 다양성의 원리로서의 분을 배제시켜, 결국 이 초형기의 관점에서 제시되는 성(본연지성)은 그 구체성과 실재성을 동시에 잃게 된다고 비판하는 것이다. 결국 초형기의 설정은 현상계와의 단절을 가져오고, 나아가 현상세계에 있어 리의 실재성을 약화시키는 결과를 빚어 성즉리(性卽理)라는 성선(性善)의 원리가 그 의미를 잃어버린다는 것이 기정진의 비판인 것이다.

기정진은 분의 원인을 기로 파악하여 초형기의 설정과 아울러 오상을 기질과 관련시켜 이해하는 논의에 대해서도 비판을 가한다. 그의 리기론의 기본 입장은 리는 기에 대해 절대적인 주재성을 가지는 것이다. 따라서 분의 원인은 기일 수 없다. 다만 기는 리(분)가 깃드는 현실적 소재일 뿐이다. 따라서 이론자들처럼 오상과 관련된 성을 기에 의해 주도되는 것처럼 관련지어 이해하면, 천명으로서의 본연지성은 아무런 내용이 없게 된다는 것이다.

천명(天命)으로 본연을 삼고 오상(五常)으로 기질을 삼으면, 또한 한 줄

기로 통관하여 봄에 논설이 통하지 못하니, 하늘이 인물(人物)에게 명한 것은 오상 외에 다른 것이 없는데, 오상이 기질에 점령되고 말면 천명이란 바로 빈껍데기이니, 비록 본연이란 미칭을 덧붙인다 한들 결국 이것이 무엇이겠는가?[59]

오상은 천명과 같은 차원에서 이해되는 본연의 것이고, 천명의 현실적 구현이라고 보는 것이 기정진의 입장이다. 그런데 이론자들처럼 천명과 오상을 구분하여 천명을 본연지성, 오상을 기질지성으로 각각 나누게 되면, 천명으로서의 본연지성이 인간에게 구비되지 못하는 결과를 빚게 되어 본연지성으로서의 천명은 빈껍데기에 불과하게 되고 만다는 지적이다. 즉 천명으로서의 리와 오상으로서의 성이 동질적인 측면이 사장되고, 기질에 의해 단절되고 만다는 비판이다.

기정진에게 있어 리는 일반 성리학자와 마찬가지로 만물의 궁극적 실체이자 동일성의 원리인 동시에 현상계의 원인이다. 따라서 현상계의 모든 존재는 그 원인으로서의 태극에 의해 생성된 것이다. 태극은 존재 세계를 포괄하는 보편성은 물론 다양성을 내함하고 있으며, 현상계에 존재하는 존재의 유적(類的) 원리로서의 필연성도 갖는 것이기도 하다. 그래서 리가 가지는 필연적 원리성에 대해 기정진은 '태극의 리는 원통한 것 같지만 실은 방엄하다. 이것과 같으면 반드시 이것과 같지 저것이 되지 않고, 저것과 같으면 반드시 저것과 같지 이것이 되지 않는다'[60]라고 강조하였다. 따라서 리에 내함되어 있는 다양성의 원리는 가변적일 수 없으며 동시에 기에 의해 좌우될 수 없는

59 『蘆沙先生全集』 卷16, 11b, 「納凉私議」, "天命爲本然, 而五常爲氣質, (遂菴曰云云, 南塘曰此與 元震三層之說同) 亦一串貫來說, 不去處, 天之所以命人物, 五常之外無焉. 五常被氣質所占, 則天命乃虛殼子也, 雖加以本然之美稱, 畢竟果是何物乎."
60 『蘆沙先生全集』, 「答問類編」 卷1, 2b, "太極之理, 似圓通而實方嚴, 如此者必如此而不爲彼, 如彼者必如彼而不爲此."

것이다. 그렇기 때문에 기정진이 오상을 기질에 점취되어 이해하는 것은 불가하다고 강조하여 인기질의 관점을 비판하는 것이다.

인물성이론자는 물론 동론자들도 자신들의 주장을 뒷받침하기 위해 각각 주희의 언설을 인용하였다. 동론자인 이간은 『중용(中庸)』 수장(首章)과 이에 대한 주희의 주해(註解)를 원용하여 자신의 이론을 뒷받침하였고, 이론자인 한원진의 경우도 『맹자(孟子)』에 대한 주희의 주와 『대학혹문(大學或問)』의 주희설(朱熹說)을 원용하여 자신의 설을 각각 뒷받침하였다.[61]

『대학혹문』에서 드러난 인물성론과 관련된 내용은 '리로 말하면 인물의 성은 서로 같고, 기로 말하면 그것들은 서로 다르다'는 것이다. 이 견해는 리동기이(理同氣異)의 입장으로 이해될 수 있다. 반면, 『맹자』에 대한 주희의 주해는 '기로 말하면 상이(相異)가 없지만, 리(理)로 말하면 차이가 있다'는 것으로 요약된다. 이것은 기동리이(氣同理異)의 견해로 정리될 수 있다. 따라서 리동기이와 기동리이라는 두 가지 모순되는 주희의 설명이 제시된 것은 리, 기, 성 등이 각각 그 의미와 내용이 다르게 사용되고 있기 때문이기도 하지만, 결국은 리는 하나인데 그 리가 드러난 현실적인 존재 양식인 성은 본연지성과 기질지성 두 가지이기 때문이라 요약할 수 있다. 현실 세계는 기본적으로 리기의 결합에 의한 것이고, 이러한 리와 기의 이분법적 사고는 관점의 다양화로 드러날 수밖에 없기 때문이다. 이러한 점을 미루어볼 때, 조선 성리학이 근간으로 삼고 있는 주희 성리설이 가지는 난점이 이 논쟁의 근본 원인이라고 할 수 있다.

인물성 이론자 및 동론자가 주희설을 원용하여 각각 자신들의 주장을 뒷받침한 것에 대해 기정진도 주목하였다. 그리고 각각의 입장에서 원용한 주희설에 대한 자신의 입장을 제시하였다. 다시 말해 기

---

61 윤사순, 「인성물성의 동이논변에 대한 연구」, 『인성물성론』, 한길사, 1994 참조.

126

정진도 인성과 물성을 바라보는 기본적인 방향에 있어 주희설의 맥락을 수용하고 있는 것이다. 그래서 그는 오상(五常)과 관련한 인성과 물성의 동이 문제에 대해 주희의 설을 따라야 한다고 전제하고, 주희의 여러 논의 중 편지글이 아닌 사서집주(四書集註)가 보다 명확한 견해라고 강조한다.[62]

특히 기정진은 인물성동이론에서 주희의 언설(言說) 중 이론자들이 자신의 주장의 근거로 제시하는 『맹자』의 주해에 대해 비판적으로 접근하며 자신의 입장을 제시한다. 그는 '리(理)로서 말하면 인의예지(仁義禮智)의 순수(純粹)한 것이야 어찌 사물이 온전히 얻었다고 할 수 있겠는가?'라는 구절이 사람과 사물을 구별한 것이기는 하지만, 반드시 그렇게만 볼 수 없다는 것이다. 그래서 그는 다음과 같이 설명하여 이것도 인성과 물성이 같음을 의미하는 것이라고 역설한다.

주자가 『맹자』의 「생지위성(生之謂性)」 장(章)의 주(註)에서는 말하기를 "리로써 말하면 인의예지(仁義禮智)의 순수(粹然)한 것을 어찌 물이 온전히 얻었다(得全) 할 수 있겠는가"라고 하였으니, 이것은 인과 물을 구별한 곳이다. 그러나 (주자가) 다만 말하기를 '물이 어찌 온전히 얻었다고 할 수 있겠는가'라 한 것이지 '물은 득여함이 없다'고 말한 것이 아니니, 이것도 또 인과 물이 오상을 같이 가진다는 설이다.[63]

『맹자』에서 드러난 주희의 언설이 인간과 사물을 구별한 것으로 이해할 수 있지만, 오로지 인간과 사물을 구별한 것만은 아니라고 강조하여 인성과 물성의 같음으로 이해할 수 있다고 강변하는 것이다.

---

62 『蘆沙先生全集』 卷16, 15b, 「納凉私議」, "朱子之論, 人物性固多矣. 其見於四子註說者, 則手筆稱停, 非記錄易訛書疏, 倉卒之比, 其言人物五常. 凡有三處."
63 『蘆沙先生全集』 卷16, 16a, 「納凉私議」, "獨於孟子生之謂性章集註, 以理言之, 則仁義禮智之粹然者, 豈物之所得以全哉. 此爲區分人物處, 然而秖曰, 物豈得全, 不言物莫得與則此, 亦人物同五常之說也."

즉 주희의 '사물이 어찌 온전히 얻었다고 할 수 있겠는가'라는 말은 사물이 얻은 것이 없음을 의미하는 것이 아니라는 것이다. 그래서 인물성 이론자들이 자신의 근거로 제시하는 『맹자』의 주희설도 인물성 동이라고 볼 수 있다고 주장하는 것이다.

이것은 결국 18세기 호락논쟁의 당사자들이 제기했던 설명 방식을 수용하면서, 이론자들이 동론자들에 맞서 자신의 입론 근거로 제기한 전거를 자신의 논리, 즉 분과 리의 일원적 구조를 통해 이해하여 리분원융의 틀로 맞추고자 한 것이라 하겠다. 조금은 무리한 해석을 통해 온전하지는 않지만 사물도 리를 분유하여 가지고 있음을 제시하여 리분원융의 일원적 내함 구조 하에서 인성과 물성을 규정하고 있는 것이다.

이론자들의 주장 근거로 제시되었던 『맹자』에 대한 주희설을 동론의 측면에서 조금은 무리하게 규정한 기정진은 같은 맥락에서 동론자들 자신이 주장의 근거로 제시했던 『중용』과 『대학혹문』의 구절을 인용하여 자신의 입장을 제시한다. 즉 리분원융의 체계 하에서 인간과 사물의 차별성을 기존의 입장과는 다르게 규정하고자 한다.

『중용』과 『대학혹문』에서 '조수와 초목은 그 생겨남에 있어 겨우 형기의 편벽된 것만을 얻을 뿐이고 그 온전한 것을 관통할 수는 없다'고 말하였으니, 그것은 천하여 그 물됨이 형기의 편벽되고 막힘에 구속되어 그 본체의 온전함을 채울 수 없기 때문이다. 이것은 인과 물의 성이 비록 똑같이 이 리를 가졌다고 할지라도 리 가운데의 구분이 없을 수 없다는 말이다. 기는 이 리를 태우고 있으므로 비록 형기를 떠나지 않고 분수를 말하더라도 리일에 분이 없은 적이 없다는 것을 이것으로부터 알 수 있다.[64]

---

64 『蘆沙先生全集』 卷16, 17a, 「納凉私議」, "故庸學或問, 卽言鳥獸草木之生, 僅得形氣之偏, 而不能有以通貫乎全體, 彼賤而爲物者, 梏於形氣之偏塞, 而無以充其本

128

기본적으로 기정진은 인간과 사물의 차별성을 기의 측면에서만 바라보아서는 안 된다는 입장을 취하고 있는 것이다. 그래서 『중용』과 『대학혹문』에서 인간과 사물이 태어남에 있어 기의 편전(偏全)에 따라 차별성이 드러나지만, 그 편전의 궁극적인 원인은 기에 있는 것이 아니라 리에 함재되어 있는 분이 기를 통해 드러난 것일 뿐이라고 규정하고 있는 것이다. 비록 인간과 사물의 차별성이 상존하지만 그 원인은 기가 아닌 리에서 구해야 한다는 것이고, 이것은 결국 리일에 내재된 분의 현상화라는 것이 그의 주장인 것이다. 리기론의 기본 원칙인 리기불상리(理氣不相離)와 불상잡(不相雜)에 따라 기를 타고 있는 리에 함재되어 있는 분이 드러나 차별성이 현상화되는 것이지 기의 편전에 따라 현상화되는 것이 아니라는 것이다.

이러한 것을 종합해 볼 때 기정진의 이론자에 대한 비판은 기를 중심으로 인간과 사물의 차별성을 파악해서는 안 되고, 자신이 구축한 리를 중심으로 한 리분원용의 체계 하에서 차별성을 이해해야 한다는 것으로 요약된다고 하겠다. 즉 차별성을 수긍할 수 없는 것은 아니지만, 그 근원은 리-리와 분이 원용된 원리-를 통해 파악해야 한다는 것이다.

(3) 인물성 동론에 대한 비판

앞서 이론자들이 주장한 인간과 사물의 차별성을 일단 긍정한 바탕 하에서 리분원용 체계 속에서 리를 중심으로 차별성을 규정했던 것과 마찬가지로 기정진은 인간과 사물의 동일한 측면을 일단 긍정한다.

"'리로써 말하면 만물이 일원이니, 원래 인물귀천의 다름이 없다'

體之全, 此言人物之性, 雖同此一理, 而理中之分限不能無也. 氣所以承載此理, 故雖不離形氣而言分, 而一之未嘗無分, 於此因可見矣."

라고 한 이 한 구절은 나의 이른바 빼어내서 그 묘함을 말한 것이니 리일을 위주로 한 것이다"[65]라고 하여 동론자들의 주장의 관점으로 제기하는 일원 관점에서 인간과 사물의 귀천에 다름이 없음을 수용한다. 동론자들의 이 관점은 자신이 리일분수설에서 주장한 도출이언(挑出而言)의 방식에 따라 리일을 위주로 한 설명과 같다는 것이다. 같은 방식으로 기정진은 동론자들이 제기하는 이체(異體)의 관점에 대해서도 "'기로써 말하면 그 정통을 얻은 것은 사람이 되고 그 편색을 얻은 것은 사물이 된다'고 한 이 일절은 이른바 기에 즉하여 그 실을 가리키는 것이니 분수를 위주로 한 것이다"[66]라고 하여 수용적인 태도를 취한다.

하지만 이것은 어디까지나 현상세계에서 인간과 사물에 대해 같음과 다름이 있음을 인정한 것이지, 동론자들의 관점 설정 자체를 전적으로 수용함을 의미하지는 않는다. 왜냐하면 동론자들이 제시하는 관점도 그가 문제로 지적한 리를 분이 없는 것(無分之物)으로, 분이 기로 인해 있는 것(因氣而有)에서 벗어나지 않기 때문이다. 비록 일원이나 이체의 관점이 리에 중점을 두어 같음과 다름을 파악한 측면이 없지 않지만, 이 문제에서 예외는 아니라는 것이 기정진의 생각이다.

그래서 그는 동론자들이 내세운 이체의 관점, 즉 인간과 사물의 차이가 기에 달려 있다고 파악한 것에 비판의 화살을 겨눈다. 그래서 다름의 원인을 기라고 설명한 동론자들의 태도에 대해 다음과 같이 비판적 입장을 제시한다.

---

65 『蘆沙先生全集』卷16, 19b, 「納凉私議」, "以理言之, 則萬物一原, 固無人物貴賤之殊. 此一節, 所謂挑出以言其妙理一爲主者也. 以氣言之, 則得其正且通者爲人, 得其偏且塞者爲物. 此一節, 所謂卽氣以指其實分殊爲主者也."
66 『蘆沙先生全集』卷16, 19b, 「納凉私議」, "以理言之, 則萬物一原, 固無人物貴賤之殊. 此一節, 所謂挑出以言其妙理一爲主者也. 以氣言之, 則得其正且通者爲人, 得其偏且塞者爲物. 此一節, 所謂卽氣以指其實分殊爲主者也."

그러한 즉 기를 말하는 것도 그 뜻은 리의 편벽됨과 온전함에 있다. 주리의 일변을 주장하는 선배 유학자도 사람과 사물의 구별은 오로지 기에 달렸다고 한다. (소주 : 여러 사람들의 논의가 모두 그렇다.) 기를 말하고 리를 주로 하여 말하지 않으면 바름·통함·편벽됨·막힘이라고 말하는 것이 모두 하나의 빈껍데기에 불과하다. 어찌 이것으로 사람과 사물의 귀하고 천함을 나눌 수 있겠는가.[67]

호락(湖洛)의 제 논의가 모두 리분상리라는 문제점을 안고 있다고 파악한 그로서는 동론자들이 제시한 이체의 관점은 그 주안점이 기에 있기 때문에 용납될 수 없는 것이다. 그에 따르면 이체의 관점에서 주장될 수 있는 인간과 사물의 다름도 그 중심은 기가 아닌 리에 있다는 것이다. 인간과 사물의 다름은 기의 편색(偏塞)에 따라 드러나는 것이 아니라 그 기를 주재하는 리에 중심 원인이 있다는 것이다. 리에 주로 하여 논의를 전개하는 전대 주리론자들도 비록 리에 중점을 두고 있지만 인간과 사물의 차별성을 기에 주로 하여 전개하는 입장, 즉 낙론자들은 리동기이(理同氣異)의 관점을 취하고 있다고 비판하는 것이다. 만약 이렇게 이해하게 되면 리는 현실에서 아무런 역할을 못하고, 내용 또한 없는 것과 같게 된다고 보는 것이다.

동일성과 차별성, 보편성과 다양성의 원리인 리에 주로 하지 않고, 참치부제한 기의 현실적 발현에만 주목하여 인간과 사물의 같고 다름을 규정해서는 안 된다는 입장 하에서 기정진이 동론자들의 논의에서 주목한 것은 '리동기이'의 관점이었다. 그래서 그는 정이천의 리일분수에 대한 주희의 설명을 인용하면서 리동기이의 관점을 다음과 같이 비판하였다.

---

67 『蘆沙先生全集』卷16, 19b, 「納凉私議」, "然則所言乎氣者, 乃所指則在乎理之偏全也. 先儒之主理一邊者, 乃謂人物之辨, 專在於氣.(諸公之論皆然) 夫言氣而不以理爲主, 則所言正通偏塞者, 皆不過一箇空殼, 何足以爲人物之貴賤乎."

주자가 말하기를 "리와 기는 정이천(程伊川)이 리일분수(理一分殊)라고 잘 말하였다"고 하였으니, 이것은 기로써 분을 말한 것이 아니다. … 주자가 만약 분수란 두 글자를 바로 기이(氣異)로 보았다면 사람마다 모두 리일기이(理一氣異)라고 말하고 있는데, 어찌 정이천의 말이 좋다고 했겠는가? 또한 하물며 리일기이를 말하는 데 대해서 좋은 말이 아니라고 하는 것은 왜 그런가? 리는 이미 만사의 본령이라 말했는데 기가 어떤 것이길래 이에 홀로 너는 하나이고 나는 다르다고 하여 이것에 배치시켜 말하는가? 그러므로 리일기이를 말할지라도 또한 좋은 말이 아니다. 근세 여러 선생이 리와 분을 분석해서 말하는 것은 니일아수론(你一我殊論)의 폐단이다.[68]

앞서 설명한 바와 같이 정이천의 리일분수는 리를 주로 하여 설명한 것이기 때문에 분을 기로 파악할 수 없다는 것이다. 분을 기로 파악하면 현상세계의 다양성과 차별성의 원인이 기에 있음을 의미하게 된다는 것이다. 리는 현상세계의 원인, 즉 만사(萬事)의 본령(本領)인데, 기에 의해 현상계의 다양성이 있다고 하면 리의 권능과 위상은 허물어질 수 있다고 본 것이다. 이러한 그의 주장에는 모든 가치의 총부이자 도덕 규범의 원리, 그리고 세계 구성의 보편적 원리이자 다양성의 함유인 리를 현실에서 강력하게 정초시키고, 동시에 기에 대한 리의 우월적 권능을 부여하고자 한 것이라 할 수 있다. 이러한 측면은 인성물성에 대한 논의를 전개하면서 "기가 리에게서 명령을 듣지 않고 오히려 리가 기에게서 제재를 받으면 (『중용』의 첫 머리에 나온) 천명을 일러 성(天命之謂性)이라고 하는 말은 빈 말이 될 것"[69]이라고 하여

---

68 『蘆沙先生全集』 卷16, 14b, 「納凉私議」, "朱子曰 理與氣, 伊川說得好, 曰 理一分殊, 此非以氣言之也. … 朱子若將分殊二字, 直作氣異看, 則理一氣異人人皆能說得, 何以云伊川說得好. 且況理一氣異縱然說得, 亦非好語何以故, 理旣云萬事本領, 氣是甚樣物事, 乃獨你一我殊背馳去玆, 故理一氣異, 縱然說得亦非好語, 近世先生坼開理分, 大抵皆你一我殊之論其蔽也."

리를 통한 리기의 관계를 제시한 것에서도 확인할 수 있다.[70]

기정진은 "이미 분이 기 때문에 있는 것이라고 한다면, 인간과 사물이 오상(五常)과 본연지성을 함께하며, 편전지성은 본연이 아니라고 하는 것이 괴이할 것이 없으니 인물성동의 설(說)이 있게 된다"[71]고 하였다. 이는 동론자들의 논의에서 드러나는 문제점에 주목한 기정진의 기본적인 비판의 입각점이 바로 분(分), 즉 현상계의 다양성을 기에 두고 있다는 것이다. 기의 영향을 받지 않는 순수한 도덕적 원리로서 오상을 본연지성이라 하고, 편전지성은 본연이 아니라는 동론자들의 주장 이면에는 다양성의 원인을 기로 상정하고 있다는 것이다. 비록 리를 중심으로 세계와 도덕을 이해한다고 하더라도 결국은 리동기이의 입장에서 벗어난 것은 아니라는 것이 그의 비판인 셈이다.

이러한 그의 기본적인 비판의 입각점에서 비판의 대상은 현상의 다양한 현현의 원인인 편전지성을 동론자들이 비본연으로 상정하는데로 모아진다. 즉 기에 의해 다양성의 원인을 상정한 결과, 리일에

---

69 『蘆沙先生全集』卷16, 15a, 「納凉私議」, "氣無聽於理, 理反取裁於氣, 天命之謂性, 徒虛語耳."

70 「납량사의」는 기정진이 중년기에 작성한 것으로, 말년에 몇 개의 단락을 개작한 것이 확인된다. 그리고 기의 운동 변화에 대한 리의 절대적인 주재를 확인한 리기론의 정수가 담긴 「외필」은 사망하기 몇 해 전에 작성하였다. 이런 점으로 미루어 볼 때, 리일분수에 대한 기정진의 학문 체계가 정립되고, 이후에 리기 체계가 확립되었다고 할 수 있다. 하지만 「납량사의」에서 드러나는 리분원융의 체계는 기에 대한 리의 철저한 주재에 근거하지 않고서는 성립될 수 없다는 점에서 순차적인 학문 체계의 정립보다는 동시적인 학문의 성립으로 보아야 할 것으로 판단된다. 기정진이 말년에 「외필」을 문인인 조성가에게 보여주면서 평생동안 마음속에 담았던 것이라고 술회한 것으로 보아 더욱 그러하다. "기가 리에게서 명령을 듣는 것이 아니라, 리가 도리어 기에 제재를 받는 결과가 되고 있다. 따라서 천명지위성이라는 말이 모두 허언이 된다."라는 「납량사의」의 언명도 이러한 연장선상에서 이해할 수 있다. 다만 이 언명이 「납량사의」의 초본에 실렸던 것인지, 아니면 말년에 개작할 때 산입된 것인지 확인할 수 없다. 하지만 그의 편지글에서 드러나는 리기론에 대한 입장으로 미루어보아 「납량사의」를 작성할 때부터 리의 절대적인 주재에 의한 기의 운동 변화 등 리 중심의 체계가 정립되었음을 짐작할 수 있다.

71 『蘆沙先生全集』卷16, 8b, 「納凉私議」, "旣以分爲因氣而有, 則無怪其以人物, 同五常爲本然之性, 而偏全之性爲非本然, 有人物性同之論."

내재된 다양성의 원리인 편전지성을 본연이 아니라 기에 의해 좌우된 것으로 규정하게 된다는 것이다. 리는 기에 대해 절대적 주재를 가지고 있고, 현상계의 다양성의 원리인 분은 리에 함재된 원리임에도 불구하고, 동론자들은 기에 주목하여 다양성을 이해하기 때문에 문제가 발생할 수 없다는 입장이다. 그래서 그는 동론자의 주장을 다음과 같이 비판한다.

> 성동(性同)을 주장하는 것에 대해서 내가 그렇지 않다고 하는 것이 아니다. 그러나 편전지성을 본연이 아니라고 하면, 분 밖에 리가 있는 것이 되며, 마침내 같음(同)을 주장하다가 다름(異)을 폐해버리니, 그렇다면 성(性)이 체(體, 즉 理)는 있어도 용(用, 즉 分)이 없는 장물(長物)이 되어버린다.[72]

리(리일지리)의 입장을 통해 성이 같다고 하는 것에서는 기정진도 동론자들의 입장을 수용하고 있지만, 다양성의 원리인 분(분수지리)을 본연이 아니라고 하는 데에서는 입장차를 드러내고 있다. 현상계에서 드러나는 다양성의 원리인 편전지성을 본연이 아니라고 하게 되면, 그것은 분(다양성의 원리)과 리(동일성의 원리)의 연계성을 부정하는 것이고, 결국 리는 현상세계의 보편적 동일성의 원리로서는 위치지어지지만 현상계의 다양한 차별성의 원리로서는 그 위상을 갖지 못한다고 지적하고 있다. 즉 앞서 지적한 바와 같이 다양성의 원인을 기에 두고, 기에 의해 좌우되는 분으로 파악하기 때문에 이러한 결과를 빚게 된다고 보는 것이다.

기정진에게 있어 리(리일지리)에 내함된 분(분수지리)의 현실태인 편전지성을 비본연이라고 하는 것은 리분원융 체계를 부정하는 것을 의

---

72 『蘆沙先生全集』 卷16, 9a, 「納凉私議」, "性同者, 吾不曰不然, 而以偏全之性, 爲非本然, 則是分外有理也. 遂主同以廢異, 則性爲有體無用之長物矣."

미한다. 왜냐하면 그의 체계에서 편전지성은 리에 내재된 분이 현실에서 드러난 것이고, 따라서 분의 현실태인 편전지성은 본연이 아닐 수 없기 때문이다. 또한 편전이라는 현실의 다양한 모습은 리에 내함된 분의 현실적 발현이고, 편전이라는 기의 양태는 리로서의 분이 기에 대한 규정력이 발현된 것으로 보기 때문이다. 그래서 동론자들에 대한 기정진의 비판은 편전지성의 본연성을 확인하고 강조하는 방향으로 나아가게 된다.

> 그렇다면 무엇으로 인하여 편전(偏全)의 설이 있게 되었는가? 편전이
> 라는 것은 본래 위로부터 아래로 따라 내려오면서 하는 이야기가 아
> 니라, 볼 수 있는 것으로부터 나누어 말한 것이니, 또한 거슬러 올라
> 가서 진일보하여 그 본체를 지칭할 뿐이다. 비록 그렇다 하더라도 거
> 슬러 올라가서 이미 이 이름이 있다면 어찌 '하늘에는 원래 이 분이
> 없다'고 할 수 있겠는가? 원래 이 분이 없다면 인과 물은 어디에서 이
> 편전을 가지게 되었는가?[73]

편전이란 현상 세계에서 파악된 것이고, 그것을 거슬러 올라가면 그 본체, 즉 리에 도달할 수 있다는 것이다. 이미 본체인 리에는 편전으로 분화될 가능태로서의 원리인 분이 내재되어 있기 때문에 현상의 편전은 이로부터 드러난다는 것이다. 그래서 그는 '하늘에 원래이 분이 없으면 인물의 편전이 어디에서 왔겠는가?'라고 하여 편전지성의 근거를 본체로부터 끌어내어 본연성을 강조하고 있는 것이다. 이러한 논지는 동론자들이 오상을 본연이라고 파악한 것에서는 긍정

---

73 『蘆沙先生全集』, 「答問類編」 卷2, 7a, "然則緣何而有偏全之說? 曰偏全本非自上順下來底說話, 自形迹之可見者, 分而言之, 又逆推進一步而名其體耳. 雖然, 逆推旣有此名, 則豈可曰 在天原無此分. 原無此分, 則人與物, 何處得來 而有此偏全."

할 수 있는 측면을 가지고 있지만, 편전을 본연이 아니라는 주장에
대해서는 상통할 수 없게 하는 것이다.

그래서 그는 "오상을 한가지로 하여 본연이라고 말하는 것, 이것은
확실히 일원에 부착한 것이어서 갑측(호론)의 오상을 초월하여 일원을
공허한 자리에 세운 것과 비교가 되지 않는다. 그러므로 말초의 층절
의 분잡한 모습이 갑측과 같이 심한 데에까지 이르지 않았다"고 하여
비교적 이론자들에 비해 동론자들에게 완화된 시선을 보내면서, "그
러나 다만 편전을 본연이 아니라는 설(낙론)을 보면 도리어 아마 오상
을 동(同)으로 한다는 동(同) 자(字)가 이미 스스로 병폐를 띠고 있다"[74]
고 단호한 비판을 가하였다. 즉 오상을 본연이라고 보는 것은 리일지
리가 현상세계에 구현된 것으로 보는 것으로 이해할 수 있어 수용할
수 있지만, 편전지성을 본연이 아니라고 하면 오상이 같다고 하는 것
도 문제를 띠고 있다는 것이다. 기정진에게 있어 편전은 현상계의 모
습이지만, 그 편전이 드러나는 것의 원리로서의 편전지성은 본연지성
이기 때문이다.

기정진의 논리에 따르면 편전은 현상계에서 드러나는 오상의 편전
이고, 이렇게 편하고 전하게 드러나게 하는 원리는 리에 내함된 분의
구현이 된다. 따라서 '편전은 형이하자(形而下者)요, 편전지성은 형이
상자(形而上者)'[75]가 되어 편전지성은 비본연이 아니라는 것이다. 나아
가 그는 "편전은 선일변(善一邊)만을 가리켜 말한 것이다. 선일변이란
것은 구멍에 대소가 있어도 달빛은 동일하고, 주발에 방원이 있어도
수성(水性)이 동일한 것과 같은 것이다. 이와 같은 것을 어찌 본연이

---

74 『蘆沙先生全集』 卷16, 11b, 「納凉私議」, "同五常而說本然, 是著實的一原, 不比甲
邊超五常而立, 一原空蕩蕩地. 故下稍層節之猥穰, 不至如甲邊之甚, 而但以偏全,
非本然之說觀之, 却恐同五常之同字, 已自帶病了."

75 『蘆沙先生全集』 卷16, 12a, 「納凉私議」, "偏全, 形而下者, 偏全之性, 形而上者. 形
而上者, 不得爲本然, 則夫子所言形上之道, 祇說得氣質一邊耶. 故一箇性也, 自其
分之不害於一而謂之同, 五常可也, 自其一之不外於分而謂之偏全之性, 亦可也."

아니라 할까? 기질은 선악을 겸하여 말한 것이다. 선악을 겸한다는
것은 진흙 물이 탁하고 맑은 것이 백층이나 되고 격창의 달의 명암이
다반(多般)한 것과도 같은 것이다. 그러니 편전을 기질(氣質)이라 하면,
어찌 편전을 낮추어 버리지 않을까? 기질지성을 군자는 성(본성)이 아
니라고 하였으니, 인물편전의 성을 군자는 역시 성(본성)이 아니라고
할까?"[76]라고 하여 편전에 대해 보다 세밀한 분석을 제시한다. 즉 편
전은 선일변이고, 현상세계에서 기질의 영향 하에서도 드러나는 리
의 측면이라고 규정하는 것이다. 비유하자면 비록 구멍의 대소가 있
지만 그것을 통과하는 달빛은 내용상 같은 달빛이고, 그릇에 둥글고
모남이 있지만 그것에 담긴 물의 성질은 같다는 의미이다. 이것은 결
국 기질의 영향에 따라 다르게 보이는 성일지라도 그 내용적 측면에
서는 동일한 맥락 하에 있음을 강조하는 것이다.

그래서 그는 '같다'라는 의미를 설명하면서, "어찌 이것을 같다(同)
라고 말하는가? 다만 오상은 곧 동처이나, 오상의 물에 따라서 편전
함은 곧 이 리의 본분이다. 어찌 동일 수 있으랴. 편전은 같지 않은데
(不同), 오히려 이것을 같다고 말하는 것은 마치 주발과 칼을 동철
로서는 같다라고 하는 동(同)이요, 주발이나 칼이 없이 혼동하여 그저
동(同)이라 말하는 것이 아니다. 그러므로 편전지성을 본연이 아니라
함은 주발과 칼을 떠나서 동철을 구하는 설이다"[77]라고 하여 현상과
현상의 근원을 구분하고자 한다. 현상에서 드러나는 주발과 칼의 다

---

76 『蘆沙先生全集』 卷16, 13a, 「納凉私議」, "偏全, 指善一邊而言. 善一邊也者, 如孔
隙雖有大小, 而月光自若, 盤盂雖有方圓而水性無恙, 若此者, 豈不是本然. 氣質,
是兼善惡而言, 兼善惡也者, 如和泥之水, 稠淸百層, 隔窓之月, 明暗多般, 以偏全
爲氣質, 豈不低陷乎. 偏全, 氣質之性, 君子有不性者焉, 人物偏全之性, 君子亦有
不性焉者乎."
77 『蘆沙先生全集』 卷16, 12a, 「納凉私議」, "曷謂之同. 只五常便是同處, 五常之隨物
而偏全, 乃此理之本分. 何可同也. 偏全不同而猶謂之同者, 如盤盂刀劍爲銅鐵, 則
同之同, 非以混同, 無盤盂刀劍而謂之同也, 偏全之性, 非本然, 離盤盂刀劍而求銅
鐵之說也."

름에 유의하면서 보다 원리적인 이해를 해야 한다는 것이다. 단지 주 발과 칼의 다름을 유의하지 않고 같다라고 하는 것은 현상의 차별성 을 무시한 공허한 이해가 될 수 있음을 지적한 것이다.

나아가 그는 기질지성의 본연성을 강조하면서 본연지성과 기질지 성의 일원적 구도 하에서 현상세계에서 보편적 동일성이 실재하고 있음에 주목한다. 즉 기질지성이 본연이라고 할 때 본연지성을 소홀 히 하거나 혹 그것의 실재성에 의문을 가지는 것을 우려하여 본연지 성이 현상세계에 실재함을 확인하려 하는 것이다.

> 기질지성은 태어남과 동시에 가지고 태어나는 것이므로 때에 따라서 있고 없고 하는 것이 아니다. 이를 범론하면 그렇지 않다고 말할 수 없다. 다만 알지 못할 것은 그렇다면 이른바 본연(本然)이란 어디에서 볼 수 있을까? 그것은 다만 기질이 궤도를 따라 불란한 곳이 이것이 다. 그러니 중인이 기질의 불미한 것도 바로 혼매하지 않을 때를 당하 면 어지러움이 일어남이 없다. 그러니 미발한 때 이를 본다. 진실로 미발인 즉 이는 기질이 마침 궤도를 따르는 것이니, 그것이 본연이 아 니고 무엇이랴? 이미 본연인데 또 불미한 종자가 일변에 엎디어 있다 면 천하에 마침내 대본이 없으리라.[78]

기질지성은 태어남과 더불어 가지는 것이고, 시간적 제약을 받지 않음을 확인하고 있다. 그러면서도 그 기질지성을 통해 본연을 확인 하고자 한다. 기질이 성에 따라 어지러움이 없는 것이 바로 본연지성 이라는 것이다. 따라서 중인의 기질도 미발한 때에는 본연지성이 있

---

78 『蘆沙先生全集』 卷16, 20b~21a, 「納凉私議」, "氣質之性, 與生俱生 非可隨時有無 者.(遂菴說) 汎論之 不可謂不然矣. 第未知所謂本然者, 於何見得. 只氣質之循軌 不亂處, 是也. 硏則衆人氣質不美, 正當於不昏, 則亂無澄然, 未發時見之. 苟未發 矣, 則是乃氣質之偶然循軌者也, 非本然而何哉? 既本然矣, 而復有不美之種子伏 在一邊, 則天下終無大本矣."

다는 것이다. 기질지성의 본연성을 확보하면서, 자칫 본연지성을 공허하게 바라볼 가능성을 차단하여 현상을 초월한 것으로 두지 않고, 현상계에 국한시켜 그 실재성을 확인하고 있는 것이다. 이렇게 되면 본연지성은 언제나 현실 세계에 자리하게 되고, 기질지성과 유기적 관련을 맺어 본연지성의 구체성은 담보될 수 있는 것이다. 나아가 본연지성은 가능태로서의 존재이기 때문에 그것은 미발한 때에 있다는 논리가 되고, 따라서 미발은 기질이 불미(不美)한 것이 드러나지 않은 것이기 때문에 본연지성이라는 것이다.

이러한 측면에서 기정진은 기질지성의 본연성을 강조하고, 나아가 리와 분의 상함성에 기초하여 기질지성과 본연지성의 유기적 관계를 강조한다. 기질지성과 본연지성이 별개의 다른 성이 아님을 강조하면서도 기질지성(편전지성)은 본연지성과 함수 관계에 놓여 있음을 통해 리와 분의 원융한 체계를 성(性)에 대입하고 있는 것이다. 이것은 한 폭의 천을 구성하는 씨줄과 날줄, 한 사람의 이름과 자(字)가 있는 것과 같이 서로에게 방해됨이 없다는 비유를 통해 유기적 관계성을 드러내고, 이론자들은 물론 동론자들이 층위를 달리하여 논의를 전개한 것을 비판적으로 극복하고자 하였다.[79]

따라서 동론에 대해서도 이론과 마찬가지로 리분상리라는 근원적 원인이 문제임을 드러내어 동(同)과 이(異)를 리와 분의 원융한 체계 내에서 융섭시키고 있는 것이다. 그래서 오상과 편전지성을 각각 리와 분의 원융한 관계로 파악하여, "정통을 귀히 여기는 바는 그것이 본연의 정(正)을 얻었기 때문이다. 만약 그것을 편색한 것과 더불어 균일히 본연이 아니라 하여 장각(臧㲉)의 망양(亡羊)과 같이 생각한다

---

79 『蘆沙先生全集』卷16, 12a, 「納凉私議」, "形而上者, 不得爲本然, 則夫子所言形上之道, 說得氣質一邊耶, 故一箇性也. 自其分之不害於一而謂之同五常可也. 自其一之不外於分而謂之偏全之性, 亦可也. 雖其名言之間, 若有抑揚之勢而實, 如一幅布中, 或經或緯, 一人身上, 有名有字, 初非偏全之上, 更有同五常之一位也."

면 어찌 정통을 족히 귀하다 하리오? 대개 무분(無分)을 일(一)이라 하면 그 폐해는 반드시 여기까지 이를 것이다. 그러면 그가 『주역』의 이른바 각정(各定)의 성(性)을 분수에 떨어지고 형기를 범한 것으로 생각하게 되어, 그것이 일원(一原)이 됨에 족하지 못하다 할 것이니 저 갑변(호론)의 의론과 더불어 아마 차이가 없을 것이므로 이것도 쫓기 어려울 일이다. 총론하면 어찌 리분상리(理分相離)의 폐가 아니리오"[80]라고 정리하였다.

(4) 리분원융의 인물성론

인성물성론은 결국 리(理)와 성(性)이 같은가 다른가의 논쟁으로 귀결된다고 할 수 있다. 동론자나 이론자들 모두 관점의 분화를 통해 초형기(일원)의 관점에서는 같고, 인기질(이체)의 관점에서는 다르지만 무엇을 위주로 보아야 할 것인가를 두고 동과 이로 나뉜 것은 리와 성을 내용적으로 어떻게 구분할 것인가와 관련되어 있다고 할 수 있다.[81]

이러한 문제는 기정진이 인물성동이론을 접근하는 데 주요한 논점이었다고 할 수 있다. 기정진은 전대의 호락논쟁 중 인성과 물성의 동이 논의에 대해 '여러 학자들이 선각(先覺)들이 성(性)을 논한 자리를 상밀하게 강구하였으나, 다만 리분일체(理分一體)란 곳에 자세히 살피지 못함이 있어 리와 기가 서로 투기하고, 동(同)과 이(異)가 서로 물리치게 된 것'이라고 비판하고, '이(異)를 말하면 오상을 독단하고자 하

---

80 『蘆沙先生全集』 卷16, 12b~13a, 「納涼私議」, "所貴乎, 正通者. 以其得本然之正也. 若與偏塞者均之, 爲非本然, 如臧穀之亡羊, 則何正通之足, 貴乎. 蓋以無分爲一, 其弊必至於此. 其各正之性 落分殊犯形器, 不足以爲一原, 與甲邊之議, 恐無異同, 玆又難從者也. 總而言之, 豈非理分相離之蔽也."
81 이러한 문제에 대해 홍직필은 '인물성동이의 논쟁은 단지 성(性)과 리(理)의 같고 다름의 구분일 뿐'("人物性所爭, 不過理與性同異之分而已." 『梅山文集』 卷2, 176쪽 「與蘆山趙公」)이라 하여 성과 리의 내용적 구별이 논쟁의 원인임을 밝히고 있다. 홍직필은 인물성동론을 주장한다.

는 것이고, 동(同)을 말하면 편전을 낮추어 보는 것이니, 차이는 호리 (毫釐)이나 그릇됨은 천리(千里)와 같으니 어찌 믿지 않으리오'[82]라고 지적한 것도 이러한 논점에서 비롯된 것이라 할 수 있다.

이러한 논점 하에서 기정진은 전대 호락논쟁에서 각각 자신의 주장을 뒷받침하는 전거로 제시됐던 주자의 학설에 대해서도 종합적인 접근이 필요함을 역설하면서 문제점을 확인하고 있다. 앞서 밝힌대로 『중용』, 『대학혹문』 등 동론자들이 인용하는 주희의 주해뿐만 아니라 이론자들의 전거로 제시된 『맹자』의 주희주에 대해서도 자신의 논점의 구도 하에 비판적으로 정리하였다. 동론자들이 그 논의의 전거로 사용했던 『대학혹문』과 『중용』 장구를 들어, "인간과 사물이 생함에 반드시 이 리를 얻은 후에야 건순인의예지의 성이 있게 된다는 것은 『대학혹문』이다. 인간과 사물이 생함에 각기 품부(稟賦)받은 리를 얻어서 건순오상의 덕을 삼는다고 하는 것은 『중용』 장구이다"[83]라고 전제하고, "이것들은 모두 인간과 사물을 구분하지 않고 하나의 예로 말하는 것이니 문리(文理)가 조금 통한 사람이라면 처음부터 분간하기가 어렵지 않을 것이다. 또한 성(性)이 되고 덕(德)이 되었다고 말하는 것들은 모두 성을 이룬 이하로 붙여야지 선을 이은 이상의 일이 아닌 즉 주자의 생각은 인물(人物)의 성은 모두 이 오상이 된다는 것이 분명하다'[84]고 설명한다. 또한 이론자들의 인물성론 비판에서도 드러났듯이 이론자들이 전거로 내세우는 『맹자』의 주해에 대해서도 동론적

---

82 『蘆沙先生全集』 卷16, 17b~18a, 「納涼私議」, "諸家於先覺論性處 非不講貫詳密 而特緣理分一體處 未甚著眼 以致理氣相妬 同異相攘 說異則欲獨擅五常 說同則 乃低視偏全差之毫釐 謬以千里 豈不信哉."

83 『蘆沙先生全集』 卷16, 15b~16a, 「納涼私議」, "人物之生, 必得是理然後, 有以爲 健順仁義禮智之性者, 大學或問也. 人物之生, 各得其所賦之理, 以爲健順五常之 德者, 中庸章句也."

84 『蘆沙先生全集』 卷16, 16a, 「納涼私議」, "此二條皆不區分人物 一例說去, 粗通文 理者, 初不難辨 且得以爲性, 得以爲德之云皆屬, 成性以下而非繼善以上事, 則朱 子之意明人物之性爲同, 此五常矣. 豈復有佗說哉."

인 각도에서 이해하고자 하였다.

이것은 동론자와 이론자가 각각 두 가지 상이한 전거로 제시된 주희의 설을 종합하여 자신의 리분원융 체계 내에 융합하려는 접근이며, 호락논자들 모두 여기에서 문제점을 안고 있다고 파악한 것이라 하겠다. "문맥을 종합해 보면 그 의미는 「생지위성(生之謂性)」 장의 주와 역시 다르지 않다. … 후인이 각각 반쪽만을 잡아서 차이가 생기게 되었으니 어찌 주자가 미리 생각했던 것이겠는가? 이는 물아가 오상을 함께한다는 것은 리가 하나라는 것이고, 오상이 편전이 있다는 것은 그 하나 가운데의 나눔이라는 것을 알게 된다"[85]라는 지적은 대립하는 양론을 비판적으로 종합하고자 한 시도인 것이다. 각각의 논자들은 모두 일면만을 본 것에 불과하고, 두 가지를 모두 고려하면 인간과 사물은 공히 오상을 함께하여 같고(同), 동시에 오상에 편전이 있는 것은 기에 원인이 있는 것이 아니라 오상으로서의 리에 분이 있는 것이라는 것이다. 결국 동과 이는 서로 상반되는 것이 아니라 리분원융의 체계 내에서 동시에 긍정될 수 있다는 것이다. 그래서 기정진은 "그런 까닭에 옛사람들이 성을 언급함에 리가 같다고 하고 같지 않다고 말한 것이 서로 어긋난 것이 아니다"[86]라고 하여 동이가 서로 용납됨을 강조하는 것이다.

"공공(公共)으로써 그 묘를 논함은 도출해서 말함이요, 직접적으로 그 체(體)를 지적하면 기에 즉해서 밝힌 것이다. 도출하면 리는 본래 일이므로 리일이 주(主)로 되어 만수가 그 가운데 함유되는 것이요, 기에 즉하면 기가 이미 분수화된 것이므로 분수가 주로 되어 리일은 그 안에 존재하는 것이다. 이렇게 해서 말하는 것이 다를 뿐이지 성

85 『蘆沙先生全集』 卷16, 17a~b, 「納凉私議」, "合此上下文義而觀之, 其與生之謂性章集註, 亦非有異義也. … 後世讀者, 各占上下一半, 就生軒輊, 豈朱子之所能預料哉. 是知物我均, 五常者, 理之一也. 五常有偏全者, 一中之分也."
86 『蘆沙先生全集』 卷16, 17b, 「納凉私議」, "是故先覺論性, 有言理同者, 有言理不同者, 非相戾也. 所主而言之者, 不同曷爲有此, 所主之不同."

에 어떻게 여러 층절이 있겠는가?"[87] 라는 그의 언명은 각각의 논점을 융섭하는 것이 되는 것이다. 설명의 방식에 있어서 두 가지이지만 인과 물이 갖추고 있는 성은 층절이 있을 수 없다고 하여 일원적 구조화를 기하고 있는 것이다. 즉 기정진은 성으로 표현되는 두 가지 측면, 즉 본연지성과 기질지성을 각각 리와 분으로 정리하여 이것을 일원적으로 구조화시킨 것이다.[88]

동론자들이 주장하는 본연지성으로서의 리가 보편적이고 절대적이라는 논의는 기정진의 리일분수설에서 리(理一之理)에 해당되고, 이론자들이 주안점을 두었던 다양성으로 표현되는 인기질의 기질지성은 분(分殊之理)이 된다. 리일지리라는 개념에는 그 자체에 분수치리라는 개념이 전제되어 있고, 분수지리라는 개념에는 리일지리가 전제되어 있다고[89] 보는 것이 기정진의 리일분수설에 대한 이해이다. 따라서 동론자들이 주장하는 본연지성으로서의 리일지리에는 현실화의 가능성으로서 분수지리가 함유되고, 이미 현상계에 드러난 분수지리에는 리일지리가 내재되어 있게 된다. 이렇게 볼 때 동론자와 이론자들의 두 가지 관점은 현실 속에서 리, 즉 성에 합일되어 묘용되는 것이다. 그렇게 되면 다만 본연지성과 기질지성은 성(性)의 두 측면에 불과하게 되어 일원적 구조를 가지게 되는 것이다.

그러나 여기에서도 문제점이 드러난다. 기정진이 리와 분의 관계성에 주목하여 원용한 체계를 제시하였지만 이것 또한 기호학파 내에서 주장되어왔던 논의와 유사하다는 점이다. 그리고 기정진은 인물

---

87 『蘆沙先生全集』 卷16, 17b, 「納凉私議」, "共公以論其妙, 則挑出而言之, 眞的以指其體則卽氣而明之, 挑出則理本一, 故理一爲主而萬殊涵於其中, 卽氣則氣已分, 故分殊爲主, 而理一存乎其間, 自是話有兩般, 何曾性有多層."

88 理一分殊에 대한 독자적인 해석이 이 논지의 바탕이 됨은 물론이다.

89 최영진 교수는 이러한 관계를 리일지리와 분수지리의 대대(待對) 관계로 파악하여, 이러한 관계를 통해 논쟁의 해결점이 드러난다고 지적했다. 「蘆沙 奇正鎭의 理一分殊說에 대한 고찰」, 『조선조 유학사상의 탐구』 295쪽 참조.

성동이론을 전개하면서 성이라는 개념을 사용하지 않고 리(혹은 分)라는 개념을 사용하여 두 논쟁을 비판한다. 이것은 기질지성과 본연지성으로 각각 나누어 사고함으로써 단절을 초래하는 것을 비판하는 그의 목적의식이 투영된 결과라고도 볼 수 있지만, 성으로 표현되었을 때 드러나는 문제점을 그 스스로도 자각하여 리와 분이라는 용어로 환치하여 설명한 것이라 이해할 수 있다. 결국 인물성동이론은 기정진에게서 리와 분의 원용 체계라는 구조적 일원화를 통해 그 합일점을 보는 것이라 평가할 수 있다.

제3장 리 중심의 리기론 체계 구축

학문의 성숙기부터 인성물성동이를 중심으로 한 호락논쟁의 비판적 지양을 모색했던 기정진의 학문 세계에 있어 그 중심 맥락의 시단(始端)은 리일분수에 대한 특징적인 해석이었다. 하지만 이러한 독자적인 리일분수설의 이면(裏面)에는 리를 중심으로 한 세계 구성 체계와 이와 연계된 도덕적 가치의 실현이라는 목적이 전제되어 있었다.

리를 중심으로 세계 구성의 원리적 체계화 및 도덕적 원리의 실재를 확인한 리일분수설은 기본적으로 리와 기를 중심으로 한 존재론적 세계 이해와 이를 기반으로 구축되는 심성정(心性情) 등 심성론이 연계되어 있다. 그가 학문을 통해 추구했던 목표가 도덕적 세계의 구현이었고, 그것의 기반이 리와 기를 중심으로 한 체계였기 때문에 리기론이 차지하는 비중은 심대하다고 하겠다. 특히 당시 기호학계 내부 일각에서 율곡 리기론의 계승에 있어 주기적인 편향성을 접한 그로서는 기에 좌우되는 세계의 존재론적 이해가 자칫 도덕적 가치의 확인과 그 실현에 저해될 수 있다고 판단하였기 때문에 더욱더 도덕과 가치의 총부로서 리에 주목하게 되었다.

또한 한말 성리학에서도 지속적인 논란이 되었던 전대의 논쟁, 예를 들어 16세기 퇴계와 고봉에게서 제기되어 학파의 분화로까지 연결된 사단칠정(四端七情) 논쟁을 비롯하여 율곡과 우계 사이에서 본격화된 인심도심(人心道心) 논쟁 등 다양한 성리학적 쟁점들의 저변에 리기(理氣)에 대한 기본적인 논의가 자리하고 있었다. 기정진 당대에도 이러한 논쟁이 완전히 불식되지 않은 채 새롭게 제기된 논쟁—호락논쟁, 심설논쟁, 명덕논쟁 등—도 자연과 인간, 존재와 당위 등을 아우르는 리기론이 그 기반으로 자리하고 있었다. 따라서 기정진에게 있어 리기에 대한 해석과 이에 따른 리기 관계의 정초 등은 일찍부터 관심의 대상이었고, 그의 학문을 떠받치는 기본 바탕이었다. 그래서 학문 형성기부터 교유 인사들과 격의 없이 리기에 대한 논변을 벌였고, 문인들과의 문답에서도 리기론은 핵심적인 주제 중 하나로 자리 잡았다.

하지만 조선 성리학에서 빚어진 여러 논쟁의 핵심이었던 리기론은 그리 단순하게 정리될 수 있는 것은 아니다. 지역적으로는 기호학파·영남학파, 학맥으로는 율곡학파·퇴계학파 등으로 구별되는 학파의 분화를 촉발시켰던 사단칠정논쟁에서 본격화되는 리기론의 전개와 대립은 학맥이 전승됨에 따라 다양한 각도에서 여러 논의들이 제시되었고, 비록 같은 학맥에서 연원하더라도 미묘한 차이를 보이기도 하였다. 일부를 제외한 대부분의 성리학자들은 유학에서 정통으로 받아들이는 성선(性善)의 이념을 바탕으로 성즉리(性卽理)를 적극 수용하여 리를 중심으로 도덕적 가치의 실현을 도모하고자 하였지만, 리기론의 구성과 체계에서 다양한 시각 차이를 보여 단일한 합일점을 찾는 데는 어려움을 안고 있었다. 이것은 세계를 구성하는 형이상학적 개념으로 리와 기라는 근본 개념을 통해 이원적(二元的)으로 구성하는 데에서 오는 필연적 결과라고도 할 수 있다.

아무리 세계 구성의 근원적 원리이자 모든 가치의 원천인 리를 강조한다고 하더라도 세계를 이해하는 두 가지 근본 개념 중 어느 하나에 주안점을 둘 수밖에 없다. 리기론에서 아무리 리와 기를 상보(相補) 대대(待對)의 관계로 상정하여 균형과 조화를 꾀하더라도 어느 한 쪽에 편향되게 마련이고,[1] 따라서 두 개념 중 어느 하나에 주안점을 두더라도 그 구조나 의미에 있어 달라질 가능성이 농후하기 때문에 쉽

---

1 윤사순, 「조선 말기 주리파 사상」, 『퇴계학보』 42, 1984, 12쪽 참조.

게 단일한 의견으로 통일되기는 쉽지 않다고 하겠다.

이러한 편향적 성격은 퇴계와 율곡을 정점으로 극명하게 표면화되었고, 기정진이 활동하던 19세기에 접어들어서도 리기론을 둘러싼 논쟁은 가라앉지 않고 있었다. 더욱이 율곡을 정점으로 한 기호학파 내부에서조차 율곡 리기론에 대한 계승에서 다른 입장이 드러나고 있었기 때문에 리기론을 둘러싼 논쟁은 심화되고 있었다고 하겠다. 이원적 세계 구성에 따른 논란에 대해 일원적 사고의 경향이 싹트기도 했지만,[2] 자연과 인간을 아우르는 인식의 틀은 여전히 학문의 최대 관심 영역이자 성리학 논쟁의 최대 쟁점이었던 것이다.

기정진은 이러한 조선조 성리학의 최대 쟁점인 리기론에 있어 당대까지 이어온 논쟁점을 비판적으로 검토하고, 자신의 체계를 구축하는 데 역점을 두었다. 특히 리를 중심으로 이전까지 찾아볼 수 없는 특징적인 구조를 체계화하면서 자신의 학문 세계를 정립하였다. 이러한 그의 리기론에 대해 학계에서는 일찍부터 조선의 대표적인 리기론 중 하나로 평가하여 주목하였고, 유리론(唯理論)·리일원론(理一元論)·존리론(尊理論) 등 다양한 시각에서 그의 리기론을 평가하였다.

1. 리존무대(理尊無對)의 리기론(理氣論) 정립

(1) 리기일체를 통한 현상세계의 강조

조선 성리학자들이 적극적으로 수용하여 세계와 인간을 바라보는 이론적 토대로 기능한 정주계(程朱系) 성리학에 있어서 리기론은 리와 기라는 이원적인 요소로 구성된다. 하지만 리와 기라는 이원적 요소

---

2 김형찬, 「理氣論의 일원론화 연구」, 고려대학교 박사학위 논문, 1996 참조.

로 구성되는 세계 체계는 어떤 관점에서 바라보는가에 따라 리와 기의 관계가 다르게 규정된다. 즉 존재하는 현상세계는 리와 기가 분리되지 않은 일체로서 존재하면서, 동시에 각자 나름대로의 독립성을 갖추고 엄연히 구분되기 때문에 전자는 리기불상리(理氣不相離), 후자는 리기불상잡(理氣不相雜)이라는 원칙이 적용된다.

리기불상리의 원칙에 따르면 세계의 모든 존재는 다 리와 기의 합이다. 리와 기가 분리될 수 없다는 것은 리 또는 기가 순수하게 독자적이고 독립적으로 현상세계에 존재하지 못한다는 것을 의미한다. 따라서 리 없는 기, 기 없는 리는 현상세계에 존재할 수 없다. 이러한 불상리의 원칙은 현상세계에 주목하여 리와 기를 존재론적인 차원에서 설명하는 것이라 할 수 있다.

하지만 리와 기는 그 의미와 내용, 그리고 역할에서 차이가 있다. 그리고 리가 기로 수렴되거나 기가 리에 포함될 수 없는 것이다. '리는 스스로 리이고, 기는 스스로 기이다(理自理, 氣自氣)'와 '리와 기는 결단코 두 가지 것이다(理氣決是二物)'라는 명제에서 드러나듯이, 리와 기는 엄연히 구별되는 개념인 것이다. 따라서 리기불상잡의 원칙은 리와 기의 기능과 역할 측면, 즉 원리적인 측면에서 이해한 것이라 할 수 있다.

대체적으로 조선 성리학자들은 리기불상리·불상잡이라는 두 가지 원칙을 수용하여 리기 체계를 구성한다. 그럼에도 불구하고 이 두 가지 원칙 중 어느 하나에 비중을 두느냐에 따라 이견이 생기고 학술적 쟁점이 빚어졌다. 대체적으로 비판적 입장을 취하기는 하지만, 율곡을 정점으로 하는 기호 계열에 속하는 기정진도 이 두 원칙을 수용하여 자신의 리기론 체계를 구축하였다. 그러면서도 율곡 계열이 현실 세계에 주안점을 두면서 리기불상잡보다는 리기불상리에 역점을 두었던 관점을 비판적으로 수용하여 그의 리기 체계에 적극 적용한다.

그는 먼저 리기불상리의 원칙에 따라 리와 기가 현실 세계에서 독립적으로 존재할 수 없음을 확인한다. "천하에 기와 떨어져 독립한 리는 없다"[3]고 말하기도 하고, "기는 이 리를 승재(承載)하고 있으므로 형기(形氣)와 떨어져 말하지 않는다"[4]고 설명하는 등 리와 기의 불가분리성을 제시한다. 나아가 그는 음양(陰陽)도 단지 기만을 가리킨 것이냐는 제자의 질문에 대해서도 "음양이 단지 기만을 가리킨 것이라고 하는 것이 과연 말이 되겠는가? 이 리가 있는 까닭에 반드시 이 기가 있는 것이니 어찌 기 없는 리가 있겠는가? 이 리가 없으면 기가 따라서 생(生)할 곳이 없으니 어찌 리 없는 기가 있겠는가"[5]라고 하여 자칫 순수한 기로 이해될 수 있는 음양도 기만이 아니라 리기의 합으로 이해한다. 그만큼 현상세계에 존재하는 모든 것이 리와 기의 합에 의해 존재하는 것이고, 음양도 현상적 존재이기 때문에 순수한 기로 이해해서는 안 된다고 본 것이다.[6] 이것은 기정진의 리기론적 관심과 이론의 구성이 바로 현상세계로부터 출발함을 의미하는 것이라 하겠다.[7] 그리고 현상세계는 리와 기의 불리(不離)라는 원칙이 철저하게 적용되기 때문에 두 요소의 독자적인 존립은 허용되지 않는다는 것을 재차 확인하는 것이다.

이러한 그의 태도는 형이상(理)과 형이하(氣)로 나누어 리기를 분별하는 것에 대한 설명에서도 확인된다.

형이상의 도(道)와 형이하의 기(器)는 성인이 모두 하나의 형(形) 자(字)

---

3 『蘆沙先生全集』卷16, 6a, 「納凉私議」, "天下無離氣獨立之理."
4 『蘆沙先生全集』卷16, 17a 「納凉私議」, "氣所以承載此理, 故不離形氣而言."
5 『蘆沙先生全集』, 「答問類編」, 卷1, 20b, "陰陽單指氣, 是果成說乎? 有此理, 故必有此氣, 豈有無氣之理? 無此理, 則氣無從而生, 安有無理之氣也?"
6 그의 리기 체계에는 기에 대한 리의 주재를 절대화하기 때문에 음양을 단순히 기로만 이해하면 기에 대한 리의 주재 자체가 불가능하게 된다. 따라서 현상계에 존재하는 모든 것은 리와 기의 결합이고, 이때 기는 리의 철저한 주재 하에 놓여 있다는 것이 그의 주장이다.
7 그렇지만 리와 기의 고유한 역할과 위상을 망각하는 것은 아니다.

에 대해 말씀하신 것입니다. 이 형 자가 노형(老兄)[8]의 이른바 리기가 일체(一體)로서 문합(脗合)하여 원래 서로 분리되지 않는다는 경계입니다. 천지 사이에 가득한 것은 모두 이것이 아님이 없어 힘써 발명하는 것을 기다리지 않고서도 조화가 본래 스스로 이와 같은 것입니다. 성인은 무엇 때문에 없는 일을 만들어내어 분개(分開)할 수 없는 것을 분개하여 말씀하여 형(形) 자의 위에 반드시 이상(而上) 자를 붙여서 도(道)라 하고 이하(而下) 자를 붙여서 기(器)라 하셨겠습니까? 이것이 바로 성인이 세상에 가르침을 드리우기 위하여 고심 극력한 곳입니다.[9]

형이상의 도와 형이하의 기는 모두 현상(形)에 통일되어 있음을 전제하여 리기불상리의 원칙을 확인하고 있다. 리(형이상의 도)와 기(형이하의 기)가 통일되어 있는 것이 현상세계이고, 이것이 세계를 이해하는 기본 출발점이라는 생각이다.[10] 리와 기는 현상 세계에서는 분개할 수 없는 일체적 존재이지만, 리와 기의 구별은 성인이 세상에 가르침을 드리우기 위해 고심 끝에 나온 결과일 뿐이라는 것이다. 그래서 그는 "대저 천하는 다만 불상리(不相離) 하나의 길(一塗)만 있을 뿐이니, 사(事)라 말하고 물(物)이라 말하고, 천지음양(天地陰陽)이라 말하면 족한 것"[11]이라고 하여, 현상세계가 "리기가 일체임을 알아야 한다"[12]고 강조하였다.

---

8 그의 오랜 교유 인사인 권우인을 가리킴.
9 『蘆沙先生全集』, 「答問類編」 권1, 1a, "上道下器, 聖人皆就一形字言之, 惟形字是老兄所謂理氣一體脗合, 元不相離底境界也. 盈於天地之間者, 無非是物, 不待出氣力發明, 而造化本自如此. 聖人何故無事中生事, 不可分開處, 分開說, 形字上面必著, 而上字而謂之道, 而下字而謂之器, 此正聖人垂世立教之苦心極力處."
10 대체로 조선 성리학에 있어 주리적 성향의 성리학자들이 리기불상잡에 보다 초점을 맞추어 논의를 전개하는 것과는 달리 기정진은 리기불상리의 관점에서 주리적 성향을 드러내는 데 리기론의 특색이 있다고 할 수 있다.
11 『蘆沙先生全集』, 「答問類編」, 卷1, 4a, "大抵天下只有不相離一塗, 則曰事曰物曰天地陰陽足矣."
12 『蘆沙先生全集』 卷15, 21a, 「答景道」, "要知理氣一體."

150

리기일체에 대한 강조는 결국 현상세계에 주목한 결과이자, 리와 기라는 두 가지 요소 중 하나라도 결여될 때 현상세계 자체가 존립할 수 없다는 전통적인 리기관이 기정진에게도 계승되고 있음을 보여주는 예라 하겠다. 소이연(所以然)으로서의 리와 그것의 현실적 소재(처) 인 기가 결합된 세계라는 인식 아래에서 이 두 가지 요소의 결여를 용납하지 않는 것이다. 그래서 그는 "한 번 음하고 한 번 양하는 것 (一陰一陽)을 일러 도(道)라고 하였으니, 하루라도 음양이 없으면 천명 (天命)이 시행될 데가 없고, 불성(不誠)이면 무물(無物)이라 하였으니 천명이 하루라도 쉰다면 음양도 없을 것이다. 저것이 없는데 어느 물 (物)이 움직이고 고요할 수 있겠는가?"[13]라고 하여 현상세계의 필연적 요소로서 리와 기의 존재를 강조하였다. 『주역』의 '일음일양지위도(一陰一陽之謂道)'와 『중용』의 '불성무물(不誠無物)'도 모두 리와 기로써 일체를 이루어 드러나는 현상을 설명하는 것이라고 이해하는 것이다.

여기에서 주목되는 것은 리와 기가 필연적으로 함께 일체를 이루는 것이기는 하지만, 리와 기는 각각 고유한 역할과 기능이 있다는 것이다. 다시 말해 리기불상리의 원칙에 따라 리기일체를 제시하면서도 리와 기의 영역을 명확히 구분하여 '리기불상잡'의 원칙을 확인하고 있다는 점이다. 즉 리기불상리의 현상세계 속에서도 리기불상잡의 원칙을 간과해서는 안 된다는 것이다. 그래서 그는 "움직이고 고요한 것은 기이고, 움직이게 하고 고요하게 하는 것은 리"[14]라고 하여 동정(動靜)의 소이연으로서의 리와 그것의 구체적 실현으로서의 기를 명확히 구분하는 것이다.

또한 그는 "리는 무위(無爲)하고 기는 유위(有爲)"라는 리기론의 원칙을 수용하는 데에도 관심을 기울인다. 즉 리와 기의 기능상의 차이

---

13 『蘆沙先生全集』 卷16, 24b~25a, 「猥筆」, "一陰一陽之謂之道, 一日無陰陽, 則天命無所施, 不誠無物, 天命一日或息, 則無陰陽矣. 彼之不存 何物可以動靜也."
14 『蘆沙先生全集』 卷16, 25b, 「猥筆」, "動者靜者, 氣也. 動之靜之者, 理也."

를 분명히 하는 것이다. 그래서 실제로 발용하는 것은 기이고, 리는 기 운동의 주재라는 것에 강조를 둔다. 또한 그는 리를 보편적 원리인 동시에 절대성을 가진 것으로 보아 리통(理通)을 강조하고, 기의 국한성 내지 제한성을 넘어 리는 보편성을 가지는 실체임을 강조하여 리와 기가 엄연히 구분됨을 명시한다. 이것은 리기불상리의 원칙하에서 불상잡의 원칙을 재삼 확인하는 것이라 할 수 있다.[15]

기정진은 리기일체인 현상세계는 단순히 관찰한다면 선천지(先天地)나 후천지(後天地)나 모두 기이지만 그것은 단순히 현상(其然)에 불과한 것이고, 그것의 원인(所以然)으로서의 리가 있다고 하여 단순히 현상에만 매몰되지 말 것을 강조한다.[16] 리기일체인 대상 세계에서도 그 원인(所以然)으로서의 리와 그것이 자재(自在)된 기는 엄연히 구분된다는 것이다. 이것은 그의 리기론적 기본 입장이 리기일체관을 바탕에 두면서도, 리와 기를 각각 구별하려는 리기불상잡의 원칙을 반영시키려는 것임을 확인시키는 것이다. 그래서 그는 리와 기의 영역을 확보하면서, 그 위상과 역할에 초점을 맞추고 리기일체를 강조한다.

> 리기(理氣)는 만 가지 변화(萬化)에 있어 합하여 일체(一體)이고, 원래 서로 떨어지지 않는 것이다. 이 서로 떨어지지 않는 가운데 만약 '반드시 이와 같이 되는 것은 무엇 때문인가?'라고 물으면 그 까닭은 리에 있지 기에 있는 것이 아니다. 그러므로 주복(主僕)의 형세와 선후(先後)의 분별이 이것에 이르면 이미 판연해지는 것이다.[17]

---

15 『蘆沙先生全集』卷16, 「理通說」 참조.
16 『蘆沙先生全集』, 「答問類編」 卷1, 36a~b, "但看一氣字, 先天地後天地, 若大若小 都是氣也, 何處有一塊物別稱理耶? 須知此不過其然, 必有所以然, 是之謂理."
17 『蘆沙先生全集』, 「答問類編」 卷1, 12a, "理氣之在萬化, 膠然一體, 元不相離, 而就 此不相離之中, 若問其曷爲而必若此, 則其故在於理 而不在於氣也. 然則主僕之 勢, 先後之分, 卽此而已判然矣."

현상세계와 거기에서 발생하는 모든 변화는 모두 리와 기가 합하여 이루어지는 것이고, 이때 궁극적 원인이자 소이연인 리에 주목해야 한다는 것이다. 자칫 현상(其然)에만 매몰되면 리의 존재를 망각하게 되고, 리와 기의 구별이 드러나지 않을 수 있다는 것이다. 따라서 소이연자로서의 리와 그것의 구체적 실현인 기는 구별되는 것이고, 그 구별은 주인과 노비, 선과 후의 분별과 같다고 파악한다. 이것은 추후 다른 논의를 통해 보다 분명해지지만 리와 기의 구별을 주인과 노비라는 가치적 개념, 즉 명령자와 명령을 받는 자로 규정하여 각각의 역할을 분명히 하고자 하는 것이라 하겠다. 즉 리와 기는 일체를 이루면서 대등한 관계로 있는 것이 아니라 그 역할에 따라 리주기복(理主氣僕)의 위치로 정립되어질 수밖에 없다는 것이다. 이러한 그의 설명은 리기일체를 통해 리의 현실적 실재성을 정초시키면서, 동시에 리와 기의 역할을 구분하여 리의 우위성을 확보하려는 것이라 하겠다.

그의 리기론에서 기본 입장이라고 할 수 있는 리기일체를 전제하는 입장은 무형무위(無形無爲)한 형이상의 존재이자 현상세계의 소이연자인 리가 현실 세계에서 언제 어느 곳에나 실재(實在)하는 것을 확인하는 주요한 논점이 된다. 리기론의 출발점을 리기일체인 현상에서 출발한다는 것—리기불상리의 관점—은 리의 실재성을 확인하는 근거로 작용하는 것이고, 이어 리와 기의 역할과 기능을 구별하려는 입장,—리기불상잡의 관점—즉 현상세계의 소이연자로서의 리와 현실 세계에 드러난 현상(其然)으로서의 기를 구별하는 것은 리의 위상을 적극적으로 강화하려는 방향과 맞닿아 있는 것이다. 그래서 그가 강조하는 리기불상리에 입각한 리기일체관은 단순히 실재하는 현상만을 강조하는 방향으로 전개되지 않고, 리와 기의 불상리 체계 내에서 현상 자체가 아니라 그 현상의 원인(소이연)에 초점이 맞추려는 시도인 것이다. "기에 즉(卽)하여 리를 보아야 한다"[18]는 그의 설명은 논의의 중심은 현상 그 자체가 아니라 그 원인으로서의 리에 두어지게 됨을 의미한다.

　기정진의 리기일체관은 결국 리와 기의 불상리·불상잡이라는 두 가지 관점의 균형적 조화를 꾀하는 것이면서, 동시에 리와 기에 대한 이해는 두 관점의 종합 속에서 이루어져야 함을 의미한다고 하겠다. 그래서 그는 "왜 리(理) 자와 기(氣) 자로 분개하여 뒷사람들에게 무한한 갈등을 일으키는가? 분개처(分開處)는 분개해서 보고, 합일처(合一處)는 합일해서 보아야 바야흐로 정당한 안목이 이루어지는 것"[19]이라고 설명하여, 리기 관계에 대한 균형적 이해를 강조하였다. 따라서 기정진의 리기에 대한 접근은 직간(直看)·횡간(橫看), 이치상에서 보는 관점〔在理上看〕·사물상에서 보는 관점〔在物上看〕, 조화변설·유행변설 등 리기의 불상리·불상잡에 입각한 상대하는 각각의 두 관점을 제시하면서, 이 상대하는 두 관점의 균형적 이해를 통해야만 현상세계를 제대로 이해할 수 있다는 것으로 이어진다. 그럼에도 불구하고 "불상리(不相離)한 가운데 또한 불상잡(不相雜)한 것을 가히 지적할 수 있다"[20]라는 일관된 그의 주장은 앞서 지적한대로 리기일체라는 현상 속에서 그 이면에 자리한 리와 기의 고유한 영역을 구분하여 원리적으로 세계를 이해하려는 의도가 게재됨을 의미한다고 하겠다. 자칫 리의 주재성, 원리성을 강조하는 데에서 오는 리의 공허함을 사전에 차단시키고, 나아가 리의 실재성을 확인하면서 기에 대한 리의 적극적인 주재를 강조할 수 있는 이론적 틀을 확보하기 위한 것이라 파악할 수 있다. 따라서 그의 리기론은 기본적으로 리기불상리의 관계 하에서 리와 기의 고유한 역할과 위상에 초점이 맞추어 전개된다.

---

18 『蘆沙先生全集』, 「答問類編」 卷1, 9b, "卽氣觀理."
19 『蘆沙先生全集』, 「答問類編」 卷1, 4a, "何故分開出理字氣字使後人生無限葛藤耶? 分開處分開看, 合一處合一看, 方成正當眼目."
20 『蘆沙先生全集』, 「答問類編」 卷1, 3b, "不相離之中, 亦有不相雜之可指也."

(2) 기의 능동성 부정과 리의 주재

리기일체를 통해 리기론의 기본 입장을 정리한 기정진은 현상세계에 주목하면서도 리와 기의 역할과 영역을 철저히 구분한다. 여기에서 그의 리기론적 특징이 발견된다. 즉 그는 현상세계에서 출발하여 그 현상세계를 구성한 리와 기를 철저히 구분하여 일체를 이룬 속에서 리와 기가 대등한 위치에 있지 않음을 확인하고자 하는 것이다.

이러한 그의 입장은 조선 성리학의 핵심 주제이자 쟁점인 리기론의 경향과 맞물려 있다. 그리고 율곡 리기론의 계승에 있어 분립되던 당시의 계승 태도와도 연관되어 있다. 왜냐하면 그의 리기론은 그의 오랜 고민과 사색 끝에 구체화되었지만, 결정적인 계기는 기호학계의 교유 인사와 주고받은 서신과 문인들과의 문답을 통해 보다 적극적으로 드러났기 때문이다. 그리고 주리와 주기라는 리기론을 둘러싼 대립적인 입장—조선 성리학의 전시대에 걸쳐 주리파와 주기파라는 용어를 대입하기에는 어느 정도 무리가 있지만 적어도 기정진 생존 당시에는 주리파와 주기파라는 구별되는 명칭이 통용되고 있었다—을 종합 지양하고자 하는 의도도 상당 부분 게재되어 있다.

주리와 주기라는 구도는 기본적으로 리와 기 중 어느 하나에 편향되어 그것을 주로 하는 입장차에서 기인하는 것은 아니다. 흔히 주리파와 주기파라고 구별하는 구도는 기본적으로 성즉리(性卽理)를 계승하여 리를 도덕적 가치의 근원으로 인정하고, 동시에 리를 세계 구성의 소이연으로서 인정하는 데에서는 같은 입장을 취한다. 다시 말해 만선(萬善)의 근본이자 세계 구성의 근원으로서 리를 긍정하는 데에는 공통되는 입장을 보인다. 다만 이른바 주리파라고 지칭하는 학자들은 대체적으로 리와 기의 이원적 세계 구성에 있어 소지(所指)·소종래(所從來)의 구분을 통해 리발(理發)·리동(理動)·리생기(理生氣) 등을 제기하여 리를 능동적 원인자로 규정할 수 있다는 입장이다. 원리적인 법칙으로서의 리를 절대시하여 리의 작위를 인정하려는 태도로까지 나아가는 주리적 태도는 도덕적 이상을 실현하기 위한 인간의 능동성과 맥락이 닿아 있는 논의라 할 수 있다.[21] 이에 반해 주기파로 지목되는 일단의 학자들은 원리적 법칙으로서의 리를 수용하고 기에 대한 리의 주재성을 인정하면서도, 리기론의 원칙인 리의 무정의(無情意)·무계탁(無計度)·무조작(無造作)과 기의 유위성(有爲性) 및 리기불상리의 원칙에 기반하여 기의 운동 변화만을 인정하는 입장이다. 리가 가지는 원리적 가치적 측면을 수용하면서도 리기론의 원칙에 철저하여 리발(理發) 등을 인정하지 않고 기발리승일도(氣發理乘一途)만을 긍정하는 입장이다. 주리파와 비교해볼 때, 리의 능동적인 주재성에 대해 비판적인 태도를 취한다고 하겠다.

이러한 대립적 태도는 퇴계와 율곡을 정점으로 학맥, 지역, 그리고 정치적 입장 등과 연계되어 학파의 분화로 이어졌고, 연원을 같이 하는 학자 내부에서도 상당 부분 다른 논의가 분출되는 등 논란이 지속적으로 진행되었다. 특히 율곡을 정점으로 이어져온 기호학파 내부에서도 리기에 대한 입장차가 일찍부터 제기되었고, 19세기에 이르러서는 율곡 리기론을 묵수하고 일방적으로 따르려는 태도에서 벗어나 독자적인 경향을 보이는 일단의 학자들이 드러나고 있었다.

기정진의 리기론은 바로 19세기라는 시대적 배경 하에서 기호학파 내부에서 논란이 되었던 율곡 리기설의 계승에서 드러나는 입장차가 그 출발점이 되었다. 비록 자신의 오랜 학문적 탐색과 사색이 리기론을 비롯한 성리설 전반에 걸쳐 구체적인 체계로 이론화하는 데 기여하였지만, 당대 다른 학자들과의 토론을 통해 율곡 리기론에 대한 입장차를 확인하고 자신의 구상을 제시하는 데에서 그의 리기론이 보다 분명하게 드러나기 시작하였다.

---

21 윤사순, 「존재와 당위에 관한 퇴계의 일치시」, 『한국유학사상론』, 열음사, 1986 참조.

앞서 서술한 바와 같이 리기일체관을 기반으로 하여 리기론을 전개하는 기정진의 논의는 기호학파의 전통적인 맥락과 닿아 있다고 할 수 있다. 그러면서도 기호학파의 전반적인 경향과는 달리 그는 세계의 궁극적 원인으로서 리를 강화하는 특징적인 면모를 보여준다. 이러한 그의 태도는 일단 율곡 리기설—보다 분명하게 말한다면 율곡 리기설 계승에 있어서 드러나는 주기적인 태도—에 대한 비판적인 입장이 드러나면서 본격화되었다. 즉 율곡 리기설에서 드러날 수 있는 논리적 모순에 주목하는 것이다. 리와 기가 일체를 이루는 현상세계에 있어 두 가지 요소는 어느 하나도 결여될 수 없지만, 유형유위한 기에 매몰되어서는 그 근원과 원리를 제대로 파악할 수 없다는 비판으로 요약할 수 있다. 즉 리와 기 중 어느 하나가 결여되었을 때 존재와 현상은 드러날 수 없는 것이지만, 그 중심은 소이연으로서 언제나 리에 있다는 것이 그의 기본적인 생각인 것이다. 그래서 세계에 대한 인식을 단순히 현상에만 매몰되지 말 것을 주장하면서, 현상의 근저에 게재되어 있는 원리로서의 체계에 대한 이해를 강조하는 것이다.

따라서 기정진은 "양(陽)이 움직이고 음(陰)이 고요한 것을 겉모습만 얼핏 보면 과연 스스로 가고 스스로 멈추는 것 같다. 만약 그 실질을 깊이 궁구해보면 한결같이 천명(天命)이 그렇게 시키는 것(使之)이니, 천명이 그러한 까닭에 그렇게 하지 않을 수 없는 것이다. 이것을 일러 소이연(所以然)이라 하니 천명 외에 따로 소이연이 있는 것이 아니다."[22]라고 하여 자신의 입장을 제시한다. 그에 따르면 현상세계에서 발생하는 구체적인 운동 변화는 기(陰靜陽動)에 의해서 이루어지는 것 같이 보이지만, 그 운동 변화는 기에 의해서만 이루어지는 것은 아니

---

22 『蘆沙先生全集』卷16, 24b, 「猥筆」, "陽動陰靜, 驟看皮面, 果似自行自止. 若深原其實, 則壹是天命使之然也, 天命然, 故不得不然. 此之謂所以然, 非天命之外別有所以然也."

라는 것이다.

여기서 한 걸음 더 나아가 기정진은 기의 운동 변화는 기 단독으로 이루어지는 것이 아니라 기와 함께 있는 리, 즉 천명이 그렇게 운동 변화하도록 해서 그렇게 된 것이라는 것을 강조한다. 운동 변화는 기만으로 이루어질 수 없을 뿐만 아니라 기의 운동 변화로 보이는 것은 모두 기와 일체를 이루고 있는 리가 그렇게 되도록 시키는 것, 즉 소이연으로서의 리가 있기 때문에 가능하다는 것이다. 원리적으로 리가 전제되지 않은 기의 운동 변화는 있을 수 없는 것이고, 따라서 천명으로서의 리는 음양인 기가 그렇게 하지 않을 수 없는 소이연의 법칙으로서 기에 대해 적극적인 주재성을 갖고 있다는 것이다. 따라서 현상계의 모든 운동 변화는 기의 자발적인 능동성에 의해 이루어지는 것같이 보이지만, 그 내면에는 천명으로서의 리가 그렇게 하도록 시키는 것(使之)이 전제되어 있는 것이다. 이렇게 되면 모든 현상의 변화 운동은 리의 필연적 법칙성에 의한 발현이 되고, 기는 리를 실현하는 한낱 도구에 불과하게 된다. 리는 천명으로서의 절대성과 소이연으로서의 필연성을 갖게 되고,[23] 기는 단순한 원리나 법칙의 실현, 즉 수동적 의미만을 지니게 되는 것이다.

리기일체를 출발점으로 현상세계에서의 운동 변화를 기만이 아닌 리의 주재를 통해 체계화하는 기정진의 논의는 소이연으로서의 필연적 법칙인 리를 강조하는 방향, 즉 기에 대한 리의 절대적 주재성을 강조하는 방향으로 전개되고, 이와 아울러 '기가 스스로 움직인다'라는 기의 자발적 운동 변화를 용인하는 논지를 뒷받침하는 율곡의 논의, 즉 '그 기틀이 스스로 그러함(機自爾)'과 '기의 운동 변화는 어떤 것이 시키는 것이 아니다(非有使之)'라는 주장을 부정하는 방향으로

---

23 리가 천명(하늘이 내리는 명령)과 같은 위치를 확보한다는 것 자체가 기에 대한 리의 규정력이 강조되는 것이다.

158

이어진다. 기정진의 판단으로는 기자이(機自爾) 내지 비유사지(非有使之)를 인정하면, 이것은 곧 기의 자기 내적 원인에 의한 운동 변화, 즉 기의 능동성을 인정하게 되는 것이 되고, 이에 따라 현상세계의 운동 변화에 있어 필연적인 법칙이자 기에 대한 주재로서의 리가 부정되는 결과를 빚게 된다고 파악한 것이다. 동시에 두 가지의 능동성을 인정하면 모순이 발생하고, 특정한 어느 한 가지가 주도권을 가져야만 논리적으로 결함이 없다고 이해한 것이다. 그래서 그는 리와 기가 각각 능동성을 가질 때 발생하는 모순에 대해 다음과 같이 비판적으로 설명한다.

> 지금 '기자이(機自爾, 그 기틀이 스스로 그러할 뿐)'라고 말한다면 '자이(自爾, 스스로 그러할 뿐)'는 비록 힘써 하는 것을 기다리지 않음을 이르는 것이지만, 이미 자기로 말미암고 다른 것으로 말미암지 않는다는 뜻을 포함하고 있다. 또 거듭해서 말하기를 '비유사지(非有使之, 그것을 시키는 것이 있는 것이 아니다)'라고 한다. '자이'라고 말할 때는 말이 아직 분명하지 않았지만 '비유사지'라고 하는 말의 의미는 확실하다. 정말로 음양이 말미암는 바가 없이 스스로 가고 스스로 멈추는 것이라면 단지 이 두 구절은 내 생각으로는 이미 알 수가 없다.[24]

기정진이 보기에는 율곡의 리기론에서 제시된 기자이와 비유사지는 기의 능동적인 변화 운동을 의미하는 것이었다. 기의 능동적이고 자발적인 운동 변화를 인정한다는 것은 리와 무관한 운동 변화가 있음을 의미하는 것이고, 이렇게 되면 리가 가지는 기에 대한 주재는 아무런 의미를 갖지 못하게 된다고 보는 것이 기정진의 이해이다. 기

---

24 『蘆沙先生全集』卷16, 24b, 「猥筆」, "今日 其機自爾, 自爾雖不竢勉强之謂, 而己含由己不他由之意. 又申言之曰, 非有使之者, 說自爾時, 語猶虛到, 非有使之語意牢確, 眞若陰陽無所關由, 而自行自止者, 只此兩句, 淺見己不可曉"

의 능동적인 운동 변화를 인정하면 결국 리의 기에 대한 주재는 무력화되고, 운동 변화의 주도권은 기에게로 돌아갈 가능성이 높다고 파악하는 것이다. 그래서 기정진은 필연적 법칙으로서 소이연의 리와 관계없는 기의 운동 변화를 인정하면, 결국 본령(本領)이 둘이 되는 결과를 빚게 되어 리기 관계는 상호모순에 빠진다고 파악한다.[25] 이 것은 주재하는 것이 있으면 반드시 주재받는 것이 있어야 한다는 것을 전제로 리와 기의 역할에 주안점을 둔 해석이라 할 수 있다. 즉 기의 능동적 운동성을 인정하면 리의 주재를 부정하게 되고, 그렇게 되면 현실 세계에서 리의 역할과 위상은 낮아질 수밖에 없다고 본 것이다.

하지만, 율곡의 리기론 전체를 통해 볼 때 율곡이 리의 주재성을 부정하거나 기의 상대적 자율성을 인정한 것은 아니었다. 다만 율곡은 리의 무위(無爲)와 기의 유위(有爲)라는 리기론 원칙에 입각하여 기의 동정(動靜)이라는 운동 변화는 자기 외적 원인이 있는 것이 아니라는 입장을 통해 기자이를 제시하였다. 현상계에서 드러나는 운동 변화를 기자이로 설명하면서도 그 원인(所以)으로서 리를 구체적으로 명시하였다.[26]

아울러 율곡은 현실 세계에서 실제적인 발용은 기이고, 그 발용하는 기에 타고 있는 것은 리라고 설명하면서, "기가 발(發)하고 리가 탄다는 것은 무엇을 말하는 것인가? 음(陰)이 고요하고 양(陽)이 움직이는 것은 기틀이 그럴 뿐이지(機自爾) 그렇게 시키는 것이 있는 것이 아니다. 양이 움직이면 리가 그 움직임에 타는 것이지 리가 움직이는

25 『蘆沙先生全集』 卷16, 24b~25a, 「猥筆」, "一陰一陽之謂道. 一日無陰陽則天命無所施, 不誠無物, 天命一日或息, 則無陰陽矣. 皮之不存, 何物可以動靜也. 非有使之一句內, 天命旣息矣. 天命息, 而陰陽因舊實所未聞. 天命爲萬事本領, 今有自行自止, 不關由天命者, 則天命以外, 又一本領也, 兩箇本領, 各自樞紐, 則造化必無此事, 又理弱氣强, 吾懼夫氣奪理位也."
26 『栗谷全書』 卷10, 「答成浩原」, 209쪽 참조.

것이 아니다. 음이 고요하면 리가 그 고요함에 타는 것이지 리가 고요한 것이 아니다. 그러므로 주자(朱子)는 '태극은 본연지묘(本然之妙)이고, 움직이고 고요한 것(動靜)은 타는 바의 기틀이다'라고 한 것이다. 음이 고요하고 양이 움직이는 것은 그 기틀이 저절로 그러한 것이지만, 음이 고요하고 양이 움직이는 소이(所以)는 리이다"[27]라고 하여 활동성과 능동성을 기로 설명하지만, 기자이의 개념에는 그 운동의 내적 근거인 추뉴(樞紐)·근저(根柢)로서 리는 항상 존재한다고 하였다.[28] 이것은 기본적으로 현상에서의 운동 변화를 주재하는 리와 주재받는 기로 구도하면서, 동시에 실제적인 발용, 즉 운동은 기에게 귀착시켜 리기론의 기본 원칙을 관철시키려는 것이라 하겠다.

리는 실제적으로 발용하는 것이 아니기 때문에 기를 타고 주재하는 것이고, 이 때 주재는 기 운동의 근거로서 의미를 갖는다고 보는 것이다. 리와 기의 관계를 근저(根柢)와 의착(依着)의 관계로 설정하는 리기지묘(理氣之妙)를 근간으로 형이상자(形而上者)로서의 리와 형이하자(形而下者)로서의 기를 그 기능과 역할의 면에 주안점을 두면서 리의 주재를 설명하고자 한 것이라 할 수 있다. 무위로서의 본체인 리는 실로 자약(自若)한 것이므로 무형무위(無形無爲)의 형이상자로서 리가 직접 발출하는 것은 있을 수 없다고 보는 것이다.[29] 정리하자면 율곡의 리기론에서 리의 작용성은 부정되지만, 기에 대한 리의 주재는 결코 부정되지 않는다고 할 수 있고, 또한 기의 운동 변화에 있어 리의 역할이 사장되는 것은 아니라 하겠다.

그러나 기정진은 리기일체를 이루는 현상세계에서 음양은 단순히

---

27 『栗谷全書』 卷10, 「答成浩原」, "氣發而理乘者, 何謂也. 陰靜陽動, 機自爾也, 非有使之者也, 陽之動則理乘於動, 非理動也. 陰之靜則理乘於靜, 非理靜也. 故朱子曰 太極者, 本然之妙也, 動靜者, 所乘之機也. 陰靜陽動, 其機自爾, 而所以陰靜陽動者, 理也."

28 송석구, 『栗谷의 철학사상연구』, 형설출판사, 1996. 33쪽 참조.

29 장숙필, 『栗谷 李珥의 聖學 硏究』, 고대민족문화연구소, 1992.

기만을 가리키는 것이 아니라, 거기에는 리가 기와 일체를 이루고 있다고 본다.[30] 그런데 율곡이 제시한 '기자이'나 '비유사지'라는 명제는 기가 리와 관계하지 않고 그 자체의 원인에 의해 동정한다는 의미로 이해된다는 것이다. 리와 관계하지 않은 기 자체의 운동 변화란 원리적으로나 현실적으로 있을 수 없음에도 불구하고, 기의 능동적 운동 변화를 의미하는 것으로 보게 되면 리의 주재는 의미를 상실한다고 보는 것이다. 그래서 그는 "비유사지(非有使之)라는 하나의 구절 안에는 천명(天命)이 이미 휴식해버렸으니, 천명이 휴식하고 음양이 자약(自若)하다는 것은 아직 듣지 못한 바이다. 천명은 만사(萬事)의 본령이다. 지금 (음양이) 스스로 운행하고 스스로 정지함이 천명과 무관한 것이 있다면 천명 밖에 또 하나의 본령이 있는 것이 될 것"[31]이라고 하여 기의 능동적인 운동 변화를 인정하면 소이연으로서의 리(천명)는 그 역할과 기능을 상실할 뿐만 아니라 기라는 또 다른 본령을 인정하게 된다고 주장한다. 즉 기의 자발적 운동 변화를 의미하는 기자이와 기 운동의 주재로서 소이연인 리를 동시에 인정하면 현상세계의 운동 변화의 원인이 리와 기 모두에 두어지는 것을 의미하는 것이 되고, 결국에는 소이연자로서의 리는 그 의의를 상실하게 된다는 것이다. 그 결과 리가 약해지고 기가 강해지는 리약기강(理弱氣强)의 현상을 초래하고 만다는 것이 기정진의 판단이다.[32]

그러면 기정진은 전적으로 기자이나 비유사지의 명제를 부정하는

---

30 『蘆沙先生全集』,「答問類編」卷1, 20b, "陰陽單指氣, 是果成說乎."

31 『蘆沙先生全集』卷16, 25a,「猥筆」, "非有使之一句內, 天命旣息矣. 天命息, 而陰陽因舊, 實所未聞. 天命爲萬事本領. 今有自行自止, 不關由天命者, 則天命之外又一本領也."

32 『蘆沙先生全集』卷16, 25a,「猥筆」, "兩箇本領各自樞紐, 則造化必無此事, 又理弱氣强, 吾懼夫氣奪理位也. 非惟此也, 曰自爾 曰非使時, 其不得不然之故, 已被氣分占取, 不得不然之故, 卽所以然也. 天地萬物, 說到所以然. 卽是窮源, 更無餘地, 猶夫繼之, 曰所以然者理, 則架出所以然之上, 復有何所以然也. 豈非有虛名而無實事者歟."

162

것인가? 꼭 그런 것만은 아닌 것으로 판단된다. 그는 기자이나 비유
사지의 설을 '유행에만 치중한 설(流行一邊說)을 특언(特言)한 것'이라
평가하고, 주기설은 여기에 근원을 두고 있다고 평가한다.[33] 다시 말
해 기자이나 비유사지를 통해 드러나는 세계의 이해 방식은 완전히
의미를 가지지 못하는 것이 아니라, 다만 유행하는 현상세계에만 적
용될 수 있다는 것이다. 이러한 것에 오로지 의지해서는 안 되고 기
자이의 이면에 있는 리의 철저한 주재를 인식해야 한다는 것이다.

그가 이렇게 완전히 부정하지 않고 기자이나 비유사지를 유행일변
설이라고 평가 절하하는 데 그치는 이유는 무엇일까? 그것은 그가 현
실 세계에서 실제적인 작용은 기에 국한되는 것이고, 리는 실제적인
작용을 하지 않는 의미가 기자이나 비유사지에 담겨 있다고 파악했
기 때문이라 이해할 수 있다. 현실 세계에서 운동 변화는 기에게 한
정되는 것이고, 리는 실제적인 발용을 하지 않는 것이라는 것이 유행
일변설의 주된 의미라고 한다면 나름대로 일정한 의미를 가질 수 있
다고 본 것이다. 다만 이럴 때 문제가 되는 것은 이러한 유행일변설
에만 치우쳐 현실 세계에서 드러나는 기의 운동 변화에 대한 실질적
인 원인인 리의 주재를 망각하거나 간과할 수 있다는 것이다.

그래서 기정진은 소이연자로서 리의 주재성을 강화하기 위해 율곡
이 제시했던 "움직이고 고요한 것은 기이고, 움직이게 하고 고요하
게 하는 것은 리(動者靜者 氣也 動之靜之 理也)"라는 명제에 대해 "움직
이게 하고 고요하게 하는 것이 그렇게 시키는 것이 아니고 무엇이겠
는가?"[34]라고 해석한다. 율곡에게서 드러나는 기에 대한 리의 주재를
보다 강화하여 '움직이고 고요하게 하는 것(動之靜之)'를 '움직이고 고

---

33 『蘆沙先生全集』, 「答問類編」, 卷1, 21b, "栗谷之言, 特是流行一邊說, 然近世主氣
之論, 蓋原於此."
34 『蘆沙先生全集』 卷16, 25b, 「猥筆」, "動者靜者, 氣也. 動之靜之者, 理也. 動之靜
之, 非使之然而何."

요하게 시키는 것'이라고 강화하여 이해하는 것이다. 즉 기에 대한 리의 주재를 시키는 것(使之), 즉 명령으로 규정하여 수용하는 것이다. 이에 따라 리와 기의 관계는 명령하는 자와 명령을 받는 자의 관계로 정립되고, 기는 철저하게 리의 주재 하에 놓이게 된다.

기에 대한 리의 철저한 주재를 강조하는 기정진의 리기 체계에서 리는 구체적인 운동 변화의 주체가 아니라 현실적인 주체는 여전히 기이다.[35] 현실에서 작용하는 동정(動靜)의 주체는 기이지만, 그 동정은 소이연으로서의 리의 명령(使之)에 따른 것에 불과하다는 것을 강조할 따름이다. 따라서 이 세계의 중심에는 궁극적 원인자로서 리가 있고, 기의 존재와 생성의 근거가 리임을 강조할 따름이다. 이런 점에서 기정진의 리기론은 극단적인 것으로 나아가는 듯하지만, 율곡 리기설의 부정이 아니라 비판적 계승의 측면이 드러나는 것이다. 즉 기가 리로 수렴되거나 리만으로 현상세계의 운동 변화를 설명하지 않고 있고, 리와 기의 관계를 철저하게 리의 주재를 통해 근거짓고 체계화하는 것이다. 그래서 그는 세계 구성에 있어 리와 기라는 두 가지 요소 중 어느 하나도 무화(無化)시키지 않고, 리기 관계를 철저하게 리 중심으로 체계화한다. 다음에 제시되는 그의 설명은 이러한 그의 의도를 확인할 수 있는 좋은 자료가 된다.

이 리가 있으므로 반드시 이 기가 있으니 어찌 기 없는 리가 있겠는가? 이 리가 없으면 기가 좇아서 생할 수 없으니 어찌 리 없는 기가 있겠는가? 동정의 리가 있으므로 기가 움직이지 않을 수 없다. 이것이 과연 서로 동정(動靜)하는 것인가?[36]

---

35 기정진은 리의 무위(無爲)와 기의 유위(有爲)라는 리기론의 기본 원칙은 리의 기에 대한 주재에도 철저히 관철시키고자 하는 것이다.

36 『蘆沙先生全集』, 「答問類編」 卷1, 20b, "有此理, 故必有有此氣 豈有無氣之理. 無此理, 則氣無從而生 安有無理之氣也. 有動靜之理, 故氣不能不動者, 是果互相動靜之乎?"

현상세계에서 필수불가결한 요소로 리와 기를 전제하고, 이 두 가지 요소의 불가분성을 확인하고 있다. 그러면서도 기에 대한 리의 원인성, 즉 리의 주재를 강조하고 있다. 이것은 결국 기에 대한 리의 적극적인 주재성을 강조하여 만사의 본령으로서의 리를 현실 세계에 구축하는 것이라 하겠다.

여기에서 주목해야 하는 것은 비록 리와 기가 세계를 구성하는 두 가지 요소이지만, 대등하게 위치 지워질 수 없다는 것이 그의 철저한 입장이라는 것이다. 그래서 기는 리의 상대가 될 수 없고, 리를 중심으로 체계화되는 구조 하에 놓이게 된다고 여기는 것이다.

> 리의 존귀함은 상대가 없으니 기가 어떻게 리와 상대되는 짝(對偶)이 될 수 있겠는가? 그 광활함에는 상대가 없다. 기 역시 리 가운데의 일(理中事)이며, 이것은 리가 유행하는 손과 발(理流行之手脚)이다. 그것이 리에 있어 본래 대적(對敵)이 없으니, 짝(偶)도 아니요, 적(敵)도 아니면서 어찌 상대하여 거론(對擧)할까 보냐?[37]

먼저 기정진은 리가 존귀함을 명시하였다. 이것은 기를 가치론적으로 파악한 결과이다. 그래서 리는 가치적으로 존귀함으로 기가 그 상대가 될 수 없다는 것이다. 이어 그는 리의 영향력이 넓음을 적시한다. 즉 리는 무소부재(無所不在)한 보편적 존재이고, 기는 국한(局限)되는 존재임을 드러내는 것이다. 즉 리는 통하고(理通) 기는 국한된다(氣局)는 것이다. 따라서 리는 그 영향력이 드넓어 기가 그 상대가 될 수 없다는 것이다. 여기에는 리가 가지는 위상, 즉 리가 현상세계의 궁극적 원인(소이연)으로서 천명과 같은 것이기 때문[38]이라는 의미도

---

37 『蘆沙先生全集』卷16, 27b, 「猥筆」, "理之尊無對, 氣何可與之對偶. 其闊無對, 氣亦理中事, 乃此理流行之手脚, 其於理本無對敵, 非偶非敵而對擧之何哉."
38 『蘆沙先生全集』卷16, 25a, 「猥筆」, "非天命之外別有所以然也. … 所以然者理."

내포되어 있다고 하겠다. 결국 이러한 리의 위상, 즉 가치적으로 존
귀하고, 영향력에 있어서도 절대적이기 때문에 기는 리의 상대적 위
치를 점할 수 없다는 것이다. 여기까지는 주리론자들에게서도 찾아볼
수 있는 리에 대한 강조일 수 있다. 하지만 기정진에게서 다른 주리
론자보다 특징적인 면모로 부각되는 면모는 "(리의) 그 광활함에는 상
대가 없다. 기 역시 리 가운데의 일(理中事)이며, 이것은 리가 유행하
는 손과 발(理流行之手脚)이다"라는 언명이다. 즉 존귀하기 때문에 기
가 리의 상대가 될 수 없을 뿐만 아니라 리는 전일적(全一的)이고 보
편적으로 영향을 미치기 때문에 기는 그러한 리 가운데의 일에 불과
하다는 것이다.

　이러한 그의 주장은 기를 리 속에 포함시켜 이해하는 것으로도 볼
수 있다.[39] 하지만 그의 이 언명은 다른 곳에서 발견되는 그의 주장
과 「외필」에서 드러나는 전후 맥락으로 미루어볼 때 오직 리만으로
세계 체계를 구성하는 것은 아니다. 리기일체의 현상세계 속에서 기
는 철저하게 리의 규제 하에 있음을 의도한 것이라 보는 것이 타당하
다. 현상세계에서 드러나는 모든 존재와 현상은 비록 기가 작용하는
것처럼 보이지만, 이것은 모두 리의 철저한 주재 하에 이루어지는 것
이고, 그렇기 때문에 이 현상세계는 전일적인 지배력을 가진 리가 기
를 통해 드러난 것에 불과하다는 것이다. 그렇기 때문에 기는 리 가
운데의 일이라는 것이다. 이어서 제시된 '리가 유행하는 손과 발'이
라는 표현도 전일적인 지배력을 가진 리가 현실에서는 실질적으로
발용(發用)하는 것이 아니기 때문에 현실적인 발용 주체인 기를 통해

---

[39] 대체적으로 학계에서는 이 언명을 근거로 기정진을 유리론으로 규정하고 있다. 하지
만 이런 유리론이라는 규정은 재검토해볼 여지가 많다. 왜냐하면 기정진은 기의 존
재를 부정하거나 기가 리로 수렴되는 것이라고 규정하지 않았기 때문이다. 다만 기
정진이 의도했던 것은 기에 대한 리의 철저한 주재이고, 이것을 원리적으로 체계화
하려 했다고 하겠다. 기존의 주리론자와는 다른 체계를 가지고 있지만, 그것은 리
중심의 구조화에 그친다고 보는 것이 타당하다고 하겠다.

166

발현됨을 의미하는 것이라 하겠다.[40]

따라서 기정진이 의도한 리기 체계는 현상에만 매몰되어 리기를 보아서는 안 되고, 그 이면에 자리잡은 실질적 측면, 즉 기에 대한 리의 철저한 주재, 가치론적인 리기 이해를 통한 리의 절대성, 그리고 리의 보편적 실재성을 기반으로 기를 철저하게 리에 종속시키는 것이라 이해할 수 있다. 리를 절대시하여 세계 구성의 궁극적 원인으로 상정하고, 이에 따라 리를 중심으로 원리적으로 일원화시키는 체계를 구축하고 있는 것이다. 그리고 그의 리기 체계에서 핵심은 기의 자발적 능동적 운동 변화의 부정과 기에 대한 리의 철저한 주재를 통해 리와 기의 관계를 명령자와 명령을 받는 자로 정초시키는 것이라 하겠다.

(3) 존재와 현상의 원인으로서 리

현상세계를 전일적으로 규정하는 소이연으로서의 리를 강조하고, 기를 리의 상대로 인정하지 않은 리기 체계를 제시한 기정진은 현상의 이면에서 그 실질로 구조화되어 있는 구조, 즉 리에 주목해야 함을 강조한다. 리기일체를 통해 리의 현실적 실재성을 확보하고, 나아가 기에 대한 리의 우월성을 제시한 그에게 있어 리는 기의 생성과 운동 변화의 원인으로서 더욱 강조되는 방향으로 논의가 진행된다.

전통 성리학적 입장과 마찬가지로 그는 리를 소이연지고(所以然之故)로 규정하면서 그 의미를 더욱 강조한다. 그래서 그는 "리는 어떤 것인가? 바로 이기(二氣)·오행(五行)·만사서물(萬事庶物)이 그렇지 않을 수 없는 까닭이다. 요즈음 아이들이 얘기하는 묘리(妙理)가 바로 이것이다. 이기오행(二氣五行)은 이것이 아니면 생기지 않고, 품휘서물(品彙

---

40 리유행지수각(理流行之手脚)이라는 표현은 리무위(理無爲), 기유위(氣有爲)라는 리기론 원칙을 수용하여 기를 통한 리의 발현을 제시한 것이라 하겠다.

庶物은 이것이 아니면 생기지 않는다. 이미 이것이 아니면 생기지 않는다면 이것을 생(生)하는 것은 누구인가? 그 정상이 어찌 환하여 명백하지 않겠는가? 그러므로 생기게 하는 것의 글자는 바로 천명(天命)의 명(命)과 같고, 황제(皇帝)의 내리심의 내리심과 같다"[41]라고 자신의 입장을 제시한다. 기정진에게 있어 리는 모든 존재와 현상의 원인이고, 기를 포함하여 현상세계의 모든 것이 '그렇지 않을 수 없는 까닭(不得不然之故)'이 바로 리인 것이다.

이러한 그의 설명에 따르면 리는 기와 만물의 운동 변화만이 아니라, 기와 현상세계 모든 것의 생성 원인이다. 이런 측면에서 기정진은 '리가 기를 낳는다(理生氣)'는 것을 승인한다고 볼 수 있다. 그러나 이때의 '리생기'는 리가 직접 기를 생하는 것은 아니다. 기라는 물질적 재구가 형이상학의 원리인 리에 의해 생한다는 것은 비물질적인 것에 의해 물질적인 것이 생긴다는 것으로 이해될 수 있어 논리적 모순을 내포하는 것이다. 그러면 기정진이 상정하는 '리생기'는 어떤 의미인가?

그는 '리생기'를 긍정하면서 그 의미를 생물학적 의미의 생(즉, 낳는다)라는 의미로 이해하지 않고, 천명의 명(命)·황제의 명령(降)으로 이해한다. 즉 비물질적인 원리가 현실적으로 유형한 것을 생성하는 것이 아니라, 기라는 물질적인 재구가 운동 변화함에 있어 적극적인 원인자로서 그렇게 하도록 명령한다는 의미이다. 아무런 방향과 의미를 가지지 못하는 기에 대해 운동 변화의 방향과 지향점을 지시한다는 의미라 할 수 있다. 따라서 기정진이 가리키는 '리생기'의 의미는 기는 리의 주재에 의해서만 비로소 존재 의의가 드러남을 의미하는 것

---

41 『蘆沙先生全集』, 「答問類編」 卷1, 11b~12a, "理者 何物也?, 卽二氣五行萬事庶物 不得不然之故也, 今日樵童方言所謂妙理者是也, 二氣五行, 非此不生, 品彙庶物, 非此不生, 旣曰非此不生, 則生此者誰也? 其情狀其不昭然明白乎? 然則生之爲字, 正如天命之命, 帝降之降."

168

이다. 따라서 기는 리의 명령(천명 내리지 황제의 명령)이 전제되지 않으면 아무런 의미를 갖지 못하게 되는 것이다.

이런 맥락에서 기정진은 이러한 리를 '실리(實理)', '생리(生理)'로 규정하여 만물의 궁극적 원인자로서 실재성과 근원성을 제시한다. "이러한 실리가 있는 까닭에 유행하여 밝게 드러나서 그치지 않으니 이른바 생생(生生)이다. 이것이 씨앗처럼 속에 있다면 반드시 껍질을 깨어버리고 싹트는 리가 곧 이른바 '생리'이다. 비록 그렇더라도 어찌 생리 이외에 따로 이기(二氣)·오행·만사·만물의 '실리'라는 것이 있겠는가?"[42]라고 하여 분명한 입장을 제시하는 것이다. 그의 설명에 따르면, 리는 현상계에 실재하면서 끊임없는 변화의 원인으로 작용하고 있다는 측면에서 실리이자 생리라는 것이다. 이것은 무궁한 현실세계의 생성 변화는 모두 리로부터 말미암는 것이고, 이것은 마치 씨앗이 껍질을 깨고 나오는 것과 같다고 비유적으로 설명하는 것이다. 생리라는 표현은 끊임없는 생성 변화가 리로부터 말미암는다는 의미이고, 실리라는 표현은 현실에서 리의 실재성을 다시 한 번 확인하고자 하는 의도라 하겠다. 현실에 항상 존재하기 때문에 실리이고, 실리이기 때문에 끊임없는 생성 변화가 가능하며, 이것 때문에 리는 바로 생리라는 것이다. 그리고 이것 이외에 별도로 리가 있는 것은 아니다. 따라서 리는 모든 현상세계의 근본적 원인으로서 생리이자, 구체적으로 현상에 내재되어 있는 실리인 것이다. 리의 보편성과 절대성을 동시에 관철시키기 위해 기정진은 비록 직접적인 운동자는 아니지만 그 운동의 소이연자이자 현상세계의 보편자로서 리를 제시하고 있는 것이다.

존재와 현상의 궁극적 원인으로서 리를 강조하는 의미에서 기정진

---

42 『蘆沙先生全集』, 「答問類編」, 卷1, 8a, "有此實理, 故流行呈露而不能已, 卽所謂生生也. 此如種子在裏, 必有剖甲發芽之理, 所謂生理也. 雖然亦豈生理之外, 別有所謂二氣五行萬事萬物之實理哉."

은 리를 '종자(種子)'라고 표현한다. 근원으로서 리에 만물이 갖추어져 있다는 의미에서 리를 종자로 표현하고 있는 것이다. 그래서 그는 다음과 같이 리의 의미를 설명한다.

근원으로부터 논하자면 일리(一理)의 최초에 만물이 이미 갖추어져 있으니 이는 씨가 땅에 닿으면 싹이 생겨나지 않을 수 없는 것과 같다. 그러므로 만물의 기(氣)는 이로부터 생겨난다. 만물의 유행(流行)에 나아가 보면, 하나의 사물이 있으면 하나의 리가 있고 만 가지 상(象)이 있으면 만 가지 리가 있다. 만일 기를 타고 변화하여 두루두루 생겨난다고 할 경우, 바르게 보는 사람이 그 유행하는 측면의 이야기를 이해하여 미혹된 뜻에 집착하지 않는다면 괜찮다. 만일 그 뜻을 그릇되게 이해하여 리는 본래 기준이 없고 동서남북에 오로지 기를 따를 뿐이라고 생각한다면 이것은 리가 기의 주인이 되지 못하고 반대로 명령을 듣게 되는 것이다. 잘못된 것이 아닌가. 천하에 근원이 없이 생겨나는 것은 없다. 리여! 리여! 만물의 종자(種子)여!⁴³

현상세계에서 논의를 전개하면서도 그 근원적 실제적 원리에 주목할 것을 강조하는 기정진은 현상세계의 궁극적 원인으로서 리가 전제되어야만 기가 이것으로부터 드러날 수 있음을 적시하고 있다. 본원적 존재인 리로부터 모든 것이 현상화될 수 있음을 확인하면서, 동시에 기가 없으면 리는 현상에 실재할 수 없다는 것도 간과하지 않고 있다. 그렇지만 현상세계에만 매몰되어 기와 일체를 이루는 리를 바로 보지 못하고 기에 의해 좌우되는 리로 이해하면 리가 가지는 존재

---

43 『蘆沙先生全集』卷16, 3b~4a, 「答人問 第二」, "若從源頭論, 一理之初, 萬有已足, 如種著土, 不得不生, 故萬有之氣, 由此而生. 若就流行看, 有一物方有一理, 有萬象方有萬理, 有若乘氣變化而旋, 旋生出, 善觀者, 知其爲流行邊, 說話不執言迷旨, 則可矣. 若迷厥旨, 以爲理本無準, 則東西南北, 惟氣之從, 是理不爲氣之主, 反聽命焉. 不亦左乎. 天下未有無種而生者. 理乎, 理乎. 其萬有之種子歟."

와 현상의 원인성, 주재성을 제대로 이해하지 못하게 됨도 또한 지적하고 있다.

기정진이 강조하고자 하는 것은 현실 세계에서 실질적인 발행은 기에 의해 이루어지는 것이지만, 그 발행은 언제나 리의 주재(혹은 원인)에 의한 것이기 때문에 그 중심은 언제나 리에 두어진다는 것이다. 그래서 기정진은 "대저 이 리가 있으면 바야흐로 이 물(物)이 있는 것이다. 리는 비록 기에게 권한을 맡겼지만 기는 리에게서 명령을 받은 것이다. 사람이 나갈 때 빠르고 늦은 것은 비록 말에게 달려 있지만 말의 빠르고 느림은 실제로 사람에게서 말미암은 것과 같다"[44]고 하여 리기일체를 통한 리의 실재를 근거로 기에 대한 리의 주재를 철저화시키는 것이다.

그래서 기정진은 본원적 존재로서의 태극에 대해서도 주목한다. 태극의 동정 문제도 기와의 관련 하에서 설명하면서 태극으로서 리가 가지는 주재를 강조한다.

이것으로 보건대 태극의 동정은 본래 평범한 말이나, 주자(朱子)는 후세를 위해 용의주도하게 해석을 붙여 놓았다. 주자는 배우는 사람이 태극동정(太極動靜)의 설을 보고 형이상하(形而上下)의 구분에 어두워서 태극이 기기(氣機)를 기다리지 않고 스스로 움직이고 스스로 고요하다고 잘못 여길까 염려한 까닭에 주해 가운데에 '소승지기(所乘之機)'라는 네 글자를 놓았다. 대개 리라고 이름하면 바로 승(乘)한 바가 있게 되나, 승은 추호도 기력(氣力)을 범하는 글자가 아니다. 오늘날 사람들이 소승(所乘) 자(字)를 보는 것은 이와 달라서 태극이 만연히 주장함이 없다가 문득 마필(馬匹)이 앞에 있음을 보고 재빨리 올라타는 양으로 여기니, 이 말은 결국 새옹(塞翁)이 우연히 말을 얻는 것과

---

44 『蘆沙先生全集』卷4, 13a, 「答權信元」, "大抵有是理方有是物, 理雖委權於氣, 氣實受命於理, 如人出疾徐雖在於馬, 而馬之緩驟, 實由於人也."

같은 것이다. 자기가 원래 탄 바가 아니니 올라탄 뒤의 일은 또 가히
알 만하다. 형세가 반드시 이리저리 쏠림에 오직 말 머리만 보는 격이
니, 아 위태하도다.[45]

태극이 동정한다는 말은 태극이 스스로 움직이고 고요하다는 것이
아니라 현실적인 동정 주체인 기를 매개로 하여 태극이 움직이고 고
요하다는 것이다. 태극이란 곧 리이고, 리기론의 원칙에 따라 리는
현실적으로 작위하는 것이 아님을 적극적으로 확인하고 있는 것이다.
즉 기와 일체를 이루는 것이 필연적이라는 것이다. 그렇지만 기와 매
개할 때 타는 바(所乘)은 아무런 의미를 가지지 않는 것이 아니라 기
의 운동 변화를 주도하는 의미를 갖는다고 보는 것이다.

즉 리와 기가 일체가 되어 현실 세계에서 운동 변화할 때 앞서 누
차 강조한 바와 같이 리와 기는 리주기복(理主氣僕)의 관계 속에서 리
가 기를 적극적으로 주재한다는 것이다. 그래서 기정진은 "기기(氣機)
가 움직인다고 말하지 않고, 태극이 움직인다고 말했다. 다만 이 하
나의 구절은 부수어져 버렸으니 근세에 리기의 설은 성인(聖人)이 명
백히 태극이 양의를 낳는다(太極生兩儀)라고 말했는데, 금일의 군자는
양의가 태극을 낳는다(兩儀生太極)라고 하니 어찌된 것인가?"[46]라고 하
여 리의 주재를 적극 강조하는 것이다. 그리고 "형이상(形而上)과 형이
하(形而下)는 합하여 일체이니, 형이상은 주인이 되고 형이하는 하인
이 된다. 그러므로 태극이 동정한다고 말한다"[47]고 전제하고 태극의

45 『蘆沙先生全集』卷16, 25b,「猥筆」, "由此言之, 太極動靜, 本是平坦語而朱子之爲
後世慮周矣. 却怕學者, 見太極動靜之說, 昧形而上下之分, 誤以爲太極不待氣機
而自動自靜也, 故於註解中, 著所乘之機四字. 蓋一名爲理便有所乘, 乘非絲毫犯
氣力字, 而今人看所乘字, 與此異矣, 若太極漫無主張, 忽見馬匹當前, 趩捷而騰上
樣, 然則是馬也, 終是塞翁之得, 非自家元來所乘騰上, 後事又可知矣. 勢必之東之
西, 惟馬首是瞻, 嗚呼危哉."
46 『蘆沙先生全集』卷9, 21a,「與趙直教」, "不曰氣機動, 而曰太極動, 只此一句碎盡.
今世理氣之說, 聖人明言, 太極生兩儀, 今之君子兩儀生太極 奈何?"

움직임에 대해 주의를 환기시킨다.

> 그러나 태극동(太極動) 세 자를 말할 때는 비록 평탄하게 주해할 때일
> 지라도 극히 어렵다. 태극이 움직이지 않는다고 말하는 것도 불가하
> 고, 또한 태극이 기력(氣力)이 있어 스스로 준동한다고 말하는 것도 불
> 가한 것이 어려운 소이(所以)이다. 주자는 단지 소승지기(所乘之機) 네
> 자만 덧붙였으니 일찍이 움직이지 않음이 아니나 또한 자동의 뜻도
> 아니다. … 그러므로 서산〔西山, 진덕수(陳德秀)를 가리킴〕은 그 묘(妙)
> 라는 것을 좋아하였다. (소주 : 타는 바가 있는 것은 움직이지 않는 것이
> 아니다.) 기(機)라고 말한 것은 스스로 움직이는 것이 아니다.[48]

태극의 동정이란 기의 동정과 차별화되는 것임을 강조하고 있다.
태극이 동정하는 것은 기가 동정하는 것처럼 기력을 가지고 현실적
으로 발동하는 것이 아니지만, 태극이 움직이지 않는다는 것은 아니
라는 것이다. 다만 기를 타고 태극이 움직이는 것이고, 이때 비록 기
가 움직이는 것이지만 반드시 태극은 움직인다는 것이다. 여기에서
기정진이 특히 주목하는 것은 소승지기라는 것이 움직이지 않는 것
은 아니지만 스스로 움직이는 것도 아니라는 것이다. 즉 리와 기가
일체가 되어 현상세계 속에서 드러나는 운동 변화가 이루어질 수 있
고, 이때 어느 하나의 결여는 운동 변화의 불가능을 의미한다고 보는
것이다. 따라서 기나 리의 스스로 움직임은 용납될 수 없는 것이다.

앞서 기정진이 비판한 내용―현상세계에서 운동 변화가 기자이나

---

47 『蘆沙先生全集』, 「答問類編」 卷1, 26b, "形上形下脗合一體, 而形上爲主, 形下爲僕, 曰太極動靜."
48 『蘆沙先生全集』, 「答問類編」 卷1, 26b, "然太極動三字說時, 雖平坦註解時, 極難, 旣不可言太極不動, 又不可言太極有氣力自蠢動 所以難也. 朱子只著所乘之機四字, 未嘗不動, 而亦非自動之意. … 是以西山贊其妙(有所乘, 非不動也, 曰機也, 非自動也)."

비유사지처럼 기가 스스로 움직이는 것이 아니라는 비판—은 바로 기의 운동 변화에 리의 주재가 전제되어 있음을 의미하는 것이라 할 때, 그가 또 간과하지 않는 것은 리, 즉 태극이 움직인다는 것은 태극이 스스로 움직인다는 것이 아니라 기를 통해 드러난다는 것이다. 태극인 리가 스스로 발동하는 것이 아님을 확인하는 것이다. 그래서 현상세계의 운동 변화라는 것은 리와 기의 일체를 통해서만 이루어질 수 있다는 점에서 진서산의 리기지묘를 적시하고 있는 것이다. 그러면서도 기를 타고 있는 리에 초점을 맞추고 있다. 즉 이 기는 리의 주재를 받지 않는 한 그 존재 의의가 없기 때문에 리에 중심이 두어질 수밖에 없다는 것이 기정진의 일관된 논지이다. 그래서 태극동정이란 가능한 것이고, 리와 기를 함께 병거해서 세계를 설명하더라도 그 중심은 리에 둘 수밖에 없는 것이다.

그래서 기정진은 "대저 이 리가 있으면 바야흐로 이 물이 있는 것이다. 리는 비록 기에게 권한을 맡겼지만 기는 리에게서 명령을 받은 것이다. 사람이 나갈 때 빠르고 늦은 것은 비록 말에게 달려 있지만 말의 빠르고 느림은 실제로 사람에게서 말미암은 것과 같다"[49]고 하여 리의 기에 대한 철저한 주재를 강조하는 것이다. 기정진은 율곡이 제시하였던 리기 관계와 마찬가지로 태극과 음양을 같은 맥락에서 파악하면서도 '혼동설(混同說)'을 제시하여 '태극생양의'라는 명제를 조화의 본원이 리에 있음, 즉 존재와 현상의 근원으로서 리(태극)가 있음을 강조한다.

주자는 "성은 태극과 같고, 심은 음양과 같다"고 말하였다. 모름지기 두 개의 같다(猶)라는 글자는 또한 다만 설명한 것이 반만을 얻은 것임을 알아야 한다. 실제로는 성은 곧 태극이고, 심은 곧 음양이다. 어

---

49 『蘆沙先生全集』 卷4, 13a, 「答權信元」, "大抵有是理方有是物, 理雖委權於氣, 氣實受命於理, 如人出疾徐雖在於馬, 而馬之緩驟, 實由於人也."

찌 이렇게 말하는가. 태극은 동정의 묘이고, 음양은 동정의 체이다. 이
묘가 없으면 음양은 나오지 아니하고(不出), 이 체가 없으면 태극 또한
괘탑(掛搭)할 곳이 없다. … 태극이 양의를 생한다는 것은 혼동설(混同
說)이다. 혼동설은 즉 조화의 본원이 리에 있다. 그러므로 리에 중함이
돌아가 태극이 양의를 생한다고 말하는 것이다.[50]

태극은 동정의 묘이고 음양은 동정의 체이기 때문에 두 가지가 결
여될 수 없다는 것을 명시하면서도, 그 중심은 리에 있음을 확인하고
있다. 태극의 현실적 소재처가 기이고, 음양은 리로부터 나오는 것임
을 제시하여 리와 기가 일체의 관계를 가지는 것이기는 하지만, 그
조화의 본원은 리에 있기 때문에 그 중함이 리에 있다는 것이다. 그
래서 '태극이 양의를 생한다'고 한다는 혼동설, 즉 리와 기를 섞어서
말한 것으로 비록 리가 구체적인 동정을 하는 것은 아니지만, 그 동
정의 주재로서 리가 본원적인 것이기 때문에 리가 중심이라는 것이
다. 결국 본원적 존재, 본령적 존재로서 만물의 소이연자인 리를 강
조하고 있는 것이다. 즉 기정진의 리기 체계는 존재와 현상의 근원으
로서 리의 중함과 기의 주재로서 리의 역할을 강조하고 있다.

(4) 기발리승의 승인과 리발로서의 기발

기에 대한 리의 철저한 주재를 강조하면서도 기의 존재 자체를 부
정하지 않고 리기일체의 현상에 주목하여 리기 체계를 구축하는 기

---

50 『蘆沙先生全集』卷10, 39a～b, 「答羅致文」, "朱子曰性猶太極, 心猶陰陽云云." "須
知兩箇猶字, 亦只說得一半言, 實則性卽太極, 心卽陰陽耳. 何以言之? 太極是動靜
之妙, 陰陽是動靜之體, 無是妙, 則做陰陽不出, 無是體, 則太極亦無掛搭處矣. 在
天曰太極陰陽, 在人曰心性, 此物事之外更無他物事, 故曰卽太極, 卽陰陽者, 此也.
若就其中分別天人而言之, 則在人之心性猶天之太極陰陽, 故曰猶太極猶陰陽者
此也. 此非混同天人而言之, 故曰只說得一半也. 太極生兩儀是混同說, 混同說則
造化本原在理, 故歸重於理, 而曰太極生兩儀. 心統性情是人身上說, 自人身而言,
則動作運用爲主, 故歸重於心, 而曰心統性情."

정진은 당시 기호학파 학자들이 이해하는 '기발리승(氣發理乘)'에 대해
강한 비판을 가한다. 원래 기발리승은 율곡이 "리는 기의 주재요, 기
는 리가 타는 곳이다. 리가 아니면 기는 근저(根柢)할 곳이 없고, 기가
아니면 리는 의착(依著)할 곳이 없다"[51]고 하여 리기지묘에 입각하여
리의 무형무위(無形無爲)와 기의 유형유위(有形有爲)라는 리기론의 원칙
을 고수하면서 제시된 명제이다. 특히 기발리승은 유위와 무위로 구
별되는 리기의 원칙에 초점이 맞추어진 명제이다.

　기정진이 기발리승에 주목한다는 것은 기본적으로 리의 작위를 부
정하고 현실적인 발행은 기에 의해 이루어지는 것을 승인한 결과라
할 수 있다. 하지만 앞서 살펴본 바와 같이 비록 기의 현실적 존재를
승인하지만 기는 리에 상대가 되는 것이 아니라 리의 철저한 주재
하에서 운동 변화하는 것이다. 그리고 기의 존재 자체가 리에 근거
해야만 그 존재 의의를 가진다고 할 때 기정진의 '기발리승'에 대한
접근은 기존의 율곡 계열 학자들과는 차별화된다는 것을 짐작할 수
있다.

　먼저 기정진은 '기발리승'이라는 명제에서 '승(乘)' 자에 주목한다.
즉 기를 타고 있는 리라는 의미에서 승의 의미는 기본적으로 현실적
인 리의 소재처가 기임을 암시하는 대목이다. 그렇지만 자칫 기의 운
동력에만 주목하면 리가 타고 있는 것은 수동적인 의미로 해석될 여
지가 농후하다. 그래서 기정진은 여느 기호학파 학자처럼 리를 수동
적인 의미로만 이해하면 리의 주재성은 약화되고, 단지 살에 붙은 혹
이나 말 등에 붙은 파리에 불과하게 된다고 비판한다.[52] 그리고 리기

---

51 『栗谷全書』1, 198쪽, 「答成浩原」, "夫理者, 氣之主宰也, 氣者理之所乘也, 非理則
氣無所根柢, 非氣則理無所依著."
52 『蘆沙先生全集』卷16, 27a, 「猥筆」, "我東方近世說理說氣, 何其滯也. 其言大槪以
混淪一塊, 無適莫汲主張者爲理, 故理發二字爲今日學士家一大禁避語, 而纔見有
段落. 行變化成條理者, 則曰氣也, 問孰主張是, 則曰其機自爾非有使之者, 問所謂
理者, 落在何方, 則曰乘之矣, 初旣無使之然之妙, 末又非有操縱之力, 寄寓來乘做

일체관을 근거로 리는 기가 동정할 때 타는 것[乘]이 아니라 원래부 터 기에 타고 주재하고 있다고 주장한다.

> 승(乘) 자를 원래 타고 있는 것으로 보지 않고 의지하는 것에 따라 문 득 타는 것으로 보는 것이 주인을 손님으로 생각하는 것일 뿐 아니라 어찌 그 리가 준동(蠢動)함이 없는 것이겠는가? 큰 뜻(大旨)이 이미 상 실된 것이니, 또한 승 자에는 자연히 내력이 있다. 대개 형이상하의 상하 두 글자로부터 깊이 생각해서 구해보면 나눌 수 없는 곳에서 나 누어 말한 것이다. 금인(今人)이 의지하는 것에 따라 문득 타는 것으로 본 것은 본래 이체(二體)이지만 합일되었다고 말하는 것이니 본지에서 커다란 차이가 있는 것이다.[53]

기가 발할 때 리가 문득 타는 것으로 이해하는 것, 즉 기발과 리승 을 시간적 선후로 이해하는 것에 대한 문제점을 지적하고 있다. 즉 시간적 선후로 기발과 리승을 이해하는 것은 현실 세계에서 리와 기 가 각각 존재하고 있다가 일체를 이룬다고 이해했기 때문이라는 것 이다. 그렇지만 기정진은 리와 기는 원래부터 일체를 이루고 있는 것 이기 때문에 별도로 존재할 수 없는 것이다. 태극 자체가 기와 분리 된 적이 없고,[54] 음양이 단지 기만을 가리키는 것이 아니라고 할 정 도로 리기일체를 강조하는 기정진에게 있어 현상세계에서 리와 기는

得甚, 事有之無所補無之靡, 所闕不過爲附肉之疣, 隨驥之蠅, 嗚呼, 可憐矣. 究厥 端由原於乘字, 失其本旨, 駸駸致得理輕而氣重, 直至氣奪理位爲萬事本領, 而後 已一字之失其本旨, 其禍乃至於此乎."

53 『蘆沙先生全集』 卷16, 27a~b, 「猥筆」, "乘字不作元來所乘看, 而作隨遇輒乘看, 不惟認主爲客, 安在其理無蠢動乎. 大旨已失, 且乘字自有來歷, 蓋自形而上下之 上下二字, 咀嚼出來, 乃不可分開處, 分開底說話, 今人作隨遇輒乘看, 則乃本是二 體, 而合一底說話, 於本旨燕越矣."

54 『蘆沙先生全集』, 「答問類編」 卷1, 16a, "朱子大賢, 明言太極指本體之不雜陰陽而 言, 我則不信曰太極雜氣."

분리되어 있을 수 없다. 형이상하의 설명에 있어서도 그것은 원리상 형이상과 형이하의 결합이지만 시간적 선후를 의미하는 것이 아니고,[55] 다만 나눌 수 없는 것을 고심 끝에 나눈 것이다. 즉 형이상과 형이하가 원래 나누어져 있는 것이 아니다. 따라서 리와 기가 분리되어 존재하는 것이 아니므로 기가 발하고 난 후 리가 기를 타는 것과 같이 시간적 선후로 이해하면 이것은 이체(二體)를 인정하는 것이고, 따라서 그가 일관되게 주장했던 리기일체에 어긋난다. 특히 시간적 선후로 이해하여 이체의 존재를 인정하는 것은 결국 두 개의 본령을 인정하게 되기 때문에 도저히 승인될 수 없다고 보는 것이다. 그에게 있어 리와 기는 언제나 현상세계에서 불상리(不相離)한 관계에 놓여 있고, 따라서 원래부터 리가 기를 타고 있는 것이며, 이때 리는 항상 기의 운동 변화에 있어 소이연자로서 기를 주재하는 것이다.

기에 대한 리의 철저한 주재를 강조하기 때문에 기의 운동 변화(發行)에 대한 기정진의 입장은 보다 철저하게 리의 주재를 강조하는 방향으로 이어진다. 현실적인 운동 변화가 기에 의해 이루어짐에도 불구하고 그 기와 일체를 이루고 있는 리의 주재에 의해 이루어지는 기의 발행은 리의 발현으로 환치될 수 있다는 것이 기정진의 생각이다. 그래서 조선 성리학에서 최대 쟁점 중 하나인 리발(理發)과 기발(氣發)에 대한 입장을 다음과 같이 제시한다.

기가 리에 따라(順) 발(發)하는 것은 기발(氣發)이니, 곧 리발(理發)이요, 리를 쫓아(循) 행(行)하는 것은 기행(氣行)이니 곧 리행(理行)이다. 리는 조작하거나 스스로 꿈틀거리며 움직이지 않으니, 발하고 행하는 것은 분명히 기가 하는데, 리발 리행이라고 하는 것은 무엇인가? 기의 발과 행은 실제로 리에게서 명령을 받은 것이니 명령하는 자는 주인이 되

---

55 『蘆沙先生全集』卷12, 35a, 「答鄭季方」, "形而上下之上下, 以前後字看大錯."

고 명령을 받는 자는 종이 된다.[56]

    기정진도 분명히 실질적인 발과 행 자체는 기에 분속시키고 있다. 그러나 그것은 리의 명령에 의해서 이루어지므로 원리상 리의 발행이라는 것이다. 현상적으로는 기의 발행이지만 모두 리의 명령에 따라 이루어진 것이기 때문에 리발인 셈이다. 기의 자발적인 운동 변화를 부정하고 있기 때문에 기의 발행은 자동의 의미를 가지지 못한다고 보는 것이 기정진의 생각이다. 그러므로 기의 운동 변화는 리의 명령에 따른 운동 변화로 귀결될 수밖에 없다는 것이 기정진의 생각이다.

    이때 기의 운동 변화에 명령을 내리는 리의 주재는 어떤 의미인가?[57] 기정진에게 있어 리의 주재는 순(順), 즉 기의 운동 변화의 기준이기도 하고, 순(循), 즉 운동 변화의 모범이기도 하며, 명령, 즉 하나의 지시(使之)로 이해될 수 있다. 근저(根柢)와 추뉴(樞紐) 등 소극적으로 이해되는 듯한 율곡 계열의 리의 주재에 대한 이해를 수용하면서도, 한 걸음 더 나아가 기에 대한 리의 명령으로까지 규정함으로써 철저

---

56 『蘆沙先生全集』 卷16, 26a, 「猥筆」, "氣之順理而發者, 氣發卽理發也. 循理而行者, 氣行卽理行也. 理非有造作自蠢動, 其發其行明是氣爲, 而謂之理發理行何歟. 氣之發與行, 實受命於理, 命者爲主而受命爲僕."

57 기정진과 직접적인 관련은 없지만, 기대승의 사단칠정론에서 보이는 '기발'에서 발의 의미는 첫째, 근원에서 나온다는 발원, 둘째, 움직인다는 발동, 셋째, 드러난다는 발현 등의 의미로 해석 가능하다. 발원의 측면에서 보면 리에서 발원하는 것으로, 발동의 측면에서는 리와 기가 함께 발동하는 것으로, 발현의 측면에서는 리와 기에서 각각 발현하는 것으로 이해될 수 있다(남지만, 「고봉 기대승의 '기발'에서의 '기' 개념」, 『2007년 7월 한국공자학회 월례발표회 발표문』, 7~10쪽 참조). 위 제시문에서 드러나는 기정진에게서의 발의 의미는 현실적인 발동(기의 측면)과 현실적인 발동의 근원적 원리 내지 규제 원리(리의 측면)로 나누어 이해하는 것으로 보인다. 기정진은 움직인다는 발동과 발원의 의미를 혼재하여 사용하는 것으로 여겨진다. 하지만 이러한 판단은 단순한 접근에 불과하다. 기정진의 리기론이 리의 주재에 강한 확신을 두고 전개되고, 리의 주재를 명령으로까지 이해한다는 점에서, 그리고 이러한 내용이 그의 리기론에서 가장 핵심이라는 점에서 이에 대한 보다 구체적이고 정밀한 연구가 이어져야 할 것으로 보인다.

하게 기의 운동 변화를 리에 귀속시키고 있는 것이다. 그래서 리와 기의 관계는 리주기복(理主氣僕)으로 정립되고, 비록 리는 소리도 색깔도 냄새도 맛도 없고(無聲色臭味), 성한 세력이나 기력은 없지만 그 존귀한 까닭은 그것이 만 가지 변화의 추뉴요, 품휘(品彙)의 근저가 되는 체(體)와 용(用)이기 때문에[58] 리와 기를 대치시킬 수 없고 항상 리를 중심으로 동정의 문제가 이해되는 것이다.

여기에서 간과해서는 안 되는 것은 아무리 리의 철저하고 전일적인 주재를 강조한다고 하더라도 기정진은 모든 운동 변화를 리발로만 이해하지 않는다는 것이다. 그래서 그는 '기발리승을 폐하여도 되는가?'라는 제자의 질문에 대해 '아니다'라고 답변한다.[59] 왜냐하면 현실적인 발용은 어디까지나 기에 귀속되는 것이고, 리의 발과 행은 기를 타고 이루어지기 때문이다. 아울러 아무리 리의 기에 대한 철저한 주재를 인정한다고 하더라도 기의 움직이는 힘—기정진은 기의 운동하는 힘을 기력(氣力) 혹은 능연지력(能然之力)으로 표현하였다—은 완전히 부정할 수 없기 때문이다. 그래서 그는 바로 기의 움직이는 힘이라는 현실적 운동력을 전제한 바탕 위에서 기에 대한 리의 원리적 지배를 강조하였고, 기발리승이라는 운동 변화의 구조는 부정하지 않았던 것이다.

(5) 리지묘와 리선구

현상세계의 운동 변화에서 기의 운동 변화를 리로 환치하는 기정진의 논의는 '기에 대한 리의 철저한 주재'라는 측면에서 파악할 수 있지만, 동시에 리가 가지는 보편성과도 맥락이 닿아 있다. 그는 리의 무위와 기의 유위라는 측면에서 기발리승을 인정하고, 그 바탕 위

---

58 『蘆沙先生全集』, 「答問類編」 卷1, 11a, "理無聲色臭味, 非有勢燄氣力, 其所以尊, 徒以其樞紐萬化根柢品彙之體用也."
59 『蘆沙先生全集』 卷16, 3b, 「答人問 第二」, "然則乘氣變化之說, 可廢乎." "曰 否."

에서 기에 대한 리의 전일적인 주재성을 강조하지만, 동시에 율곡의
논의에서 제기된 리통기국(理通氣局)이라는 관점에서 운동 변화를 설
명하기도 한다. 리가 가지는 기에 대한 주재를 원리적인 측면에서 보
편적이고 근원적인 리의 특성을 드러냄으로써 현상세계에 대한 리의
전일적인 주재를 확인하고자 하는 것이다.

누차 강조하듯이 기정진에게 있어 기는 리와 대등하게 규정될 수
없는 존재이다. 언제나 기는 리에 종속되는 개념에 불과하기 때문에
운동 변화의 원인도 리에게 부여될 수밖에 없다. 그래서 그는 "대개
물(物)은 동정(動靜)이 있지만 리는 동정이 없고, 물은 다과(多寡)가 있
지만 리는 다과가 없다. 물은 생사(生死)가 있지만 리는 생사가 없다.
동정·다과·생사가 있는 것을 국(局)이라 하고, 동정·다과·생사가
없는 것을 일러 통(通)이라 한다"[60]고 하여 구체적인 현상세계의 변화
를 기에 귀속시킨다. 그렇지만 그에게 있어 리는 보편적인 존재이다.
다시 말해 물(氣)은 시공간적 제약 하에 놓여 있지만, 리는 무소부재
한 보편적 존재이다. 이것이 바로 '리통기국'이라는 것이다. 이러한
그의 입장은 기존의 성리학자와 크게 다를 바 없다.

하지만 그는 리의 보편성, 즉 '리통'에 초점을 맞추어 보다 강화된
리 중심의 논지를 펴 나간다. "리는 본래 하나(一)인데, 기로 인하여
가지런하지 않다고 하니, (기를) 타고 변화함에 비로소 만리(萬理)가
생한다는 것은 믿을 만합니까?"라는 질문에 대해 "리라고 하는 것은
영축(盈縮)도 없고, 선후(先後)도 없는 것이다. 하나의 리이지만 부족하
지 않고, 만 가지 리이지만 많은 것이 아니라는 것이 이른바 영축이
없다는 것이고, 이 물(物)이 있다고 하여 존재하는 것도 아니고 이 물
이 없다고 하여 없는 것도 아닌 것이 이른바 선후(先後)가 없다는 것

---

60 『蘆沙先生全集』卷16, 1a,「理通說」, "大抵物有動靜而理無動靜, 物有多寡而理無
多寡, 物有生死而理無生死, 有動靜有多寡有生死者謂之局, 無動靜無多寡無生死
者謂之通."

이니, 이것을 보면 이른바 하나라고 하는 것이 가히 영회(領會)가 됨을 알 수 있다"고 대답한다.[61] 즉 기에 의해 좌우되는 것이 아니라 리는 언제나 현상 세계의 근저에서 존재하고 있다는 것이다. 따라서 기에 의해 좌우되는 것이 아니라는 것이다. 현상계에 존재하면서도 국지적이고 제한적인 기와는 달리 그 변화를 넘어 보편적인 존재로서 리를 규정하는 것이다.

> 움직임은 고요함의 반대이지만 리의 묘(妙)는 간격이 없는 까닭에 움직임을 떠나지 않으면서도 고요함이 그 안에 내재되어 있고 고요함을 떠나지 않으면서도 움직임이 그 안에 내재되어 있다. 이는 사물의 움직임과 고요함이 각기 한때의 시간을 점유하는 것과 다르니, 이것이 움직임과 고요함의 통(通)이다. … 이것이 많음과 적음의 통이다. … 이것이 삶과 죽음의 통이다. 서로 반대되는 것이 이와 같으니 서로 원인이 되는 것도 또한 알 만하다. 이와 같으므로 통이라 하고, 통하므로 묘(妙)라 하고, 묘하므로 리라고 일컫는다.[62]

기는 현상세계에서 제한적이지만, 리는 항상 보편적으로 현상세계를 관통하고 있다는 것이다. 기정진에 따르면 아울러 제한적인 기의 운동 변화는 일시적일 수밖에 없지만, 보편적인 리는 그 제한을 넘어선다고 본다. 기는 움직임과 고요함, 많고 적음 등 상대적으로 드러나고, 그 상대적인 것에 국한되지만, 리는 그 상대적으로 드러나는

---

61 『蘆沙先生全集』卷16, 3a, 「答人問第一」, "有問者曰, 蓋聞理本一, 因氣有不齊, 乘之變化, 始生萬理, 信乎? 曰, 子之言, 似矣. 但未知所謂一者竟何如耳. 竊嘗聞之, 理也者, 無盈縮無先後, 一理未爲寡, 萬理未爲多, 是之謂無盈縮, 不以有是物而存, 不以無是物而亡, 是之謂無先後, 有見乎此, 則所謂一者, 可領會矣."

62 『蘆沙先生全集』卷16, 1b~2a, 「理通說」, "動者, 靜之反也. 理之妙, 無間隔不離乎動, 而所謂靜者蘊焉. 不離乎靜而所謂動者藏焉. 非如物之動靜各一其時, 此動靜通也. … 此多寡通也. … 此生死通也. 相反者若是, 相因者又可知矣. 若是故謂之通, 通故謂之妙, 妙故謂之理."

가운데 항상 존재하면서 그 변화를 이끌어낸다는 것이다. 따라서 리는 제한을 넘어서 보편적 실재가 되는 것으로, "드러난 것으로부터 보면 동정은 때를 달리하고 음양은 위치를 달리하지만 태극은 있지 않은 곳이 없다"[63]는 것으로 연결된다.

기정진에 따르면, 리는 기와 같이 현상(事)은 아니지만, 현상적으로 드러나는 동정(動靜)·다과(多寡)와는 달리 시간적 공간적 제약을 받지 않고 보편적으로 현상에 게재되어 현상의 변화를 움직이는 중심이다. 따라서 형기 변화에 있어 기는 리의 부림(使之)에 의해 운동 변화하는 것에 불과하고, 자연 변화의 필연적 법칙인 리는 기를 통해 현실에 드러나게 된다는 것이다. 이것은 이황을 비롯한 주리론자들이 리의 절대성을 확보하기 위해 리의 동정 내지 체용을 제기한 것과 달리, 리의 무형무위를 관철시키면서 리지묘(理之妙)라는 보편적 실재와 그 실재에 따른 원리적 주배를 통해 리의 절대성을 강화하는 것이다. 그래서 기정진은 "대개 움직이는 것이 움직임에 편중되고, 고요한 것이 고요함에 편중된 것은 물(物)이다. 물이라는 것은 기의 하는 바(所爲)이다. 움직이나 일찍이 고요함이 없지 않고, 고요하나 일찍이 움직임이 없지 않은 것은 신(神)이다. 신이라는 것은 리가 있는 곳"[64]이라고 하여 리의 보편성을 강조하였다.

여기서 주목되는 것은 기정진이 리가 동정과 다과, 그리고 생사가 없다고 할 때 '없음(無)'의 의미이다. 리지묘를 주장하는 기정진의 논의는 기본적으로 현상계에서 리는 실질적인 동정을 하지 않는다는 '무동정(無動靜)'의 리기론 원칙을 전제하고 있다. 따라서 리는 실질적인 동정을 하는 주체가 아니다. 그래서 실질적인 동정은 기에게만 한

---

63 『蘆沙先生全集』, 「答問類編」 卷1, 6a, "自其著者而觀之, 則動靜不同時, 陰陽不動位, 而太極無不在焉."

64 『蘆沙先生全集』, 「答問類編」 卷1, 13a~b, "蓋動者偏於動, 靜者偏於靜者, 物也, 物也者, 氣之所爲也. 動而未嘗無靜, 靜而未嘗無動者, 神也, 神也者, 理之所在也."

정된다. 하지만 기정진이 강조하고자 하는 것은 비록 실제 동정하는 것은 리가 아니지만, 기의 동정이 가능하려면 리가 전제되어야 한다는 것이고, 이때 리의 무동정(無動靜)·무생사(無生死)·무다과(無多寡)의 '무(無)'는 '무기사(無其事)'라는 뜻이요, '무기묘(無其妙)'는 아니라고 하여 모든 운동 변화의 원리가 모두 리에 있다는 것이다.[65] 리가 가지는 기에 대한 원리적인 주재를 부정하는 '무'가 아니라 '현실적인 발용 능력이 없는 무'라는 것이다. 그래야만 리는 현상세계에 대해 전일적인 주재력을 가지게 되는 것이고, 이 세계의 모든 운동 변화는 기의 주재 하에 놓이게 되는 것이다.

한편, 리의 주재를 강조하는 기정진에 있어 리기선후의 문제는 새로운 문제 제기를 낳을 수 있는 소지가 있다. 리의 전일적인 주재를 강조하는 그의 입장에 따르면 기의 존재와 운동 변화에 앞서 리가 먼저 드러나는 리선기후(理先氣後)의 논리가 자연스러울 수 있기 때문이다. 하지만 그는 리기선후의 입장에서 앞서 강조했던 것처럼 리기불상리의 원칙을 고수하면서 조심스럽게 자신의 입장을 제시한다. 즉 리기일체라는 출발점에 주안점을 두면서 리기무선후(理氣無先後), 리선기후(理先氣後), 기선리후(氣先理後) 등이 가능하다는 것이다.

그는 먼저 "리기는 일시사(一時事)인데 사람은 한 입으로 두 말을 동시에 할 수 없으므로, 원두(源頭)로부터 말할 때는 하는 수 없이 리를 먼저 말하고, 유행(流行)하는 것으로부터 말할 때는 하는 수 없이 기를 먼저 말한다"[66]라고 하여 리기선후에 관한 종합적인 입장을 정리한다. 즉 현상세계에 주목하는 그로서는 리기일체를 이루는 현상세

---

65 『蘆沙先生全集』卷16, 1b,「理通說」, "但未知諸般無字, 特言無其事耶, 抑曰無其妙耶, 若以無其事而逐曰, 無其妙, 則天下豈有無源之委, 無根之支, 無體之用也. 然則森羅萬象, 依舊是有烏在其理之通也. 嗚呼, 吾所謂眞理通, 乃在此處, 非若信元之所謂通也."

66 『蘆沙先生全集』,「答問類編」卷8, 19a, "理氣一時事, 而人不能以一口雙說話, 故自源頭說時, 不得不先說理, 自流行言時, 不得不先說氣矣."

계에서 리와 기는 선후가 없지만, 그 원리적인 측면에서는 리가 앞서
고, 유행하는 측면에서는 기가 앞서는 것처럼 말한다는 것이다. 그렇
지만 여기에서 보이는 그의 입장은 특정한 관점에 편중되지 않는 것
이라 할 수 있다. 그래서 그는 "기에 즉(卽)하여 리를 보아야 하며, 불
리(不離)한 곳에서 부잡(不雜)한 리기 관계를 보아야 정당한 안목이 갖
추어진다"[67]고 하여 다시 한 번 현상세계에서 원리적인 측면의 이해
를 강조하고 있다. 그리고 다음과 같이 입장을 제시한다.

> 리기에 대하여 주자는 원래 그것에는 선후가 없다라고 말한 곳이 있
> 고, 또한 이 리가 먼저 있다라고 말해야 된다라고도 하고, 또한 기가
> 형(形)을 이루고 리가 거기에 부여된다고 말하기도 하였다. 이 삼단(三
> 段)의 설화(說話)를 합하여 묵회(默會)한 연후에야 그 묘함이 뚜렷해 질
> 것이다.[68]

리기선후의 문제에 대해 특정한 논점이 옳다는 것을 주장하기보다
는 리기불상리(理氣不相離)의 원칙을 고수하여 문제에 접근함을 확인
할 수 있다. 그렇다고 해서 기정진이 이 모든 관점을 균형적으로 인
정하는 것은 아니다. 그에게 있어 리는 존귀한 것이고, 기 운동 변화
의 원인(所以)으로 자리하고 있다. 따라서 리기의 선후 문제의 초점도
리에 맞추어져 논의가 전개된다. "리기 이 둘은 있으면 함께 있으니
선후를 말할 수 없다. 그리고 위로부터 성현들이 화육유행(化育流行)을
말씀하신 것은 리로써 원두(源頭)를 삼지 않음이 없었다"[69]라는 그의
주장은 아무리 현실 세계에 착안한다고 하더라도 리를 원두로 삼아

---

67 『蘆沙先生全集』「答問類編」卷1, 4~5쪽 참조.
68 『蘆沙先生全集』「答問類編」卷1, 21a, "理氣, 朱子固有言其無先後處, 而亦言須
　　說先有此理, 亦言氣以成形, 理亦賦焉. 合此三段說話而默會之, 然後其妙躍如."
69 『蘆沙先生全集』「答問類編」卷1, 10a~b, "理氣二者 有則俱有, 而無先後之可言.
　　從上聖賢之言化育流行, 莫不以理爲源頭."

야 한다는 것으로, 리가 보편성과 절대성을 가지고 있다는 그의 리기관이 투영된 것이라 할 수 있다. 천지간에 드러나는 만물의 생성 변화는 리의 주재를 받은 기에 의해서 드러나는 것이고, 드러나는 것은 기가 아니라 기와 일체를 이루고 있는 필연적 법칙으로서의 리라는 것이 그의 생각이다.[70] 따라서 기정진은 리선의 입장에서 제시되는 리선구(理先具)를 공허한 것으로 보는 논의에 대해 비판하고, 만물 변화의 근원으로서 리를 강조하는 것이다.

> 리가 먼저 갖추어있다(理先具)라는 것은 허공에 매달린 리가 앞서 있다는 말이 아니다. 만 가지 현상(萬象)으로부터 말하면 만상이 있지 않아도 이미 만상의 리가 있다. … 이것을 미루어 보고 또 미루어 보면 필경 이 리가 먼저 있고 나서 이 기가 있으므로 '리선구(理先具)'라고 한 것이다.[71]

기정진은 논리적으로 리가 먼저이고, 기가 나중이라는 리선기후의 입장에서 제시되는 '리가 먼저 갖추어있다(理先具)'는 명제가 자칫 리가 현실에서 그 실재성을 상실하고, 공허한 것으로 이해되는 것에 대해 경계하고 있다. 무형무위한 리가 먼저 갖추어져 있다는 것을 극단적으로 이해하면 현실 세계에서 그 존재 자체를 부정하는 것으로까지 이해될 수 있기 때문이다. 그래서 그는 현상세계의 근원 내지 원

---

70 하지만 그의 이러한 입장은 실제적으로 리가 먼저라는 것이 아니라, 논리적인 측면에서 리가 먼저라는 것으로 이해되어야 할 것이다. 즉 무소부재한 리는 어느 한곳에 치우친 기와는 달리 보편적으로 존재하기 때문이다. 기가 움직일 때 기는 움직임에만 국한되지만, 리는 고요한 원리를 내함하고 있어 기의 고요함에 앞서 그 원리를 함유하고 있다는 의미이다. 따라서 시간적 선후보다는 논리적 선후를 중시해야 함을 의미한다고 하겠다.

71 『蘆沙先生全集』, 「答問類編」卷1, 4b, "所謂理先具者, 非謂先有懸空之理也. 自萬象而言, 則未有萬象, 已有萬象之理. … 推之又推, 畢竟先有此理, 乃有此氣, 故謂之理先具也."

인으로서 리가 먼저 갖추어져 있다는 의미를 제시한 것이다. 리는 모든 존재의 근원이기 때문에 먼저 갖추어져 있다는 것은 천지 만물이 있기 전에 이미 그것의 원리는 선재되어 있다는 의미이지, 천지 만물과 별도로 존재하는 것은 아니라는 입장을 제시한 것이다. 비록 어떠한 존재나 현상이 드러나기 전이라고 하더라도 그 존재와 현상이 드러나게 되는 필연적인 원리가 먼저 리에 갖추어져 있다는 의미이다. 리가 기와 별도로 먼저 존재하는 것이 아니라 리는 항상 현상세계에 기와 일체를 이루면서 존재하는 것이고, 어느 한편에 국한된 사물과는 다르다는 의미이다. 그는 결국 보편적인 리의 실재를 현상세계에 자리매김하면서, 동시에 리가 현상세계의 다양성으로 전환될 수 있는 요소를 함유하고 있다는 것을 지적한 것이다. 그리고 바로 이러한 리선구의 의미에서 그는 리를 '만유(萬有)의 종자(種子)'로 표현한 것이다.[72] 즉 씨앗이 없으면 싹이 나고 잎이 자라서 열매를 맺지 못하는 것처럼, 씨앗에 나고 자라서 열매를 맺을 그 원리가 모두 내재되어 있다는 것이다.[73]

리선구를 논리적인 현상세계의 원리적 선재성으로 파악한 기정진은 운동 변화에 대해서도 같은 맥락에서 설명을 한다. 그는 "바야흐로 움직여 양(陽)일 때, 소위 고요함은 있지 않으나 고요함의 리는 일찍이 없지 않으므로 필경 부득불 고요해지니 이것이 이른바 리가 먼저 갖추어진다는 것이다. 바야흐로 고요하여 음(陰)일 때, 소위 움직임은 있지 않으나 움직임의 리는 일찍이 없지 않으므로 필경 부득불 움직이니 이것이 이른바 리가 먼저 갖추어진다는 것이다"[74]라고 하여

---

72 『蘆沙先生全集』 卷16, 4a, 「答人問 第二」, "天下未有無種而生者 理乎 理乎 其萬有之種子歟."

73 이런 점에서 리선의 입장은 논리적인 입장 내지 가능태로서 그 원리의 선재성만을 의미하는 것이라 하겠다. 그리고 기정진에 있어서는 원천적으로 기를 리의 상대로 인정하지 않기 때문에 별도로 리와 기가 각각 존재하는 것이 아니므로 선구라는 것은 리가 별도로 존재한다는 의미가 아니다.

리선(理先)의 논리적 맥락을 제시한다. 리통기국의 입장에서 한 발 나아가 리선의 내용을 규정하고 있는 것이다. 그리고 주희의 태극에 대한 설명을 수용하면서 리기선후에 대한 입장을 제시하고, 나아가 리선구(理先具)에 대한 입장을 강조하였다. 즉 리선이라는 것이 단순히 리가 먼저 있다는 의미만 있는 것이 아니라, 현상세계의 리기불상리의 측면에서도 리선이라는 것이다.

주자가 태극이란 상수(象數)가 아직 형태를 갖추지 않았으나 그 리가 이미 갖추어 있는 것이라고 말했고, 또 만약 리 상에서 보면 비록 물(物)이 있지 않지만 이미 물의 리는 있다고 말했고, 또 이 물이 있지 않아도 이 리가 먼저 있다고 말했고, 또 반드시 그 소종래(所從來)를 추급하면 모름지기 먼저 이 리가 있다고 말했고, 또 기가 있지 않아도 성(性)은 늘 있는 것이라고 말했으며, 또 형이상하(形而上下)로서 말하면 어찌 선후가 없겠느냐고 말했다. 이와 같은 말은 다 거론할 수 없지만 어찌 리기가 원래 불상리(不相離)하다고 하여 리가 먼저 갖추어진다는 뜻을 폐지할 수 있겠는가?[75]

주희의 리선에 대한 언명을 일일이 열거하여 리선의 타당성을 제시하면서, 특히 유행의 측면에서도 리선의 입장을 관철시키고자 하는 의도를 드러내고 있다. 논리적인 관점에서 리선이고, 소종래를 추급해보아도 리선이며, 기가 있지 않아도 성이 있다고 하여 원리의 선재성을 확인하고 있다. 그런 입장들은 현상세계의 원인이자 근원으로서

---

74 『蘆沙先生全集』, 「答問類編」卷1, 12b, "方其動而陽時, 未有所謂靜也, 然而靜之妙, 未嘗無也, 故畢竟不得不靜, 此所謂陰之理先具也. 方其靜而陰時, 未有所謂動也, 然而動之妙, 未嘗息也, 故畢竟不得不動, 此所謂陽之理先具也."

75 『蘆沙先生全集』, 「答問類編」卷1, 13a~b, "朱子曰 太極者, 象數未形 而其理已具之稱, 又曰 若在理上看, 則雖未有物, 而已有物之理, 又曰 未有此物, 先有此理, 又曰 必欲推其所從來, 則須說先有此理, 又曰 氣有不存, 性却常在, 又曰 自形而上下言, 豈無先後, 若此類不可悉擧, 何嘗以理氣之元不相離而廢先具之義乎."

리를 강조하는 것이고, 따라서 리기일체를 이루고 있는 현상세계에서도 소이연으로서의 리는 선재될 수밖에 없다는 것이다. 현상세계의 소이연으로 볼 때 그 원인은 리이기 때문에 선후의 분별은 확연해지는 것이고, 리기선후가 없다는 유행의 관점도 결국 리선으로 귀결될 수밖에 없다는 것이 그의 입장인 것이다.[76]

물론 리일분수설에서도 거론한 것처럼 기정진은 태극설에서 리를 '위허리실(位虛理實)'이라고 하여 실재성을 강조하면서 리선의 전제로 삼기도 하였다. 비록 태극설이 종적인 체계를 가지고 있지만 실제로는 층절로 구분되는 것이 아니기 때문에 그 위치는 허한 것이고, 그 층절에는 모두 리가 실재하고 있다는 것이다. 따라서 리는 항상 실재하는 것이고, 기의 소이연으로서 본체와 현상에 늘 실재하게 된다. 결국 기정진은 리의 보편적 실재성을 확인하고, 나아가 본체와 현상을 원융한 체계 내에서 기에 대한 소이연으로서 리의 논리적 선재를 확고히 정초시키는 것이다.

2. 철저한 주재를 통한 리의 확립

앞서 정리한 바와 같이 기정진 리기론의 특징은 현상계에 주목하여 리기불상리의 원칙에 입각하여 리기일체를 근간으로 리와 기의 역할과 영역을 구분하고, 이에 기반하여 리기 관계를 정립하는 것이다. 특히 기의 존재와 운동 변화에 있어 리의 역할, 즉 기에 대한 리의 전일적 주재에 중점을 두었다. "리기는 만 가지 변화(萬化)에 있어 합하여 일체(一體)이고, 원래 서로 떨어지지 않는 것이다. 이 서로 떨

76 『蘆沙先生全集』, 「答問類編」 卷1, 12a, "理氣之在萬化, 脗然一體, 元不相離, 而就此不相離之中, 若問其曷爲而必若此, 則其故在於理 而不在於氣也. 然則主僕之勢, 先後之分, 卽此而已判然矣. 況理氣無先後之說只是流行一邊耳."

어지지 않는 가운데 만약 '반드시 이와 같이 되는 것은 무엇 때문인가?'라고 물으면, 그 까닭은 리에 있지 기에 있는 것이 아니다. 그러므로 주인과 노비(主僕)의 형세와 선후(先後)의 분별이 이것에 즉하면 이미 판연해지는 것이다"[77]라는 그의 언명에서 보이듯이 리주기복(理主氣僕)의 리기 관계를 정립하여 리와 기를 명령자와 명령을 받는 자로 규정하고 있다.

이러한 리기 관계 하에서 특징적으로 드러나는 것은 리에 대한 규정이다. 다른 성리학자와 구별되는 면모가 바로 이러한 리기 관계의 정립인 것이다. 이러한 관계 규정은 기본적으로 율곡이 제시한 리기 관계에 대한 계승에 있어 주리적 해석이라고 평가할 수 있지만, 명령자와 명령을 받는 자로서의 리기 관계는 또 다른 문제를 야기할 수 있는 소지가 있다. 그래서 기정진 생전부터 문인들을 비롯한 적지 않은 학자들로부터 논란이 빚어지기도 하였다.

(1) 명령자로서의 리

기정진의 의도는 리기불상리 원칙 하에 있는 현상세계에서도 그 궁극적 원인성은 리에 있음을 확인하고 강조하는 것이다.[78] 리의 주재는 언제나 기에 관철되어 있는 것이고, 따라서 기의 독자적인 작위는 부정될 수밖에 없다는 것이 그의 일관된 생각이다. 그래서 기정진은 리의 주재를 인정하면서도 기의 작위력을 인정하여, 기가 능동적

---

77 『蘆沙先生全集』, 「答問類編」卷1, 12a, "理氣之在萬化, 腍然一體, 元不相離, 而就此不相離之中, 若問其曷爲而必若此, 則其故在於理 而不在於氣也. 然則主僕之勢, 先後之分, 卽此而已判然矣."

78 그는 학문적 체계를 이루는 과정에서 성리설에 대해 많은 논의를 펼쳤던 권우인과의 문답에서 '합기언리(合氣言理)'라는 권우인의 말에 대해 "나는 즉기관리(卽氣觀理)라고 고쳐 말하고싶다"라고 답하였다. (『蘆沙先生全集』, 『答問類編』 卷1, 9b 참조) 이것은 결국 현상세계 내에서 존재와 당위의 법칙인 리를 확인하고자 하는 의도를 단적으로 보여주는 예라 하겠다.

원인에 의해 운동 변화하는 것을 인정하는 기호학파의 논의에 문제가 있다고 보고, 율곡을 위시한 이른바 주기론자[79]에 비판의 초점을 맞추어 논의를 전개하였다.

율곡의 학맥을 이어 그의 학문을 계승한 기호학파 학자들의 기본적인 명제는 리의 무위와 기의 유위에 기반한 '기발리승(氣發理乘)'과 리의 무형과 기의 유형에 바탕을 둔 '리통기국(理通氣局)' 등으로 요약할 수 있다. 사단칠정논쟁 이후 본격적으로 제시된 기호학파의 리기론적 입장은 퇴계 계열에서 제시된 리의 능동적 원인성 부정, 즉 리발(理發)·리동(理動)의 부정이었다. 리발을 인정하면 리의 절대성·순수성을 훼손할 우려가 있고, 동시에 리는 현실에서 동정하지 않는다는 '리무동정(理無動靜)'이라는 원칙에 위배된다는 것이다. 따라서 율곡은 현상세계의 운동 변화를 기에 한정하고, 그 운동 변화의 원인을 기 자체에 두어(機自爾, 非有使之) 현실적인 운동 변화로서 기발만을 인정했다. 이때 리는 그 기에 타고 있으면서(理乘) 주재하는 것으로 모든 운동 변화는 '기발리승일도(氣發理乘一途)'로 요약된다.

이때 기정진이 문제로 삼은 것은 리의 주재를 인정하면서 동시에 기의 운동 변화의 원인이 기 자체에 두어진다는 것이다. 율곡은 "음이 고요하고 양이 움직이는 것은 기틀이 그럴 뿐이지(機自爾) 그렇게 시키는 것이 있는 것이 아니다. 양이 움직이면 리가 그 움직임에 타는 것이지 리가 움직이는 것이 아니다. 음이 고요하면 리가 그 고요함에 타는 것이지 리가 고요한 것이 아니다"라고 하여 기가 동정하는 원인을 기 자체에 두면서도 동시에 '음이 고요하고 양이 움직이는 소이(所以)는 리'[80]라고 하여 리를 그 운동 변화의 원인으로서 규정하고

---

79 주기론자라는 표현에 문제가 있을 수 있다는 지적이 학계에서 여러 번 제기된 바가 있다. 하지만 기정진이 활동하던 시대에는 '주기'라는 표현이 실제로 사용되었고, 기정진 또한 기의 능동적 자발성을 인정하는 자들을 주기론으로 규정하였기 때문에 본서에서는 주기론이라는 표현을 사용하고자 한다.

80 『栗谷全書』卷10, "氣發而理乘者, 何謂也. 陰靜陽動, 機自爾也, 非有使之者也, 陽

있다. 이것은 결국 운동 변화의 원인을 두 가지로 상정하는 것으로 해석될 소지가 있다. 기자이를 통해 기 운동의 자기 외적 원인을 배제하면서 동시에 그 운동의 근거로서 리를 상정하는 것은 리와 기 각각에 운동 변화의 원인이 있는 것으로 해석될 수 있기 때문이다. 바로 이 문제에 대해 기정진은 비판을 가하면서 기의 자발적 운동 변화를 부정하고, 기 운동 변화의 원인(所以)으로서 리의 주재만을 긍정하는 것이다. 그의 논리는 운동 변화의 소이로서의 리와 기의 자발적인 운동 변화인 기자이는 결코 양립 불가능하다는 것이다.

율곡의 기자이나 비유사지의 논의는 기정진의 지적처럼 꼭 그렇게만 해석되는 것은 아니다. 리의 주재를 무력화하는 것이 아니라 운동 변화의 동인(動因), 즉 현실적인 운동력이 기에만 한정되어 있기 때문에 그것을 고려하여 기자이를 제시하였다고 보는 것이다. 만약 기의 운동 변화의 동인으로서 리를 제시하면 리 무위의 원칙을 벗어나는 것으로 오해될 수 있음을 고려한 것이다.

그러나 기정진에게 있어 리는 소이연지고(所以然之故)로서 모든 현상세계의 존재와 변화의 근본적 원인이다. 기는 다만 이 리의 명령(使之)을 받아 현실적 발행만을 수행하는 수동적 위치에 머물러 있을 뿐이다. 그래서 기정진은 "움직이고 고요한 것은 기이고, 움직이고 고요하게 하는 것은 리이다. 동정하게 하는 것이 시키는 것이 아니고 무엇이겠는가"라고 하여 '동지(動之)' '정지(靜之)'를 '동사지(動使之)' '정사지(靜使之)'로 각각 해석한다. 기의 작위는 모두 리의 명령에 의한 것이기 때문에 "동정하는 것은 기이고, 동정하게 시키는 것은 리가 되는 것이다."[81] 결국 기정진에게 있어 일체의 현상세계는 리의 명령(使之)에 따른 기의 운동 변화라는 논리가 정립되는 것이다.

之動則理乘於動, 非理動也. 陰之靜則理乘於靜, 非理靜也. 故朱子曰 太極者, 本然之妙也, 動靜者, 所乘之機也. 陰靜陽動, 其機自爾, 而所以陰靜陽動者, 理也."
81 『蘆沙先生全集』, 「答問類編」 卷1, 21b, "動靜氣也, 而使之動靜者, 太極也."

기정진에게 있어 리의 명령(使之)이 구체적으로 이루어지는 곳은 리기일체를 이루고 있는 현상세계이다. 그리고 리는 독립적으로 존재하는 것이 아니라 기를 타고서 주재한다고 보는 것이 기정진의 기본 입장이다. 따라서 리의 주재는 리승(理乘)이라는 구조를 통해 이루어지는 것이기 때문에 기정진은 리승을 리의 주재와 관련하여 이해한다.

"대개 리라고 이름하면 바로 타는(乘) 바가 있게 되나 타는 것은 추호도 기력(氣力)을 범하는 글자가 아니다. 오늘날 사람들이 소승(所乘)자(字)를 보는 것은 이와 달라서 태극이 만연히 주장함이 없다가 문득 마필(馬匹)이 앞에 있음을 보고 재빨리 올라타는 양으로 여기니, 이 말은 결국 새옹(塞翁)이 우연히 말을 얻는 것과 같은 것이다. 자기가 원래 탄 바가 아니니 올라탄 뒤의 일은 또 가히 알 만하다. 형세가 반드시 이리저리 쏠림에 오직 말 머리만 보는 격이니, 아! 위태하도다!"[82] 라고 자신의 입장을 제시한 것도 앞 절에서 설명하였듯이 기발과 리승을 시간적 선후의 개념으로 이해하는 것에 대한 비판이다. 기정진은 리승은 리가 원래부터 기를 타고 있다는 것, 즉 원래부터 불상리(不相離)라는 것이다. 그리고 원래부터 타고 있는 것이기 때문에 '승(乘)'이라는 것은 기력을 범하는 것이 아니라는 것이다. 다시 말해 기발리승을 동시적 개념으로 보아 기에 대한 리의 주재를 철저하게 확보하고, 원래부터 리기가 일체이기 때문에 '리승'이라는 것은 리의 유위성을 의미하는 것도 아니라는 것이다. 이것은 결국 리의 무위와 기의 유위를 근거로 기발리승을 제시한 이이의 논의를 수용하면서, 동시에 리발·리동의 문제점을 해결하고, 나아가 리와 기를 명령자 내지 근거자와 피명령자 내지 피근거자라는 강력한 논리 체계로 묶어 세계

---

82 『蘆沙先生全集』 卷16, 25b~26a, 「猥筆」, "蓋一名爲理便有所乘, 乘非絲毫犯氣力字, 而今人看所乘字與此異有, 若太極漫無主張, 忽見馬匹當前趨捷, 而騰上樣然則是馬也, 終是塞翁之得, 非自家元來所乘騰上, 後事又可知矣. 勢必之東之西, 惟馬首是瞻, 嗚呼危哉."

변화 현상을 설명해내는 것이다.

기정진에게 있어서 리의 주재는 기호학파에서 이해하는 것처럼 기에 대한 단순한 추뉴(樞紐) 내지 근저(根柢)에 머무르지 않는다. 기정진은 천명(天命)으로 리를 규정하여 리의 법칙성을 확고히 하고, 리의 법칙성을 벗어나는 기의 독자적인 운동 변화를 인정하지 않는다. 모든 존재와 현상은 리와 기의 일체로서 드러나며, 이때 리는 소이연의 필연적 법칙이고, 기는 그 필연적 법칙을 구현하는 필수적인 요소지만 능동성은 없다는 것이다. 따라서 필연적 법칙으로서 리의 통제(즉, 주재)를 벗어난 현상은 있을 수 없고, 기의 운동 변화는 리의 필연적 법칙이 구현된 것에 불과하다는 것이다. 비록 현상세계에서 보면 기만 있는 것처럼 보이지만, 그것은 단순히 현상(其然)일 뿐이고, 그 이면에는 원인(所以然)으로서의 리가 철저히 자리하고 있다는 것이다.[83] 따라서 기는 리의 상대일 수 없고, 리만 본령적 존재인 것이다.

(2) 필연지묘(必然之妙)로서의 리

기정진이 여타 주리론자와 구별되는 특징적인 면모는 현상세계의 원인으로서 리의 주재를 강조하지만, 리의 무위와 기의 유위라는 리기론의 원칙을 적극적으로 수용한다는 점이다. "리는 조작함이 있어 스스로 준동(蠢動)하는 것이 아니니, 그 발(發)과 행(行)은 분명히 기의 작위"[84]라는 그의 언명은 운동 변화의 현실적 주체는 기임을 분명히

---

83 『蘆沙先生全集』, 「答問類編」 卷1, 36a~b, "所論雖多項 大抵看 理氣爲兩頭之病, 是以互爲强弱勝負 宜其多窒也. 今姑除却一理字, 但看一氣字, 先天地後天地, 若大若小, 都是氣也. 何處有一塊物別稱理耶. 須知此不過其然, 必有所以然, 是之謂理, 然則善惡雖不同, 豈有無所以然而然者耶. 此之謂善惡皆天理, 惡亦不可不謂之性, 雖然其中深探而究言之, 則善者其本然也, 惡之歸咎於氣, 非不知惡 亦自天理來 而其語意如 曰非其本然 非欲以流放竄殛之典 加於氣 造化本自如是何呼. 冤之有 水之過顙在山亦非理外之事 則氣之聽命於理信矣 而謂之本然 則不可 故機執其咎."
84 『蘆沙先生全集』 卷16, 26a, 「猥筆」, "理非有造作自蠢動, 其發其行明是氣爲."

194

하는 증거이다. 그럼에도 불구하고 "기의 발과 행은 실로 리에게서 명령을 받는 것이니, 명령하는 자는 주인이 되고 명령을 받는 자는 종이 된다"[85]라는 규정, 즉 리주기복(理主氣僕)의 관계는 현실적 발행의 주체인 기를 적극적으로 제어하는 리의 주재를 확인하는 언명이다. 현상에서 실제로 운동 변화하는 것은 기이지만, 그러한 운동 변화는 모두 리의 명령에 의한 것이기 때문에 현상세계의 중심은 어디까지나 리에 두어지게 된다는 것이다. 따라서 "형이상과 형이하는 합하여 일체이니, 형이상은 주인이 되고 형이하는 하인이 된다"[86]라는 그의 설명은 형(形)이라는 현상세계를 중심으로 리기불상리의 원칙을 고수하면서도, 그것의 근본적 원인성은 리에 있기 때문에 현실 세계에 있어서도 여전히 주도권은 리가 가지고 있다고 보는 것이다.

이러한 자신의 주장을 보다 명확히 확인하기 위해 기정진은 기 존재의 원인자로서 리를 제시한다. "무릇 리는 무위이고, 기는 유위하기 때문에 기가 주장하는 것 같다. 그러나 이 리가 있은 후에 이 기가 있는 것이어서, 기는 리가 없는 기가 없으니 일에 선하지 않은 것이 있는 것은 비록 기의 소위이지만 이 리가 없으면 이 기가 없는 것이니 어찌 기가 홀로 주장하는 것이겠는가?"[87]라고 설명하는 것은 기 단독으로 이루어지는 운동 변화는 있을 수 없음을 확인하는 것이다. 이 리가 전제되지 않으면 기는 있을 수 없다는 설명은 결국 기 운동 변화의 주재로서 리를 선재시켜 리의 주재를 확정하는 것이라 할 수 있다.

이러한 그의 주장은 현상세계의 원인자로서 리를 확인하는 것이

---

85 『蘆沙先生全集』卷16, 26a, 「猥筆」, "氣之發與行, 實受命於理. 命者爲主, 而受命爲僕."
86 『蘆沙先生全集』, 「答問類編」卷1, 26b, "形上形下膠合一體, 而形上爲主, 形下爲僕."
87 『蘆沙先生全集』, 「答問類編」卷1, 34b, "蓋理無爲氣有爲 故有似乎氣爲主張. 然有是理而後有是氣, 而氣無無理之氣, 則事有不善者 雖曰 氣之所爲, 而無是理則無此氣也, 安得爲氣獨主張乎."

고, 모든 존재와 가치의 총부로서 리를 현상세계에 정초시키고, 실재를 확인하여 리의 역할과 위상을 강조하는 데 초점이 맞추어진 것이다. 그래서 그는 당시 주기론에 대해 "리기 양두(兩頭)의 병폐라는 조그만 착오가 있으면 근세 학문에 들어가게 되고, 기가 리의 위치를 빼앗게 된다"[88]고 비판하고, 리기를 상대적인 관계로 규정하지 않고 상하 관계로 규정하여, 현실 세계는 가변적인 기에 의해 주도되는 것이 아니라 궁극적이고 실재적인 리에 의해 주도된다는 논의를 이끌어내는 것이다.

여기에서 주목되는 것은 앞서 지적한 바와 같이 기존의 주리론에서 리기불상잡에 주목하여 논의를 전개하는 것과 달리 리기불상리에 주목하면서 상대적으로 약화된 리의 주재성을 확보하는 것이다. 하지만 리의 무위성과 기의 유위성을 바탕으로 리주기복의 리기 관계를 통해 철저한 리의 주재를 강조한다고 하더라도, 여전히 현실 세계에서 작위하는 주체는 기이다. 그렇게 되면 리는 여전히 소이연의 의미만을 가질 뿐 실질적으로 발행하는 것은 아니기 때문에 현실 세계에서의 주재에 난점이 발생할 가능성이 농후하다.

"리는 다만 소이연지묘(所以然之妙)일 뿐이고, 소능연지력(所能然之力)을 가진 적이 없다",[89] "리는 종자(種子)이다. 다만 필연지묘(必然之妙)를 가질 뿐, 능연지력(能然之力)을 가지는 것은 아니다"[90] 등의 언명을 통해 기정진은 기본적으로 리의 현실적 작위를 인정하지 않고, 현실 세계에서 동정하는 주체는 기로 한정한다. 그리고 리는 그 기의 운동 변화를 철저히 규제하는 주재자로 위치지워진다. 이때 리의 기에 대한 주재를 '소이연지묘(所以然之妙)' '필연지묘(必然之妙)' 등으로 표현

---

88 『蘆沙先生全集』 卷15, 21a, 「答景道」, "有理氣兩頭之病一差, 則駸入於近世學問, 氣奪理位."
89 『蘆沙先生全集』, 「答問類編」 卷1, 37b, "理只是所以然之妙, 未有所能然之力也."
90 『蘆沙先生全集』 卷16, 4b, 「答人問」, "理者種子也, 但有必然之妙, 非有能然之力."

하고 있다. 이러한 표현은 단순히 수사적인 표현에 그치는 것이 아니라 동작과 운용에 관한 리기론의 원칙을 적극 수용하면서, 기에 대한 리의 적극적인 주재를 '필연지묘'라고 규정하여 기를 리에 논리적으로 매개하는 것이라 할 수 있다. 비록 리는 기와 같이 능연지력은 없지만, 현상의 근저에는 여전히 리가 그 주재력을 필연적으로 가지고 있음을 제시하는 것이다. 리와 기를 근거를 지어주는 자와 근거를 받는 자, 혹은 규정성 대 피규정성이라는 논리적 차원으로 근거지우고,[91] 구체적인 작위를 하지는 않지만 리는 그 작위의 원리라는 것이다. 그리고 리가 '필연지묘'라는 것은 리의 주재가 관철될 수 있는 조건이 현실 세계에 구조화되어 있음을 의미하는 것이다. 기에 대한 리의 주재를 필연적으로 규정하기 때문에 현상세계의 운동 변화가 이루어질 수 있다는 의미에서 "필연의 묘가 있기 때문에 곧게 완수(直遂)될 수 있는 것"[92]이라 하여, 리가 현실 세계에 반드시 구현될 수 있음을 제시하고 있다.

기정진이 의도하는 것은 결국 리의 무위성을 전제하면서도 필연지묘로서의 리이기 때문에 비록 능연지력이 없더라도 리는 여전히 현상세계에서도 그 의의를 가질 수 있게 하려는 것이다. 그래서 아무리 기에 의해 드러나는 현상이라도 그 근본은 리에 있다고 하여 "기에 즉(卽)하여 리를 보아야 한다"[93]고 강조하는 것이다.

하지만 아무리 리의 필연적 구현을 강조한다고 하더라도, 리가 현실에서 실제로 그 주재력을 유지할 수 있는가에는 의문이 계속 남을 수밖에 없다. 왜냐하면 기의 존재와 운동 변화의 소이연으로서 리를 강조하지만, 그것은 단지 논리적 차원에 불과한 것이고, 현실 세계에서는 여전히 기가 운동 변화의 주체임을 시인하지 않을 수 없기 때문

91 최영진, 「노사 기정진의 理一分殊說에 관한 고찰」, 『조선조유학사상의 탐구』, 278쪽.
92 『蘆沙先生全集』 卷16, 4b, 「答人問」, "以其有必也, 故可直遂."
93 『蘆沙先生全集』, 「答問類編」 卷1, 9b, "卽氣觀理."

이다. 이런 문제에 대해 기정진도 인식하였기 때문에 "능연지력이 없기 때문에 간혹 곧게 완수되지 못하는 것"[94]이라고 하여 리가 현실 세계에서는 그 역할이 제한적 의의밖에 가질 수 없다고 시인하기도 하였다. 그리고 리의 주재를 논리적 원리적 차원에서만 시인하여, '능연지력'이 배제된 리에 대해 "지금 실사(實事)로서 말하면 소위 리는 음양의 묘에 불과하다"[95]고 하여 리가 가지는 필연지묘로서의 주재가 현실에서는 절대적으로 관철되지 못할 가능성을 제시하기도 하였다.

(3) 기 부제(不齊)의 원인으로서 리

기정진의 리기 체계에 있어 현실 세계에서 실제적으로 발용(發用)하는 힘[力]을 가지지 못하지만 리는 기의 존재와 운동 변화의 근거이다. 하지만 기가 리의 주재 하에서 올바로 실현될 때는 별문제가 발생하지 않지만, 기가 리의 주재를 벗어나 과불급(過不及)으로 드러날 때는 '그 과불급의 원인이 무엇인가?'에 대해 논란이 되지 않을 수 없다. 아무리 기에 대한 리의 전일적이고 철저한 주재를 강조한다고 하더라도, 앞서 제시한 바와 같이 리는 무위하기 때문에 필연의 묘만 가질 수밖에 없어 리의 주재가 관철되지 않을 수 없기 때문이다.

이러한 문제에 대해 기정진은 "리기는 일체이니 기의 부제(不齊) 역시 리가 그렇게 시킨 것임을 알아야 한다. 천하에 어찌 리 밖의 기가 있겠는가?"[96]라고 하여 기의 부제마저도 리의 주재에 따른 것이라고 강변한다. 이러한 주장은 리기일체를 통해 현실상에서 리 주재의 현실적 실재성을 확인하는 데에는 일정한 의의를 가질 수 있지만, 완전

---

94 『蘆沙先生全集』 卷16, 4b, 「答人問」, "以其非有能然也, 故或不可直遂."

95 『蘆沙先生全集』, 「答問類編」 卷1, 37a, "今以實事言之, 則所謂理者 不過陰陽之妙也."

96 『蘆沙先生全集』 卷15, 21a, 「答景道」, "要知理氣一體, 氣之不齊, 亦理之使然. 天下寧有理外之氣也."

한 리에 의해 어떻게 왜곡된 현상, 즉 기의 부제가 드러날 수 있는가라는 문제에 대해서는 논리적 모순을 드러내고 만다. 그리고 완전한 리에서 비롯되었음에도 불구하고 현실상에서 기의 부제가 드러난다는 것은 리의 완전성에 해가 되지 않을 수 없게 된다. 만약 리의 현실적 실재성을 강조하는 그의 논지에서 기의 부제라는 현실적 불완전 현상에 대해 리가 아무런 관련이 없다고 주장하면, 결국 리의 절대적 보편성과 실재성에 흠결을 가지게 하는 것이 되고, 반대로 기의 부제 현상에 대한 원인을 기로 한정하면 리의 주재는 제한적으로밖에 볼 수 없어 리가 가지는 절대성에 문제점을 노출하게 되기 때문이다.

리의 절대적 주재를 강조할 경우, 현실적인 과불급(즉, 기의 부제)에 대해 논리적 문제를 야기하는 데 대해 기정진도 충분히 인지하고 있었다. 그리고 이에 대한 문인들의 논란도 가중되었다. 실제로 기정진의 3대 제자인 정의림(鄭義林)과 정재규(鄭載圭)는 이 문제에 대해 논의하였고, 급기야 스승인 기정진에게까지 질정하여 논의하기까지 하였다. 이때 정의림은 "과불급은 기이지만 그 원인(其故)을 궁구하면 역시 리가 시켜서 그런 것이다. 이 리가 없으면 어찌 이 일이 있을 수 있겠는가?"라는 의견을 제시하였고, 정재규는 "과불급은 리가 기에 구애되어 제대로 수행되지 않은 것이니, 어찌 본래 과불급의 리가 있겠는가?"라는 의견을 주고받았다. 이에 대해 기정진은 정의림의 말이 깊이 탐구하여 말한 것이라고 평가하고, 정재규의 의견에 대해서는 "그 말류로부터 말한 것"이라고 평가절하 하였다.[97] 정의림의 논지는 리의 절대적인 주재를 전적으로 수용하여 현상세계의 모든 변화와 현상, 심지어 과불급도 리의 영향 하에서 이루어진 것이라 본 것으로, 리가

---

97 『蘆沙先生全集』, 「答問類編」卷1, 38b, "義林以爲過不及氣也, 而究其故, 則亦理之使然也, 無此理, 豈有此事. 載奎以爲過不及, 理之拘於氣, 而不直遂者, 豈有本有過不及之理而有過不及乎? 兩說何如? (奇正鎭答曰) 季方(鄭義林의 字)之說, 深探而究言之也. 厚允(鄭載奎의 字)之說, 自其末流而言也."

가지는 보편적 실재성에 주목한 결과이다. 정재규는 리가 가지는 완전성에 주목하여 리에는 과불급과 같은 왜곡 현상의 원인이 있지 않다고 본 것이다. 이러한 양자의 엇갈린 견해에 대해 기정진은 정의림의 손을 들어주어 기에 대한 리의 보편적 실재와 적극적인 주재를 강조한 것이다.

그렇지만 정의림의 입장에 동의를 표하였다고 해서 정재규가 제기한 리의 완전성에 대한 문제가 해결된 것은 아니다. 이에 따라 기정진은 본연(本然)과 유행(流行)으로 나누어 리의 완전성을 설명하고자 한다. "리의 본연은 진실로 순선무악(純善無惡)하지만 그것이 기를 타고 유행함에 이르러서는 과불급의 차이가 없을 수 없다. 기가 과불급이 없을 수 없는 것도 역시 리세(理勢)가 그러한 것이다"[98]라고 하여 과불급이 발생하는 것에 대해 조심스럽게 있음을 시인하고, 리의 본연은 완전함을 제시한다. 그리고 과불급의 원인을 기를 타고 유행하는 현상에서 발생하는 것으로 한정한다. 즉 본연이 아닌 유행에서 과불급이 발생하고, 그 원인을 소급하여 궁구하면 리에 있다는 것이다. 이것은 정의림의 견해에 동의한 것처럼 리의 절대적 주재성을 간과하지 않으면서, 동시에 본연으로서의 리를 제시하여 리의 완전성을 확인하는 것이다. 현상에서는 과불급이 없을 수 없고, 그 과불급이라는 현상도 그 소이는 리라는 것이다. 리라고 직접 말하지 않고 '리세(理勢)', 다시 말해 리의 추세라고 완곡하게 표현하지만, 결국 '리세'도 리라고밖에 볼 수 없기 때문에 적극적인 기에 대한 주재는 포기하지 않고 있음을 확인할 수 있다.

결과적으로 리의 본연과 기를 타고 유행하는 리로 구분하는 듯하지만, 기정진에게 있어 이 둘은 원리적으로 결합되어 있기 때문에[99]

---

98 『蘆沙先生全集』, 「答問類編」 卷1, 34b~35a, "理之本然, 固純善無惡, 而及其乘氣流行, 則不能無過不及之差也. 氣不能無過不及者, 亦理勢然也. 而纔有過不及, 則惡之所由生也."

기에 대한 적극적인 주재를 갖고 있는 완전한 리로부터 어떻게 과불급이 발생하는 지는 시비의 대상이 아닐 수 없다. 그래서 기정진도 종국(終局)에 가서는 과불급을 기로 귀속시키는 변화된 태도를 보인다. "과불급이 비록 또한 리에 근본하지만, 그 말류에 가서는 리를 해치게 되니, 구별하지 않을 수 없다"[100]는 것이 그것이다.

이것은 기정진도 결국 과불급의 소이연으로서 리라고 하더라도 리의 주재(使之)는 현상세계에서 한계를 가질 수밖에 없다는 것을 시인하는 것이다. 리는 필연지묘만 가지고 능연지력을 가지지 않기 때문에 결국 과불급이 발생하는 것이고, 아무리 리의 주재를 강조한다고 하더라도 과불급의 현상에 대한 원인을 완전히 리에게로 돌려세울 수 없기 때문에 기에게로 혐의를 돌리게 되는 것이다. 만약 리에게로 그 원인을 한정하면 도덕적 원리로서의 리, 순선무악한 모든 것의 원인으로서의 리는 기와 다름없이 결함을 가지게 되는 것이기 때문이다. 이것은 결국 기정진의 한계이자 리무위, 기유위라는 리기론 원칙과 세계 구성의 이원성에 기인하는 것이라 하겠다. 비록 원리적으로 리 중심의 구조를 가진다고 하더라도 그것은 리의 주재 강화에 따른 리기 관계의 구성이지 기가 리로 수렴되거나 포함되는 것이 아니기 때문에 결과된 태생적 한계인 것이다. 그리고 리의 무위가 가지는 논리적 한계이자 이원적 세계 구성 요소에 따른 결과인 셈이다.

한편, 리발(理發)을 긍정한 기정진의 설명에서도 이러한 난점이 발견된다. 그는 "움직이고 고요한 것은 기이고, 움직이게 하고 고요하게 하는 것은 리이니, 움직이게 하고 고요하게 하는 것이 그렇게 시키는 것(使之)이 아니고 무엇이겠는가?"[101]라고 하여 실질적인 동정을

---

99 리분원융(理分圓融), 리함만수(理涵萬殊) 등 리일분수설(理一分殊說)에 대한 기정진의 논의는 본연지리(本然之理)와 분수지리(分殊之理)를 이원적(二元的)으로 분리하지 않고 있다. 김형찬, 「理氣論의 일원론화 연구」 참조.
100 『蘆沙先生全集』 卷16, 26b, 「猥筆」, "蓋過不及, 雖亦本於理 而末流害於理, 則不可無區別耳."

기에게 한정하고, 명령자로서의 리를 위치지어 동정의 원인을 리라고 강조하였다. 이러한 각도에서 보면 리가 비록 그 권한을 기에게 위임하지만—즉 현실적인 발용은 기가 하지만—기는 실제로 리에게서 명령을 받는 것이기 때문에[102] 리발은 긍정될 수 있다고 한다.[103] 그러나 여기서 논란이 될 수 있는 것은 기가 리에 따르지 않고 발(發)과 행(行)을 할 수 있다는 것이다. 현실상에서 원리(理)에 부합하지 않고 드러나는 현상(氣, 보다 구체적으로는 리기의 합)이 있기 때문이다. 따라서 기정진이 리기의 호발(互發)을 부정하면서 리발을 긍정한 것은 그 원리상으로 볼 때 리가 구현된 것은 비록 기가 발행한 것이지만 리발로 환치될 수 있고, 그 반대의 경우도 있다는 것을 암시한 것이다. 바로 위에서 제시한 과불급 현상이 리발로 환치할 수 없는 기발이기 때문이다.[104] 이러한 점에서 리기일체를 전제하면서 리무위를 수용하는 그의 전일적인 리의 주재는 논리적 약점은 물론 현실적 난점을 해결할 수 없는 것이다.

종합적으로 볼 때, 기정진이 리의 주재를 절대화하고자 하는 것은 리기일체를 바탕으로 본령적 존재로서 리만을 인정하고, 기를 리의 종속적인 관계로 규정하는 데 그 중심 내용이 있다. 본령적인 존재인 리의 주재에 따른 기의 운동 변화만을 인정하고, 기의 자발적인 능동

---

101 『蘆沙先生全集』 卷16, 25b, 「猥筆」, "動者靜者, 氣也, 動之靜之者, 理也. 動之靜之, 非使之然而何."
102 『蘆沙先生全集』, 「答問類編」 卷1, 9a, "大抵有是理方有是物. 理雖委權於氣, 氣實受命於理, 如人之疾徐雖在於馬, 而馬之緩驟實由於人也."
103 『蘆沙先生全集』 卷16, 26a~b, 「猥筆」, "氣之順理而發者, 氣發卽理發也. 循理而行者, 氣行卽理行也. 理非有造作自蠢動, 其發其行, 明是氣爲, 而謂之理發理行何歟. 氣之發與行, 實受命於理, 命者爲主而受命爲僕, 僕任其勞, 而主居其功, 天之經, 地之義."
104 그가 "사단을 리발로 볼 수 있다고 하면서 칠정을 기발이라고 해도 안 될 것은 없다"고 한 것은 리의 주재가 이루어지지 않음을 입증하는 한 예라고 할 수 있다.

성을 부정하는 것은 결국 현상세계의 원인으로서 리를 상정하는 것이다. 현상세계는 리와 기의 결합이고, 이것의 운동 변화는 현상계에 내재한 리의 원리가 기를 통해 드러난 것에 불과함을 의미한다.

그러나 여기에서 논란이 될 수 있는 것은 리의 무위와 기의 유위를 전제하면서, 기에 대한 리의 절대적인 주재를 강조하고 있는 데에서 비롯된다. 현상세계에 있어 아무리 리의 절대적인 주재를 강조한다고 하더라도 리는 무위한 존재이기 때문에 기는 리의 영향을 벗어날 수 있고, 실제로 현상세계에서 이런 현상은 비일비재하다. 따라서 그의 논리에 따르면 기의 과불급 원인은 기 자체에 결함이 있어서가 아니라 리의 문제로 소급되고, 결국 리의 기에 대한 절대적인 주재에 한계를 노정하게 되는 것이다. 현실상에서 리는 '필연지묘'일 뿐 '능연지력'을 가지지 못하는 그의 전제는 원리적으로 리의 기에 대한 주재를 체계화하는 것일 뿐, 현실 세계에서는 제한적 의미만을 가질 수밖에 없게 되는 것이다.

그렇다고 해서 기정진이 강조한 리의 주재가 아무런 의의를 가지는 것은 아니다. 그는 기에 대한 리의 적극적인 관계성을 강조함으로써 리와 기의 논리적 상관성을 정초시켜고, 만선(萬善)의 원천인 리가 구체적인 개별 현상에 드러날 수 있는 구성화에 기여했다는 점에서 그 의의를 찾을 수 있다. 특히 리의 철저한 주재는 현상세계의 구성적 요소가 비록 리와 기이지만, 그 도덕적 가치와 세계 구성의 원리는 리를 중심으로 한 체계로 이루어져 있다는 것을 의미한다. 이러한 점을 고려할 때 그의 리기론은 '원리와 가치의 실현을 위한 세계 구성의 구조화'로서 의미를 갖는다고 평가할 수 있다.

아울러 고려해야 할 것은 그의 리 중심의 리기론 체계는 사단칠정론, 심론 및 명덕설 등 심성에 관한 논의에 일관되게 적용된다는 것이다. 이를 통해 그는 리의 주재에 따른 리의 실현 등 리기론에서 난점으로 제기된 명제에 대해 보다 정치(精緻)한 체계를 갖추고자 고심

하였고, 리기론에서 상대적으로 간과되었던 기에 대한 논의가 진전된 입장을 제시한다. 심성론 전반에 걸친 그의 입장은 리의 실현을 위한 원리적 체계화의 현실적 적용이라는 측면에서 깊은 관련이 있기 때문에 종국적으로 그의 리기론은 존재론적 측면보다는 가치론적 측면이 강화된 입장이라 평가할 수 있다. 그리고 현실 세계에서 리의 실현, 즉 도덕적 가치의 실현과 깊은 관련성이 있다고 파악할 수 있고, 현실 세계를 도덕적 이상사회로 구현하기 위한 기초로서 리기 체계의 구축에 매달렸다고 규정할 수 있게 된다.

제4장 사단칠정론과 악의 문제

기에 대한 리의 전일적이고 철저한 주재를 강조하는 기정진의 논의는 그의 심성론에도 일관되게 적용되는 면모를 보인다. 특히 전대의 여러 성리 논쟁에 주의를 기울였던 만큼 그는 리 중심의 리기 체계를 심성론에도 일관되게 적용하여 논쟁의 지양점을 찾고자 하였다. 그가 관심을 기울인 대표적인 논쟁 중 하나는 역시 16세기 이래 조선 성리학의 최대 논쟁이었던 '사단칠정(四端七情)논쟁'이었다.

사단칠정논쟁은 정지운(秋巒 鄭之雲, 1509~1561)이 작성한 「천명도(天命圖)」와 도설(圖說)에 대해 이황(退溪 李滉, 1501~1570)이 수정 해석을 가하고, 이 둘 사이에 「천명도」를 둘러싸고 의견이 교환되고 새로운 「천명도」가 각각 그려지면서 그 단초가 열렸다. 정지운이 이황의 의견을 받아들여 자신의 「천명도」를 정정하고, 이황도 이것에 착안하여 자신의 「천명도」를 그리게 되었다.[1] 이러한 정지운과 이황의 학술적 교유는 단순히 「천명도」를 그렸다는 데에 그치는 것이 아니라, 자연(天)과 인간(人)에 대한 원리적 이해를 바탕으로 인간의 도덕성 확인과 이것의 실현에 주목하였다는 점에서 의의를 찾을 수 있다.

「천명도」를 둘러싸고 양자 간에 오간 학술 논의가 이후 학계에 알

---

[1] 정지운, 이황 외에 김인후 등도 「천명도」를 그려 천명 연구를 통한 인성론에 대한 탐색을 시도하였다. (고려대 민족문화연구원 한국사상연구소 편, 『자료와 해설 한국의 철학사상』, 예문서원, 2001, 456~459쪽 참조) 도설을 통한 성리학의 연구는 조선 초부터 한국 성리학 연구의 특징으로 자리잡는다. 조선 초 정도전은 「학자지남도(學者指南圖)」(유실)를 그렸고, 권근은 『입학도설』을 통해 성리학의 주요 개념과 주제를 정리하였다. 이후에도 조선 말기까지 이러한 특징적 면모는 지속되었다. 도설을 통한 조선 성리학의 연구는 한국사상사연구회, 『도설로 보는 한국 유학』(예문서원, 2000) 등 참조.

려지게 되었고, 이에 따라 많은 학자들이 관심을 갖게 되었다. 그리고
당시 사림의 신진기예였던 기대승(高峰 奇大升, 1527~1572)이 이황의 수
정 해석에 대해 문제점을 지적하는 서신을 보낸 것이 직접적인 계기
가 되어 논쟁이 시작되었다. 이 논쟁은 단순히 당시 대표적인 학자 간
에 오간 학술 논쟁이라는 측면에서 의의를 찾을 수 있는 것이 아니라,
당대 조선 성리학이 추구하는 문제의식이 반영된 결과였기 때문에 많
은 학자들이 주목하였다. 서신을 통해 진행된 이황과 기대승 간의 논
쟁에서 이황은 당초 자신의 해석에서 한 발 물러나 수정 해석을 제기
하고, 이에 대한 기대승의 반박이 이어지면서 8년이 지속되었다.[2] 중
간에 논쟁이 잠시 중단되는 공백기가 있기도 하였지만, 1566년 기대승
이 이황의 논의 일부를 수용하면서 「사단칠정 후설(四端七情後說)」, 「사
단칠정 총론(四端七情總論)」을 짓고, 이황이 이를 추인하면서 일단락되
었다. 하지만 퇴계도 사단칠정에 대한 제1해석(四端 理之發, 七情 氣之發)
에서 제2해석(四端 理發氣隨之, 七情 氣發理乘之)으로 옮겨가면서 자신의
입장이 일부 수정되었지만, 기대승도 이황의 견해에 대한 비판적 태
도에서 보였던 자신의 입장이 논쟁이 지속되면서 변화되는 양상을 빚
었다.

　이렇듯 논쟁의 경과에 따라 양자 간의 합일점이 완전히 결론지어지
지 못하고 잠정적인 동의만 있었다는 것은 새로운 논쟁의 불씨를 남
긴 것을 의미하는 것이고, 그 결과 성혼(牛溪 成渾, 1535~1598)에 의해
이 문제가 다시 촉발되어 이이(栗谷 李珥, 1536~1584)와 이 문제를 둘러
싸고 다시 논쟁이 전개되었다. 그리고 이후 많은 성리학자들이 이 주
제를 둘러싸고 각자의 견해를 제시하면서 근 3백여 년간 조선 성리학
의 중심 주제로 자리잡게 되었다. 비록 말기에 이르러서 소모적인 논
쟁으로 비판받을 정도로 경화된 측면을 보이기는 하였지만, 사단칠정

---

2 윤사순, 「퇴계의 성선관―그의 사칠설을 중심으로」, 『한국유학사상론』 참조.

206

을 둘러싼 리기 논쟁은 리기론과 심성론의 발전을 촉발하였다. 특히 인간의 정신과 심리 작용이라고 규정할 수 있는 심(心)·성(性)·정(情)에 대한 존재론적 해석, 즉 리기론적 해석은 리와 기의 역할과 특성에 대한 깊이 있는 논의를 촉발시켰고, 인성론 연구의 심화를 가져온 논쟁이었다.[3]

19세기에 활동한 기정진도 이전 성리학자와 마찬가지로 사단칠정에 대한 관심을 기울였다. 여러 문인들과 학문 연구를 진행하면서 반드시 이황과 기대승 간에 오간 「사칠리기변(四七理氣辨)」을 열람하도록 하였고, 문인들과도 이 주제에 대해 문답을 주고받을 정도로 열의를 보였다.[4] 하지만 그의 사단칠정에 대한 관심은 논쟁의 주체들과 비교해 볼 때 그리 높지 않았던 것으로 여겨진다. 그의 문집에서 사단칠정에 대한 입장을 확인할 수 있는 글은 「우기(偶記)」(48세) 한 편에 불과하고, 그 내용도 그다지 길지 않다. 또한 사단칠정에 대해 나눈 문인과의 문답도 「답문류편(答問類編)」의 9개조에 불과하다. 이러한 측면은 사단칠정논쟁이 당시 성리학계의 최대 당면 과제가 아니었음을 반증하는 것이라 하겠다.[5]

하지만 이황과 기대승 사이에서 불거지고, 이후 율곡과 성혼의 논의를 거치면서 기호학파와 영남학파로 대별되는 학파의 분화를 촉진했던 사단칠정론은 심성론에 대한 풍부한 논의와 이것에 대한 리기론적 해석상의 논제 등 기본적이면서도 다양한 주제를 함유하고 있었기 때문에 여전히 기정진의 시대에도 유효한 성리학적 탐색 과제

---

3 사단칠정론에 대한 조선 성리학자들의 논의는 『사단칠정론』, 민족과 사상연구회 편, 1992, 서광사 참조.
4 趙性家, 『月皐先生文集』卷19, 「沙上日記」 참조.
5 하지만 문인들이 기록한 기정진의 강학 내용을 살펴보면, 사단칠정에 대한 항목이 반드시 수록되어 있고, 주장한 내용 또한 적지 않음을 확인할 수 있다. 따라서 그의 관심이 사단칠정론에서 멀어져 있었다고 평가할 수는 없다. 다만 당대 성리학계의 최대 논쟁이자 학술계의 분화를 촉진한 호락논쟁에 비해 상대적으로 관심이 덜하였다는 것일 뿐이다.

라 할 수 있다. 따라서 리 중심의 리기론의 입장에서 기정진이 사단
과 칠정을 어떻게 해석했는가를 확인하는 것은 그의 리기론이 심성
론에 어떻게 반영되고, 어떠한 연관성을 가지고 있는가를 확인할 수
있는 부분이라 하겠다.

1. 사단칠정에 대한 기본 입장

사단칠정논쟁을 통해 기대승의 비판에 직면한 이황은 정지운의 「천
명도」를 수정하면서 제시했던 제1해석에 대한 자신의 입장을 설명하
였다. 사단과 칠정을 각각 리지발(理之發)과 기지발(氣之發)로 분변한 것
은 비록 사단이나 칠정이 모두 정(情)으로서는 같지만, 그 의미(所指)에
있어서는 대비할 수 있다는 것이다. 즉 사단은 선(善)한 정이고, 칠정은
선악(善惡)이 정해지지 않은 정이기 때문에 다르게 구별하여 대비하는
것은 결코 불가능한 것은 아니라는 것이다. 그리고 사단과 칠정은 그
'발로(發露)되는 유래(所從來)'의 차이에서도 구분이 가능하다고 주장한
다. 사단은 성(性)으로부터 발로되는 데 비해, 칠정은 감각기관(形器)에
대한 바깥 사물의 감촉이 있은 뒤에 발로된다는 것이다.[6] 이러한 그의
설명은 기본적으로 우주 만물과 인간의 정신 및 심리 작용은 모두 리
와 기의 합에 의한 것이고, 경우에 따라 리발(理發)·기발(氣發), 주리(主
理)·주기(主氣)로 나누어 볼 수 있다는 대비적인 관점이 주를 이루는
것이라 할 수 있다.

이황의 이러한 설명에 대해 기대승은 비판적인 의견을 제시하였
다. 가리키는 바의 의미 측면, 즉 소지(所指)의 측면에서 보더라도 사
단과 칠정이 각각 리와 기 하나만으로 표현될 수는 없으며, 그 유래

---

6 윤사순, 「퇴계의 성선관―그의 사칠설을 중심으로」, 『한국유학사상론』 참조.

되는 바(所從來)가 서로 다르다는 주장도 수긍할 수 없다는 것이다. 칠정이 외물의 감촉을 받아 발로되지만, 그것 역시 마음(心) 중에서 나오는 것이고, 사단 또한 『맹자(孟子)』의 '유자입정(孺子入井, 어린아이가 우물에 들어가는 것)'에서 보듯이 반드시 외물의 감촉을 먼저 받아야만 발로된다는 것이다. 그리고 리와 기의 구분은 있을 수 있지만 실제 현상세계에서는 나누어지는 것이 아니고, 리는 실제적인 작용을 하는 것이 아니기 때문에 사단과 칠정 모두 기의 작용에 의한 것이라고 비판한다.

이러한 비판에 대해 이황은 제2해석인 '사단은 리가 발하고 기가 따르는 것이고(四端理發而氣隨之), 칠정은 기가 발하고 리가 타는 것(七情氣發而理乘之)'이라는 수정안을 내놓지만, 기본적으로 사단과 칠정을 분별하고, 리와 기가 서로 발한다는 리기호발(理氣互發)에 대한 입장을 굽히지 않는다. 그는 가리키는 바, 즉 의미상(所指)으로 볼 때 사단과 칠정은 같은 점 이외에 다른 점이 있고, 그 유래되는 바의 측면인 소종래(所從來)의 측면에서 사단과 칠정 모두 형기의 감촉이 있는 것은 같지만 리기가 서로 발용하는 측면이 있기 때문에 리와 기를 위주로 구별하여 해석하는 것이 타당함을 역설한다. 결국 이황의 입장은 리의 발용이 실제적인 리의 발출이 아닌 의미상으로 설정되는 것이기는 하지만,[7] 논리적 정합성에 있어 문제점을 가진다고 할 수 있다.

전체적으로 이황의 논지에 대해 기대승의 비판적 의견과 궤를 이루는 것으로 평가받는 이이(栗谷 李珥)는 소지의 측면에서 사단을 주리로 파악할 수 있음을 인정하면서도, 리기 및 성정에 대한 논리적 정합성에 유의하면서 비판적 견해를 제기하였다. 기대승의 경우, '사단은 리가 발한 것이고, 칠정은 기가 발한 것'이라는 이황의 제1해석을 받아들이고 논변을 마무리하지만, 이황에게서 동의한 부분은 여전

---

7 윤사순, 앞의 논문 참조.

히 논란의 불씨를 안고 있는 것이었다.[8] 특히 이이는, 사단은 칠정 중에서 발하여 중절(中節)한 것, 선일변을 가리키는 것이기 때문에 사단과 칠정을 구분하는 것은 타당하지 않으며, 소종래의 관점에서 사단과 칠정을 구분하는 것은 사실에 어긋난다고 비판하고, 특히 리의 무위성에 주목하여 '기발리승일도(氣發理乘一途)'를 주장하였다.

이황과 기대승, 그리고 성혼과 이이의 논변 이후 조선 성리학자들은 사단칠정을 두고 '사단과 칠정을 분속하여 이해할 수 있는가?'라는 논점과 '리기호발은 과연 가능한가?'라는 문제 등을 두고 논란을 지속하였다. 이황 계열의 성리학자들은 사단과 칠정을 분속하여 '리기호발설(理氣互發說)'을 긍정하고 사단과 칠정을 분속한 반면, 이이 계열의 성리학자들은 '칠정은 사단을 포함한다(七包四)'는 입장을 견지하면서 리의 무위에 주목하여 리기호발설을 부정하였다. 특히 기호학파 학자들은 율곡의 논지에 따라 칠정과 사단을 분별하지 않고 일원적으로 바라보면서 '기발리승일도'를 주장하였다. 하지만 논의가 지속되면서 이 논쟁점은 완전한 합의에 이르지 못한 채 기정진 시대에도 논란의 대상이 되었던 것으로 판단된다. 그래서인지 기정진은 '칠정이 사단을 포함한다(七包四)'는 문제와 '리기호발설'에 초점을 맞추어 자신의 사단칠정에 대한 기본 입장을 다음과 같이 제시한다.

사단과 칠정은 두 가지 정(情)이 아니요, 리와 기는 서로 발하지(互發) 않는다는 것은 여러 선생님들께서 논하신 바가 분명하여 의심할 것이 없다. 다만 이것을 근거로 『주자어류(朱子語類)』의 리발(理發)과 기발 (氣發) 두 구절을 곧바로 기록의 오류라고 한다면 (소주 : 율곡의 설로부

---

8 기대승의 사단칠정론에 대해서는 이상은, 「사칠논변과 대설 인설의 의의」, 『아세아연구』 16-1, 고려대 아세아문제연구소, 1973 ; 윤사순, 「고봉 심성설의 이기론적 특색」, 『아세아연구』 16-1, 1973 ; 남지만, 「고봉 기대승의 '기발'에서의 기 개념」, 「사단칠정후설」, 「사단칠정총론」에서 칠정기지발과 관련하여」, 한국공자학회 2007년 7월 월례 발표문 등 참조.

터 고봉도 이미 이러한 뜻이 있다.) 과오를 범하는 것이 무거운 것이다.[9]

사단과 칠정을 한 가지로 대별하여 볼 수 없다는 입장과 함께 리 기호발설을 부정하는 기정진의 태도는 일단 이이를 비롯한 기호학파 의 입장과 궤를 같이하는 것이라 평가할 수 있다. 이황과 그를 지지 하는 영남학파 학자들이 사단과 칠정을 분별하여 해석하는 것을 비 판하고 사단을 칠정의 부분으로 파악하여 일원적으로 이해하는 것이 다. 그리고 리의 무위와 기의 유위를 수용한 바탕에서 리의 발을 부 정하여 리기호발설을 비판하고 있는 것이다. 이러한 측면은 기존의 기호학파의 입장을 수용한 측면이라 파악할 수 있다.

사단과 칠정을 분별하지 않고 칠정 중에 사단을 포함시켜 이해하 는 것은 리 중심의 세계 구성 체계와 무관하지 않다. 기에 대한 리의 철저한 주재에 의한 운동 변화만을 인정하기 때문에 사단과 칠정은 별개의 정이 될 수 없는 것이다. 사단과 칠정 모두 하나의 현상이고, 현상세계에서 발생하는 모든 것은 리의 주재에 의한 기의 운동 변화 이기 때문에 결코 다른 차원으로 이해될 수 있는 것이 아니다. 만약 이것을 분속하여 이해하게 되면 사단과 칠정 모두 각각 다른 근원을 가지는 것이 되기 때문이다. 그래서 그는 사단과 칠정은 칠포사(七包 四)의 관계에 놓여 있고, 사단은 칠정 가운데 포함된 선일변(善一邊)임 을 확인하고, 만약 사단과 칠정을 대거한다면 11개의 정이 되니 말이 되지 않는다고 지적한다.[10]

---

9 『蘆沙先生全集』 卷16, 21b~22a, 「偶記」, "四七, 非兩情. 理氣, 無互發. 諸先生所 論 的然不可疑. 但緣此而并以語類 理發氣發二句, 直謂記錄之誤(栗谷說自, 高峯 已有此意), 則或涉過重矣."

10 『月皐先生文集』 卷19, 5a~6a, 「沙上日記」, "(趙性家)問, 四七理氣發之論, 如何言 之, 乃無病乎?" "(蘆沙)先生曰, 以發後觀之, 純乎天理而無一疵者謂之理發, 可也. 其有渣滓者謂之氣發, 可也. 非謂始發之際, 理蠢蠢而發也, 氣蠢蠢而發也. 善觀 之, 則固無害, 而但有未安者, 以四七對擧而言之耳. 四端固是七情之善一邊者, 而 若對擧, 則是爲十一情, 終不成說矣."

그러나 이러한 '사칠비양정(四七非兩情), 리기무호발(理氣無互發)'이라는 입장을 전제하면서도 기정진은 리발(理發)·기발(氣發)을 부정하지 않는 태도를 취하고 있다. 『주자어류』에 나오는 리발과 기발을 부정하는 이이의 태도에 대해 비판적인 입장을 취하고 있다. 리기호발과 리발 및 기발을 수용하는 그의 태도는 일견 모순으로 비춰질 수 있다. 그렇다면 리기호발을 부정하면서도 리발과 기발을 수용하는 그의 태도, 즉 리기무호발과 리발 및 기발은 양립 가능하는 것인가? 이러한 그의 입장은 현실적인 리의 운동 변화를 부정하면서도 리의 철저한 주재에 따른 기의 운동 변화만을 인정하였던 논의와 연관되어 있다고 추측할 수 있다.

2. 리기호발의 부정과 리발의 긍정

기정진은 리를 중심으로 세계의 존재와 현상의 운동 변화를 설명하면서 기의 자발적이고 능동적인 운동 변화를 부정하고, 리의 주재에 따른 기의 운동 변화만을 인정하였다.[11] 그러면서도 리의 무위와 기의 유위라는 리기론의 기본 원칙을 철저하게 수용하였다. 그래서 기가 현상세계에 있어 운동 변화의 주체이지만, 그 운동 변화의 소이연(所以然)은 리임을 강조하였고, 따라서 리가 실제로 발출하는 것은 아니라고 보아 "리는 소이연지묘(所以然之妙)일 뿐 소능연지력(所能然之力)은 있지 않다"[12]고 제시하여 현실 세계에서 실제적인 운동 변화는 기에 한정하였다.

이러한 리기론의 연장선상에서 볼 때 기정진이 사단과 칠정에 대

---

11 『蘆沙先生全集』 卷16, 「猥筆」 참조.
12 『蘆沙先生全集』, 「答問類編」 卷1, 37b, "理只是所以然之妙, 未有所能然之力也."

해 '리기호발'을 부정한 것은 소능연지력을 가지지 않은 리는 실제로
발용하는 것이 아니고, 현상세계에 있어 실제적인 작용은 기뿐이라
는 것을 의미하는 것이라 할 수 있다. 리기호발을 인정하면 리의 실
제적인 작위를 인정하는 것이 되고, 따라서 이황 계열의 학자들이 기
호학파의 학자들로부터 비판받았던 문제점을 고스란히 떠안게 된다
는 것을 인지하고 있었기 때문에 리기호발을 부정했다고 하겠다. 결
국 리의 무위라는 리기론의 기본 원칙을 적극 수용한 결과인 것이다.

　기정진의 사단칠정에 대한 기본 입장은 성정(性情)에 대한 리기 체
계의 적용이라 할 수 있다. 그러나 문제가 되는 것은 리기호발을 부
정하면서도 '리발·기발'을 인정하고 있다는 점이다. 현실적인 발출
능력은 기에 한정된 것이라고 하면서도 리발을 부정하지 않는 태도
는 기존 학자들의 사단칠정론과는 다른 태도라 할 수 있기 때문이다.
이런 점을 해명하기 위해서는 그의 리기 체계를 다시 검토해볼 필요
가 있다.

　그는 리기 체계를 구성하면서 리발을 긍정한 바 있다. 기에 대한
절대적인 주재자로서의 리를 긍정하면서 그는 "기가 리에 따라(順) 발
하는 것은 기발이니 곧 리발이요, 리에 순(循)하여 행하는 것은 기행
이니 곧 리행이다. 리는 조작하거나 스스로 꿈틀거리며 움직이지 않
으니, 발하고 행하는 것은 분명히 기가 하는데 어째서 리발 리행이라
고 하는 것인가? 기의 발과 행은 실제로 리에게서 명령을 받은 것이
니 명령하는 자는 주인이 되고 명령을 받는 자는 종이 된다"[13]고 하
여 리발의 가능성을 제시하였다. 비록 리가 직접 운동 변화하는 주체
는 아니지만, 기의 운동 변화는 절대적인 주재자로서의 리의 주재에
의한 것이기 때문에 기의 운동(氣發)은 리의 운동(理發)으로 환치될 수
있다는 것이다. 이때 리와 기의 관계는 명령하는 자와 명령을 수행하

---

13 제3장 註56 참조.

는 자의 관계이기 때문에 리가 비록 직접 움직이지 않더라도 리의 명령이 기에 의해 이루어졌다면 그것은 바로 리가 움직이는 것과 같다는 것이다. 여기에서도 리기호발설을 부정했던 것처럼 현실상의 발행 주체는 기라는 것이 전제되어 있다. 따라서 기정진의 입장에서는 리기무호발과 리발은 서로 모순되는 명제가 아니다.

그런데 이러한 그의 주장은 사실적인 차원에서 논의되는 것이 아니라 어디까지나 원리적인 차원에서 주장되는 것이라 할 수 있다. 왜냐하면 현실적인 발행의 주체는 여전히 기이고, 리는 다만 기를 타고 주재하는 것에 불과하기 때문이다. 그렇지만 기정진은 이러한 것이 사실적인 것이며, 실제 현실에서도 흔히 볼 수 있다는 입장을 제시한다. 즉 리발이 가능하다는 것을 '사람이 말을 타고 가는 것(人乘馬)'에 비유하여 리발이 전혀 이론적 차원에서만 가능한 것이 아니라, 실제적으로도 그렇게 보아야 한다고 주장한다. "지금 사람이 말을 탄 것과 같다는 설로써 추론한다면 말이 사람의 뜻을 잘 이해하여 궤도를 따라 나가는 것은 '사람이 나간다'고 할 수 있으니, 반드시 사람이 자신의 발로 걸어 나간 뒤에야 '사람이 나간다'고 할 필요는 없다. 말이 혹시 통제를 받지 않고 제멋대로 비껴나가는 것을 '말이 달아난다'고 할 수는 있는 것이니, 사람이 말 위에 있다고 해서 '말이 달아난다'고 할 수 없는 것은 아니다"[14]라는 그의 주장은 리발이 실제로 받아들여질 수 있음을 의미하는 것이다.

리기불상리의 구도 하에서 사람(理)의 의사를 잘 이해하여 말(氣)이 충실히 나가면 그것은 비록 말(馬, 즉 氣)이 했더라도 그 중심 맥락은 사람(人, 즉 理)에게 있기 때문에 사람이 나가는 것이라는 것이다. 실제상에서 발출하는 기에는 언제나 리의 주재가 전제되어 있고, 리가 비

14『蘆沙先生全集』卷16, 22a, 「偶記」, "今以人騎馬之說推之, 馬之曉解人意思, 循軌而出者, 謂之人出, 可也. 不必以人脚行謂之人出也, 其或不受箝制而橫逸便出者, 謂之馬奔, 可也. 不得以人在馬上不謂之馬奔也."

록 직접 발출하지 않고 기를 통해 발출하더라도 결국은 리가 발출된 것이지 기가 발출된 것은 아니라는 의미이다. 리의 능동적 원인성에 그 중심을 두어 리발을 긍정하는 것이다.

결국 사단이나 칠정은 모두 리의 주재에 따라 기가 발출한 것으로 리의 주재가 관철되어 리의 현현(顯現)이 이루어진 것이라는 것이 기정진의 생각이고, 따라서 이런 의미에서 리발은 사실적이고 현상적인 발출의 배후에 전제된 논리적인 발출이고, 리는 언제나 실재하기 때문에 인정되어야 한다는 것이 그의 입장인 것이다. 이러한 기정진의 주장은 이황이 제기하였던 '리발'과 어느 정도 차별성을 가진다고 평가할 수 있다.

이황은 사단과 칠정에 있어 리기의 발출이 서로 다를 수밖에 없는 이유에 대해 "인간 자체가 리기의 합(合)으로 생겨나는데, 그 리와 기는 서로 발용(發用)하는 측면을 가지고 있기 때문"[15]이라고 설명하였다. 리와 기가 서로 발용하는 측면을 사단과 칠정이 서로 다른 정으로 발로되는 원인이라 제시하고, 사단과 칠정의 발로 유래가 서로 다른 것은 리와 기의 발출 순서에 따라 말한 것이 아니라, 함께 발출하는 리기에 있어 그 발출의 위주가 되는 것이 무엇인가를 나타내기 위한 표현상의 용법이라고는 하지만, 결국 이황의 리발에는 리의 독자적인 발출이라는 의미가 강하게 깔려 있다.[16] 그래서 이황에 대해 비판적 입장을 가지고 있었던 이이는 이황의 리발이 리의 무위성과 기의 유위성이라는 리기론의 기본 원칙을 위배하는 것이라고 문제삼고, 기에 대한 리의 주재와 리의 무위, 기의 유위를 근거로 '기발리승일도(氣發理乘一途)'를 제시한 것이다.

기정진에게 있어 리기호발을 부정하고 '리발'을 수용하는 의미는

---

15 『退溪全書』 상권, 416쪽.
16 윤사순, 「퇴계의 성선관－그의 사칠설을 중심으로」, 『한국유학사상론』.

이황과 이이의 접점을 찾고자 한 것이라 이해할 수 있다. 실제적인 발용은 비록 기에 의해 이루어지는 것이지만, 이때 리는 기를 타고 주재하는 것이라고 보기 때문에 모든 운동 변화는 '기발리승(氣發理乘)'만 인정되고, 따라서 리기무호발(理氣無互發)이다. 이러한 그의 설명은 이이의 주장과 궤를 같이 한다.

그러나 비록 리기무호발이라고 하더라고 기를 타고 있는 리의 주재가 완전히 실현된 것(四端)은 논리적으로나 의미상으로나 리발로 환치될 수 있다는 것이 그의 주장이다. 리기를 주인과 노비(主僕)의 관계로 설정했기 때문에 기가 리를 따라 발한 것은 실제상으로는 비록 기발이지만 원리상 리발로 환치되는 것은 전혀 논리적으로 불가능한 것이 아니라는 것이다. 따라서 리의 적극적인 구현을 의도했던 이황의 목적이 어느 정도 수용된 결과라 할 수 있다.

여기에서 유의할 것은 기정진이 의미하는 '리발'은 실제상으로는 '기발'이라는 것이다. 그렇지만 이황이 의미하는 '리발'은 리와 기가 각각 발용하는 측면이 있음을 전제로 제시된 것이다. 비록 의미상 리가 실제적인 작위를 하는 것은 아니라 할지라도 이론적으로 발로의 측면을 의미한다고 볼 수 있기 때문이다. 따라서 기정진의 리발은 이황과 비교해 기라는 실제적 운동자를 통한다는 점에서 차이가 난다. "리와 기는 각기 발용(發用)이 있으며, 그 실제의 발함에 있어서도 서로 기다린다"[17]고 하는 이황의 설명은 리기의 발용 측면과 함께 리기상수(理氣相須)를 제시한 것이다. 반면에 기정진은 철저하게 리의 명령에 따른 기의 발출만을 인정하였다. 리는 기에 대한 명령자로서만 그 지위를 가지고, 리와 기가 서로 기다리는 것이 아니라 언제나 기를 타고 있는 리의 명령에 따른 기의 발출만 있게 된다. 따라서 기정진에게 있어 리기상수설(理氣相須說)은 부정되는 것이다. 이것도 또한 기

---

17 『退溪全書』 상권, 416쪽.

216

정진의 리발이 이황과 차이점을 드러내는 대목이다.

기정진이 리발과 기발을 승인하고자 한 것은 사단과 칠정이 원래 다른 근본을 가지고 있는 것을 의미하는 것이 아니다.[18] 사단과 칠정 모두 철저한 리의 주재에 따른 기의 운동 변화에 의한 것을 지시하고자 하는 것이고, 따라서 사단과 칠정은 모두 리발 및 기발로 수렴될 수 있다고 보는 것이다. 리와 기의 발출의 문제(理氣互發說)를 실제상의 측면으로 보아 기의 발출로 한정시키면서, 동시에 관점을 달리하여 그 기 발출의 원인을 리에 근거 지음으로써 그 발출의 내원(所從來)과 그 지향하는 바의 의미(所指)를 관점의 차이로 구별하여 이황의 리절대화와 이이의 논리적 정합성 추구를 동시에 회통시키려고 시도한 것이다. 그래서 기정진은 "태극이 동정을 가지는 것은 천명(天命)이 유행하는 것이니 리발(理發)이 무엇을 해치리오. 다만 우매한 자가 그것을 보고 리와 기가 근저에서 대치하고 지엽이 호발(互發)하는 것으로 여길까 두렵다"[19]라고 하여 리기호발의 문제를 지엽의 문제, 즉 실제상의 문제로 한정시키고, 리발은 논리적 원리적 차원 뿐만 아니라 실제상의 문제로 포괄하여 접근한 것이다.

3. 사단칠정에 대한 가치론적 해석과 사단의 본연성

기정진은 리기 체계를 구체화하면서 리기에 대한 가치론적 이해를 강하게 드러냈다. 리는 존귀하여 상대가 없다는 '리존무대설(理尊無對說)'을 통해 리에 대해 가치론적 의미를 강조한 그는 사단과 칠정에

---

18 『蘆沙先生全集』 卷16, 22a, 「偶記」, "若或執據理氣發之說, 疑四七之原有二本, 則是豈朱子之本意哉."
19 『蘆沙先生全集』, 「答問類編」 卷3, 8a, "太極之動靜, 天命之流行也. 理發何害, 但恐昧者觀之, 以爲理與氣根柢對峙, 枝葉互發耳."

대한 리기 해석에서도 일관된 입장을 표명한다.

그는 '사단과 칠정은 리인가? 아니면 기인가?'라는 질문을 받자, "사단은 선일변(善一邊)이므로 리로써 말한다고 하고, 칠정은 선악을 겸하므로 리기를 겸한다고 하니 이같은 등속의 리기라는 글자를 선악이라는 글자로 본다면 아무런 문제가 없다"[20]고 하여 선악을 통한 사단칠정의 이해를 제시하였다. 사단은 선이고, 칠정은 선악을 겸하고 있다는 그의 입장은 다른 성리학자와 다를 바 없다. 하지만 이런 측면에서 리기를 선악으로 환치시킬 수 있다는 것은 가치론적 지향이 강함을 의미하는 것이다.

그의 논의에 따르면 '사단은 리로써 말하는 것이고, 칠정은 리와 기를 겸하는 것(四端以理言, 七情兼理氣)'이 된다. 이것은 가치론적 견지에서 내려진 해석이다. 그리고 이것을 그대로 리는 선, 기는 악으로 환치하여 사단은 선, 칠정은 선악을 겸한 것으로 해석해도 크게 문제될 것은 없어 보인다. 그러나 리는 선, 기는 악이라는 틀은 문제의 소지가 다분하다. 왜냐하면 리는 선 그 자체로 승인될 수 있지만, 기가 곧 악이 될 수는 없기 때문이다. 기 자체는 악이 아니며, 다만 기가 리의 주재를 벗어나 제멋대로일 때만 악이 되기 때문에 기를 바로 악으로 대치시킬 수 없는 것이다.

그러나 기정진은 이러한 방향으로 논의를 이끌어가지 않는다. 그에게 있어 현실적으로나 의미와 내용상으로 리의 주재가 관철된 기발은 리발로 환치할 수 있다고 하였다. 이것은 바로 선이 되는 것이고, 선일변인 사단이 이것에 해당된다. 하지만 기정진은 이렇게 규정된 사단, 즉 선일변인 사단을 제외한 칠정, 즉 정(情)이 분일(奔逸)한 것을 별도로 하여 이것을 기발이라고 해도 무방하다고 주장한다.[21] 이때 기정

---

20 『蘆沙先生全集』,「答問類編」卷3, 6b, "四端善一邊, 故曰以理言, 七情兼善惡, 故曰兼理氣, 此等理氣字以善惡字看, 則都無事."

21 『蘆沙先生全集』卷16, 22a,「偶記」, "蓋旣排出四端, 而謂之理發, 則外此七情, 乃

진이 리와 기를 선과 악으로 환치시키는 것은 그 전제가 칠포사(七包四)를 용인한 바탕 위에서 선일변인 사단만을 분별하고, 그 외 선일변이 아닌 나머지 칠정을 구분하여 적용하는 것이다. 즉 사단은 칠정에 포함되지만, 선일변인 사단만을 따로 떼어내어 리발이라 하여 선으로, 나머지 악인 칠정을 리기로 보아 선악으로 환치시킬 수 있다는 것이다. 이때 사단을 리발이라고 한 것은 앞서 지적한 바와 같이 리에 순응한 기발을 리발로 환치한 것이고, 칠정을 겸리기(兼理氣)라고 하여 선악으로 겸하여 본 것은 현실상에서 기를 타고 있는 리의 주재가 관철되지는 않았지만, 리와 기가 함께 있다는 사실적인 측면이 보다 두드러진 해석이라 할 수 있다. 따라서 전체적으로 리기를 선악과 대치하여 이해하려는 그의 태도는 철저히 리 중심으로 악을 피하고 선을 실현하려는 목적의식 하에서 이루어진 것이라 할 수 있다.[22]

철저한 목적의식 하에서 철저히 선 또는 의리의 구현을 추구하는 기정진은 사단과 칠정의 내력과 경중에 대해 주목하여, 사단의 본원성을 강조하는 데로 논의를 이끌어 나간다.

사칠(四七)은 그 나름의 숫자(數目)가 비록 같지만 사덕(四德)의 사와 칠정의 칠은 그 내력과 경중이 전혀 같지 않다. 사는 천지원화(天地元化)로부터 하나가 둘을 낳고 둘이 넷을 낳아온 것이니 『주역』과 『서경(書經)』 홍범(洪範)에 이 이치가 아님이 없으나, 칠은 일용(日用) 인사(人事)의 가장 많은 것으로써 하나하나 세어 우연히 칠이 찬 것이다. 따져서 말한다면 칠에서 그치는 것이 아니다. 그러므로 의서(醫書)에서는 희노우사비공(喜怒憂患悲驚恐)을 칠정으로 여기고, 불교(佛敎)에서도 별도로 칠정의 조목이 있으니 처음부터 『예기』의 칠정에 그치는

_____

是情之奔逸者, 故謂之氣發, 無不可."
22 윤사순, 「기정진 철학의 실천적 성격」, 『한국의 성리학과 실학』, 도서출판 삼인, 1998, 148쪽.

것이 아니다. 어찌 사칠을 같은 수목(數目)으로 여겨 뒤섞어 논할 수
있겠는가?[23]

위의 인용문을 통해 볼 때 기정진은 사단의 '사(四)'라는 숫자가 우
연히 제시된 것이 아니고, 그 내력이 본래성을 가지고 있기 때문에
본질적이라고 보고 있다. 그리고 이를 통해 순선으로서 사단의 절대
성을 확보하고자 한다. 사단의 '사'를 천지원화로부터 근거 지어 그
숫자는 본질적이며, 절대적인 자연의 원리에서 근원된 것임을 명시적
으로 드러내고 있는 것이다.

반면, 칠정의 '칠'에 대해서는 우연에 기초한 것으로 파악한다. 칠
정의 조목은 일상생활에서 드러난 많은 것 중에서 세어 우연히 칠이
고, 실제로 칠에 그치는 것이 아니라는 것이다. 또한 칠정의 칠은 의
서와 비교할 때 내용을 달리하고 있고, 불교의 그것과 비교할 때도
달라 절대적인 것이 아니라고 보는 것이다. 칠정은 그 실질에 있어
단서는 희노(喜怒) 두 개일 뿐이고,[24] "칠정은 그 실은 좋아하고 싫어
하는(好惡) 두 가지 정(兩情)"[25]이라고 하여 칠정의 유래와 경중이 사단
과는 다름을 강조한다. 그리고 더 이상 칠정의 분류에 대해 근거를
제시하지 않는다.

이러한 그의 태도는 일견 선(善)으로서의 리가 구현되지 않은 인간
의 정(情)에 대해 큰 관심이 없음을 입증하는 것이라 할 수 있다. 그러
나 사단에 대해서는 그 내력의 절대성과 원리성이 있다고 거듭 강조

---

23 『蘆沙先生全集』, 「答問類編」 卷3, 7a~b, "四七雖同爲數目, 而四德之四, 七情之
七, 其來歷輕重逈不侔. 四則自天地元化, 一生兩, 兩生四而來, 易範無非此理, 七
則以不止於七也, 故醫書以喜怒憂患悲驚恐爲七情, 釋氏亦別有七情之目, 初非止
於禮記七情也. 豈可以四七同爲數目, 而參涉論之乎."

24 『蘆沙先生全集』, 「答問類編」 卷3, 7a~b, "抑情雖名七, 而其實則不過喜怒兩端耳.
哀懼惡皆怒也, 愛欲皆喜也, 何嘗如性中四德之各占地界乎."

25 『蘆沙先生全集』, 「答問類編」 卷3, 7b, "七情其實好惡兩情."

한다. 기정진의 사단과 칠정에 대한 태도는 사단은 도덕적인 정서이기 때문에 희노애락과 같은 비도덕적 감정과 동일시될 수 없는 것이고, 사단은 인간 존재에 있어 그 무엇과도 비교할 수 없는 본질적이고 숭고한 도덕 감정임을 밝히고자 하는 의도라 할 수 있다.

이러한 태도는 칠정과 사단의 포함 관계에서도 엿볼 수 있다. 이이를 위시한 기호학파는 사단과 칠정의 관계를 부분과 전체, 혹은 사단은 칠정 가운데 선한 부분을 가리키는 것으로 설명한다. 이렇게 규정할 경우 자칫 사단과 칠정의 동일한 측면만을 강조하게 되어 사단과 칠정이 같은 종류의 다른 정(情)이 될 우려가 있다. 하지만 기정진으로서는 가치론적 정향이 강하기 때문에 이러한 해석 가능성은 차단되어야 한다. 사단과 칠정이 다른 근원을 가진 것이 아니라는 일원적 태도를 견지하면서도 동시에 칠정과 사단을 분별하여 사단을 높여야 하는 것이 그의 입장인 셈이다.

그래서 그는 칠정과 사단을 동렬(同列)에 위치 지을 수 없다고 판단하였다. 그가 "칠정 이외에 사단은 없다"[26]고 한 발언은 칠포사(七包四)의 긍정을 표현하는 동시에 사단과 칠정이 '전체와 부분'이라는 관계에 있을 뿐이지, 칠정과 사단이 다 같이 선이라는 의미는 아니라는 것이다. 그래서 그는 "덕에 네 가지가 있는 것은 하늘에서부터 나와 내력이 분명하지만 정(情)에 일곱 가지가 있는 것은 사물에 감촉되어 면모가 각각 다른 것이니 만약 단계를 분속하고자 한다면 그것이 가능한지도 모르겠다"[27]고 자신의 주장을 내세운 것이다.

결국 도덕적인 감정으로서의 사단과 비도덕적인 감정으로서의 칠

---

26 『蘆沙先生全集』, 「答問類編」 卷3, 7b~8a, "七情之外, 本無四端, 互字不好, 主客之說, 皆非也. 德之有四, 出於天, 而來歷分明, 情之有七, 感於物, 而面貌各別, 若欲段段分屬, 則未知其可也."

27 『蘆沙先生全集』, 「答問類編」 卷3, 7b~8a "七情之外, 本無四端, 互字不好, 主客之說, 皆非也. 德之有四, 出於天, 而來歷分明, 情之有七, 感於物, 而面貌各別, 若欲段段分屬, 則未知其可也."

정을 그 내력의 경중을 통해 구분하여 인간이면 누구나 가지는 감정인 사단의 절대성을 그 내력으로부터 확인하여 비도덕적인 칠정과 확연히 구분하고자 한 것이다. 그래서 성리학이 지향하는 성선(性善)의 의미를 강화하여 도덕적 이상세계를 구현하려는 의도를 천명하고자 한 것이다.

4. 선악의 문제

기정진은 기의 능동적 자발성을 부정하고 리의 절대적 주재를 강조한 리기 체계와 리일분수에 대한 독자적인 해석을 통해 본체와 현상 간의 동일성과 다양성을 리 중심으로 정리하였다. 이러한 그의 의도는 심성론과 연결되어 성리학적 가치의 실현을 통해 도덕적 이상 사회를 구현하고자 함이라 할 수 있다. 그러나 앞 장에서 검토한 바와 같이 기의 운동 변화를 리의 주재 하에 철저히 종속시키고, 본체와 현상의 통일적 원리이자 현상계의 다양성의 원인으로서 리를 제시하게 되면, 현실적으로 발생하는 악의 문제를 해결하는 데 논리적인 문제점을 가지게 된다.[28] 세계 구성의 근원이자 현상세계의 변화 원인인 리를 절대화하는 그의 주장은 그의 문인들을 비롯한 적지 않은 학자들로부터 논란의 대상이 되었고, 이에 대해 기정진 자신도 적극적인 해명을 시도하였다.[29]

---

[28] 기정진의 철학 사상에 대한 논문들에서 가장 논란이 되는 내용 중 하나가 바로 선악 문제이다. 기정진의 철학 사상에서 선악 문제에 대한 기정진의 논의가 논리적으로 문제를 가지고 있다고 지적한 논문은 김형찬, 「理氣論의 일원론화 연구─녹문 임성주와 노사 기정을 중심으로」, 고려대학교 박사학위 논문, 1996; 이상호, 「조선성리학파의 성리설 분화에 관한 연구」, 성균관대 박사학위 논문, 1993; 이상익, 「기정진 성리학의 재검토」, 『철학』 제52집, 1997년 가을, 한국철학회 등이 있다.

[29] 『노사선생문집(蘆沙先生文集)』의 「답문류편(答問類編)」에 선악에 대해 제자들과의 토론한 내용이 10여 조목이 있고, 이 문제에 대한 직접적인 기정진의 저술은 「잡저

(1) 성선(性善)의 긍정과 악(惡)도 성(性)

기정진은 기본적으로 성선(性善)의 전통을 계승한 성리학의 기본 명제인 성즉리(性卽理)를 수용한다. "성(性)은 곧 리이다. 하늘에 있는 것을 리라 하고, 사람에 있는 것을 성이라 한다. 이름은 다르지만 실질은 같다"[30]라고 하여 리와 성을 같은 맥락에서 이해한다. 그리고 성선을 강조하여 "하늘이 어찌 일찍이 그 성은 선하고 그 기는 선악이 있게 하고자 하는 마음이 있었겠는가? 하늘은 본래 선하고 악이 없으니. 인성(人性)을 분배할 때에 어디에서 악을 빌려와서 섞이게 하겠는가? 이것이 소위 성선(性善)이다"[31]라고 설명하였다.

인간의 본성은 순선무악(純善無惡)한 하늘로부터 유래하였기 때문에 선하다는 논리의 연장선상에서 그는 천지지성(天地之性)과 인물지성(人物之性)의 차이를 그 소재(所在)에 따라 구분하는 것이냐는 질문에 대해 "천지지성은 천지가 인물에게 부여한 것이지 천지에 있는 것이 아니다"[32]라고 하여 소재 여하를 불문하고 순선한 천지지성은 인물에 내재되어 있음을 강조하였다. 본체(天)과 현상(人物) 간에는 도덕적 일치성이 있음을 확인하면서, 동시에 인간은 본래 지선한 존재로서 도덕적 완성을 이룰 수 있는 조건을 가지고 있다는 것을 확인하는 것이다.

이러한 논지에 따라 그는 인간이 태어나면서부터 가지는 기질지성은 가변적인 것이 아니라 본연성을 가지고 있다고 규정한다. 자신이

(雜著)」 편에 '답인문(答人問)'으로 정리되어 있다.

30 『蘆沙先生全集』, 「答問類編」 卷8, 18b, "性卽理, 在天曰理, 在人曰性, 異名而同實也."

31 『蘆沙先生全集』, 「答問類編」 卷6, 11a, "天何嘗有心於善其性而善惡其氣乎. 天本有善而無惡, 分排人性時, 何處貸來惡而殽雜與之乎, 此所謂性善也."

32 『蘆沙先生全集』, 「答問類編」 卷2, 1a, "(金錫龜) 此理在天地, 則曰天地之性, 在人物, 則曰人物之性. 就人物上兼氣質言之, 則氣質之性, 單指理言之, 則曰本然之性. (奇正鎭) 天地性爲天地所賦予人物者耳, 非謂在天地也."

구축한 리일분수의 논리에 따라 현상에서 드러나는 다양한 원리, 즉 기질지성은 본연으로서의 리에 내재된 다양성의 현실화라는 관점을 적용하는 것이다.[33] 분수지리(기질지성)는 리일지리(본연지성)에 내재된 분(分)이 현실로 드러난 것이고, 따라서 리에 함재된 분수지리는 때에 따라 변화되는 것이 아니라는 것이다. 그래서 그는 "기질지성은 태어나면서 함께 생(生)하는 것이니 때에 따라서 있다가 없다가 할 수 있는 것이 아니다. 이를 범론(汎論)하면 그렇지 않다고 말할 수 없다. 다만 알지 못할 것은 그렇다면 이른바 본연(本然)이란 어디에서 볼 수 있을까? 그것은 다만 기질이 순궤(循軌)하여 어지럽지 않은 곳이 이것이다. 그러니 중인의 기질이 불미(不美)한 것도 바로 혼매하지 않을 때를 당하면 어지러움이 일어남이 없다. 그러니 미발(未發)한 때 이를 본다. 진실로 미발인 즉 이는 기질이 마침 순궤한 것이니, 그것이 본연이 아니고 무엇이겠는가? 이미 본연인데 또 불미한 종자가 일변(一邊)에 엎드려 있다면 천하에 마침내 대본(大本)이 없으리라"[34]고 기질지성의 본연성을 강조하였다.

이때 기질지성은 본연지성과 분리되어 있는 것이 아니라고 본다. 현실화된 리인 기질지성이 리의 주재에 따라 바르게 드러나면 그것이 본연이고, 아무리 중인이 아름답지 못한 기질로 인해 혼매하더라도 기질지성이 발하지 않은 미발의 상태는 선으로서의 본연성이 간직된 때라고 파악한다. 즉 미발의 상태에는 불미한 종자, 즉 악의 근원이 없다고 보는 것이다.

이러한 논의는 기정진이 '미발심체유선악(未發心體有善惡)'을 주장한

---

33 『蘆沙先生全集』卷16, 5a, 「納凉私議」, "分也者, 理一中細條理."

34 『蘆沙先生全集』卷16, 20b~21a, 「納凉私議」, "氣質之性, 與生俱生 非可隨時有無者.(遂菴說) 汎論之 不可謂不然矣. 第未知所謂本然者, 於何見得. 只氣質之循軌 不亂處, 是也. 硏則衆人氣質不美, 正當於不昏, 則亂無澄然, 未發時見之. 苟未發矣, 則是乃氣質之偶然循軌者也, 非本然而何哉? 旣本然矣, 而復有不美之種子伏 在一邊, 則天下終無大本矣."

한원진(韓元震)의 주장을 비판하는 논거가 되기도 한다. "다만 남당(南塘, 즉 한원진)은 반드시 선악의 종자를 미발에 둠으로써 그것을 발한 후의 근저로 삼고자 하니, 또한 끝내 어찌하려는가? 천하에 두 개의 종자가 있는 것은 용납되지 않는다. 비록 악(惡)이라 할지라도 선(淑)에 근거하여 생겨나는 것이다. 한 이삭의 사이에 쭉정이와 반쭉정이를 얻는 것이 어찌 다른 종자가 있어서 그럴까? 기품의 좋고 좋지 못함은 종자를 심은 토력(土力)의 부제(不齊)함이 있는 것과 같다. 토력의 모인 바에도 종자가 진실로 직수(直遂)하지 못한 것이 있으나, 그 종자는 도리어 원초의 종자이다. 오직 미발만을 중(中)이라 일컬으니, 중은 곧 지선(至善)이다. 이제 말하기를 미발에 선과 악의 종자가 있다고 하고, 또 말하기를 미발지중(未發之中)을 말하는 것이 아니라고 하니 이는 이중의 미발이 있다는 것인가?"[35]라는 주장이 바로 그것이다. 기정진에게 있어 미발은 기질이 순궤한 본연이자, 하늘로부터 부여받은 본연지성 그 자체이고, 다만 아직 현상으로 드러나지 않은 지선한 근원일 뿐이다.

비록 현상계에는 선악이라는 상반되는 현상이 발생하지만, 그것은 선과 악이라는 두 개의 원인에 의해 드러나는 것이 아니라 하나의 원인(理一之理, 즉 미발 상태의 지선한 본연지성)에 근거하고 있다는 것이다. 악이 발생하는 것은 두 개의 다른 원인, 즉 선과 악 각각 그 원인이 있어 그러한 것이 아니라, 현실적 조건(土力)이 고르지 않기 때문에 선이 바로 수행되지 못하기 때문이라는 것이다.

이러한 기정진의 설명 방식은 선의 근원을 인간의 마음에 내재한 미발의 상태인 성에 두어 선의 근거가 실재하고 있음을 확인하여 성

---

35 『蘆沙先生全集』卷16, 20b, 「納凉私議」, "但南塘必欲藏淑惡種子於未發, 以爲發後之近著, 則亦末如之何矣. 天下不容有兩種子, 雖惡亦根於淑而生者也. 如一穗之間, 得虚秕半粟者, 豈別有種子而然歟? 氣稟之美惡, 下種之土力有不齊也. 土力之所湊合, 種子固有不得直遂者, 而種子却是元初種子, 故只未發謂之中, 中便是至善. 今云未發有淑惡種子, 而復云非未發之中之謂, 則有雙未發耶?"

선의 논리를 설명해낼 수 있다. 하지만 순선한 원리가 토력(土力)의 부제(不齊)라는 조건에 의해 바로 수행되지 못할 수 있다는 것은 그가 리기 체계에서 강조한 기에 대한 리의 절대적인 주재가 부정될 수 있음을 의미하는 것으로 이어지고, 토력의 부제라는 현실적 조건 또한 리와는 무관하지 않기 때문에 이에 대한 해명도 해야 하는 것으로 이어진다. 즉 순선무악한 리와 기에 대한 절대적인 주재를 가지고 있는 리라는 전제 하에서 어떻게 악의 현상(기의 과불급)이 드러날 수 있는가를 해명해야 하는 것이다.

그래서 먼저 기정진은 기존의 선악에 대한 이해에 대해 그 원인으로 '리기를 두 가지 본령적 존재로 파악했기 때문(理氣爲兩頭之病)'이라고 규정한다.[36] 그리고 선악에 대한 리기론적 해석을 통해 자신의 입장을 제시한다. "지금 일리(一理) 자(字)를 제거하고 다만 일기(一氣) 자만 보면 선천지 후천지 크고 작은 것은 모두 기이니 어디에서 별도로 리라고 칭할 것이 있겠는가?"라고 반문하고, "모름지기 이것은 현상(其然)에 불과한 것이고 반드시 그러한 바의 까닭(所以然)이 있는 것이니, 이것을 리라 한다. 그러므로 선악이 비록 같지 않지만 어찌 그렇게 하는 까닭이 없이 그러함이 있겠는가? 이것을 일러 '선악이 모두 천리'라고 하는 것이니 악도 또한 성(性)이라고 아니할 수 없다"[37]라고 설명한다. 모든 현상의 배후에는 그 원인으로서 리가 있고, 현실적으로 드러나는 선악에도 소이연으로서의 리가 있다는 것이다. 따라서 악에도 소이연으로서의 리가 게재되어 있으며, 선악은 천리로부터 유래한 것이고, 악도 성이 된다는 것이다. 리가 현상세계의 근원자이

---

36 『蘆沙先生全集』, 「答問類編」 卷1, 36a. "所論雖多項, 大抵看理氣爲兩頭之病, 是以互爲强弱勝負 互其多窒也."
37 『蘆沙先生全集』, 「答問類編」 卷1, 36a~b, "今姑除却一理字, 但看一氣字, 先天地後天地 若大若小, 都是氣也. 何處有一塊物 別稱理耶. 須知此不過其然, 必有所以然, 是之謂理. 然則善惡雖不同, 豈有無所以然而然者耶. 此之謂善惡皆天理, 惡亦不可不謂之性."

226

자 만물의 주재자로 설정된 그의 이론 체계로 볼 때 당연한 논리적 귀결이다.

그러나 주목해야 할 것은 기정진은 현실에서 발생하는 선악을 본원의 차원으로까지 소급하지는 않는다는 것이다. 그는 "천지간에는 하나의 선과 하나의 악이 있을 뿐"[38]이라고 하여 선악이 현상에 국한된 문제임을 분명히 한다. 그리고 "대개 리는 포섭하지 않음이 없고 해당되지 않음이 없다. 리에 순하여 선이 되는 것은 리의 본연이지만, 리에 배반되어 악이 되는 것도 리가 없는 바라고 말할 수 없을 것이다. 다만 본연이 아닐 뿐"[39]이라고 하여 현상세계에서 발생하는 선과 악을 리가 가지는 본연적 성격의 선과 구별할 것을 강조한다. 따라서 현실에서 발생하는 악도 리가 주재하지 않는 것은 아니지만, 리의 본원은 순선이라고 하여 리의 순선성과 절대성을 확인하고자 하는 것이다.[40] 기정진이 악을 성으로 파악한 것은 악이라는 현상도 천리로부터 비롯된 현상일 뿐이라는 의미인 것이다.

이러한 기정진의 논의는 이이(李珥)에게서 같은 맥락을 발견할 수 있다. 그는 정명도(程明道)의 '인생품기(人生稟氣), 리유선악(理有善惡)'이라는 명제에 대해 "정자(程子)가 말하기를, '사람이 기를 품부받아 태어나니 리에는 선악이 있다(人生稟氣, 理有善惡)'라고 하였으니, 이것은 사람을 깨우침이 매우 절실한 것이다. 소위 리는 기를 타고 유행하는 리를 말함이지, 리의 본연을 말한 것이 아니다. 본연한 리는 순선이나 기를 타고 유행하는 데서 그 분이 만 가지로 달라져서(萬殊) 기품(氣稟)에 선악이 있으므로 리도 역시 선악이 있다"[41]고 설명한다. 기

---

38 『蘆沙先生全集』, 「答問類編」 卷10, "天地間, 只有一箇善一箇惡."
39 『蘆沙先生全集』 卷16, 4b, 「答人問」, "盖理無不包無不該, 順之爲善, 固理之本然也. 而反之爲惡, 亦不可謂理之所無也. 但非本然耳."
40 『蘆沙先生全集』, 「答問類編」 卷1, 36b. "雖然就其中深探而究言之, 則善者其本然也."
41 『栗谷全書』1, 194쪽, 「答成浩原」, "程子曰, 人生稟氣, 理有善惡, 此曉深切八字打

본적으로 정명도가 제기한 리유선악의 리는 기를 타고 유행하는 리이고, 순선한 본연의 리는 아니라는 것이다. 분수의 원인을 참치부제(參差不齊)한 기의 소위(所爲)로 보는 이이로서는 기의 참치부제에 따라 다양성과 차별성이 드러나는 것이고, 그러한 기를 타고 있는 리도 그것에 따라 다양성과 차별성을 드러내는 것이다. "대저 리는 하나(一)일 뿐이다. 본래 편정, 통색, 청탁, 수박의 다름이 없으나 리가 타는 바의 기가 승강비양하여 잡유참치(雜糅參差)하여 천지, 만물, 인간 등의 분수가 있게 되었다"[42]는 설명은 현상세계의 다양성의 원인을 기에게 돌리고 있는 이이의 입장에서 볼 때 유행하는 리의 선악은 기에 따라 있게 되는 선악인 셈이다.[43] 비록 이이도 "리는 본래 지선한 것이니 어찌 일찍이 불가함이 있었겠는가?"[44]라고 하여 리 자체가 지선한 존재임을 강조한다. 리가 자연법칙인 동시에 선의 원리이며, 또한 그 자체가 선인 이른바 가치의 근원인 동시에 가치 자체라고 인정한다.[45] 그러나 이이에게 있어 리는 현상계에서 무형무위의 형이상자로서 직접 발출할 수 없어 수동적일 수밖에 없다. 따라서 이이가 지적하는 리유선악은 그 주도권이 기에 있는 것으로 이해할 가능성이 농후하게 된다.

기정진도 이이와 마찬가지로 과불급의 소이로서 리를 긍정하여 선악이 모두 리라고 설명하면서, 동시에 본연의 리는 순선함을 강조하지만, 차이점은 존재한다. 이이는 본연지리(理一之理)와 유행지리(分殊之理)를 체용(體用)으로 구분하면서도 기의 자발적 운동성을 긍정하여

開處也. 所謂理者, 指其乘氣流行之理, 而非指理之本然也. 本然之理固純善, 而乘氣流行其萬殊, 氣稟有善惡, 故理亦有善惡也."

42 『栗谷全書』1, 197쪽, 「答成浩原」, "夫理一而已矣. 本無偏正通塞淸濁粹駁之異, 而所乘之氣升降飛揚, 未嘗止息雜糅參差, 是生萬物, 而或正或偏或通或塞或淸或濁或粹或駁焉. 理雖一而旣乘於氣, 則其分殊."

43 송석구, 『栗谷의 哲學思想硏究』, 형설출판사, 1987, 45~46쪽.

44 『栗谷全書』1, 177쪽, 「上退溪先生別紙」, "理本至善, 何嘗有不可."

45 장숙필, 『栗谷 李珥의 聖學 硏究』, 고려대 민족문화연구소, 1992, 41쪽.

분수의 원인을 기에 두고 있다. 따라서 현상계에서 주도권은 기에 있게 되고, 악의 직접적 원인도 기로 한정된다. 그렇지만 기정진에게 있어서는 현상계의 다양성은 리(理一之理)에 내재된 다양성의 원리(分殊之理)가 리의 필연적 주재에 따른 기의 운동 변화에 의해 드러난 것이기 때문에 현상계에서도 그 주도권은 리에 있다고 본다. 따라서 이이의 리유선악은 그 중심이 기에 두어져 기품(氣稟)에 따라 드러나는 유행지리에 국한되지만, 기정진이 제시하는 선악은 모두 천리이고, 악도 성이라는 설명은 리가 중심이 되어 악도 천리로부터 비롯된 것임을 의미한다고 이해할 수 있다.

(2) 리세(理勢)와 필연지묘(必然之妙)

기정진은 기의 과불급의 원인을 기 자체에 한정하지 않고, 기의 주재자인 리와 결부되어 있다고 주장한다. 그래서 기정진은 그의 문인들 사이에서 빚어진 과불급에 대한 논란에 대해 "과불급은 기이지만 리가 그렇게 하도록 시킨 것"이라고 하여 과불급의 원인이 종국적으로는 리임을 분명히 하였다.[46]

하지만 자칫 리의 순선성에 문제를 야기할 수 있다는 판단 하에 기정진은 좀 완화된 표현을 통해 이를 해명하고자 한다. 즉 과불급의 원인을 직접 리라고 설명하지 않고 '리세(理勢)'라고 완곡하게 정리하는 것이다. "기가 과불급이 없을 수 없는 것도 역시 '리세(理勢)'가 그러한 것이다. 그러므로 조금이라도 과불급이 있으면 악이 따라서 생겨나는 것"[47]이라는 설명은 앞 장에서 살펴본 바와 같이 리의 순선성

---

46 『蘆沙先生全集』, 「答問類編」 卷1, 38b, "(鄭義林, 鄭載圭) 義林以爲過不及, 氣也, 而究其故, 則亦理之使然也, 無此理, 豈有此事. 載圭以爲過不及 理之拘於氣, 而不直遂者, 豈有本有過不及之理, 而有過不及乎? 兩說何如. (奇正鎭) 季方(鄭義林)之說, 深探而究言之也, 厚允(鄭載圭)之說, 自末流而言也."

47 『蘆沙先生全集』, 「答問類編」 卷1, 34b~35a, "理之本然, 固純善無惡, 而及其乘氣流行, 則不能無過不及之差也. 氣不能無過不及者, 亦理勢然也. 而纔有過不及, 則

과 주재성을 동시에 확보하고자 하는 논의이면서,[48] 특히 과불급은 비록 기가 행하는 것이지만, 그것 또한 리가 주재하고 있기 때문에 리와 결부지어 설명하지 않을 수 없는 논리 때문에 기인한 설명이라 할 수 있다. 그래서 과불급의 원인을 직접 '리'라고 하지 않고 '리세' 라고 조금은 방어적인 표현을 적용하고 있는 것이다.[49]

그는 리세에 대해 설명하면서 그 예로 "흙탕물의 흐림은 물의 본연이 아니나 물이 아니면 흙탕물이 이루어질 수 없는 것이다. 벌레먹은 나무는 나무의 성이 아니나 나무가 아니면 벌레 먹는 것이 생기지 않는 것"이라고 전제하고, "일의 악은 리의 본연이 아니나 리가 아니면 악이 따라 생겨날 바가 없는 것"이라고 현실적인 악의 발생에 리가 배제될 수 없음을 분명히 한다.[50] 악의 원인으로서 리세를 '리의 형세(形勢) 내지 추세(趨勢)'로 이해한다면, 현상계의 악(過不及)은 단순한 사물 내지 현상의 복합적 요인에 의해 드러나는 것이라고 파악할 수 있다. 그가 예로 든 흙탕물은 물과 흙의 복합된 현상이고, 흙과 물이 복합되어 또 하나의 현상인 흙탕물이 만들어져 과불급의 현상이 초래되었다. 그렇지만 흙탕물 속에 내재한 각각의 구성물은 각자의

惡之所由生也."

48 앞장 참조.

49 윤사순, 『韓國儒學思想論』, 273쪽 참조. 리세와는 약간의 차이가 있지만 이황의 경우도 "기가 리를 따를 수 있을 때 리는 스스로 드러나는 데, (이 경우) 기는 리보다 약하기 때문이 아니다. 바로 기의 순함 때문이다. 만약 리에 반할 때 리는 반대로 숨지만, 이것은 리가 약하기 때문이 아니다. 바로 세(勢) 때문이다.(『退溪全書』 354쪽, 「答李達李天機」, "氣能順理時, 理自顯, 非氣之弱 乃順也. 氣若反理時, 理反隱, 非理之弱 乃勢也.")"라고 하여 '세'라는 개념어를 도입하여 악의 현상을 설명하였다. 이황은 리에 반하는 기의 작용을 악의 원인으로 돌리면서도 보다 근원적인 원인을 사물 안에 있는 리의 강약적 특성이 아니라 '세'라는 '사물 밖의 조건' 때문이라고 제시하였다. 세와 같은 외부 조건만 없다면 한 사물 내의 기는 언제나 리의 본연을 따르는 형식으로 작용할 수 있다는 것이다.

50 『蘆沙先生全集』, 「答問類編」 卷1, 34b, "泥之濁 非水之本也, 而非水則不成泥也. 蠹之食 非木之性也, 而非木則不生蠹也. 事之惡 非理之本然, 而非理則惡無所由生也."

리를 충실히 발현하고 있다. 다시 말해 흙은 흐림의 리를, 물은 맑음의 리를 각각 발현하여 본연의 리를 따르고 있다. 하지만 이것이 복합된 현상인 흙탕물은 결국 과불급이 된 것이다. 바로 이러한 것을 '리세'라고 이해할 수 있다. 흙탕물은 비록 본연은 아니지만 리세, 즉 흙과 물의 결합과 각각의 리에 따라 발현되는 것에 따라 생긴 것이고, 이 현상은 리에 근거하여 생긴 것으로 이해할 수 있는 것이다.

또한, 리세에 따른 과불급의 현상은 시간의 경과에 따라 해소될 수 있다는 기정진의 낙관적 태도도 검토할 필요가 있다. 흙탕물이라는 과불급의 현상은 시간의 경과, 즉 리의 추세에 따라 흙은 가라앉고 이에 따라 물의 본성은 드러날 수 있는 데 주목한다면 그의 리세를 용인할 수 있기도 하다. 리세를 리의 추세로 이해하여 "세간에는 본래 좋지 않은 일은 없다. 이른바 좋지 않은 일은 좋은 일이 이루어지지 않은 것"[51]이라는 그의 설명은 종국적으로 좋은 일로 성취될 수 있다는 믿음이 반영된 것이라고 볼 수 있다. 그리고 "일에 불선(不善)이 있으나 리의 본선(本善)을 해하지 않고, 기에 용사(用事)가 있으나 리가 주재되는 것에 해가 아니다"[52]라고 하여 선악의 문제는 현상계의 일, 즉 분수된 이후에 드러나는 것이고, 현상계에 있어 기의 용사에 따른 악의 현상은 일시적인 것이어서 결국에는 본연으로서 리의 주재가 달성될 것으로 믿고 있는 태도에서도 확인할 수 있다.

한편, 과불급의 원인으로서 리는 필연지묘만 가질 뿐, 능연지력은 가지지 못하는 것으로 규정한다. 리는 일체의 현상 배후에 있는 소이연으로서 필연 법칙이지만, 현상세계에서 실질적으로 운동 변화하는 것은 기이기 때문에 필연 법칙으로서의 리가 가지는 기에 대한 주재

51 『蘆沙先生全集』, 「答問類編」 卷1, 36a, "世間本無不好事. 所謂不好事者, 好事之未成者也."

52 『蘆沙先生全集』, 「答問類編」 卷1, 35a, "事有不善, 而不害於理之本善也. 氣有用事, 而不害於理爲主宰也."

력은 현상계에서는 약화될 수밖에 없다. 그래서 그는 "리는 종자이다. 다만 필연의 묘(妙)가 있을 뿐 능연의 힘(力)이 있는 것이 아니다. 필연이 있으므로 가히 바로 수행되는 것이고, 능연이 있는 것이 아니므로 혹 바로 수행되지 않지만, 리가 아님이 없고 그 본연은 그 중에 있는 것이다. 오직 성인만이 필연에 주(主)하여 그 능연을 이룬 후에 본연이 얻어지는 것이다. 이것을 일러 하늘의 능히 하지 못한 것을 잇는다고 하는 것이니, 깊도다!"[53]라고 하여 만물의 근원으로서의 리는 능연지력이 부재하기 때문에 현상세계에 있어 혹시 바로 수행되지 못하여 그 결과 악이 발생할 수 있음을 시인한다. 리의 무형무위와 기의 유형유위라는 리기론 원칙을 고수하면서 현상에서 선이 수행되는 것은 리가 가지고 있는 필연(필연지묘) 때문이라고 전제하지만, 능연지력이 없기 때문에 간혹 이 필연이 바로 수행되지 않는다는 것이다. 그리고 "상천(上天)은 무심(無心)하여 그 재질에 따라서 북돋워준다. 그러므로 이 리가 곧바로 실현되지 않음이 없으나, 사람들의 일은 그렇지가 않다. 한 개인의 사사로움(一己之私)으로 자연에 주어진 것들(天物)을 증감하므로 이에 리가 곧바로 실현되지 않는 일이 많아지기 시작한다"[54]고 하여 리가 바로 실현될 것이라는 데 자신감을 보이면서도 필연이 바로 실현되지 않는 원인을 개인의 사사로움으로 돌리고 있다.

"태극은 공공한 것"[55]이지만 인간의 사사로움에 의해 가로막힌다는 것이다. 그렇지만 "리 중에 원래 합당한 곳이 있고, 성인은 그 합당한 곳을 주로 하여 그 합당하지 않는 곳을 다스렸기 때문에"[56] 성

---

53 『蘆沙先生全集』, 「答問類編」 卷1, 39b, "理者 種子也. 但有必然之妙, 非有能然之力. 以其有必然也 故可直遂, 以其非有能然也 故或不直遂, 莫非理也, 其本然則有在矣. 惟聖人主於必然, 以致其能然, 而後本然者得矣. 是之謂繼天之所不能深哉."
54 『蘆沙先生全集』, 「答問類編」 卷1, 39b, "上天無心, 因其材而篤焉. 故此理無不直遂者, 人事不然. 以一己之私, 增減天物, 於是理之不直遂者始多矣."
55 『蘆沙先生全集』 卷12, 27b, 「答鄭厚允問目」, "太極是公共底."

인만은 그 필연에 주(主)하여 능연을 이루어 하늘이 하지 않는 것을 잇기 때문에 도덕적 이상세계가 펼쳐질 것이라고 강조하는 것이다. 결국 기정진은 하늘은 무심하여 인사(人事)에 적극적으로 개입함이 없고, 다만 현상계에 필연의 법칙만을 근거 지어줄 뿐이라고 보기 때문에[57] 도덕적 이상세계의 구현은 인간의 몫으로 돌아올 수밖에 없게 되는 것이다.

(3) 선악의 기준으로서 '중(中)'

기정진은 천지간의 모든 현상, 심지어 악까지 그 원인이 리로 소급된다는 설명에 이어, 이러한 이해는 관점의 차이에 따라 그 규정이 달라질 수 있다고 하여 조금은 완화된 태도를 보이기도 한다. 그는 선악이 모두 리에 근원하고, 기의 다양성은 그 소이연으로서 리가 있기 때문이라는 것은 원두처(原頭處)에서부터 본 것이고, 기에 청탁(淸濁)과 편정(偏正)의 다름이 있어 리가 따라서 만 가지로 변한다는 것은 유행변(流行邊)에서 본 것이라는 주장에 동의한다. 그렇지만 그 중심은 원두처에 있다고 하여 근세(近世)의 논의는 매번 유행변에 들어가 원두(原頭)를 이해하지 못한다고 비판한다.[58]

이러한 기정진의 언급은 관점의 차이에 따라 리의 주재는 달리 이해될 수 있다는 것을 의미하는 것이다. 현상의 이면(裏面)에 원리상으로는 리의 주재에 따라 기의 발행이 이루어지는 것이지만, 현상세계

---

56 『蘆沙先生全集』卷12, 38a, 「答鄭季方」, "理中元有恰好處, 聖人主其恰好處, 以治其不恰好處."

57 『蘆沙先生全集』, 「答問類篇」卷3, 1~2쪽 참조.

58 『蘆沙先生全集』, 「答問類編」卷1, 37b~38a, "(金錫龜問曰) 或曰子嘗以爲善惡皆根於理, 氣之有粹駁, 以其有所以然也. 然則先儒所謂氣有淸濁偏正之殊, 故理隨而萬變之說, 皆可廢歟? 曰自原頭處觀下, 則理本生氣, 自流行邊說去, 則氣或害理. 吾所嘗言者 原頭處論也. 子所擧者 流行邊說也. (奇正鎭答曰) 此段與鄙意合. 近世議論 每每將流行邊說, 攙入原頭 常所未解."

에서는 실지로 발행하는 기에게 주도권이 있다는 것이다. 그래서 기
정진은 "그 가운데를 깊이 탐구하여 말하면 선한 것은 그 본연이다.
악의 허물을 기에 돌리는 것은 악도 또한 천리로부터 나온 것이라는
것을 모르는 바는 아니지만, 그 말의 뜻은 그 본연이 아니라고 말하
는 것과 같으니 기에 유방찬극(流放竄殛)[59]의 형벌을 가하려는 것이 아
니다. 조화는 본래 스스로 이와 같은 것이니 어찌 억울함을 하소연
할 것이 있겠는가? 물이 이마를 지나 산에 있는 것 즉, 정상을 벗어난
일도 역시 리 바깥의 일이 아니니 기가 리의 명령을 받는 것은 분명
하나, 이것을 본연이라고 할 수는 없는 것이다. 그러므로 기가 그 허
물을 감당하는 것"[60]이라고 하여 본연과 현상을 구분하고, 현상 속에
서 빚어지는 악의 원인을 은연중에 기에게 돌리기도 한다. "과불급에
이르러서는 부득이 기를 말할 때 저 날뛰는 것이나 달리는 것은 기라
고 한 것이 이것이다. 생각하면 과불급이 비록 또한 리에 근본하지만,
그 말류(末流)에 가서는 리를 해치게 되니, 구별하지 않을 수 없다"[61]
는 그의 주장은 본연에는 선만 있고, 현상에는 그 선이 실현되지 않
은 악도 존재하지만, 그 악이 리를 해칠 수 있어 리와 기를 구분한다
는 것이다. 리와 기를 구분한다는 것은 리기를 주복(主僕)의 관계로
정립한 것과 연관되어 있다. 그는 "기의 발과 행은 진실로 리의 명령
을 받는 것이니, 명령하는 자(命者)는 주인이요 명령을 받는 자(受命者)
는 종(僕)"이라고 하여 관계를 설정하고, "종은 그 노역을 당하고 주

---

59 순(舜) 임금이 사흉(四凶)에게 베푼 형벌을 가리킨다. 유(流)는 멀리 귀양을 보내는 것
  이고, 방(放)은 일정한 곳에 두고 다른 곳으로 못 가도록 하는 것이고, 찬(竄)은 몰아
  내서 금고(禁錮)시키는 것이고, 극(殛)은 구수(拘囚)하여 곤고하게 하는 것을 말한다.
60 『蘆沙先生全集』, 「答問類編」卷1, 36a-b, "雖然就其中深探而究言之, 則善者 其本
  然也, 惡之歸咎於氣, 非不知惡亦自天理來, 而其語意如曰非其本然, 非欲以流放
  竄殛之典加於氣. 造化本自如是 何呼寃之有. 水之過顙在山 亦非理外之事 則氣
  之聽命於理 信矣. 而謂之本然則不可 故氣執其咎."
61 『蘆沙先生全集』卷16, 26b, 「猥筆」, "而到過不及處, 不得已而有說氣時, 蹶者趍者
  氣也, 是也. 蓋過不及, 雖亦本於理而末流害於理, 則不可無區別耳."

인은 그 공로를 차지하는 것은 천지의 경의(經義)이다"[62]라고 상하 주종의 관계를 통한 결과를 설명한 바 있다. 이것은 공(선)은 주인(리)이, 노역(악)은 종(기)이 받는 것이 자연의 이치이므로, 악의 허물을 기로 돌려도 전혀 문제될 것이 없다는 논리이다. 리와 기의 상하 주종적 관계를 통해 악의 원인을 말류에 가서 기로 돌려도 리의 주재와 관련한 악의 문제가 완전히 해결되는 것은 아니다.

그래서 기정진은 기로 인해 현실상에 선악이 있게 된다는 설(說)과 소이연으로서 리가 기를 주재하고 있다는 설을 아우르면서, 다른 각도에서 이 문제에 접근할 필요가 있음을 제시한다. "선철(先哲)들이 선악을 말한 것은 모두가 천리(天理)로서 바로 이 경지를 말한 것이다. 지금 실사(實事)를 가지고 말한다면 소위 리란 것은 음양의 묘(妙)에 지나지 않는다. 하면(下面, 즉 현상)에서 양은 선이 되고 음은 악이 되며, 양은 군자가 되고 음은 소인이 된다. 악이 리에 근본하지 않는다고 함이 옳겠는가? 그러므로 리를 말하는 것은 중(中)을 말하는 것만 못하니, 중은 곧 선하지 않음이 없음이다. 지난날의 성인들은 중(中)이니 충(衷)이니 칙(則)이니 이(彛)라 말하였지만, 한 번도 리에 대해 말한 일이 없다. 후세의 논의에서는 중이나 충의 글자가 변하여 리(理) 자가 되어버렸다. 이 리 자는 선으로 보아야 할 것이요, 불선으로 보아서는 안 될 것이다"[63]라는 그의 주장은 드러난 현상으로서 선악은 현상에 국한된 것이기 때문에 그 판단의 기준은 그 발현된 것이 중절하냐 중절하지 못하냐를 두고 판단해야 하는 것이지, 도덕적 근원으로

---

62 『蘆沙先生全集』卷16, 26a, 「猥筆」, "氣之發與行, 實受命於理. 命者爲主而受命爲僕. 僕任其勞, 而主居其功, 天之經 地之義."

63 『蘆沙先生全集』, 「答問類編」卷1, 37a~b, "先哲言善惡, 皆天理正到此. 今以實可言之, 則所謂理者, 不過陰陽之妙也. 下面陽爲善陰爲惡, 陽爲君子陰爲小人, 謂之惡不根於理 可乎. 故說理不如說中, 中則無不善也. 從上聖人 曰中曰衷曰則曰彛, 未嘗一言及理, 後世之論, 則中衷等字變而爲理字. 此理字可以善看, 不可以不善看也."

서의 리를 가지고 판단하는 것은 아니라는 입장이다.

음양에도 리가 자재하기 때문에 선(善)뿐만 아니라 악도 리에 근원하지만, 현상계에서 리는 능연지력(能然之力)이 없기 때문에 음양의 변화에 절대적인 주재성을 가지지 못한다. 현상계에서 악은 기가 순선한 이치인 리에 맞게 작용하지 않음(不中節)을 의미하는 것이고, 선은 과불급이 없는 중절한 상태를 의미한다.[64] 따라서 선악은 현상계에 국한된 문제이기 때문에 그것의 근원으로서의 리를 중심으로 선악을 이해하기보다는 그것이 발현된 이후의 상태, 즉 '중(中)'을 통해 이해하는 것이 타당하다는 것이다. 비록 선악이 절대적인 도덕 원리(리)로부터 근원하지만, 선악은 어디까지나 현상계의 문제이기 때문에 '중'을 중심으로 이해하여야 한다는 논지이다.

이러한 설명 방식은 리의 주재성이 약화됨을 의미하는 것으로 이해할 수 있지만, 기정진으로서는 현상계에서의 선악은 절대적 도덕 원리인 리에 근원한다는 것을 전제하고 있기 때문에[65] 도덕 원리로서의 리는 그 위상을 굳건히 할 수 있다고 판단한 것이다. 리는 절대적이고 도덕적인 순선한 원리이다. 이 리가 유행하여 천지간에 선악이 드러나고, 그것은 리가 관계없는 것이 없지만, 이때의 선악은 상대적인 선악에 불과하다는 것에 주목하여 상대적 도덕은 그 시대와 상황에 따라 달라지지만, 그 도덕의 절대적인 근원성으로서의 순선은 변화하지 않고, 현상으로 드러나는 상대적 도덕을 통해 그 절대성을 현현한다고 보는 것이다.

---

64 기정진은 심지미발(心之未發)의 상태를 '중(中)'으로 보고, 이것을 지선한 존재로 규정한 바 있다. 하늘로부터 부여받은 리일지리(理一之理) 그 자체가 바로 중이기 때문에 '중'은 선(善) 그 자체라고 보는 것이다. 그러나 선악 문제는 현상계의 문제, 즉 드러난 현상을 대상으로 하는 것이니 만큼 기정진은 과불급이 없이 중절한 것을 '중'으로 보고 있는 것이다. 「납량사의(納凉私議)」 참조.

65 『蘆沙先生全集』, 「答問類編」, 卷1, 37b, "過與不及, 亦理所必有. 理字從頭至尾都該了, 中字執兩端最精處."

　　그러나 여전히 문제로 남는 것은 '현상계에서 어떻게 절대적 선으로서 리를 구현할 수 있는가'라는 것이다. 리는 필연지묘일 뿐 능연지력을 갖추고 있지 않기 때문에 현실에서 아무리 절대적 도덕 원리가 있다고 하더라도 그것은 실현의 가능성이 희박해질 수 있기 때문이다. 그래서 기정진은 성인(聖人)이 선을 말할 때 중(中)을 말했다고 하여 선악이 현상계의 일임을 상기시키면서, "성인은 하늘이 능히 하지 못하는 것을 잇는다"[66]라고 하여 하늘은 단지 원리만을 제시했을 뿐이고, 인간의 주체적 노력이 필요함을 역설하였다.[67] 이것은 필연이 바로 수행되지 못하는 것은 인간의 사사로움 때문이며, 성인만이 필연에 주(主)하여 능연을 이룬다는 앞의 설명과 맥락을 같이 하는 것이라 할 수 있다.[68] 따라서 하늘에 의해 현상세계에 주어진 필연의 묘는 인간의 주체적 자각에 의해서만 현실화될 수 있는 것이고, 이에 따라 도덕적 이상세계의 구현은 인간의 몫으로 돌아오게 된다.[69]

66　『蘆沙先生全集』, 「答問類編」 卷1, 37b, "聖人繼天之所不能."
67　성인이 하늘이 하지 않는 바를 잇는다는 것은 결국 인간의 주체적 노력에 의해 도덕적 원리가 구현될 수 있음을 의미하는 것이고, 따라서 기정진의 수양론은 인간에게 부여된 도덕적 원리를 잘 보존하고 이것을 이루는 방향으로 전개된다. 왜냐하면 인간에게는 하늘로부터 받은 순선무악한 성이 자재하여 있기 때문이다.
68　아울러 고려해야 하는 것은 이러한 설명은 단지 인간의 주체적인 노력만을 제안했을 뿐이고, 리의 현실적 실현의 구조는 여전히 논란거리로 남는다는 것이다. 바로 이 문제에 착안하여 기정진은 심과 명덕에 대한 논의를 연결지어 리의 실현을 위한 현실적 구조화에 관심을 기울였다. 다음 장 심론과 명덕설 참조.
69　이러한 측면에서 살펴볼 때 기정진이 리 중심의 이기론을 전개한 것은 지고지선(至高至善)한 도덕적 원리로서의 리가 현상세계에 실재하고 있다는 것을 강조하기 위한 것이라고 볼 수 있다. 가변적인 기에 의해 좌우되는 것이 아니라 세계에는 도덕적 원리가 실재하고, 또 그것은 기에 대한 강한 주재력을 가지고 있다고 설정해야만 이상세계를 구현하기 위한 기반이 서는 것이라고 기정진은 판단한 것이다. 따라서 리의 주재를 강화한 이기론은 이러한 도덕적 이상세계의 구현을 위한 세계 구성의 구조화라고 볼 수 있다.

제5장 성선에 기반한 심론과 명덕설의 전개

개인의 도덕 수양과 이를 기반한 도덕적 이상세계의 실현이라는 목표 아래 학문 체계를 구축하는 성리학자에게 있어 세계의 원리적 구성의 현실적 기반은 심(心)이라 하겠다. 성리학자들이 구축한 리기론의 체계는 세계 구성에 대한 원리적 이해를 체계화한 것인 동시에 이를 기반으로 당위를 이끌고자 하는 목적의식이 게재된 것이고, 개인에 있어 도덕적 원리의 담지자(擔持者)이자 구체적인 실현 주체는 심이라 할 수 있다. 사단칠정논쟁이 성정에 대한 리기론적 탐색을 통해 존재와 당위를 일원적으로 이해하고자 하는 학문적 노력의 일환이었다면, 이어 전개된 인심도심논쟁은 도덕 원리의 확인과 이의 실현을 현실적으로 가능하게 하기 위한 기반과 실천이라는 의미가 담겨 있다고 하겠다. 인간의 마음에 내재된 본성을 형이상학적으로 분석하여 현실에서 이것을 구현할 수 있는 이론적 토대가 리기와 성정, 그리고 심으로 이어지는 것이라 할 수 있기 때문이다. 마찬가지로 호락논쟁의 주요 쟁점이었던 인성과 물성의 동이 문제가 이후 미발심체(未發心體) 유선악(有善惡)이라든가 심의 본체인 명덕(明德) 문제로 논쟁점이 전이(轉移)된 것도 개인의 도덕 수양과 도덕적 이상세계의 실현을 목표로 하는 현실적 바탕이자 주체인 심에 주목한 결과라 할 수 있다.

기정진도 현상세계의 도덕적 원리로서의 리(性)의 실재를 확인하고, 이것의 현실적 실현이 기에 대한 절대적이고 전일적인 주재를 통해 이루어지는 체계를 구축한 바탕 위에서 인간에 내재된 도덕적 원리인 리(性)가 구체적인 현실에서 어떻게 구현될 수 있는가라는 문제에 관심을 갖고 심(心)과 심의 본체로서 명덕(明德)에 대한 논의를 전개하였다.[1] 인간이 선(善)을 실현한다는 것은 인간에 내재한 선한 부분(性)을 확충하는 것이거나, 악(惡)은 아니지만 악할 가능성이 있는 부분을 변화시켜 그 선을 드러내는 것이라 할 수 있다. 이때 그 선한 본성을 담고 확충하는 주체는 인간에게 있어 심(心)에 해당된다. 심성론(心性論)에 있어 성은 그 자체로서 발하거나 움직일 수 없기 때문에 성을 매개하고 있는 심을 통해 선한 부분이 드러나므로 선의 구현의 실질적인 담지자는 심이 된다고 하는 것이 일반적인 견해이다. 이러한 맥락에서 성즉리(性卽理)의 명제를 수용하고 있는 기정진은[2] 인간의 도덕적 원리를 리에서 찾고, 이 리는 인간에게 있어 심에 의해 매개되는 것으로 파악한다. 심은 그 구성상 리기의 합이고 순선한 리 자체는 무위(無爲)하므로 그것의 현실적 발용은 기의 측면에 해당된다. 그렇기 때문에 기정진은 심론(心論)을 전개하면서 리기론(理氣論)에서는 크게 부각되지 않았던 기에 대해 보다 진전된 논의를 전개한다.

또한 순선한 리의 현실적 실현 조건으로서 심의 구조화에 관심을 기울인다. 심에 리가 자재되어 있다는 것은 결국 인간의 도덕성이 심의 실천적인 능력을 통해 발현된다는 것이고, 이때 실천적 능력은 심의 기적(氣的)인 측면에 해당한다. 따라서 리의 실현과 관련된 심의

---

1 기정진은 심과 명덕에 대해 본격적으로 별도의 논저를 저술하지는 않았다. 하지만 여러 제자들과 교유 인사들과의 서신 왕래 및 문답 등을 통해 심과 명덕에 대한 입장을 제시하였고, 이러한 내용은 제자들이 편집한 『답문류편』 권3에 「심성정(心性情)」, 「형기신리(形氣神理)」 등의 별도 항목으로 편집되어 있다.

2 기정진은 성과 리를 뚜렷하게 구별하지 않는다. 그는 "성은 곧 리이다. 하늘에 있는 것을 리라 하고, 사람에 있는 것을 성이라 하니, 이름은 다르지만 실질은 같음을 말할 뿐이다"(「答問類編」 권8 「答金以權」)라고 하여 성즉리의 성리학적 명제를 계승한다. 특히 기호학파에서 성을 기중지리(氣中之理)라고 하여 리와 성을 구분해 보는 것과는 달리, 자연 세계 전체의 원리인 리는 동일성의 원리로서 리(理一之理)와 다양성의 원리인 분(分殊之理)이 통일되어 있다고 보기 때문에 리와 성은 다른 범주이지만 그 실제 내용에 있어서는 다르지 않다고 파악하여 성과 리를 구분하지 않는다. 그리고 성보다는 리를 주로 하여 인물성동이론에 대한 자신의 견해를 피력한다.

기적인 측면은 리기론에서 리의 기에 대한 절대적 주재가 확보될 수 있는 존재론적 측면을 반영해야 한다. 기정진은 심의 이러한 면에 대해 상론(詳論)하여 기에 대한 차별적 이해를 전개하고, 현실적으로 능연지력(能然之力)을 갖추지 못한 순선한 리의 발현을 담보하는 기의 순수성을 확보하기 위해 명덕(明德) 개념을 끌어들인다.

기정진에게 있어 심과 명덕에 대한 논의는 그의 리기론에서 보였던 원리적 측면에서의 체계화가 현실 세계에서 어떻게 실현될 수 있는가라는 측면과 밀접한 관련이 있다. 보편적 도덕 원리로서의 리를 현실에서 구현할 수 있는 이론적 토대가 바로 심에 대한 이해와 직결되기 때문이다. 또한 기정진의 심에 대한 논의는 18세기 호락논쟁에서 드러난 성론(性論)과 심론(心論)의 부정합성에 대한 문제도 해결하고자 하는 측면이 드러난다고 평가할 수 있다.[3]

(1) 형질(形質), 기질(氣質) 그리고 심(心)

기정진의 여러 저작들을 살펴볼 때 기(氣) 내지 기질(氣質)과 관련된 내용이 함축적으로 집약된 저술은 76세 때 저술한 「형질기질설(形質氣質說)」뿐이라고 할 수 있을 정도로 많지 않다. 이 저술도 그의 3대 제자 중 한 사람인 정의림의 질문이 계기가 되어 저술한 것이어서 그가 자신의 이론 체계를 구성하면서 기(기질)와 관련된 독립적인 저술의 필요성을 절실히 느꼈다고는 보기 어려운 측면이 있다. 하지만 리의 주재성을 아무리 강조한다고 하더라도 그 현실적 소재처이자 구체적인 힘을 가진 기(기질)와 관련된 논의를 하지 않을 수 없다는

---

3 윤사순 교수는 「인성 물성 동이논변에 대한 사상사적 고찰」(1999년 동양철학회 하계 학술대회 발표논문)에서 리와 기 어느 한 견지만 택한 상태에서는 심론에서는 성론(性論) 차원의 주장과 일치하는 정합성을 갖춘 논거를 동이론 모두 제시하지 못했다고 평가하였다. 인물성동이론에서 성론과 심론의 부정합성에 대한 논의는 김현의 「녹문 임성주의 사상 연구」(고려대학교 박사학위논문, 1991)와 안영상의 「외암 인간의 인물성동론과 이성이심론」(『인성물성론』, 한국사상사연구회 편, 한길사, 1994) 참조.

측면에서 내용이 많지 않다고 하여 그가 이 주제에 대해 관심이 없었다고 보기는 어렵다. 더구나 리(성)의 현실적 소재처이고 몸(신)의 주재인 심에 대한 논의는 반드시 기와의 관련성 속에서 이루어져야 하기 때문에 기(기질)의 논의는 리와 더불어 반드시 논의되어야 할 부분이다.

기정진은 기질에 대한 논의를 심과의 관련 하에서 끌어내고 있다. 이것은 그가 리기론에서 상대적으로 간과했던 기에 대한 논의를 심론(心論)의 전개를 통해 일정 정도 확립하고 있음을 보여주는 것이라 할 수 있다.[4] 먼저 그는 구체적인 형체를 갖춘 존재를 현상적으로 드러나는 소재인 기질(氣質)을 통해 설명한다.

> 무릇 형(形)이라고 하는 것은 모두 체질변(體質邊)에 속하므로 형질(形質)이라고 말하니, 형(形) 이외에 별도로 질(質)이 있는 것이 아니다. 기질이라고 말하는 것은 기와 질을 상대한 것이다. 무릇 유행하는 것은 기이고, 무릇 응정(凝定)하는 것은 질이다. 기는 스스로 기이고, 질은 스스로 질이니 일시에 병거하여 글을 이루어 기질이라 말한다. 질이라고 하는 것은 즉 형질을 가리켜 말한 것이니, 형질 이외에 별도로 기질의 질이 있는 것이 아니다. 지금 곧 형질과 기질을 상하(上下)로 대거하니 형이 스스로 하나의 질이 되고, 기가 스스로 하나의 질이 되니 가하겠는가? 가하지 않겠는가?[5]

---

4 그가 이기론에서 상대적으로 소홀히 했던 기에 대한 논의를 심론을 통해 전개하는 것은 리라는 것은 결국 인간의 도덕 능력이 가능적 원리로만 존재하는 것이고, 그 구체적인 실천 능력은 심에 의해 드러나기 때문에 기질에 대한 명확한 논의 없이는 리의 구현에 문제가 있다고 판단했기 때문이라 생각된다.

5 『蘆沙先生全集』 卷16, 30a, 「形質氣質說」, "凡有形者, 皆屬體質邊, 故曰形質. 非形之外別有質也. 氣質云者, 氣與質對, 凡流行者是氣, 凡凝定者是質. 氣自氣 質自質, 一時幷擧成文而曰氣質. 質字卽指形質而言, 非形質之外別有氣質之質也. 今乃以形質氣質 上下對擧, 以爲形自有一質 氣自有一質, 可乎不可乎."

위의 설명에 따르면 구체적인 형체를 이룬 사물은 기와 질로 구성되어 있다. 이때 기는 유위(有爲)한 측면, 즉 운동성을 가지고 유행하는 것이고, 질은 유형(有形)한 측면, 즉 구체적인 형체를 이룬 질료적인 것으로 규정된다. 기질의 유형유위는 각각 기와 질을 상대한 것이고, 기는 스스로 기이고 질은 스스로 질이라고 하여 양자가 서로 다른 성격임을 분명히 하였다. 이것은 기질을 질료적 측면과 운동적 측면으로 각각 분석하여 이것이 현실적으로 존재하고 있음을 명시한 것으로 이해할 수 있다. 기정진의 기질에 대한 논의는 현실상에서 드러나는 기의 질료성과 운동성에 대한 논의에 한정된다. 그가 기를 본원으로까지 소급하지 않은 것은 결국 본원으로서의 기를 상정하면 리의 위상과 대등한 본원적 존재로서 기를 상정하는 것이 되고, 이것은 그가 리기론에서 본령적 존재는 리일 뿐이라고 한 리기 관계에 문제가 발생할 수 있다고 보았기 때문인 것으로 판단된다.

기정진이 제시하는 기질과 형질에 대한 논의는 단순히 세계 구성의 요소로서 접근하는 것이 아니라 인간을 구성하는 요소 내지 심과의 관련성에 초점을 맞추어 진행된다. 다시 말해 인간의 몸을 구성하는 요소로서 형질과 기질에 주목하면서도, 동시에 기질의 청탁수박(淸濁粹駁)만을 도덕적 잣대로서 판단하는 것에 대해 주의를 환기시킨다.[6]

나아가 그는 기질을 심과 연계하여 논의를 전개한다. "인간은 다만

---

6 기정진은 기질과 인간의 현우(賢愚)를 관련지어 이해하는 당시의 논의에 대해 비판적으로 접근한다. 기는 인간의 몸에 있어서 양이고 질은 음이라고 전제하고, 음양이 순수하여 잡된 것이 없고, 맑아서 탁한 것이 없으면 그 정영(精英)의 발하는 것이 반드시 밝고 맑은 것에 도달하지만, 섞이고 탁한 것은 오히려 반대이니 현명하게 되고 어리석게 되는 것은 모두 여기에 달려 있다고 한다. 이때 주목되는 것은 기질의 청탁수박 자체가 아니라 청탁수박에 따라 정영, 즉 심이 발하는 것이 제대로 발하느냐의 여부에 따라 현명하고 어리석음이 판별된다는 것이다. (『蘆沙先生文集』卷16, 31a, 「形質氣質說」 참조) 이것은 추후 논의되겠지만 심에 갖추어져 있는 것은 리로서의 성이고, 발하는 것은 원리적으로 성이므로 현명하고 어리석음은 성이 제대로 발현되느냐의 여부에 달려 있는 것으로 귀결된다고 하겠다. 따라서 기질의 청탁수박 여부가 직접적인 현명함과 어리석음의 판단 잣대는 아니라고 보아야 할 것이다.

하나의 신(身, 몸)과 심(心, 마음)이 있을 뿐이다. 몸이라는 것은 기질이
모인 것(團聚)이고, 심은 그 영한 것(靈處)이다. 어찌 일찍이 이 한 몸(一
身)의 기질을 버리고 별도로 현공한 기질이 있겠는가?"[7]라고 하여 기
질과의 관련 속에서 인간의 심신(心身)을 검토하였다.

> 이른바 심(心)이라는 것은 어떤 물(物)인가? 바로 일신(一身)의 정영(精
> 英)이다. 신(身)이란 어떤 물인가? 곧 기질이 모인 것이다. 안으로 오장
> (五臟)으로부터 밖으로 백체(百體)에 이르기까지 질(質)이 아닌 것이 하
> 나도 없고, 형질의 이면(裏面)에서 승강유통(陞降流通)하는 것은 기가
> 아닌 것이 하나도 없는 것이니, 기질이라고 말하면 일신을 다한 것이
> 다. 몸에서 두루 기질을 제거하면 이 몸이 없는 것이고, 이 몸이 없으
> 면 이 사람도 없는 것이다. 이 몸이 없고 이 사람이 없는데 또한 어찌
> 이 마음이 있겠는가?[8]

인간을 구성하는 요소로 기질에 주목하여 심과 신을 일관적 관련
성 속에서 주목하면서도, 심을 차별화하여 이해하고 있다. 인간은 신
(身)과 심(心)의 합에 의해 이루어지고, 이때 심신은 모두 기질이 응취
된 것이지만, 심은 기질이 응취된 신(身)과는 차별적이라는 것이다. 그
래서 심을 일신(一身)에 있어 정영(精英)이라고 규정하는 것이다. 이러
한 그의 이해는 비록 심이 신에 내재되어 있어 기질과 관련될 수밖에
없지만, 그 역할과 기능에 있어서는 다름을 암시하면서도, 심(心)의 현
실적 소재가 신(身)이고, 심이 비록 구체적인 형질을 갖추지 않고 승

---

7 『蘆沙先生全集』,「答問類編」 卷3, 9a, "人只有一箇身與心. 身者 氣質之團聚也,
  心則其靈處也, 何嘗舍此一身之氣質而別有懸空之氣質也."
8 『蘆沙先生文集』 卷16, 31a,「形質氣質說」, "夫所謂心者何物, 卽一身之精英. 身者
  何物, 乃氣質之團聚內, 自五臟外, 至百體, 無一而非質者, 陞降流通於形質之裏面
  者, 無一而非氣者, 故言氣質, 則一身盡之矣. 除却周身之氣質, 則無此身也, 無此
  身, 則無此人也, 無此身無此人, 則又安有此心乎."

강유통하는 기라고 하더라도 신을 떠나 존재하는 것은 아니라고 하여 그 실재성을 확보하고자 하는 의도라 하겠다.

심을 일신(一身)의 정영이라 전제한 것은 앞서 지적한 바와 같이 신과는 차별화된 심을 확인하고자 한 것이다. 왜냐하면 일신의 주재가 바로 심이기 때문이다. 기질과의 관련성 속에서도 심을 차별적으로 규정하는 것은 심이 단순히 몸의 일부가 아니라 육체와 대비되는 인간의 의식 내지 의식 작용 일반을 지칭한다는 일반적인 성리학적 사고를 수용하고 있음을 드러내는 것이라 할 수 있다. 그래서 기정진은 심을 심리적 정신적 주체로 간주하고, 심을 구성하는 기를 차별적으로 규정한다. "혈(血)의 영(靈)을 '정(精)'이라 하고, 기의 영을 '신(神)'이라 말하는데, 이는 곧 심(心)의 지반이다. 그 안에 온갖 이치(衆理)를 갖추고 있어 바야흐로 심이라 이른다"[9]라고 하여 보다 구체적인 심에 대한 규정을 가한다. 심은 정신 작용의 주체이기 때문에 심의 지반은 혈과 기의 영(靈), 즉 정신이라는 것이다. 아울러 심의 지반이 되는 정신 안에는 온갖 이치(衆理)를 갖추고 있다는 것을 잊지 않고 제시한다.

이러한 그의 설명은 기본적으로 심을 존재론적으로 구성하고자 하는 것이다. 심은 범론하면 이 세계에 실재하는 것이고, 특히 인간의 몸 속에 있는 것이기 때문에 신(身)과 일정한 관련을 가지고 있다. 즉 존재론적인 구성상 리기의 합이고, 이때 심은 기질과 관련을 맺고 있다는 것이다. 그렇지만 일반적인 존재물과는 달리 심의 기는 차별화된다. 즉 혈(血)과 기의 영(靈)한 '정영(精英)'이라고 규정하여 기적인 측면에서 차별적으로 존재한다고 보는 것이다. 이에 더하여 여러 이치를 갖추고 있음을 제시하여 리기일체로서의 존재임을 확인하는 것이

---

9 『蘆沙先生全集』,「答問類編」卷3, 2b, "血之靈曰精, 氣之靈曰神, 卽心之地盤也. 其中有該載衆理方謂之心."

244

다. 그래서 기정진은 기호학파에서 승인하는 이이의 명제인 '심시기
(心是氣)'를 자칫 심을 기만으로 이해하는 데에 대해 우려를 표시하고
비판적으로 접근한다. 즉 심은 현상세계에 실재하는 것이기 때문에
존재론적으로 리와 기의 합일 수밖에 없다는 것이다. 그래서 그는 심
을 기만으로 설명하는 데 반대하여 심의 본지(本旨)를 다음과 같이 설
명한다.

> 만약 심이라고 하는 것의 본지를 해석하고자 한다면, 심은 곧 기의 영
> 처(靈處)로서 중리(衆理)를 갖추고 만사(萬事)에 응(應)하는 체(體)와 용
> (用)이 있다. 어찌 하나의 기(氣) 자만으로 이해될 바이겠는가? 호흡과
> 몸을 보양하는 혈기(榮衛)가 이 기 아님이 없으니, 모두 심이라 할 수
> 있겠는가?[10]

　심은 기의 영처이기 때문에 차별화된 기이고, 동시에 온갖 이치를
갖추어 만사에 응하는 구체적인 대상이라는 것이다. 구성상 리기의
합이지만 심을 구성하는 기는 일반 기와는 다른 차별화된 기이고, 존
재와 당위의 원리인 리를 갖추고 있기 때문에 기만으로 규정될 수 없
다는 것이다. 이것은 심을 기의 정상(精爽)으로 규정하여 파악하는 성
리학 일반론을 계승하는 면모라 할 수 있다.[11]
　여기에서 주목되는 것 중 하나는 '심은 리를 갖추어 만사에 응하는
체용(體用)이 있다'는 것이다. 이것은 심이 구성상 기의 측면 이외에
리의 측면이 있음을 의미하는 것이면서 동시에 그의 심에 대한 논의
가 기적인 측면에 한정되지 않음을 보여주는 단초가 된다. 만약 만사

---

10 『蘆沙先生全集』, 「答問類編」 卷3, 3b, "若欲解釋心字本旨, 則心乃氣之靈處, 有
　具衆理應萬事之體用, 豈一氣字, 所可了乎? 呼吸榮衛未嘗不是氣, 則皆可謂之心
　乎?"
11 『蘆沙先生全集』 卷11, 「答崔元則」, "心卽氣之精爽也."

에 대응하는 체용을 기의 속성인 유위성만으로 이해하면 사람의 호흡이나 몸을 보양하는 혈기, 즉 기의 유위성이 드러나는 것도 심이라고 해야 하지만, 그렇지 않다는 것이다. 심을 구성하는 기의 작용성만으로 심을 이해한다면, 이것은 인간의 심리 지각을 단순한 생리작용과 동일시하는 우를 범하게 된다는 것을 경계한 것이다. 그래서 기정진은 심의 작용은 리와 밀접한 관련성이 있다고 판단하여 기만으로 이해될 수 없다고 보는 것이다.[12] 따라서 심은 구성상 리와 기의 합이고, 심의 체용은 리와 기의 양 요소를 고려한 바탕 위에서 이루어지는 것이다. 이때 심을 구성하는 요소인 기질과 관련하여 "대개 심은 기 일층보다 영(靈)하고, 체질은 기 일층보다 무겁고 탁하다"[13]라고 하여 심은 승강유통하는 기보다 영한 존재로 보면서, 동시에 기를 구체적인 형질을 이루는 체질보다는 우위에 있는 것으로 파악한다. 이것은 기만으로 구성되지 않은 심을 기와 달리 영(靈)하다고 하여 기와는 차별적으로 파악하고, 동시에 심을 이루는 기를 구체적인 체질과는 다른 것으로 규정하여 활동성에 주목한 것이라 이해할 수 있다.

이러한 기질과의 관련 하에 심을 규정하고, 나아가 리와 기의 합을 통해 심을 구조적으로 확인하는 것은 그가 리기일체를 기반으로 존재와 현상을 설명했던 방식의 일관된 논리 전개이다. 그리고 기호학파의 '심시기' 명제를 존재론적으로 이해하는 것에 대한 비판적 태도라 할 수 있다. 심은 존재상 기적인 측면과 결부되어 있지만, 갖추고 있는 것은 리이기 때문에 존재론적으로 어느 한 요소만으로 규정할 수 없으며, 또한 그 작용에서도 리의 측면—기에 대한 리의 주재에

---

12 이러한 그의 입장을 기호계열의 심론(心論) 중 대표적인 명제인 '심시기(心是氣)'에 대한 부정이라고 판단할 수는 없다. 원래 이이도 심의 존재론적 구성은 리기의 합으로 규정하였다. 다만 '심시기'를 제기한 것은 수양과 관련하여 현실적인 변화 가능성에 주목했기 때문이다.

13 『蘆沙先生全集』, 「答問類編」 卷3, 4a, "蓋心靈於氣一層, 體質重濁於氣一層矣."

따른 작용이 간과될 수 없음을 확인하는 것이다. 따라서 그는 "심은 비록 기가 나누어진 일(氣分事)이지만, 심에 갖추어져 있는 것은 성 (性)"[14]이라고 하여, 심이 구체적으로 실재하고 있고, 동시에 다른 존재와는 달리 리를 갖추고 있어 차별화됨을 강조하였던 것이다. 심을 단순히 기로 규정할 수 있지만[15] 심의 본지는 차별화된 기로서[16] 리를 갖추고 있다는 것이 그의 기본 입장인 셈이다.

(2) 심과 성

리기 체계에서 기에 대한 리의 주재에 주목했던 기정진은 심론의 전개에 있어서도 '주재성(主宰性)'에 주목하여 논의를 전개한다. 즉 '인간의 모든 행동을 주재하는 것이 심'이라는 각도에서 심에 주목하는 것이다. 그래서 그는 주희(朱熹)가 제시했던 "성(性)은 태극(太極)과 같고, 심(心)은 음양(陰陽)과 같다"는 명제에 대해 자신의 입장을 견지하며 심에 대한 논의를 피력한다.

> 모름지기 두 개의 같다(猶字) 것은 또한 다만 절반만 얻은 것을 알아야 한다. 그 실(實)은 '성은 곧 태극이고, 심은 곧 음양이다.' 태극은 움직이고 고요한 것의 묘(妙)이고, 음양은 동정의 체(體)인데 어째서 이렇게 말하는가? 이 묘(태극)가 없으면 음양이 나오지 않고, 이 체(음양)가 없으면 태극이 괘탑(掛搭)할 곳이 없다. 하늘에 있어 태극음양이라 말하고 사람에게 있어 심성(心性)이라고 말하니 이 물사(物事) 이외에 다른 물사가 없으므로 태극에 즉하고 음양에 즉한다고 말하는 것이 이것이다. 만약 그 가운데 하늘과 사람을 분별하여 말하면 인간에게 있어 심성은 하늘에 있어 태극음양과 같다고 말하니 그러므로 태극과

---

14 『蘆沙先生全集』 卷16, 19b, 「納凉私議」, "心雖氣分事, 而乃所具則性也."
15 『蘆沙先生全集』 「答問類編」 卷3, 4a, "以心謂氣, 姑以論心性界至, 則有何不可."
16 『蘆沙先生全集』 卷11, 「答崔元則」, "心卽氣之精爽也."

같고 음양과 같다고 말한 것이 이것이다. 이것은 하늘과 사람을 혼동하여 말한 것이 아니므로 말한 것이 반만 얻는다고 하는 것이다. 태극이 양의(兩儀)를 낳는다는 것은 혼동설(混同說)이다. 혼동설은 조화의 본원이 리에 있으므로 그 중함이 리에게로 돌아가니 '태극이 음양을 낳는다(太極生兩儀)'라고 말하는 것이다. 심성통정(心統性情)은 인신상(人身上)의 설명이다. 사람 몸(人身)으로부터 말하면 동작과 운용(運用)이 주가 되므로 그 중함이 심에게로 돌아가니 심통성정이라고 말하는 것이다.[17]

리기일체를 통해 리와 기의 존재론적 필연성을 강조했던 것과 마찬가지로 심과 성도 마찬가지라는 논지이다. 리인 태극은 운동 변화의 묘이고, 기인 음양은 이러한 리가 소재하는 곳이기 때문에 필수불가결한 요소라는 것을 전제하고, '성은 태극과 같고, 심은 음양과 같다'라는 명제는 사람과 하늘을 분별하여 말한 것이므로 비록 내용은 어긋난 것은 아니지만 완전하지 않다고 보아 그 반만 얻은 것이라고 평가하였다. 이때 얻은 의미는 리와 기, 즉 성과 심의 불리(不離)를 드러냈을 뿐이라는 것이다. 심과 성의 관계는 태극과 음양의 관계처럼 "하나이면서 둘이고, 둘이면서 하나"라고 하여 심과 성의 불리(不離) 부잡(不雜)의 관계를 태극과 음양의 관계에서 차용한 것이라는 의미이다.[18]

---

17 『蘆沙先生全集』, 「答問類編」, 卷3, 3b~4a, "朱子曰性猶太極 心猶陰陽, 太極生兩儀, 而心却統性情, 何也?(羅壽圭 問)" "須知兩箇猶字, 亦只說得一半. 其實則性卽太極, 心卽陰陽耳, 何以言之. 太極是動靜之妙, 陰陽是動靜之體, 無是妙則做陰陽不出, 無是體則太極亦無掛搭處矣. 在天曰太極陰陽, 在人曰心性, 此物事之外更無他物事, 故曰性卽太極卽陰陽者此也. 若就其中分別天人而言之, 則在人之心性有在天之太極陰陽, 故曰猶太極猶陰陽者此也, 此非混同天人而言之, 故曰只說得一半也. 太極生兩儀是混同說. 混同說則造化本原在理, 故重於理, 而曰太極生兩儀. 心統性情是人身上說, 自人身而言, 則動作運用爲主, 故歸重於心, 而曰心統性情."

18 『朱子語類』上, 卷37 「性理2, 性情心意等名義」, "性猶太極也, 心猶陰陽也. 太極之在陰陽之中, 非能離陰陽也. 然至論太極, 自是太極, 陰陽自是陰陽. 惟性與心亦

하지만 기정진이 주목한 것은 리와 기의 불리성에 그치는 것이 아니다. 하늘과 사람, 리와 기를 뒤섞어 말하는 관점이 중요하다는 것이다. 그래서 제기된 것이 혼동설이고, 그래서 혼동설이 적용되면 조화의 본원이 태극에 있기 때문에 태극이 양의를 낳는다고 말하고, 사람에게 있어서는 동작과 운용이라는 현실적인 행위에 주(主)가 되기 때문에 심이 중(重)하게 되어 성과 정을 통섭한다는 심통성정(心統性情)이라는 명제가 드러난다는 것이다.

그의 이러한 입장은 현실 세계의 주체인 인간에 있어 그 중심은 행위이고, 그 행위의 주체는 심이라는 생각에서 비롯된 것이다. 성이 비록 리(태극)로서 조화의 본원이지만 현실상에 있어서는 구체적으로 작용하는 것이 아니기 때문에 기와 불리(不離)의 관계에 있으면서 그 발용의 주체인 심에 주목하고 있는 것이다. 하지만 여기에서도 간과해서는 안 되는 대목은 심이 사람 몸(人身)의 주재이지만, 그 주재가 가능하기 위해서는 성(理)이 전제되어야 한다는 인식이 전제되고 있다는 것이다. 사람 몸에 있어서 주재인 심이 현실상에서 중함을 가지고 있지만, 그것은 심에 리가 자재되어 있기 때문이라는 것이다. 따라서 기정진이 취하는 입장은 인간에게 있어 리로서의 성이 자재되어 있는 소재처는 '심'임을 확인하고, 나아가 사람의 행동을 주재하는 심의 위상을 강화하여 현실 세계에서 리를 실현하는 주체로서의 심을 확인하는 것이다. 그래서 기정진은 존재와 당위의 원리이자 법칙인 리가 심에 매개되어 있음을 거듭 강조하여, "소이연(所以然)은 그 원두를 말한 것이고, 소당연(所當然)은 그 실체를 말한 것이니, 모두 물(物)의 리이고 심(心)에 갖추어져 있다"[19]고 하였다. 존재 세계의 물리적 법칙이자 인간 행위에 있어 당위의 원리인 리는 모두 심에 갖추

然. 所謂一而二, 二而一也."
19 『蘆沙先生全集』, 「答問類編」 卷3, 5a, "所以然言其原頭, 所當然言其實體, 皆物之理而具於心."

어져 있음을 강조하여 인간에게 있어 리(性)의 현실적 소재를 확인하고, 이를 통해 심의 위상을 현실 세계의 주체로서 자리매김하는 것이다. 따라서 심이 중하게 된 이유는 리가 갖추어져 있다는 논리로 연결된다.

기정진은 당시 심이 중하게 되는 것이 단순히 차별화된 기, 즉 기의 영(靈) 때문에 비롯된 것이 아님을 분명히 한다. 심이 비록 기질 중에서 차별화된 기로 구성되어 있지만, 그것만으로 심이 중하게 되는 것은 아니라는 것이다. 심이 기질의 영처(靈處)이고, 심을 이루는 기가 기의 정상(精爽)이지만, 기의 영함은 리 때문에 그렇게 된다는 것이다.

> 리가 있는 까닭에 영(靈)하지만 영함을 곧 리라고 하는 것은 불가하다.
> 대개 이곳에서 조금 어긋나면 기를 리로 여기는 데로 들어간다.[20]

심에 리가 있기 때문에 영(靈)하지만, 영함이 곧 리가 아니라는 것은 결국 리를 중시하는 태도를 보이면서도 리만을 따로 떼어놓고 심을 파악하지 않으려는 태도라 할 수 있다. 이이(李珥)의 경우, 심의 허령함은 성이 있어서 그런 것만이 아니라, 지극히 통(通)하고 지극히 바른(至通至正) 기가 응취해서 심이 되기 때문에 허령한 것이라고 하여 허령의 중심을 기에 두었다.[21] 이와는 달리 기정진은 리 자체를 영한 것으로 보지 않고, 다만 기에 리가 있음으로 해서 영하다는 것으로 규정하고 있다. 이것은 심의 영(靈)에 대한 원인을 리에 두면서도 리 자체가 아닌, 현실적 행위의 주체인 심을 중시하려는 태도이

---

20 『蘆沙先生全集』,「答問類編」卷3, 11a, "有理故靈, 而不可謂靈便是理. 蓋此處小差, 則入於認氣爲理."
21 『栗谷全書』卷31,「語錄」上, "心之虛靈, 不特有性而然也, 至通至正之氣凝而爲心, 故虛靈也."

고, 원리적 구조화를 염두에 두면서 현실적 특성을 놓치지 않으려는 태도라 평가할 수 있다. 즉 리기일체에서 기에 대한 리의 주재를 확보한 논리를 적용하여, 논리적으로 심의 영함의 원인을 리에 두면서 현실적인 작용의 주체인 심을 강조하여 심의 특성에 영함을 두어 사람 몸의 주재로서 심을 강화하려는 태도이다. 자칫 리를 영하다고 한다면 사람 몸을 주재하는 심이 가지는 발용의 측면이 반감될 수 있다는 점을 고려한 태도라 하겠다.

하지만 여기에도 좀 더 진전된 논의가 요구된다. 리를 갖추고 있는 심이 리로 인해 영하지만, '과연 리를 온전히 발현할 수 있는가?'라는 것이다. 심이 중시되는 것은 사람 몸을 주재하기 때문이고, 이 주재가 가능하게 되는 요인은 리가 있기 때문이라는 논리 속에서 기정진은 리 자체가 아니라 심을 강조하였다. 현실 세계에서 인간의 행위라는 실제적인 발용의 측면에 주목한 결과이다.

이때 심은 리도 갖추고 있지만 그 기반은 기질(氣質)이다. 사람 몸(人身)이라는 현실적 존재는 기와 질이라는 구체적인 물(物)이고, 거기에 있는 심이 승강유통하는 기적인 측면에서 작용을 가진다고 할 때, 이것이 과연 리의 실현에 장애 요소가 되지 않을 수 있는가라는 것이다. 기정진은 심을 구체적인 형질에 소재되어 있다는 점에서 기질과 관련하여 설명한 것은 심의 현실적 소재를 확인한 것이고, 리가 자재되어 있음을 통해 심의 위상을 확보했지만, 기질이라는 측면은 자칫 리의 실현에 있어서는 장애 요소가 될 수 있다. 순선한 도덕적 원리를 갖추고 있는 심이 이 리를 발현하기 위해서는 기질의 장애를 받아서는 안 되는 것이고, 구체적 형질에 존재한다는 것은 리의 발현에 장애 요소로 작용할 수 있음을 의미하는 것이라 할 수 있기 때문이다. 이러한 문제점에 주목한 기정진은 심론의 연장선상에서 '명덕(明德)' 개념을 끌어들여 이 문제에 대해 해명한다.

(3) 심의 본체로서의 명덕

기정진은 심은 사람 몸(一身)의 주재(主宰)이고, 심을 구성하는 기는 일종의 순수한 기인 기의 정상(精爽)이라고 규정하였다.[22] 리가 갖추어져 있으면서 동시에 구성상 기와 관련되어 있는 심의 구체적인 소재는 기질의 응취인 사람 몸(身)이다. 이것은 심이 육체적인 욕망과 결부된 기질과의 관련 하에 놓여 있음을 의미하는 것이다.

기본적으로 성리학에서는 리의 주재를 벗어난 기의 과불급에 의해 악(惡)이 발생한다고 본다. 따라서 리의 주재가 아무리 강조되어도 현실적 작용력을 가지지 않기 때문에 현실적 작용을 하는 기와 관련을 맺을 수밖에 없고, 따라서 현상세계에서 기의 과불급이 발생하고, 현실적으로 악은 존재한다. 기정진도 이러한 논의를 수용하여 리의 주재가 완전히 관철되지 않는 기가 있을 수 있다고 본다.[23] 이러한 논리는 결국 심을 구성하는 기와 그것의 소재인 몸(身)이 과불급의 현상을 초래할 가능성을 가진 존재가 됨을 의미한다고 할 수 있다. 이럴 경우 심은 기의 용사(用事)에 의해 존재와 당위의 원리로서 리를 현실 세계에서 완전히 드러낼 수 없는 구조적 한계를 원천적으로 가지게 된다.

모든 인간이 도덕적 원리를 실현할 수 있는 현실적 주체인 심은 모든 도덕적 이치를 갖추어 삶을 영위하지만, 심이 구조적으로 기질과 연관되어 있다는 것은 아무리 기에 대한 리의 주재를 강조한다고 하더라도 리가 기에 의해 왜곡될 수 있는 원천적 구조화의 문제를 지님을 의미하는 것이다. 그래서 기정진은 "심에는 기질이 있어 심

---

22 『蘆沙先生全集』, 「答問類編」 卷6, 16b, "心卽氣之精爽也."

23 기정진의 리기심성론 체계에서 가장 문제가 되는 것 중 하나가 현실적 악의 발생에 대한 해명이다. 기정진의 리기 체계에 따르면 리는 기에 대해 철저한 주재를 가진다. 즉 기의 운동 변화는 모두 리의 사지(使之)에 따른다는 것이다. 그런데 현실적인 악은 리의 주재를 벗어난 기의 운동 변화가 있음을 의미하는 것이고, 이렇게 되면 리의 주재는 약화될 수밖에 없음을 의미한다. 이에 대한 문제는 박학래, 「기정진 성리설에 있어서의 선악문제」, 『민족문화연구』 36, 2002 참조.

252

을 가림이 있다. 오직 하늘의 본심을 얻으니 마땅히 '명덕(明德)'이라 칭한다"[24]고 하여 하늘로부터 부여받은 본심으로서 명덕 개념을 제시한다.

> 명덕(明德)은 심이다. 심을 말하지 않고 명덕이라 말한 것은 무엇 때문인가? 심을 말하면 기에 구애되고 물(物)에 가려진 심이라도 또한 심이라 이르지 않을 수 없다. 기에 범(犯)하지 않고 물에 범하지 않는 본체를 가리켜 명덕이라 말한다.[25]

심은 기질적 측면으로 인해 기와 물에 구애되고 가려질 수 있어 심에 갖추어진 리의 온전한 발현이 근원적으로 문제를 안고 있기 때문에 순수한 심의 본체로서 명덕을 제시하고 있다. 명덕 개념의 제시는 심을 구조적으로 규정하여 기질과의 관련, 즉 리의 발현을 저해할 수 있는 기나 물을 원천적으로 배제하는 심의 구조화라고 할 수 있다. 즉 기와 물(物)의 영향이 전혀 없는 순수한 본체로서의 명덕이 심의 본체로서 구조화되어 있다는 것이다. 그리고 이때 명덕을 심과 다른 성질의 것이 아니라 심이라고 규정하여 심이 가지는 주재적 측면과 특히 현실적인 발용의 측면을 고려하고 있는 것이다.

하지만 무엇보다도 명덕 개념을 끌어들인 의도는 심이 가지는 구조적 한계를 극복하는 데 있다. 기와 물에 구애받지 않고 심에 자재되어 있는 리의 현실적 발용이 원활히 이루어진 구조를 제시해야만 인간의 도덕적 행위가 가능해질 수 있기 때문이다. 그래서 기정진은 명덕을 심의 본체로 규정하고, 그것이 가지는 위상을 강화하는 방향

---

24 『蘆沙先生全集』,「答問類編」卷6, 19a, "心有氣質有蔽之心, 惟得於天之本心, 乃當明德之稱."
25 『蘆沙先生全集』,「答問類編」卷6, 14a, "明德 心也. 然則不言心而言明德何也. 言心則氣拘物蔽之心, 亦不可不謂之心也. 指其不犯氣不犯物之本體 故曰明德也."

으로 논의를 진행한다. 즉 명덕은 심의 본체이고, 하늘로부터 얻은 것이라 하여 명덕의 위상을 리와 대등한 위치로까지 끌어올리는 것이다.[26] 리를 천명(天命)과 결부지어 규정하는 것과 마찬가지로, 몸의 주재이고 영(靈)한 존재인 심의 본체인 명덕 또한 하늘의 본심에서 얻은 것이라고 하여 현실 세계에서 행위하는 주체인 심의 본체를 순일한 것으로 규정하는 것이다. 이것은 결국 현실 세계에서 행위하고 수양하는 주체는 몸의 주재인 심이고 심은 작위를 하는데, 그 작위하는 주체가 비록 기의 영역에 있다고 하더라도 순일하지 않으면 안 된다는 사고가 반영된 결과라 하겠다. 심의 본체인 명덕은 작위하는 주체인 심의 핵심이고, 이 작위하는 주체가 구조적으로 순선해야 리의 실현이 가능하다고 본 것이다.

인간의 행위와 수양은 현실에서 벌어지는 일이고, 또한 개체적이고 구체적인 사안이다. 인간 개인의 개체적이고 구체적인 행위의 현실적 기반은 작위 능력이 없는 리가 아니라 그 리를 갖추고 있는 심이어야 한다. 따라서 인간 행위와 직결된 구체적인 기제는 기와 관련될 수밖에 없고, 성으로서 리의 실현을 위해서는 그 기가 철저히 리의 주재를 받아들일 수 있는 조건을 갖추어야 한다. 따라서 기정진은 리의 주재가 철저히 수용될 수 있는 구체적인 기반으로서 명덕에 주목하고, 그 명덕을 하늘의 본심에서 얻은 것이라 하여 순수성을 확인하고 있는 것이다. 이것은 리가 가지는 현실적 제약, 즉 능연지력(能然之力)의 부재를 상쇄하고 극복할 수 있는 조건을 하늘의 본심에서 얻어 인간 행위를 주재하는 심의 본체인 명덕—이때 명덕은 하늘의 본심에서 얻어 순수한 것—을 끌어들여 리의 발현의 구조화를 기하는 것이다. 명덕은 구체적이고 개별적인 측면에서는 기와 유사하지만, 하늘로부터 부여받은 것이라는 측면에서는 리와 유사한 점을 제시하

---

26 『蘆沙先生全集』, 「答問類編」 卷6, 19b, "得於天之本心, 方是明德."

여 순선한 리의 현실적 발현이 실현될 수 있는 조건을 구체화하는 것
이다.[27] 구체적인 형질의 구애를 받는 심과는 달리 기와 물에 전혀
영향을 받지 않는 본체로서의 명덕이 심의 본체가 되어 인간은 심에
갖추어져 있는 성으로서의 리를 발현할 수 있게 되는 것이다.

　명덕을 통해 리(性)의 발현을 구조화시키면서 기정진은 명덕이 심
이외의 것일 수는 없다고 확인한다. 그래서 "명덕은 마땅히 심(心) 자
로 보아야 한다. 심은 곧 기의 정상(精爽)이다"라고 설명하고,[28] 나아
가 심과 명덕을 다음과 같이 구분한다.

　　심이라 말하지 않고 명덕이라 말한 것은 무엇 때문인가? 심(心) 자는
　　진망(眞妄)을 갖추고 있고 명덕은 무망(无妄)한 본체를 가리키는 것이
　　다.[29]

　기의 정상인 심은 진망(眞妄)을 갖추고 있고, 명덕은 이러한 심의
본체로서 무망한 것, 즉 거짓이 없는 것임을 명시하고 있다. 심이 허
령불매(虛靈不昧)하고 모든 이치(衆理)를 갖추고 만사(萬事)에 응하는 것
은 심의 본체로서 명덕이 있기 때문이라는 것이다. 기정진은 허령불
매한 명덕과 심의 관계에 대해 체용론(體用論)을 적용하여 명덕을 심
의 체로 규정하지 않고, 체단(體段)의 체로 설명한다.[30] 심의 체용은
심에 자재된 성(性)을 체로 보고, 그것이 발현된 정(情)을 용(用)으로 보
는 것이다.[31] 본체와 작용이라는 측면에서 이해되는 심의 체용론은

---

27 인물성동론자들도 명덕을 이렇게 파악하여 심론을 전개하고 있다. 안영상, 「매산 홍
　　직필의 인물성론과 명덕설」, 『인성물성론』, 한국사상사연구회편, 1994 참조.
28 『蘆沙先生全集』, 「答問類編」 卷6, 14b, "明德當以心字看, 心卽氣之精爽也."
29 『蘆沙先生全集』, 「答問類編」 卷6, 14b, "不曰心而曰明德何也? 心字該眞妄, 明德
　　指无妄之本體也."
30 『蘆沙先生全集』, 「答問類編」 卷6, 17a, "體非體用之體, 乃體段之體."
31 『蘆沙先生全集』, 「答問類編」 卷3 3a, "蓋言性情之外別無體用也."

리로서의 성과 그것의 발현을 각각 본체와 작용으로 규정하여 이해하는 것이다. 이에 반해 명덕을 체단의 체를 규정하는 것은 심을 존재론적으로 구조화하는 설명 형식이다. 즉 심의 구조상 명덕이 본체를 이룬다는 것으로 심의 구조 내에 명덕이 자리하고 있음을 가리키는 것이다. 명덕은 하늘의 본심에서 얻은 심의 구조적 한 부분이기 때문에 그것이 심의 발현, 즉 내용을 규정하는 것은 아니라는 의미를 내포하고 있는 것이다.

그래서 기정진은 주희의 『대학(大學)』 장구의 주(註)에서 제시한 "하늘로부터 얻은 것으로 허령불매하여 뭇 이치를 갖추고 모든 물사(物事)에 응할 수 있는 것"이라는 설명을 계승하여 명덕을 본심(本心)이라 하고, 허령불매가 바로 명덕을 설명하는 것이라 이해한다. 마음의 본래 상태인 명덕은 형체를 갖지 않으면서도(虛), 영(靈)하되 조금도 깨닫지 못함이 없다는 것이다. 그래서 "기에 나아가 말하면 뭇 이치를 갖추어 만사에 응하는 것이니 본래 청탁수박이 그 사이에 있는 것이 아니다"[32]라고 하여 명덕을 순수한 기로서 설명하는 것이다.

결국 기정진이 심과 명덕의 차별화, 명덕을 통한 심의 구조화를 통해 리의 주재가 완전히 관철될 수 있는 현실적 토대를 구축하는 것이다. 그리고 인간 행위의 올바른 실현과 수양의 가능성을 제시하고 있는 것이다.

(4) 명덕주리주기설(明德主理主氣說) 비판

기정진이 명덕에 대해 관심을 기울인 것은 리기론에 이은 심론(心論)의 체계화와 관련된 것이기도 하지만, 호락논쟁을 거치면서 '명덕을 리와 기 중 어느 것을 중심으로 이해할 것인가?'라는 논쟁[33]과 맞

---

32 『蘆沙先生全集』, 「答問類編」 卷6, 13b~14a, "明德是本心之異名. 章句虛靈不昧 四字分明. 是就氣言, 而具衆理應萬事, 本不以淸濁粹駁而有間也."

33 명덕을 주리로 볼 것이냐 주기로 볼 것이냐를 두고 임헌회와 김평묵 사이에 논쟁이

256

물려 논의가 진행된 측면이 강하다. 그는 심이나 명덕에 대한 별도의 저술을 하지 않았다. 그리고 주로 주변 인사들과 문인들과의 문답을 통해 이 주제에 대한 자신의 입장을 밝혔다. 이러한 점을 고려한다면, 명덕을 둘러싼 당시 학계의 논쟁에 대해 기정진 자신뿐만 아니라 호남 학계 전반이 관심을 가지고 있었고, 이러한 관심이 심과 명덕에 대한 입장의 제시로 표출되었다고 보아야 할 것이다.

기정진은 기호학계의 주요 논쟁점 중 하나였던 명덕에 대한 논의에서 분명한 자기 입장을 제시하였다. 명덕은 심과 연관되어 있기 때문에 심시기(心是氣)의 전통 하에 놓여 있던 당시 기호학계에서는 '명덕을 기로 볼 수 있는가'라는 문제가 제기될 수 있다. 그리고 실제로 명덕을 심의 본체로 규정한다고 하더라도 '명덕을 기로 볼 수 있지 않은가?'라는 문제가 제기되었다. 그래서 기정진은 먼저 '명덕주기설 (明德主氣說)'에 대한 비판적 견해를 제시하였다. 심을 기의 정상이라고 규정하였기 때문에 심의 본체인 명덕 또한 기의 정상이라고 볼 수 있다는 문제 제기에 대해 기정진은 '명덕의 뜻은 본심이 최적'이라 전제하고 다음과 같이 설명한다.

> 심은 기의 정상(精爽)이다. 그러므로 근세에 이것으로 인해 명덕은 기라는 설이 있다. 그러면 명덕을 밝힌다(明明德)는 것은 기를 밝히는 것인가? 성문(聖門)에 일찍이 기를 밝히는 학문(明氣之學)이 어찌 있겠는가?[34]

벌어졌다. 임헌회는 명덕은 심이고 명덕을 리라고 한다면 양명(陽明)의 심즉리설(心卽理說)이 된다고 하여 명덕을 리를 담고 있는 그릇이라고 보아 명덕주기설을 주장하였고, 김평묵은 심통성정(心統性情)의 논리를 바탕으로 심의 리가 바로 명덕이라 하여 명덕주리설을 주장하였다.

34 『蘆沙先生全集』, 「答問類編」 卷6, 17b, "明德之訓本心二字最的, 心是氣之精爽 故近世因有明德是氣之說 然則明明德是明氣歟. 聖門曷嘗有明氣之學也."

성리학의 전통적인 이해에 따라 심을 기의 정상으로 규정한 것은 인간의 신체를 이루는 육체적인 것과 차별화하여 정신적인 측면을 고려한 것이다. 그러나 기의 정신적인 측면을 고려하여 심을 구성하는 기를 차별적으로 규정한다고 하더라도 기라는 범주에서 벗어나는 것은 아니다. 따라서 심은 구조상 기를 기반으로 구성되는 것이고, 심의 구조화에 따라 순수성―하늘의 본심으로부터 얻은 것이라는 설명―을 담보하는 명덕이라고 하더라도 기의 범주를 벗어난 것은 아니라고 할 수 있다. 하지만 기정진은 명덕을 기로만 볼 수 없다는 입장이다. 그 증거로 『대학』의 삼강령(三綱領) 중 하나인 '명명덕(明明德)'을 예로 들어, 만약 명덕을 기로 규정한다면 명명덕은 곧 명기(明氣)가 되고 만다는 것이다. 도덕적으로 선악 미정이고 가치중립적인 기를 밝히는 학문은 있을 수 없기 때문에 명덕을 기로만 보아서는 안 된다는 것이다.

하지만 기정진의 이러한 설명은 명덕이 기'만'으로 규정될 수 없음을 의미하는 것이지, 바로 명덕이 '리'라는 것은 아니다. 그래서 기정진은 기만으로 명덕을 규정할 수 없다는 입장에서 벗어나 명덕을 리와 관련하여 규정하고자 한다. "명덕이 단지 기분(氣分)에만 속하는 것이겠는가? 기물(器物)로서 비유하면 기(氣) 자는 다만 그릇만을 가리키는 것이고, 명덕은 물이 담겨 있는 그릇을 가리키는 것이다"[35]라고 말하기도 하고, "생각건대 사람의 본심을 이름하면 명덕이니, 이것에는 반드시 그 까닭이 있다. 내가 일찍이 밥그릇으로 비유하였다. 둥근 주발에 쌀밥이 가득 담긴 것이 명덕이다"[36]라고 설명하기도 한다. 명덕이 하늘로부터 부여받은 기만을 가리키는 것이 아니라 그 속에

---

35 『蘆沙先生全集』, 「答問類編」 卷6, 14b, "明德單屬氣分乎? 曰以器物譬之, 則氣字單指槃盂, 明德指儲水之槃盂."

36 『蘆沙先生全集』, 「答問類編」 卷6, 18a~b, "惟人之本心, 乃名明德, 是必有其故矣. 愚嘗譬之食器, 一圓鉢盂滿載王食者, 是明德也."

는 리가 내재되어 있음을 강조하여 제시하고 있는 것이다.

기정진의 입장에서 명덕은 심의 본체이고, 이때 본체는 체용(體用)의 체가 아니라 체단(體段), 즉 구조상의 체이다. 그리고 명덕을 본심으로 규정한다. 이런 설명 방식은 명덕을 심의 핵심으로 파악하는 것이고, 따라서 심이 존재론적으로 리와 기의 합이기 때문에 명덕도 같은 맥락 하에 있음을 의미하는 것이다. 체용의 체가 아니라 체단의 체이기 때문에 심과 명덕은 체용의 관계가 아니라 체단의 관계이고, 적극적으로 이해하면 심과 구조상 같은 맥락 하에 있는 심의 고갱이라 할 수 있다. 그래서 기정진은 그릇과 그릇에 담긴 물을 예시하여, 기를 그릇에, 그릇과 거기에 담긴 물을 포함하여 명덕으로 규정하는 것이다.[37]

심의 본체를 이루는 명덕이 아무리 하늘로부터 부여받은 순수한 기를 바탕으로 하더라도 그것은 현실 세계에서 구체적인 존재이기 때문에 리와 떨어져 존재할 수 없다. 리기론에서 리기일체를 바탕으로 본원적 존재인 리를 본령으로 본 것과 마찬가지로 명덕이 심의 본체라 하더라도 리와 아무런 관련이 없으면 한낱 기에 불과하게 되고, 이렇게 될 경우, 명덕은 그 존재 의의를 가질 수 없다는 것이 그의 입장인 셈이다. 그래서 명덕을 기만으로 규정하는 것을 비판하고 리와 결부시켜 사고하는 것이다. 명덕은 리를 담고 있음으로 해서 심의 본체가 되는 것이고, 심이 현실적 주체라 하더라도 그 중요성은 리에 두어지게 된다. 따라서 명덕을 기만으로 볼 수 없는 것이고, 명덕은 결국 리기가 일체를 이룬 현실 세계의 구체적인 존재, 즉 인간의 행위와 수양을 주재하는 심의 본체가 되는 것이다.

---

37 앞서 제시하였던 것처럼 심이 허령한 것은 리가 내재되어 있기 때문이다. 그렇지만 리 자체가 허령한 것은 아님을 분명히 하고 있다. 기정진이 생각하는 허령한 것은 리와 기라는 요소 자체가 아니라 그 요소로 구성된 구체적인 존재임을 알 수 있다. 따라서 심의 본체인 명덕을 하나의 요소로만 규정하면 허령성은 배제될 수밖에 없다. 따라서 기나 리 등 단일한 요소로만 명덕을 규정하지 않는 것이다.

명덕을 리와 관련하여 이해하지만 그렇다고 명덕을 리만으로 규정할 수 없다는 것이 기정진의 태도이다. 그래서 그는 명덕을 리로 이해하는 '명덕주리설(明德主理說)'에 대해서도 비판적 입장을 견지한다.

그가 이해하기로는 '만약 명덕을 리'라고만 하면 '심이 곧 리(心卽理)'가 되는 것이고, 이것은 양명설(陽明說)과 같아지게 됨을 의미한다는 것이다. 그래서 기정진은 명덕의 기적(氣的)인 측면을 아울러 제시하여 "기의 정상(精爽)이므로 능히 뭇 이치(衆理)를 갖추는 것이다. (만약 명덕을 리로 본다면) 리로 리를 갖추는 것은 눈으로 눈을 보는 것과 같다"[38]고 하여 명덕을 리로만 규정할 수 없음을 강조하였다.

결국 기정진은 명덕을 기나 리 어느 하나만으로 규정할 수 없음을 제시하고, 리기론에서 일관되게 강조한 리기일체를 통해 심과 명덕에 접근하고 있는 것이다. 심의 본체인 명덕을 순수한 기로서 규정하면서, 동시에 리를 갖추고 있다고 하여, 인간 행위와 수양의 주체로 명덕을 현실에 위치시키고, 나아가 심을 인간 행위와 수양의 주체로서 현실적 주체로 규정하는 것이다.

따라서 명덕은 심의 본체이고 본심이면서 리와 기의 합이기 때문에 심과 마찬가지로 체용을 갖추는 것이 된다.[39] 명덕은 리기일체로서 현실에 심의 본체로 존재하기 때문에 체용을 갖춘 것이고, 심과 다른 차별적 존재가 아니기 때문에 리나 기의 일면적 규정이 있을 수 없다는 것이다.

전반적으로 볼 때 기정진은 심과 명덕에 대해 리기론의 체계에 있어서와 마찬가지로 리기일체를 전제하였다. 그리고 리가 가지는 소이연(所以然)으로서의 측면만을 긍정하여 명덕주기설을 주장하는 논의에

---

38 『蘆沙先生全集』, 「答問類編」 卷6, 16b, "氣之精爽故能具衆理, 理以理如以目視目."
39 『蘆沙集』 卷4, 21b, 「答景道」, "明德該體用而言, 道心單指用之從道理發者而言, 固不同矣. 又明德也, 道心也, 皆此心上說話, 今曰明德理也, 道心亦理也, 以心直謂理, 恐未安."

대해서는 명덕을 기로 보면 명기(明氣)의 학문이 될 수 있다는 점과 아울러 심의 본체인 명덕마저 기로만 규정하면 기에 대한 리의 주재가 완전히 관철되지 못할 가능성에 빠질 우려가 있음을 고려하여 비판하였다고 할 수 있다. 아울러 리의 능연성(能然性)을 전제하여 명덕주리설을 주장하면, 양명의 학설과 유사하게 됨은 물론, 리의 무위와 기의 유위라는 리기론의 원칙에 위배되고, 나아가 리의 주재에 따른 기의 운동 변화만을 말하는 그의 리기론 체계와도 어긋나게 된다고 보았다고 하겠다. 따라서 그는 명덕을 둘러싼 주리와 주기의 논쟁에서 리기일체로서의 명덕을 제시하고, 그 중심 맥락을 리에 두어 논의를 정리한 것이다.

(5) 성범심동이와 심론의 의의

호락논쟁의 쟁점 중 또 다른 하나는 '성인의 마음과 범인의 마음은 같은가? 다른가?(聖凡心 同異)'라는 문제이다. 기정진은 심과 심의 본체로서의 명덕에 대한 자신의 견해를 밝히면서 이 주제에 대해서도 마찬가지로 자신의 입장을 밝혔다.

기본적으로 심은 성인이나 범인이나 모두 가지고 있다. 리 또한 공공한 것이기 때문에 인간이면 누구에게나 있는 것이고, 따라서 리로서의 성도 성인이나 범인에게 차별적으로 존재할 수 없다. 이러한 태도는 성리학자라면 누구나 동의할 수 있는 태도이다. 하지만 관점이나 내용에 따라 입장은 달라질 수 있다. 그래서 기정진은 성인과 범인이 가지는 심의 동이(同異) 문제에 대해 그 구성과 작용을 각각 나누어 제시하고자 한다.

> 심이 비록 기분사(氣分事)이나, 이에 갖춘 바는 성이다. 심이 성을 갖추니, 나의 심과 성인의 심이 동일하다. 심이 성을 다하는 것(盡性)을 못하면 나의 심과 성인의 심이 서로 다르게 된다. 그러므로 그 같음이

나 그 다름은 모두 그 중한 바가 성에 있다. 무릇 그 체단(體段, 즉 구조)[40]은 동일한데 작용(즉 마음을 쓰는 것)이 상이함은 원래 기품(氣稟)의 미오(美惡)가 그 사이에 용사하기 때문이다. 그러나 성인은 항상 그 같음에 주하여 그 다름을 출척하므로 기품을 큰 일로 보지 않는다. 그러므로 비록 우매하나 반드시 밝아진다고 말하고, 비록 유약하나 반드시 강건해질 것이라 말하는 것이다.[41]

심에 성이 갖추어져 있는 체단(體段), 즉 구성상의 문제에서는 성인이나 범인이나 차이가 없다. 심에 갖추어진 성이나 하늘로부터 얻은 명덕이나 그 구성상에 있어서 차별이 있다는 것은 근원적인 한계를 노정하는 것이기 때문에 문제가 될 수 있다고 보는 것이다. 그리고 인간이면 누구나 도달해야 하는 도덕적 완성을 기할 수 있는 근거에서 원천적 차이가 있다고 여기게 되면 결국 리로서의 성은 그 보편적 실재에 문제를 노출하는 것이 된다. 따라서 심에 갖추어진 리나 본심인 명덕은 모두 차별적으로 존재할 수는 없다고 보는 것이다.

그러나 구조적으로 원리적으로 동일하게 갖추어져 있다고 해서 성인과 범인의 차이가 드러나지 않는 것은 아니라는 게 기정진의 생각이다. 그 차이는 심의 구성에서 오는 문제가 아니라 심에 갖추어져 있는 성을 현실에 제대로 구현하는가의 여부에 달렸다고 본다. 즉 자기에게 갖추어져 있는 도덕적 원리인 성을 현실 세계에 다 발휘하는

---

40 체단(體段)이란 용어는 기정진이 처음 사용한 용어가 아니다. 이미 이황에게서 보이는 용어로 이상은은 '체단은 체계의 조직 구성을 말하는 것'이라 설명하고 있다. 체단은 중심으로부터 지엽에 이르는 체계적 구조를 말하는 것으로, 체용과는 다른 의미를 지닌다. 이상은, 「퇴계의 생애와 학문」, 『李相殷先生全集』2, 예문서원, 1998, 81~83쪽 참조.

41 『蘆沙先生全集』 卷16, 19b~20a, 「納凉私議」, "論心亦然, 心雖氣分事, 而乃所具則性也. 心具性 吾之心與聖人心同, 心不能盡性, 吾之心與聖人之心異, 其同其異, 皆所重在性也. 夫其體段則同, 而作用則異者, 固緣氣稟之美惡用事於其間, 然聖人之於此, 常主其同者, 絀其異者, 不把氣稟作大事看. 故曰 雖愚必明, 雖柔必强."

가, 발휘하지 못하는가에 따라 성인과 범인의 차이가 드러난다는 것이다. 자기 마음에 갖추어진 성을 다 발휘하는가의 여부에 작용하는 것은 기라고 하여 구체적으로 리의 작용은 기에 의해 이루어짐을 제시하면서도, 기정진은 무엇을 다하는가라는 그 무엇, 즉 성에 그 중함이 있다고 보아, 성인과 범인의 심에 대한 동이 여부도 성의 실현 여부에 귀착시켜 이 논의에서도 그 중심 위치에 리(性)를 위치지우는 것이다.

한편, 성을 갖추고 있는 심의 구성은 성인과 범인이 동일하지만, 그 성의 발현에서 차이가 난다고 한 것은 기본적인 원리적 구성에서는 심의 성을 완전히 실현할 수 있는 현실적 토대가 인간이면 누구에게나 갖추어져 있음을 의미한다. 그리고 그 실현은 현실상의 문제이기 때문에 성의 실현은 결국 심에 주안점을 두게 되고, 성이 실현될 수 있는 현실적 토대, 즉 심의 기적(氣的)인 부분에서 성인과 범인이 같은 구조를 가지고 있어야 하는 문제로 연결된다. 그래서 기정진은 심에는 기와 물에 구애받는 심도 있다고 하여, 심에 기질의 영향이 있음을 시인하면서도 인간 행위와 수양의 문제와 관련하여 이것에서 완전히 벗어날 수 있는 명덕을 끌어내어 리의 발현을 위한 구조화를 꾀한 것이다. 명덕은 결국 성선의 현실적 가능성의 토대를 기초한 것이고, 수양의 출발이 되는 것이다.

명덕도 인간이면 누구나 있다고 보는 것이 기정진의 생각이다. '명덕무분수설(明德無分殊說)'로 요약되는 이러한 그의 입장은 성인과 범인 간에 본심인 명덕은 차이가 없다는 것으로 연결된다.[42] 허령한 명덕은 그것을 받아들이는 기질 안에 있지만, 그 기질 안에 얽매어 있는 것이 아니라 그 기질의 영향을 받지 않는 본체라는 것이다. 심이

---

42 『蘆沙先生全集』, 「答問類編」 卷6, 14a, "指其不犯氣不犯物之本體, 故曰明德也. 明德何嘗有分殊也."

구성상 기질과 연관되어 있지만 그 본체는 기질의 영향을 받지 않는 다고 보는 것이다. 기질의 영향을 벗어난 명덕이 전제되어야 하늘로 부터 부여받은 리를 온전히 갖출 수 있는 것이고, 이것이 현실상에서 발현될 수 있는 조건이 갖추어진다. 이러한 조건은 성인이나 범인이나 모두 같아야 수양이 가능해지는 것이다.

따라서 성인과 범인이 차이가 나는 것은 성의 발현, 즉 진성(盡性) 인 데 이것은 결국 기질의 차이에 따라 달라진다는 것이다. 이 기질의 차이가 원래 함께 갖추고 있는 명덕과 명덕에 갖추어져 있는 리의 실현 여부에 관건이 된다고 본다. 따라서 기정진은 성인의 심을 예시하여 수양의 현실적 적용이 가능함을 제시하고, 기질의 변화를 통해리의 실현이 가능함을 강조하는 것이다.[43] 이러한 논거에는 그 중심이 리의 발현이 전제되어 있기 때문에 심론에서도 리기론에서 구축한 리 중심의 리기론이 관철되고 있는 것이다.

이러한 점을 포함하여 기정진의 심(心)에 대한 전반적인 논의를 평가하면, 리기론의 연장선상에서 심론이 체계화되고 있음을 확인할 수 있다. 그리고 순선(純善)한 도덕적 원리로서 리(性)의 실현이라는 측면에서 심론은 수양론(修養論)과 연결지어진다고 할 수 있다.

수양한다는 것은 무위한 리보다는 활동하는 심과 명덕이 주체가 되는 것이다. 그리고 기정진에게 있어서는 리기론에서 구축한 리 중심의 체계를 현실 세계에 적용하는 것이다. 그래서 기의 자발적 운동변화를 부정하고 본원적 존재로서의 리를 강조하였던 리 중심의 리기론 체계에서 리의 주재에서 벗어난 기의 과불급(過不及)을 심의 본체로서 명덕을 제시함으로서 수양론의 출발점을 삼은 것이다. 순수한

---

43 이런 측면에서 기정진은 이이의 입장을 비판적으로 계승하는 측면이 있다고 할 수 있다. 수양과 연결지어 심시기(心是氣)를 제시하고, 교기질의 수양론을 제시했던 이이와 기질의 차이와 가변적 특성으로 인한 진성 여부에서 성인과 범인을 구분하고, 그 전제로 누구나 진성하여 성인이 될 수 있다는 구조적 체계를 구축한 기정진의 논의는 큰 차이가 없다고 평가할 수 있기 때문이다.

264

기이자 그 안에 자재하고 있는 리의 합일체인 명덕은 인간이 성선(性善)을 지향할 수 있는 현실적 토대가 되는 것이다. 명덕은 리의 주재가 완전히 관철될 수 있는 원리적 구성 체계, 즉 리의 주재를 벗어난 기와 물에 구애받지 않고 리의 순선을 완전히 발현할 수 있는 구조를 가지고 있기 때문에 리의 주재는 현실상에서 완전히 관철될 수 있는 가능 구조로 자리하게 되는 것이다.

따라서 동일성과 다양성을 내포한 리가 기에 대해 주재성을 가지는 본원적 존재임을 강조하는 그의 리기론은 심과 심의 본체인 명덕을 통해 인간 본래의 선을 실현할 수 있는 법칙성으로서의 위치가 강화되는 것이다. 이 순선한 리가 비록 필연의 묘만을 가지고 능연지력은 가지지 못하지만, 순수한 기와 결합되어 현실적으로 발현될 수 있는 토대가 구축됨으로써 명덕을 통한 선의 구현은 현실에서도 가능함을 강하게 긍정하는 것이다.

한편, 기정진의 심과 명덕에 대한 논의는 리기론에서 보였던 논리적 약점인 리의 무형무위에 따른 기의 과불급 현상을 어느 정도 해결하는 논거로 제시된 것이라고도 볼 수 있다. 성선이 구현될 수 있다는 성리학 일반의 의론을 계승하면서도 리의 주재에 따른 기의 운동 변화는 현실상 인간의 심, 즉 명덕에서 완전히 구현될 수 있는 토대가 마련되기 때문이다. 따라서 기정진 성리설 체계에 있어 리기론은 심론을 통해 현실적 적용성이 드러난다고 볼 수 있다.

아울러 기정진의 심과 명덕에 대한 논의는 18세기 이후 전개된 호락논쟁의 연장선상에서 제기된 심론을 자신의 입장에서 비판적으로 종합한 것으로 파악할 수 있다. 이재(陶庵 李縡, 1680~1746)와 윤봉구(屏溪 尹鳳九, 1681~1767) 사이에서 벌어진 심설 논변 이후 심과 명덕에 대한 논의는 기호학파 내에서 적지 않은 관심사 중 하나였다.[44] 리일분

44 한국사상사연구회 편, 『인성물성론』, 한길사, 1994 참조.

수에 대한 독자적 해석을 통해 인물성동이론을 종합 지양하고자 했던 기정진도 심론에서 같은 입장을 취하는 것이다.

낙론의 입장에서 인성과 물성의 동론은 인간과 사물의 본연지성(本然之性)이 같다는 것과 함께 명덕을 끌어들여 심체는 선하다는 이론을 전개하였다. 이때 명덕은 구체적인 작위 능력이 없는 리의 현실적 발현을 위해 중요한 위치로 떠오른다. 명덕은 바로 기의 본체이고, 동시에 심이기 때문에 주기적 성격을 가질 수밖에 없다. 기가 통하면 리 역시 통하고 바르다는 것은 본연지심에서 본연지성이 드러난다는 이성이심론(二性二心論)으로 발전하는 것이다. 이것은 낙론자들이 성론(性論)에 있어 주리적이었던 경향이 심론(心論)에 와서는 주기적으로 변화하는 이론적 부정합성을 야기시키는 결과를 빚는 것이고, 이것에 대해 호론자들은 육상산(陸象山)이나 왕양명(王陽明)에 가까운 이단이라는 비판을 하게 된다.[45]

호론자들은 심은 기의 모임이고, 그 체는 본래 허하여 심은 본래 선하지만, 기 모임의 다양함으로 이야기하면 심에는 본래 선악이 있다고 하였다. 기질은 사람이 태어나면서부터 가지는 것이고, 심에 갖추어진 성은 리와 기가 연관된 것이므로 미발(未發)한 심체(心體)는 선악이 있다는 것이다. 이러한 논의에 대해 기정진은 심을 기질과의 관련 하에서 현실적으로 존재하는 것이지만, 그 심에는 순선의 원리로서의 리가 갖추어져 있는 순수한 기인 명덕이 있고, 명덕은 기와 물에 구애되지 않기 때문에 미발심체에 악이 용납될 수 없다고 비판한다.

기정진은 심론에 있어 호락논쟁에서 제기된 미발심체의 문제와 특히 낙론, 즉 동론에서 제시된 명덕 개념을 차용하여 구체적으로 현실 세계에서 발용하지 않는 리의 현실적 토대를 구축하고, 양론의 심에 대한 논의에 비판적으로 접근하고 있는 것이다. 동론의 심론에 대해

---

45 위의 책 참조.

기정진은 기본적으로 순수한 기만이 리를 온전히 드러낼 수 있다는 점을 받아들이지만, 순수한 기인 심의 본체인 명덕은 리와의 관련 하에서만 그 의의를 갖는다고 하여, 주리적인 태도를 사장시키지 않으면서 동론자들의 심론을 나름대로 비판적으로 지양하는 것이다.

기정진의 심론과 그 연장선상에서 제시된 명덕은 리의 구현을 위한 원리상의 현실적 토대가 구축되었다는 의의를 가진다. 하지만 리의 주재가 완전히 관철되는 기는 명덕에 한정될 뿐이라는 것은 결국 기질에 구애되어 리의 주재가 관철되지 않은 기가 상존하고 있음을 의미한다. 이것은 결국 현실에서는 리의 주재가 그 규제력이 약화되어 있음을 의미하는 것이다. 따라서 그의 기에 대한 리의 주재는 세계 구성의 원리 상으로서 의미를 가지는 것에 한정되는 것이라 할 수 있다.

제6장 기정진 성리설에 대한 비판과 반비판

기정진의 리기심성론 전반에 걸친 논의는 기본적으로 이이(李珥)를 계승한 기호학파의 학문적 전통과 대립되는 측면이 없지 않다. 비록 뚜렷한 사승(師承) 관계 없이 학문적 성취를 이루었지만, 그의 학문적 바탕은 이이의 학문이었다. 하지만 그는 기호학파의 학문에 대해 맹목적으로 계승하기보다는 깊이 있는 독서와 사색, 그리고 여러 문인들과의 격의 없는 토론을 통해 비판적으로 접근하였다. 그리고 자신이 심혈을 기울였던 성리설의 주제는 이전 시기부터 지속적으로 학계에 영향을 미치고 있었던 논쟁적 주제였다. 호락논쟁, 사단칠정논쟁, 그리고 이러한 논쟁의 기반이 되는 리기 체계 등에 걸친 그의 광범위한 학문적 탐색과 이론 체계의 확립은 다른 성리학자와 구별되었고, 이러한 그의 학문은 지극히 논쟁적이었다.[1]

기정진도 자신의 학문이 논란이 될 수 있음을 충분히 예견했던 것으로 보인다. 죽기 얼마 전 그의 대표적인 저술 중 하나인 「외필(猥筆)」을 문인 조성가(趙性家)에게 보여주며 마음에 간직하고 80년간 감히 입밖에 내지 못했던 내용이라면서, "지금 비록 만 가지 생각이 재와 얼음처럼 식었지만 잊지 못하는 마음이 있어, 오히려 전현(前賢)이 있다면 질정하고 싶지만 불가하기 때문에 가히 질정할 수 있는 것은 후현(後賢)뿐이라 적어 간직하고 있었다"[2]고 술회한 것으로 미루어 볼 때,

---

1 그의 학문은 전반적으로 논쟁적이라 할 수 있다. 저술 대부분이 교유했던 학자나 문인들과의 토론 과정을 거치면서 이루어졌고, 따라서 저술 내용 전반은 토론 과정에서 제기된 논쟁점에 대한 자신의 입장이 제시된 것이다.
2 『蘆沙先生文集』附錄 卷1, 32b~33a, 「年譜」.

자신의 학문이 단순히 전대 성리설의 계승적 측면만 있는 것이 아니라 전현들의 논의에 대한 문제 제기의 성격이 짙었음을 확인할 수 있다. 그래서 그는 실제로 자신의 주요 저작인 「납량사의(納凉私議)」, 「외필」 등을 외부에 공개하지 않았고, 그의 문인 중 대표적인 학자로 거론되는 이른바 노문(蘆門)의 3대 제자인 김석구(金錫龜), 정의림(鄭義林), 정재규(鄭載奎)에게만 서거하던 해에 보여줄 정도였다.[3] 그만큼 자신의 성리설이 기존의 학설과는 구별되는 측면이 많았음을 보여주는 대목이다.

하지만 그는 자신의 학문이 자신에게 한정되지 않고 문인들을 통해 전수되고 계승되기를 바라고 있었다. 그래서 문하의 제자 중에서 학문적 능력이 출중했던 김석구, 정의림, 정재규에게 자신의 학문을 체계적으로 전수하였다. 그 결과, 3대 제자는 기정진이 그의 「납량사의」와 「외필」을 보여주고 의견을 묻자, "독실히 믿겠습니다"라고 대답하면서 기정진의 학문을 계승하겠다는 의지를 천명하였다.

비단 3대 제자만 그러한 뜻을 가졌던 것은 아니었다. 비교적 기정진 문하의 문인들은 학문적 결속력이 높았다. 문하 학자들과 단순한 사제 관계를 떠나 진지한 학문 토론과 긴밀한 인간관계를 통해 학파의 결속력을 다졌던 만큼, 기정진 생전이나 사후에 문인들 간의 결속력은 상당하였다. 그래서 600여 명에 이르는 직전 제자와 이들을 통해 배출된 재전·삼전 제자 수천여 명은[4] 기정진의 학문과 실천 지향적 개혁 사상을 계승하여 호남과 영남을 아우르는 거대한 학문 집단을 형성하였던 것이다.

---

3 『蘆沙先生文集』 附錄 卷1, 35a~b, 「年譜」.
4 기정진의 문인들을 확인할 수 있는 자료는 『노사선생전집』의 부록으로 수록된 『노사선생연원록(蘆沙先生淵源錄)』이다. 이것은 비교적 늦은 시기에 편집된 것이라 다소 신빙성이 떨어질 수 있지만, 그럼에도 불구하고 기정진 문하의 문인들을 확인하고, 그 영향력을 확인할 수 있는 좋은 자료이다. 이 밖에도 직전 제자들의 여러 문집 말미에 실린 문인록도 각 제자 그룹들의 명맥을 확인할 수 있는 자료들이다.

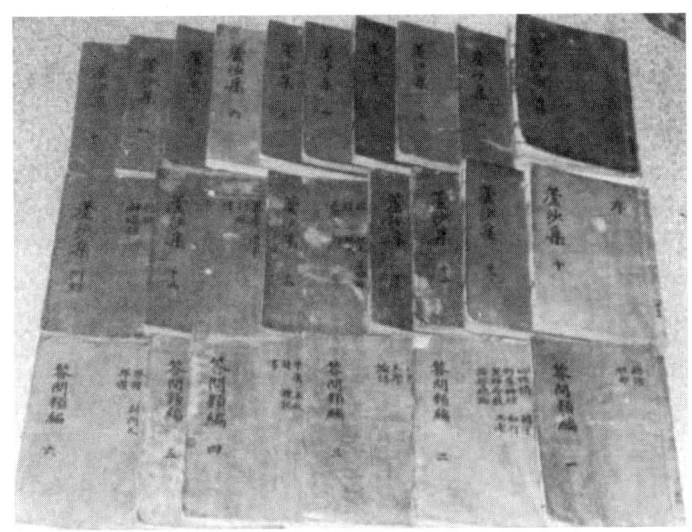

노사집 원본

1. 『노사집』 발간을 통한 문인들의 결속

기정진 사후에도 학파의 결속력이 강하고 학문적 지향점에 대해 대체로 합치되었던 그의 문인들은 1882년경에 처음으로 『노사집(蘆沙集)』을 목활자본으로 간행하였다.[5] 1879년 기정진이 사망하고 3년도 채 되지 않아 문집이 간행된 것은 당대의 다른 학자와 비교하여 볼 때 상당히 빠른 것이었다. 이렇게 빠른 시일 내에 문집이 출간될 수 있었던 것은 스승인 기정진에 대한 문인들의 존경과 문인 내부에서 스승의 학문에 대한 일치된 의론이 일찍부터 조성되었기 때문이었고, 손자이자 문인 내 중추적 역할을 담당했던 기우만(奇宇萬)을 비롯하여 정의림, 정재규 등 학파 내 중심인물들이 스승의 학설을 체계화하고 문인들 간에 보다 일치된 학설을 조성하기 위해 노력한

---

5 기정진 사후 그의 문집이 간행된 상세한 과정에 대해서는 김봉곤, 「노사학파의 형성과 활동」, 한국학중앙연구원 박사학위 논문, 2007. 8, 147~149쪽 참조.

결과였다.

기우만과 여러 문인들의 노력 끝에 시(詩), 서(書), 잡저(雜著), 서(序), 발(跋), 기(記), 행장(行狀) 등 기정진의 거의 모든 저술들이 망라된 초간 본은 기양연(奇陽衍)의 서문(序文)과 최익현(崔益鉉)의 발문(跋文)을 실어 간행되었고, 간행 이후 학파 내 문인들을 비롯하여 김평묵(金平默) 등 다른 학파의 학자들에게도 배포되었다. 이어 기정진의 문인 중 정재 규와 김현옥(金顯玉)이 중심이 되어 스승인 기정진이 학파 내 문인 및 다른 학자들과 주고받은 서간문 등 여러 글을 참고하여 『답문류편(答問類編)』편집 작업을 구체적으로 추진하게 되었다. 태극·성명(性命)· 심성정(心性情)·형기신리(形氣神理)를 망라한 도체(道體), 지수(持守)·지 행(知行)·출처(出處) 등을 밝힌 학문, 『소학(小學)』·『대학(大學)』·『논어 (論語)』·『맹자(孟子)』·『중용(中庸)』 등 유교의 주요 경전의 내용을 밝힌 경학(經學), 그리고 북송오자를 비롯한 여러 유현(儒賢)에 대해 밝힌 내 용, 관혼상제(冠婚喪祭)를 비롯한 예설 등 총 15권에 이르는 『답문류편』 이 어느 정도 완성되고, 문인 내부에서 여러 의견이 교환된 끝에 기양

노사집 목판(신안정사본)

연의 서문, 정의림의 발문, 그리고 김현옥의 범례 등을 수록하여 1891
년 간행되었다.[6] 이 『답문류편』이 간행됨에 따라 기정진의 학문에 대
한 요체가 일목요연하게 정리되었고, 그의 학문이 보다 명확히 문인
들에게 전수될 수 있는 기반이 마련됨과 동시에 기정진의 성리설에
대한 확고한 신뢰가 문인 내부에 다져지게 되었다.

『노사집』초간본이 간행된 이후, 1898년 같은 판본을 가지고 중간
본(重刊本)이 다시 기정진의 서재인 담대헌(澹對軒)에서 간행되었다. 현
실적인 수요가 지속적으로 있었고, 기정진 학문에 대한 관심이 높았
던 것이다.

이렇듯 기정진의 학문과 저술을 체계적으로 정리한 문집과 『답문
류편』이 연이어 간행되고 문인 내부의 학문적 결속이 다져짐에 따라
새로운 의견이 제기되었다. 즉 문인 내부에서 초간본과 『답문류편』을
망라하고, 또 미처 수록되지 못한 글을 추가하여 보다 영구적인 목판
본 형태의 문집을 간행하자는 의견이 비등한 것이다. 이에 따라 1901
년 영남 산청의 신안정사(新安精舍)에 호남과 영남을 망라한 문인들이
집결하여 보다 완전한 형태의 문집을 발간하기로 의견을 모으고, 바
로 문집 간행 작업에 착수하였다. 영남의 문인인 정재규를 중심으로
기우만, 조성가 등이 주축이 되어 문집 작업이 진행되었고, 문집 간
행에 필요한 경비도 출자하는 데 의견이 모아졌다.

이때 기정진의 행장은 조성가가 맡아 10여 년 간의 숙고 끝에 완성
하였다. 그리고 기정진 생전 교유가 있었던 최익현에게 신도비명(神道
碑銘)을 부탁하였는데, 최익현은 몇 번 사양하였으나 마침내 신도비명
을 작성하여 보내왔다. 이렇듯 문집 중간을 위한 작업이 순조롭게 진

---

6 김현옥은 『답문류편』의 간행 과정을 「범례」를 통해 상세히 밝혀놓았다. 기정진이 사
  망한 이듬해인 1880년에 처음 착수하여 10여 년에 거쳐 1891년 완성을 보게 되었고,
  김석구·정의림·기우만·정재규 등이 의론을 모아 이루어지게 되었음을 적시하였
  다. 『蘆沙先生全集』附錄, 『答問類編』, 「凡例」, 2a~3b 참조.

행되면서 간행을 위한 모금 작업도 본궤도에 오르게 되었다. 그리고 간행 작업이 본격화되었다. 정재규의 주도로 그의 문인들이 참가한 간행 작업이 이루어졌다. 총 40권 20책의 목판본이 1902년에 완성되었고, 이에 따라 연보(年譜), 행장(行狀), 그리고 최익현의 신도비명이 추가로 실리게 되었다. 그리고 판본은 기정진이 생전에 살았던 장성의 담대헌으로 옮겨졌다.

세 차례에 걸친 문집의 간행, 주요 학문적 주제에 대한 요체가 담긴 『답문류편』이 차례로 간행되면서 기정진 사후 문인 내부의 결속, 특히 학문적 일체감은 높아갔다.[7] 그리고 문인들의 뜻과 의지가 모여 1924년 기정진을 종향하는 「고산서원」이 건립되었다. 호남과 영남의 문인들과 문인들의 후손들이 출자하여 건립된 고산서원에는 논란 끝에 조성가·이최선·김녹휴·조의곤·정재규·기우만이 배향되고, 이후 김석구와 정의림이 추배되면서 지금의 체계를 갖추게 되었다.

2. 기정진 성리설에 대한 기호학파의 비판

세 차례에 걸친 문집과 『답문류편』의 간행, 그리고 문인들 간의 강회(講會) 등을 통해 기정진 학문을 체계적으로 계승하면서 학파의 결

---

7 김봉곤의 연구에 따르면 1890년대를 전후하여 영호남의 문인들 간에 학문과 도를 연마하는 여러 모임이 진행된 것으로 확인된다. 정재규의 문인인 권운환(權雲煥)이 만든 회계강사(會稽講社)에서 매년 수십 명의 기정진 문인들이 모여 강학을 주도하였다는 것이다. 그리고 영호남에 흩어진 문인들 사이의 교류도 활발해져 1885년 호남의 기우만이 영남의 정재규를 방문하여 강학하였고, 1891년에는 정의림이 영남을 방문하여 강회를 개최하기도 하였다는 것이다. 그리고 1891년 8월에는 지리산에서 대규모 회합이 열려 많은 문인들이 참가하였다고 한다. 이른바 종산강회(鍾山講會)로 불리는 이때의 강회를 통해 기정진 학문에 대한 집중적인 토론이 진행되었고, 기정진 학문에 대한 일치된 견해를 이끌어내고자 하는 노력이 진행되었다고 한다. 자세한 내용은 김봉곤, 「노사학파의 형성과 활동」, 한국학중앙연구원 박사학위 논문, 2007. 8, 149~151쪽 참조.

속을 다졌던 기정진의 문인들은 순조로운 문집 간행만을 경험했던 것은 아니었다. 처음과 두 번째 문집 및 『답문류편』의 간행에서는 별다른 문제없이 순조롭게 진행되었지만, 세 번째 목판본 문집을 간행하면서, 기호학파의 중심 학맥 중 하나인 연재학파의 문인들을 중심으로 문집 간행 중지 요구를 받는 등 파란을 맞이하였다.

이미 학계에 초간본 『노사집』이 배포되고, 그의 주요 저작이 알려졌음에도 불구하고, 1901년 목판본 『노사집』을 영남 산청의 신안정사에서 간행함에 이르러 문집에 실린 기정진의 저술을 문제삼아 영남의 기호학파 학자들이 문집 간행을 중지할 것을 요구한 것이었다. 문집에 실린 기정진의 글 중 특히 「외필」의 내용이 이이(李珥)의 학문을 비판한 것이라 하여 문집의 훼판(毀版)을 요구하는 등 비판이 제기된 것이다. 아울러 최익현이 작성한 기정진의 신도비명의 내용이 알려지자 송병선이 앞장서 신도비명의 내용을 비판하고 회수할 것을 요구하기까지 하였다.[8]

기정진의 문집 간행이 준비되던 1901년 영남 지역의 연재학파 문인이었던 권봉희(權鳳熙), 최동민(崔東敏), 권명희(權命熙) 등에 의해 처음 제기된 기정진 문집 발간과 학설에 대한 시비 논란은 당시 유림의 대표적인 인물이었던 연재학파의 종장인 송병선(宋秉璿)에게 알려지면서 연재학파는 물론 기호학계 전반으로 확산되었다. 특히 권봉희는 기호학파 낙론 계열의 중심인물이었던 전우(田愚)에게 편지를 보내 기정진의 성리설에 대한 문제점을 지적하고, 자신의 뜻에 동참해줄 것

---

8 기정진의 「외필」이 비록 그의 생전에 학계에 알려지지는 않았지만, 『노사집』 초간본이 간행된 1883년 당시에는 대부분의 유력한 학자들도 이 글을 보았을 것으로 짐작된다. 처음 기정진의 저술이 알려졌을 때에는 별다른 문제 제기가 없었지만, 목판본 문집의 간행이 준비되던 1901년경에 기호학파 학자들이 그의 성리설을 문제삼아 비판을 제기한 것은 여러 각도에서 검토해볼 필요가 있다. 김봉곤은 영남 우도 지역의 노론 세력의 주도권과 관련하여 이 문제를 접근하고 있어 주목된다. 김봉곤, 「노사학파의 형성과 활동」, 한국학중앙연구원 박사학위 논문, 2007. 8 참조.

을 요청하였다. 이에 대해 전우는 기정진의 학설이 공맹(孔孟)과 정주(程朱)에 어긋난 학설이고, 이이(李珥)를 불손하게 비판하였다고 평가하고 후세를 위해서 조목조목 변박해야 할 것이라고 동조의 뜻을 피력하였다.[9] 전우가 권봉희를 통해 기정진의 학설에 대한 비판적 입장을 표시함에 따라 기정진 문집 발간을 계기로 촉발된 논란은 기호학파 중심부까지 확대되었고, 『노사집』 간행과 기정진 학설을 둘러싼 논란은 확산되어 전국적인 관심사가 되었다.[10] 그리고 기호학계 내부에서는 기정진 성리설에 대한 비판이 비등해지면서 각 지역별로 그의 문집 간행을 비판하고, 성리설을 성토하는 통문이 연이어 돌았다.

의령·진주·상주를 중심으로 한 지역에 「영유통문(嶺儒通文)」이 돌려졌고, 해주를 중심으로 하여 「해유통문(海儒通文)」, 호남과 호서 지역 유림을 중심으로 한 「호유통문(湖儒通文)」이 각각 돌려져 기호 유림들의 비난이 비등해졌고,[11] 둔암서원을 중심으로 돌려진 「둔암원통문(遯巖院儒通文)」 등이 돌려지면서 기호학계 전반은 기정진 학설 논란에 휩싸이게 되었다.[12]

이러한 논란의 와중에 『노사집』 발간에 대한 비판을 주도했던 송병선과 연재학파 문인들은 급기야 감정적인 대응에까지 이르게 되었다. 송병선은 상소문(上疏文)을 통해 기정진이 이이의 학설을 비판하였고, 편파적이고 음란한 사람이라고 몰아세웠다. 그리고 문인들을 동원해 대궐 앞에서 『노사집』 판각본을 불태우라고 간청하기도

---

9 『艮齋先生文集』 卷2, 「答權聖岡鳳熙(壬寅)」 참조.
10 이 사건이 전국적인 관심사가 되었던 것은 황현의 『매천야록』에서도 확인된다.
11 충청 지역에서 기정진 학설을 주도한 대표적인 인물은 한원진(南塘 韓元震)의 학맥을 이은 김복한(金福漢), 이설(李偰), 임한주(林翰周) 등이었고, 이들의 문인들도 여기에 가세하여 논란이 증폭되었다. 당시 충청도 유림들은 기정진을 윤휴와 같이 사문난적으로 보는 분위기가 팽배했고, 기정진의 신도비명을 지은 최익현도 일당으로 몰아부쳤다. 자세한 내용은 김봉곤, 「노사학파의 형성과 활동」, 한국학중앙연구원 박사학위 논문, 2007. 8, 185~186쪽 참조.
12 김노수(金魯洙), 『부벽록(扶闢錄)』 참조.

하였다.[13]

감정적인 대응만 있었던 것은 아니었다. 처음 『노사집』 간행에 대해 비판을 제기한 권명희와 권봉희 등은 송병선 등에게 편지를 내면서 기정진의 성리설에 대한 자신의 견해를 피력하였고, 송병선은 그들에게 답장을 보내면서 기정진의 학설을 조목별로 비판하는 등 학문적 태도를 취하였다. 아울러 송병선의 동생 송병순(心石 宋秉珣, 1839~1912)도 1902년부터 몇 차례에 걸쳐 「변외필설(辨猥筆說)」, 「변론외필후 희음 이절 시심선중(辨論猥筆後戲吟二絶示沈善中)」 등을 작성하여 기정진의 학설을 배척하는 등 연재학파 문인들의 입장을 대변하였다.

앞서 서술한 바와 같이 전우도 기정진의 성리설을 변파하는 데 앞장섰다. 권봉희에게 보내는 편지를 통해 기정진의 성리설에 대한 비판적 입장을 보여주었던 전우는 1902년에 접어들어 기정진의 주저인 「외필」과 「납량사의」를 비판한 일련의 글을 지어 기정진의 문인들에게 보냈다. 기에 대한 리의 절대적인 주재를 강조하고 리존무대의 리기론을 제시한 「외필」을 조목별로 비판한 「외필변(猥筆辨)」과 리일분수에 대한 독자적 해석을 통해 호락논쟁에 대한 비판을 제시한 「납량사의」에 대해 「납량사의의목(納凉私議疑目)」을 각각 저술하였고, 비판의 내용에 대해 송병순과 의논하는 등 보조를 맞추기도 하였다.[14] 그리고 1904년에는 「외필후변(猥筆後辨)」을 작성하는 등 비판의 강도를 늦추지 않았다.[15]

---

13 황현(임형택 외 역), 『역주 매천야록』, 문학과 지성사, 2005 참조.
14 양자 간의 학설 조정은 어느 정도 만족할 만한 성과를 보이기도 하였지만, 일부 내용에서는 의견차가 드러나기도 하였다. 그만큼 19세기 말 20세기 초반의 기호학계 성리설은 이이의 학설의 계승에 있어 다양한 시각차가 존재하였고, 각자 자가설이 제기되면서 논란이 그치지 않았다.
15 전우는 기존 연구에서도 밝혀졌듯이 기호학파의 중심인물이었던 이항로(李恒老), 기정진을 비롯하여 퇴계학맥인 이진상 등 당대 거유들의 학문에 대해 전방위적인 비판을 가하였다. 낙론의 정통 학맥을 계승한 그로써는 이이의 학설과 어긋나는 새로운 학설에 대해 좌시할 수 없다는 입장이었고, 이에 따라 스승인 임헌회(任憲晦)

기정진의 성리설에 대한 비판은 한두 학자에 그친 것이 아니었다. 연재학파의 두 거유인 송병선과 송병순 형제를 비롯하여 기호학계의 중심인물이었던 기호 낙론의 적장자(嫡長子)로 평가받고 있던 전우의 비판은 다른 학자들의 관심을 불러일으키기에 충분하였고, 실제로 많은 학자들이 기정진 학설을 검토하고 비판의 의견을 개진하는 데 동참하였다. 이에 따라 충청도 지역에서 활동하던 박세화(朴世和)를 위시한 의당학파(毅堂學派), 영남 지역의 노론 계열 학자, 그리고 송병선의 문인들이 각자 자신이 이해한 이이의 학설을 바탕으로 기정진의 성리설을 비판하는 일련의 글을 작성하였고, 기정진 학설에 대한 비판은 「외필」과 「납량사의」 이외에도 이이의 리통기국에 대한 기정진의 견해가 담긴 「리통설(理通說)」 등 성리설 전반으로 확대되었다. 당시 기정진의 성리설에 대해 비판적인 견해를 제기한 인물과 글을 정리하면, 권봉희(「辨猥略辨」, 『石梧文集』), 권종화(權鍾華, 「奇蘆沙猥筆說」, 『惠村集』), 김성중(金聲中, 「辨猥筆八條」, 『河南集』), 박세화(朴世和, 「讀猥筆」, 『毅堂集』), 송병선(「答蘆沙門生趙性家等」, 『淵齋集』), 송병순(「辨猥筆說」, 「辨論猥筆後戱吟二絶示沈善中」, 『心石齋文集』), 우성규(禹成圭, 「奇蘆沙猥筆納涼私議辨」, 『景齋集』), 우하철(禹夏轍, 「奇蘆沙猥筆辨」, 「納涼私議辨」, 「理通說辨」, 『擇窩文集』), 윤응선(尹膺善, 「讀猥筆後辨」, 『晦堂集』), 장화식(蔣華植, 「書奇蘆沙猥筆後」, 『復庵集』), 전우(「蘆沙說記疑」·「猥筆辨」·「猥筆後辨」·「猥筆記疑」·「觀鄭柏軒集猥筆辨辨」·「題鄭氏猥筆辨辨」·「納涼私議記疑(壬寅)」·「納涼私議記疑」, 『艮齋私稿』), 정세영(鄭世永, 「猥筆辨」, 『石泉拾遺』; 「辨猥筆辨辨」, 『石泉私稿』) 등을 열거할 수 있고, 이 밖에도 영남 계열의 한유(韓愈, 「讀奇蘆沙猥筆」, 『愚山集』),[16] 허유(許愈, 「別紙蘆沙說箚疑」, 『后山集』)도 자신의 입장에서 의견을

로부터 지속적으로 주리적 경향의 학설에 대해 비판적인 입장을 개진하였다.

16 한유는 원래 기정진의 고제(高弟)인 조성가의 제자였으나, 기호학파의 기정진 성리설에 대한 비판이 고조되자 노사학파와 결별하고 전우의 문인이 되었다. 김봉곤, 「노사학파의 형성과 활동」, 한국학중앙연구원 박사학위 논문, 2007. 8, 190쪽 참조.

제시하였다.

한편, 앞서 서술한 바와 같이 『노사집』 목판본 간행과 관련하여 기정진의 문인들은 화서학파의 최익현에게 기정진의 신도비문을 부탁하였고, 최익현은 기정진 생전의 교유 등을 고려하여 흔쾌히 이 제안을 받아들여 1902년 3월 신도비명을 완성하였다. 하지만 『노사집』 중간과 함께 최익현이 작성한 신도비명이 송병선 등에게 알려지면서 논란이 불거졌다.[17] 송병선이 최익현에게 편지를 보내 신도비명의 내용상 문제를 제기하면서 신도비명 회수를 요구한 것이다. 이때 작성한 신도비명에서 최익현은 "근세에 선정(先正)을 높이고자 한 분 중에 노사(蘆沙)와 화서(華西) 두 선생만 한 분이 없다"[18]는 평가를 받아들여 그를 높이고 「외필」을 비롯한 기정진의 성리설을 높이 평가하는 식으로 작성되었다. 이에 대해 송병선은 최익현의 기정진에 대한 평가에 문제가 있고, 기정진 학설이 이이의 학설을 비판하는 데 대해 불만을 표시하는 등 여러 측면에서 문제가 있음을 적시하고, 강력한 입장을 피력했던 것이다.

이에 대해 최익현은 자신의 입장을 강변하였으나 기호학계에서 자신이 저술한 신도비명을 두고 계속 논란이 일자 결국 신도비명을 수정하였고, 이때 재작성된 신도비명은 송병선의 반박 내용을 대체적으로 수용한 것이었다.[19] 그렇다고 해서 최익현이 송병선을 위시한 기호학파 학자들의 입장으로 선회한 것은 아니었다. 그는 기정진의 성리설에 대해 기호학계의 비난 여론이 비등하자 직접 문집 발간이 이

---

17 최익현의 신도비명과 관련된 내용은 금장태, 『화서학파의 철학과 시대 인식』, 태학사, 2001, 53~61쪽 ; 김봉곤, 「노사학파의 형성과 활동」, 한국학중앙연구원 박사학위논문, 2007. 8, 173~175쪽 참조.

18 『蘆沙先生全集』附錄, 卷1, 「年譜」.

19 최익현은 수정된 신도비명을 기정진 문인에게 보냈으나, 기정진 문인들은 수용하지 않고 당초 작성된 신도비명을 『노사집』 중간본에 실었다. 그래서 『면암집(勉菴集)』에 실린 신도비명과 『노사집』에 실린 신도비명은 차이가 있다.

루어지던 영남을 방문하여 기정진 문인들과 깊은 유대를 확인하는 등 학문적 실천적 방면에서 일체감을 더해갔다. 그리고 그의 신도비명을 비롯하여 기정진 문인들이 곤경에 빠지자 동료 화서 문인들이 기정진의 학설을 옹호하는 일련의 글을 발표하는 데 기여하기도 하였다. 비록 논란이 불거지기 전이지만 화서학파의 맹주 중 한 사람인 김평묵(金平默)은 「서노사기선생외필후(書蘆沙奇先生猥筆後)」를 작성하여 높이 평가하였고, 유인석(柳麟錫)은 전우의 기정진 비판에 대해 「납량사의의목강변(納涼私議疑目講辨)」[20]을 작성하여 15개 조목별로 비판을 가하였다.

이렇듯 김평묵, 최익현, 유인석 등 화서학파의 주요 인물들이 기정진 문인들과 뜻을 같이하면서 기호학파의 비판에 맞서게 되었다. 그리고 이러한 비판이 전개됨에 따라 추후 서술하겠지만 기정진 문인들도 스승의 학설을 수호하고 학파 내 결속을 다지기 위해 반비판을 전개하는 등 기호학파 내부의 논란은 학파 간 대립으로 확대되었다. 그리고 논의가 진전됨에 따라 학파 간 합종연횡의 모습도 보여 이이의 리기심성론을 주기적으로 이해했던 연재학파, 간재학파, 의당학파 등의 연합에 대항하여 비교적 주리적 면모를 보였던 노사학파와 화서학파의 연대가 조성되면서 기호학계의 지형도에 변화 양상을 여실히 보여주었다.[21]

---

20 柳麟錫, 『毅菴集』 卷34.
21 이런 측면에서 기정진의 문집 발간과 이에 따른 기정진 성리설에 대한 논란은 이이의 리기심성론 계승에 있어서의 기호학파 내 분화를 단적으로 드러내는 사건이라 평가할 수 있다.

3. 기호학파의 비판에 대한 기정진 문인들의 반비판

영남 지역의 연재학파 문인들에 의해 『노사집』 간행과 관련한 문제 제기 이후, 연이은 연재학파 문인들의 감정적 대응과 기호학파 전반에 걸친 논란이 지속되는 상황이 연출되자, 기정진 문인들은 침묵이나 방관으로 일관하지 않았다. 문집의 훼판(毁版) 요구에 맞서 기정진의 본의(本意)를 문인 내부와 기호학계 학자들에게 알리는 한편, 송병선에게 스승인 기정진과 자신들의 입장을 전달하는 등 다양한 대응 방안을 모색해 나갔다. 그리고 일부 문인들이 학파 내부에서 이탈하는 조짐이 보이자 학파의 중심인물이었던 정의림, 정재규, 기우만 등은 학파 내부의 결속을 다지는 일련의 행동을 취하는 한편, 스승의 학설을 수호하기 위한 전방위적 노력을 진행하였다.

당시 『노사집』 중간본 간행을 주도하며 영남 지역 기정진 문인의 중심인물이었던 정재규는 「변무문시제동지(辨誣文示諸同志)」(1902)를 작성하여 문인들에게 돌리고, 스승인 기정진을 옹호하고 학파 내 결속을 다지고자 하였다. 그는 이 글을 통해 "도리(道理)는 무궁하고 시비(是非)는 지극히 공정한 것"이라고 전제하고 "학문은 강론(講論)으로 밝혀지며 말은 때로 다르기도 하다. 그러므로 앞의 성인이 펴지 못한 것은 뒤의 현인이 펴서 넓혀 가는 것이요, 앞의 학설이 합치되지 못하면 뒤의 학자가 변별하여 밝혀나가는 것이다"라고 하여 스승의 학설을 옹호하였다.[22] 그리고 기정진의 학문은 '리를 밝히기 위한 학문'이라고 전제하고, 당시 학술계에 주기설이 횡행하는 것을 보고 후학을 경계하기 위해 저술하였다고 주장하였다.[23]

또한 노사학파 내에서의 중심인물이었던 정의림도 「서시제동지(書

---

22 鄭載奎, 『老柏軒集』 卷29, 26a~27a, 「辨誣文示諸同志」.
23 鄭載奎, 『老柏軒集』 卷29, 31b, 「辨誣文示諸同志」.

示諸同志」를 통해 문인들에게 스승 학설의 종지(宗旨)를 재천명하고, 문인들의 동요를 막고자 하였다. 그는 이 글을 통해 태극(理)이 천지의 종조(宗祖)이고, 조화의 주재(主宰)이며, 만휘(萬彙)의 근저(根柢)이자, 천하 고금 및 인사(人事)의 준칙임을 전제하고, 지극히 은미하고 미묘하지만 날마다 쓰는 것의 항상됨과 분리되지 않고, 지극히 가깝고 간절하나 천명의 엄격함에 근원한다고 확인하였다. 그리고 세상의 치란(治亂)과 사람의 현부(賢否), 세속의 오융(汚隆), 일의 성괴(成壞)가 모두 이 도리의 밝음과 밝지 않음의 여부에 달려 있음을 강조하였다.[24] 그만큼 정의림은 모든 존재 세계의 변화와 가치의 원천이자 근거로서 리를 중시하는 스승인 기정진의 학설을 재천명하여 문인들의 합일된 학문적 지향을 확인하였던 것이다.

또한 정의림, 기우만, 정재규 등이 주축이 되어 문인들의 학문적 결집과 문집 간행의 굽히지 않는 뜻을 모으기 위해 1902년 11월과 12월에 각각 「통고영남열읍장보문(通告嶺南列邑章甫文)」과 「통고호남열읍장보문(通告湖南列邑章甫文)」을 정의림이 작성하여 영·호남에 걸쳐 분포해 있는 문인들에게 전달하며 결집을 촉구하였다. 또한 조성가를 위시한 문인들은 문집 간행에 대해 비판의 중심에 서 있었던 송병선에게 조성가, 이규영(李奎永), 최숙민(崔琡民), 정시림(鄭時林), 정재규, 정의림, 조상섭(趙相燮) 등 연명으로 편지를 내어 비난 자제를 요구하였다. 하지만 송병선은 자신의 뜻을 굽힐 수 없다는 뜻의 답신을 보냈을 뿐이었다.[25]

이렇듯 문인 내부의 논란을 잠재우고 학파 내부의 결속을 다지는 일련의 활동이 전개되면서 어느 정도 문인 내부의 분란은 잠재워졌

---

24 鄭義林, 『日新齋集』 卷12, 1a, 「雜著·書示諸同志」, "太極是天地之宗祖, 造化之主宰, 萬彙之根柢, 天下古今人事之準則也. 至微至妙而不離乎日用之常, 至近至切而實原乎天命之嚴, 世之治亂 人之賢否 俗之汚隆 事之成壞, 只在乎此箇道理明不明如何耳."

25 『淵齋先生文集』 卷15, 20b~21a, 「答蘆沙門生」.

고, 문집 간행도 순차적으로 이루어졌다. 일부 한두 문인들이 이탈하기도 했지만,[26] 학파 전체의 체제는 무너지지 않고 학파의 학문적 결속은 더욱 강화되어갔다. 이러한 가운데 연재 및 간재학파의 학자들에 의해 학문적인 비판이 가해지자 학파 문인들은 이에 대응하여 반비판을 가하면서 학문적인 대응을 펼쳐 나갔다.

전우(田愚)를 비롯한 기호학파 문인들의 비판에 대해 반비판을 전개한 기정진 문인으로는 정의림, 정재규, 정시림 등을 손꼽을 수 있다. 이 밖에도 조성가는 학파 내 원로 문인으로서 기정진에 대한 비난에 대해 "현철(賢哲)이 무고(誣告)와 모욕을 받는 일은 오래전부터 면할 수 없는 바"라고 전제하고, "선생 또한 어찌 홀로 이것을 면할 수 있겠는가"라고 하면서 문인들에게 선생으로부터 들은 바를 더욱 존숭하고, 아는 바를 더욱 행하여 백세의 정론을 기다려야 할 것임을 천명하기도 하였다.[27]

앞서 밝힌 대로 기정진의 리기심성론은 생전에 문인들과의 문답을 통해 구체화되고 체계화되었다. 비록 논란이 되었던 「외필」이나 「납량사의」가 사망 직전에야 일부 문인들에게만 열람할 기회가 주어졌지만, 여러 문답과 서신 왕래를 통해 기정진의 학설이 문인들에게 수수(授受)된 만큼 학파 내에서 기정진 학설에 대한 믿음과 계승의 의지는 남달랐다. 그래서 논란이 있기 전에 이미 이최선(李最善)은 「독외필(讀猥筆)」을 통해 기정진 학설의 타당성을 적시하고, 리의 절대성을 강조하였다. 그리고 문집 발간을 계기로 기호학계의 학문적 비판이 쏟아지면서, 직전제자들의 기정진 성리설 계승 의지는 직전문인들과 재전문인들의 반비판 전선을 형성하는 데로 이어졌다. 기정진의 직전문인뿐만 아니라

---

26 김봉곤의 연구에 따르면 영남의 기정진 문인 중 이도복(李道復)과 한유가 결별하였다고 한다. 김봉곤, 「노사학파의 형성과 활동」, 한국학중앙연구원 박사학위 논문, 2007. 8, 190쪽 참조.
27 『月皐先生文集』 권20, 7b, 「家狀」.

재전문인까지 반비판을 전개하는 데 앞장섰다. 그 대표적인 문인들과 저술을 정리하면, 공학원(孔學源, 「辨猥筆辨」, 『道峯集』), 권운환(權雲煥, 「納凉私議記疑小箚」・「納凉私議記疑追錄小箚」・「猥筆辨小箚」, 『明湖文集』), 기우승(奇宇承, 「駁猥筆問目辨」, 『普山集』), 박노술(朴魯述, 「辨艮齋猥筆辨」, 『石陰遺稿』), 양회갑(梁會甲, 「辨猥筆後辨」, 『正齋集』), 정기(鄭琦, 「猥筆後辨辨」・「猥筆辨辨」・「辨田艮齋鄭老栢軒猥筆辨辨」, 『栗溪集』), 정시림(鄭時林, 「猥筆相質說」, 『月波集』), 정의림(「辨田愚所著盧沙先生納凉私議記疑」, 「辨田愚所著盧沙先生猥筆編」, 『日新齋集』), 정재규(「猥筆辨辨」・「納凉私議記疑辨」・「納凉私議記疑追錄辨」, 『老栢軒集』), 최숙민(崔琡民, 「辨田艮齋凉議記疑」, 『溪南集』), 황철원(黃澈源, 「納凉私議記議辨」・「納凉私議記疑追錄辨」・「猥筆辨辨」, 『重軒文集』) 등을 손꼽을 수 있다.

이들의 반비판은 주로 전우의 비판에 대한 반박이 주를 이루고 있었다. 그리고 전우의 비판에 대해 반비판을 주도한 대표적인 인물은 영남의 정재규와 호남의 정의림을 손꼽을 수 있다. 이들은 기정진 문하의 3대 제자로서 학파의 학문과 활동의 중추를 이루고 있었기 때문에 그 중심 역할을 담당했던 것이다.[28] 이들이 반비판서 저술에 앞서 문인들의 단합을 주장하고, 스승인 기정진 학설의 정당성을 옹호하는 데 앞장섰던 것도 학파 내에서 이들이 가지는 비중이 그만큼 컸기 때문이었다.

일찍이 문집과 관련된 논란이 불거질 때, 정재규와 정의림은 스승인 기정진의 학문에 대해 이이의 학문을 계승한 것으로 이해하고 문인들의 단합을 촉구하였고, 그들의 뜻을 여타 기호학파 학자들에게 알리고자 하였다. 먼저 정재규는 기정진의 가학(家學) 연원이 이이임

---

[28] 이 두 사람 이외에 김석구가 노문(蘆門)의 3대 제자로 일컬어진다. 특히 김석구는 기정진을 이을 만한 수제자로 손꼽혔으나 1885년 사망하였다. 이에 따라 『노사집』 발간과 관련된 성리설 시비에는 사망한 뒤라 관여할 수 없었고, 나머지 두 제자인 정의림과 정재규에 의해 주도되었다. 김석구의 생애와 학문에 대해서는 박학래, 「大谷 金錫龜의 性理說 연구」, 『민족문화연구』 43, 고려대학교 민족문화연구원, 2005 참조.

を天命하고, 평생토록 그 도를 존신(尊信)하고 그 학문을 강명하였다고 밝혔으며, 이이의 학문을 총괄하면 '리통기국'인데 세상의 유학자들이 그 뜻을 잘못 알아 세상에 이이의 종지가 밝혀지지 않았다고 주장하였다. 그래서 기정진이 그 잘못된 것을 힘써 말하고, 그 적확한 것을 설명하였다고 강변하였다.[29]

정의림도 스승의 학문 연원이 이이에게 있음을 적시하고, 특히 평생토록 이이의 학설을 독신(篤信)하였다고 강조하였다.[30] 특히 그는 "(스승인 기정진은) 멀리는 수사(洙泗)와 낙민(洛閩)의 학문을 근본으로 하였고, 가까이는 동방의 여러 현인들을 본받았으며, 율곡 선생에 대해서는 더욱 독실하게 믿었다. 그 리를 논한 것은 율곡이 말한 바 '리통기국'을 종지로 삼았고, 그 성(性)을 논한 바는 율곡이 말한 '만반(萬般)의 정이 모두 리에서 발한다'는 것을 확론으로 삼았으며, … 이러한 종류의 논의는 모두 기록하기에 불가하고, 문집을 두루 살피면 가히 볼 수 있다"[31]고 하여 기정진의 학설이 전적으로 이이의 학문에 근원을 두고 성리설 전반에 걸쳐 그 학설을 따랐음을 명시하였다.

이렇듯 기정진 문인들은 기정진 성리설이 이이와 부합하고 있음을 기호학계와 문인 내부 인사들에게 강변(强辯)하였고, 전우와 그 밖의 기호학계 성리학자들의 비판에 대해서도 일관된 태도를 취하였다. 정의림은 스승의 학설을 변호하면서 "(기정진은) 율곡의 학설 중 '음(陰)이 고요하고 양(陽)이 움직이는 것은 그 기틀이 스스로 그러할 뿐(氣自爾) 시키는 것이 있는 것이 아니다(非有使之)'라는 명제에 대해서만 조금 합치하지 않는 것이 있어 매번 활간(活看)하여 통하였는데, 이것은 특별히 유행의 측면에서 설명한 것"[32]이라고 주장하였고, 기정진의

29 鄭載奎, 『老柏軒集』 卷29, 27a~28a, 「辨誣文示諸同志」.
30 鄭義林, 『日新齋集』 卷12, 15b, 「雜著·通告湖南列邑章甫文」.
31 鄭義林, 『日新齋集』 卷12, 13b~14a, 「雜著·通告嶺南列邑章甫文」.
32 鄭義林, 『日新齋集』 卷12, 14a, 「雜著·通告嶺南列邑章甫文」.

뜻이 결코 율곡과 배치되지 않음을 확인하려고 하였다. 정재규도 기정진은 이이가 제시한대로 '사칠비양정(四七非兩情)'과 '리기무호발(理氣無互發)'을 의심하지 않았고,[33] 다만 음정양동(陰靜陽動)의 설에는 맞지 않은 것이 있어 매번 활간하여 통하게 하고자 하였는데, 이 설은 유행의 측면에서 말한 것일 뿐이나 세유(世儒)들이 기자이(機自爾), 비유사지(非有使之)의 설에 집착하여 주기의 설에 빠지고 말았다고 주장하였다.[34]

또한 정의림은 기정진의 뜻을 무고하게 헐뜯는 것은 주자(朱子)가 정자(程子)의 학설을 보충한 것이나 율곡(栗谷)이 퇴계(退溪)의 사칠설(四七說)을 따르지 않고 변론한 것을 무고하는 것과 다르지 않음을 지적하였다. 정재규도 스승의 학설은 이이의 학설을 비판한 것이 아니라 선현이 미처 발명하지 못한 바를 더욱 드러낸 것이고, 이러한 예는 주자에게서 볼 수 있다고 강변하였다.

이렇듯 기정진 문인들은 선현의 학설을 자구(字句)에 매달려 폐쇄적으로 계승하는 당시 기호학계의 태도를 비판하고, 선현의 본지(本旨)를 이어받아 선현이 미처 다하지 못한 뜻을 밝히는 것이 올바른 학문 태도라 주장하였다. 그리고 이이 학문의 기본 입장을 기정진 학문의 옹호를 통해 주리적 입장에서 재해석함으로써 스승을 비롯한 기정진 문인들의 학통을 이이 성리학의 범주 내에서 정초(定礎)시키고, 스승의 학설을 기호학파의 정통으로 이해시키고자 하였다.

나아가 기정진 문인들은 특히 전우의 기정진 학설 비판에 대해 적극적으로 반비판을 전개하였다. 전우는 「외필변」, 「납량사의의목」 등을 저술하여 기정진의 리기론과 리일분수를 통한 호락논쟁에 대한 학설을 조목조목 비판하였다. 이에 대해 기정진 문인들은 앞서 제시

33 鄭載奎, 『老柏軒集』 卷29, 27a, 「辨誣文示諸同志」.
34 鄭載奎, 『老柏軒集』 卷29, 27a~28a, 「辨誣文示諸同志」.

한 바와 같이 반비판에 몰두하였다. 전우가 특히 주안점을 둔 비판은 「외필」에서 드러나는 리존무대(理尊無對)와 기자이 등에 대한 것이었다. 그리고 리의 절대적인 주재인 사지(使之) 등에 대해 리의 동정으로 이어질 수 있다는 비판을 가하였다. 이에 대해 기정진 문인들은 반비판서를 통해 전우의 논지를 반박하였다.

반비판서를 저술한 문인들 중에서 정의림은 리의 동정과 조작에 주목하여 반비판을 전개하였다. 전우는 「외필변」에서 「주자아언(朱子雅言)」을 인용하여 리는 조작이 없음을 확인하고, 동정이라는 것은 곧 조작이고, 따라서 '기자이'라고 주장하고, 또 작용이 있으면 곧 형이하자이고, 동정이라는 것은 작용이기 때문에 기자이라고 주장하였다.[35] 그만큼 전우는 리의 동정을 조작과 작용으로 등치시켜 리의 동정을 인정하는 것은 리가 작위를 하는 것으로 보는 것이기 때문에 불가하다고 비판하였던 것이다. 이에 대해 정의림은 "(리의) 동정을 바로 조작이나 작용으로 보는 것이 가하겠는가? 동정은 두 기가 양능(良能)하는 것이니 어찌 조작 작용과 같이 기력을 범하고 배치를 쓰는 것을 이것에 비할 수 있겠는가?"[36]라고 하여 '동정'이라는 것은 자연적인 것이고, 그래서 두 기가 원래부터 가지고 있는 능력, 곧 양능인 점을 전우가 간과하고 있다고 비판하였다. '조작'과 '작용'은 기력(氣力)을 범하고 배치하는 것처럼 외재적으로 힘을 쓰는 것 내지 의도를 가지고 움직이는 것으로 보아 '동정'과 엄연히 구분된다고 하여 리의 동정을 현실적인 조작과 구분·규정하여 스승의 학설을 옹호하였다. 나아가 정의림은 송유(宋儒)의 제설(諸說)을 인용하여 리의 동정을 주장하고,[37] 리의 동정을 기의 조작 작용과 구분되는 하나의 원리적인 동정이라고 파악하였다.[38]

---

35 田愚, 「猥筆辨」 참조.
36 鄭義林, 『日新齋集』 卷11, 23a, 「雜著·辨田愚所著蘆沙先生猥筆辨」.
37 鄭義林, 『日新齋集』 卷11, 23a, 「雜著·辨田愚所著蘆沙先生猥筆辨」.

정재규는 전우의 비판에 대해 반비판서인 「외필변변(猥筆辨辨)」을 저술하여 조목조목 반박하고, 스승의 학설을 옹호하였다. 그 중 대표적인 논의로는 기정진의 입론은 '횡간(橫看)'과 '수간(豎看)'의 두 관점이 병존하고 있음을 확인하고, 리존무대설을 옹호한 것을 들 수 있다. 그는 "횡간하면 천지만물의 리는 홀로 있는 것이 아니라 반드시 짝이 있다. 수간하면 천지만물의 리는 또한 진실로 짝이 없는 가장 높은 것이다. 태극이 음양과 상대한다는 것은 횡간설이다. 그러므로 주자(朱子)가 형이상과 형이하로써 말하였으니 이를테면 횡간한 것이다. 도는 진실로 짝이 없으니 오직 주자의 말만은 아니다. 이것은 도체가 혼연하여 정명순수를 갖추지 않음이 없는 것으로 말하였으니 수간설이다. … 「외필」 가운데에서 처음으로 '리는 지극히 존귀하여 짝이 없다'고 이른 것은 구간하여 말함이요, 그 다음 글에 또 상하(上下), 도기(道器)로써 맞추어 짝해본 것은 또한 이른바 횡대(橫對)이다. 무대(無對)와 유대(有對)는 한결같이 모두 주자의 뜻이다"[39]라고 하여 스승은 주자의 설과 비견하여 전혀 문제될 것이 없고, 오히려 두 관점을 아우른 논의라고 주장하였다.

이 밖에 전우가 리의 무위(無爲)와 기의 유위(有爲)에 대해 '인간이 능히 도를 넓히는 것이지, 도가 인간을 넓히는 것이 아니다(人能弘道, 非道弘人)'라는 명제를 예로 들어 기정진의 리기설을 비판한 것 등 다양한 비판에 대해서도 스승의 관점과 입장에 따라 비판에 나서 기정진의 성리설은 물론 학파 전체의 뜻을 드러내 보였다.[40] 이에 대해 전우는 1904년 「외필후변」을 저술하여 다시 한 번 기정진의 리기론을 비판하였고, 이에 대해 기정진 문인들은 반비판서를 다시 저술하

---

38 鄭義林, 『日新齋集』卷11, 23a, 「雜著·辨田愚所著蘆沙先生猥筆辨」.

39 鄭載奎, 『老柏軒集』卷29, 21b~22a, 「猥筆辨辨」.

40 정재규와 정의림이 전개한 반비판 내용에 대해서는 박학래, 「蘆沙學派의 理氣論－田愚의 蘆沙說 비판에 대한 鄭載奎의 반비판을 중심으로」, 『한국사상사학』 19, 2002 ; 「日新齋 鄭義林의 性理說 연구」, 『범한철학』41, 2006 등 참조.

여 이론 공박이 거듭되었다.

한편, 전우는 기호 낙론의 전통을 계승한 만큼 기정진의 「납량사의」에 대해서도 비판을 가하였다. 앞서 서술한 바와 같이 기정진이 가장 관심을 기울인 학문적 주제가 호락논쟁이었고, 이에 대한 비판적 지양을 위해 「납량사의」를 40대에 저술하였고, 이후에도 계속 관심을 기울여 70대에 이르러 몇 개의 단락을 수정하는 등 정력을 기울였다. 기정진은 호락 어느 한편에 경도되지 않고 양 논의를 비판한 만큼 낙론의 적통으로 평가받았던 전우가 보기에는 문제의 소지가 있었던 것이다. 그래서 전우는 「납량사의의목」을 14개 항목, 그리고 「추록」을 통해 6개 항목 등 총 20개 조목에 걸쳐 비판의 칼날을 세웠던 것이다. 기정진 문인들은 전우의 비판에 대해 반비판서를 차례로 저술하였다. 특히 정의림과 정재규 등은 학파를 대표하여 비판에 대응해 나갔다.

이렇듯 기정진의 문집 발간을 계기로 전개된 기호학파의 내부 논란은 몇 년간 기호학계를 달구었다. 하지만 어느 편도 승복할 수 있는 사안은 아니었기 때문에 쉽게 종지부를 찍지는 못하는 상황이었다. 논쟁이 지속되는 와중에도 기정진 문인들은 논란의 중심에 서 있었던 송병선에게 거듭 논쟁을 중지하자는 요구를 하였으나, 반응은 냉담하였다. 그러던 중 시국 상황이 급변하고 유림 내부의 단결된 모습이 요청되었다. 더구나 1905년 11월 일제가 무력으로 위협하여 을사늑약(乙巳勒約)이 강제로 체결되고 국권(國權)을 박탈당하자, 송병선이 조약 체결에 반대하는 운동을 전개하다 그해 12월 고종 황제와 백성, 그리고 유생(儒生)들에게 유서를 남기고 자결하면서 사태가 급변하였다. 그리고 논란을 제기하였던 권명희가 기정진 문인을 찾아와 시국 대처에 대한 방안을 논의하기에 이르렀다. 결국 시국의 변화에 따라 논란을 계속할 수 없게 되었고, 유림의 단결과 공동 투쟁이 요청된 만큼 기정진 학설에 대한 공박은 수면 아래로 가라앉게

되었다.[41]

하지만 논란이 완전히 종식된 것은 아니었다. 1909년에 접어들어 송병선의 문인이었던 김노수(金魯洙)는 기정진의 학설을 비판하기 위해 여러 비판적 논설을 수집하여 『부벽록(扶闢錄)』을 편찬하였다. 기정진과 같은 지역인 전라도 장성 출신이고 기정진 처족의 일원이었던 그는 기정진 학설을 비판하기 위해 작성된 여러 통문과 주요 서신, 그리고 여러 논설을 분류하여 정리하고, 부록으로 기정진의 「외필」, 화서학파 문인들의 글, 그리고 기정진 문인들의 통문 등을 수록하여 한 권의 책을 편찬한 것이다. 시국의 변화로 인해 일시적으로 논란이 중단되었지만 여전히 기정진의 성리설이 기호학계에서는 용인될 수 없다고 판단한 것이다. 다른 한편에서 기정진의 문인들도 기호학계의 비판을 수용할 수 있는 것은 아니었다. 그래서 1930년대에도 기정진의 재전제자를 중심으로 전우의 비판서에 대한 반비판서가 제기되기도 하였다.

결국 기호학계의 연원이자 학문적 바탕이 되는 이이의 리기심성론에 대한 비판적 검토를 통해 체계화된 기정진의 성리설은 20세기에 접어들어 학계에 보다 극명히 드러나고 논란의 대상이 되었으나, 그 논란은 지속적이고 생산적인 논의로 재생산되지 못하고 각 학파의 학문적 입장을 확인하는 선에서 귀결되었다. 다만 이를 계기로 기호학계의 분화 속에서 다양한 학문적 입장이 드러나고 확인되었으며, 이를 통해 조선 성리학이 가졌던 여러 논쟁점이 다시 한 번 정리되는 계기를 맞이하게 되었다.

---

41 김봉곤, 「노사학파의 형성과 활동」, 한국학중앙연구원 박사학위 논문, 2007. 8, 194쪽 참조.

제7장 실천 지향의 위정척사 운동

철저한 리 중심의 체계를 구축한 바탕 위에서 성리학적 가치 질서의 실현을 강조하는 기정진의 사상 체계는 단순히 학문적 차원에 머무는 것은 아니었다. 그는 조선 성리학의 결국에 위치하면서 전대 성리학에서 제기된 여러 논쟁점을 비판적으로 종합하여 나름의 사상 체계를 확립하는 한편, 내우외환(內憂外患)의 시대 상황에 대해서도 해결책을 모색하며 실천적인 지향을 보여주었다. 비록 실제로 취임하지는 않았지만 당대 산림(山林)의 지위에까지 올랐다는 것은 그가 학문적 성취만을 이룬 것이 아니라 사상계와 정계 전반에 걸쳐 적지 않은 영향력을 가지고 있었음을 보여주는 것이며, 동시에 정국의 흐름 속에서 일탈하지 않았음을 보여주는 증거라 하겠다.

최익현은 기정진의 현실에 대한 실천적 지향에 대해 "금상 3년(1866)에 병인양요(丙寅洋擾)가 일어나 적이 강화도를 함락하니, 조야는 뒤숭숭하여 간사한 말을 하는 자들이 바야흐로 화의(和議)를 제창하기까지 하였다. 이때에 대의를 들어 간사한 논의를 꺾고, 불끈 성내어 홍수(洪水)·맹수(猛獸)의 화를 몰아내는 것을 자신의 책무로 삼은 두 원로(元老)가 있었으니, 이는 바로 노사(蘆沙) 기 선생(奇先生)과 화서(華西) 이 선생(李先生)이다"라고 평가하고, 한말 척사 운동의 대표자로 기정진과 이항로를 손꼽았다.[1] 그리고 기정진의 현실 대응에 대해 "병자년(1876, 고종13)에 이르러 한일수호조약(韓日修好條約)이 이루어져 화란이 착착 두 선생의 말과 같이 일어나니, 군민들은 비로소 두 선

---

1 崔益鉉, 『勉菴先生文集』 卷25, 「蘆沙先生奇公神道碑銘」.

생의 선견지명에 감복하여 더욱 우러러 사모하게 되었다"고 높이 평가하였다.[2]

기정진이 처해 있던 시대 상황은 안으로는 봉건 체제가 그 기반부터 무너져가고 있었고, 밖으로는 제국주의(帝國主義)의 침략이 우려의 수준을 넘어 국가 체제를 위협하는 수준으로까지 구체화되고 있었다. 그리고 이러한 시대 배경에서 이룩된 그의 학문 체계도 당시 시대 상황과 무관한 것은 아니었다. 그가 목표했던 학문은 리를 중심으로 도덕적 가치와 당위를 확인하고, 이를 현실 세계에서 실현하고자 하는 것이었기 때문이다. 특히 당시 무너져가는 국가 체계를 성리학적 가치 체계의 재공고화를 통해 재건하고자 하는 것이었고, 리를 기반으로 대내외적 모순을 타개해가고자 하는 것이었다.

그의 학문이 보여준 리 중심의 학문 체계가 현실 세계의 모순과 연관되어 있음은 그의 여러 언급을 통해서도 확인할 수 있다. 그 중 대표적인 것으로는 "부인이 남편의 자리를 탈취하는 것이 일대 변란(一大變)이요, 신하가 군주의 자리를 탈취하는 것이 일대 변란이며, 오랑캐가 중화의 자리를 탈취하는 것이 일대 변란이다. 만약 기가 리의 자리를 탈취한다면 삼대 변란(三變)은 그 다음의 일이다"[3]라는 언명이다. 이 말을 통해 확인할 수 있는 것은 그가 세계 구성의 근원이자 도덕 가치의 원천으로서 리의 위상을 공고히 하여 현실 세계의 문제를 해결해 나가고자 하는 것이다.

그에게 있어 리는 모든 가치와 원칙의 근원이자 현실적 준거와 목표였다. 그리고 현실에서 가치 질서의 지향을 리로 수렴하고, 리를 통해 현실 세계의 목표와 변화를 이끌어내고자 하였다. 따라서 그의 성리학은 의리론 및 현실 개혁론과 유기적 관계에 놓여 있는 것이다.

---

2 崔益鉉, 『勉菴先生文集』 卷25, 「蘆沙先生奇公神道碑銘」.
3 『蘆沙先生全集』 附錄 卷2, 「行狀」, "妻奪夫位, 一大變也. 臣奪君位, 一大變也. 夷奪華位, 一大變也. 若氣奪理位, 則三變次第事."

특히 주목되는 것은 리기일체를 전제한 바탕 위에서 리의 주재성 강화 논리가 현실에 실재하는 리와 이러한 리의 강한 주재 하에 있는 세계로 철저하게 구조화하는 것이고, 이러한 논리 체계는 현실에 있어서 추구하는 목표에 대한 지향성을 더욱 긴박하게 하는 것이라는 점이다.

19세기 중반 이후 심화되어가는 대내외적 모순에 대해 위정척사론[4]을 주창한 기정진은 동시대 위정척사론자들에 비해 보다 현실적이고 구체적인 대안을 제시한 것으로 평가받고 있다.[5] 리존기비(理尊氣卑)와 이에 대응하는 명분론적 태도 등에서는 다른 위정척사론자들과 비슷한 양상을 보이지만, 관념적 공소성(空疎性)에서 어느 정도 벗어난 그의 사회 개혁론은 복고 지향성이 완화된 현실적인 대안과 당시 지배계급에 대한 날카로운 비판을 강화하는 특징적인 면모를 보여준다는 평가이다. 그리고 개항을 반대하는 그의 논지는 가시화된 제국주의 세력에 대한 단순한 부정에 그치는 것이 아니라, 국가 경제와 민생에 기반하여 민족 생존권과 국가 경제에 대한 외세의 침탈을 막고자 하는 강한 의지가 담겨 있다는 점에서 관념적 허식에 그치거

---

4 해방 이전에는 위정척사에 대한 본격적인 연구가 거의 없었고, 해방 이후 현상윤의 『조선유학사』에서 개관한 것이 대표적이다. 이후 1960년대 들어 홍순창, 하타다 다카시에 의해 본격적인 연구가 주도되어 위정척사에 대한 학계의 관심이 드러나기 시작했다. 대체적으로 위정척사에 대한 학계의 평가는 위정척사 사상이 근대 민족주의로 연결되었다고 긍정적으로 평가하는 학자(홍순창, 최창규 등)와 위정척사 운동은 근대 민족주의와 직접 연결되지 않으며 보수반동적인 운동이라고 보는 학자(진덕규, 이이화 등)로 크게 대별된다. 이 밖에도 보수적 한계 내에서도 반침략적 성격을 가져 민족 운동의 사상적 한 측면이라고 평가하는 학자(강재언) 등이 있다. 최근 조선 말기 위정척사에 대한 연구가 축적되고, 그 평가 또한 일면적이지 않은 면을 보여주고 있다. 위정척사 운동이 갖는 자주적, 주체적, 애국적 측면을 적극적으로 긍정하여 주자학적 민족주의로 평가하려는 연구(오영섭)를 비롯하여 동일한 입장에 선 연구가 지속적으로 발표되고 있는 것을 미루어 볼 때 단선적인 평가보다는 보다 면밀한 연구와 선입견이 배제된 평가가 뒤따라야 한다고 생각된다.

5 유초하, 「조선 후기 성리학의 사회관」, 『동양학학술회의 강연초』(단국대 동양학연구소, 1994), 319쪽 참조.

나 이념적 주장에 한정된 것은 아니라 평가할 수 있다. 특히 병인양요를 맞아 70세에 가까운 나이에도 불구하고 향리에서 의병 모집을 계획할 정도로 그의 실천 의지는 강렬하였다.

1. 대내적 현실 인식과 내수론의 전개

대내적으로는 척족(戚族)에 의해 권력이 독점되는 세도정치(勢道政治)가 지속되고, 엄격한 신분 질서와 가치 체계가 동요하던 19세기 중반의 조선 사회는 성리학적 가치 체계가 굴절되고 모순된 현실, 그 자체였다. 지배 이념으로서 조선 사회를 지탱했던 성리학적 가치 체계는 세도정치로 인해 그 이념적 정당성에 한계를 드러냈고, 성리학에 따른 지배 체제도 상대적으로 효율성에 회의를 갖게 하였다.

특히 관리들의 부정부패와 이에 따른 수취 체계의 왜곡, 그리고 이로 인한 백성들의 궁핍 및 농촌 경제의 피폐는 일종의 집단 불안 증세마저 야기하였고, 급기야 백성들의 저항으로 이어져 농민들의 기의(起義)가 빈번하게 발생하였다. 이러한 대내적 모순에 따른 농민들의 저항은 전통적인 유가(儒家)의 민본정치와는 거리가 먼 것이고, 따라서 기정진도 대내적 모순을 외면할 수 없었다.[6]

그의 대내적 모순에 대한 대책은 임술년(1862) 삼남 지방에서 연이어 발생한 농민들의 기의에 따라 나라에서 구언책(求言策)을 모집할 때 저술된 「임술의책(壬戌擬策)」에 집중적으로 나타나 있다. 물론 이 저술이 그의 경세에 관한 의론을 집중적으로 드러낸 것이지만, 이 저

---

6 『高宗實錄』 고종 3년 11월 15일 庚午, "小民之於國家. 猶草木之有細根. 細根繁則柯葉茂. 細根受病. 則其槁也可立而待. 經所謂民惟邦本. 漢人所謂王者以民爲天. 皆小民之謂也. 衆心. 無所告訴. 樂生之心亡. 仁愛之情缺. 若不及今救藥. 恐是稅駕無地."

술에 앞서 그의 경세 논의는 이미 무르익고 있었다. 문인들과의 문답에서 드러난 그의 대내적 모순에 대한 이해와 대책은 정치뿐만 아니라 경제, 사회 등 국가 운영 전반에 걸친 것이었고, 이러한 이해의 근저에는 당색을 떠난 폭넓은 독서와 실질적인 체험이 밑바탕을 이루고 있었다.[7] 따라서 그의 대책은 비록 제출되지는 않았지만, 구체적이고 현실적인 대안이었다는 평가를 받았다.

최익현은 기정진의 「임술의책」에 대해 "선생이 봉사(封事)를 초안하여 먼저 사대부의 풍습이 바르지 못한 것을 지적했으며, 조정의 공경과 방백·수령·이서(吏胥) 등의 비위 사실로부터 과거 또는 벼슬길에서 서로 경쟁하는 폐단과 부호들의 겸병하고 사치하는 폐해에 이르기까지 적고 큰 것을 모두 아뢰었는데, 명백하고도 통절하였다. 그 근본을 추구하여 보면 임금의 한 마음에 귀결지었으며, 곧 군포(軍布)를 파기하고 환곡(還穀)을 덜어주며 상평창(常平倉)을 설치하고 민전(民田)을 한정할 것을 청하였다. 다시 조(租)·용(庸)·조(調) 법을 청하였는데 모두 수만 마디로 다 시대의 병폐를 적중하였다. 병폐를 바로잡는 방법은, 염치를 장려하여 풍속을 바로잡는 근본으로 삼았으며, 공(公)을 확장하고 사(私)를 억누르는 것으로 인재를 얻는 요령을 삼았다. 쓸데없는 비용을 없애는 것으로 국가 재정을 풍요하게 하는 계책을 삼았는데 대체로 모두 시행할 수 있는 것들이었다"고 평가하였다.[8] 그의 평가에서 주목되는 것은 '명백하고 통절한 지적'이었고, '모두 시행할 수 있는 것들이었다'는 점이다. 관념적 공소성이나 명분에 사로잡히지 않고 적실하고 실현 가능한 대책 마련에 부심했음을 보여주는 예이다.[9]

---

7 그는 서인 계열의 노론이 아닌 남인 계열 실학자인 정약용의 『목민심서』를 구해 읽었고, 호남 및 영남에 고루게 분포한 문인들을 통해 당시 피폐한 현실을 전해들었다. 그리고 자신도 경제적 어려움 속에서 생활했기 때문에 농민들의 어려움을 누구보다도 절실하게 느끼고 있었다.

8 崔益鉉, 『勉菴先生文集』 卷25, 「蘆沙先生奇公神道碑銘」.

대내적 혼란을 수습하기 위한 기정진의 대응, 즉 내수책(內修策)의 기반은 일반 백성을 기반으로 봉건 체제를 안정화시키는 것이었다. 그는 "내수의 절목(節目)을 열거하면 매우 번다하겠지만, 그 요체는 결인심(結人心)에 있다"[10]고 하여 봉건 체제의 안정화를 백성들의 마음을 묶어내는 '결인심'으로 요약하여 백성들의 내면적 의지를 이끌어내고자 하였다. 그리고 백성들의 단결을 끌어내기 위해 그는 당시 지배계급에 대한 과감한 비판을 서슴지 않았다. 물론 이러한 내수책은 제국주의 침략에 대한 외양(外攘)의 토대가 되었다.

그의 내수책은 먼저 유가 전통의 민본(民本) 이념을 재천명하고, 군주(君主)의 본무역행(本務力行)을 강조하는 데서 시작한다.[11] "군왕과 백성이 서로 기다리는 것(相須)은 천하의 정해진 이치(定理)이다. 군왕은 양민(養民)으로 덕(德)을 삼고, 백성은 군왕에게 충성함으로써 업(業)을 삼는다"[12]고 하여 내수의 근본으로서 군민일체(君民一體)를 제시하였다. 이것은 당시 세도정치에 따른 집권 세력의 도덕적 타락과 이에 따른 백성들의 이반(離反) 현상에 대해 군주 본연의 역할을 재천명함으로써 봉건 지배 질서 체제의 안정화에 있어 근본을 세우고자 하는

---

9 물론 이러한 평가는 같은 입장에 서 있었던 최익현의 평가이지만, 『매천야록』 등 당대 저술에서도 기정진의 현실적인 대책이 뛰어났던 것으로 평가한 점을 미루어 볼 때 당대 기정진이 제시한 현실 대응책은 의미있는 것이었다고 하겠다.

10 『蘆沙先生全集』卷3, 7a, 「丙寅疏」, "內修之事, 言其節目則甚繁, 而其要諦則不過 結人心三字."

11 기정진은 고종 3년 동지돈녕부사를 사직하면서 올린 사직소를 통해 군왕의 독서와 택인(擇人)이 급선무임을 강조하면서 사대부들의 염치없는 풍조를 비판하고 삼무사(三無私)로 나갈 것을 주장하였다. (『蘆沙先生全集』附錄 卷1, 「年譜」참조.) 이 사직소를 통해 그는 특히 군왕의 자기반성을 촉구하는 면모를 확연히 드러냈다. 그의 사직소에 대해 고종은 비답을 내려, "지난번에 해적들이 침입한 변란으로 말하면 통분하기 끝이 없다. 현행 폐단으로 하여 가는 곳마다에 걱정스러운 일이 아닌 것이 없는데 책을 읽고 인재를 잘 선발하는 것은 급선무이다."라고 그의 사직소에 답하였다. (『高宗實錄』고종 3년 11월15일 庚午 참조.)

12 『蘆沙先生全集』卷3, 「丙寅疏」, "君民相須天下之定理也. 君以養民爲德, 民以忠上爲業, 違此則亦不能胥匡以生也, 此天下之急也."

노력의 일환이라고 볼 수 있다. '결인심'의 동인(動因)을 군주 자신의 실천으로부터 찾고, 집권 세력에 의해 밀폐되었던 정치 체제의 운영 원리를 비판하면서 군주와 백성의 관계를 회복하여 민심의 동향을 확보하는 것을 중요하게 보고 있는 것이다.[13]

그가 파악하는 당시 체제 위기의 원인은 정치를 농단하며 도덕적 타락과 백성의 단결력을 저해하는 당시 집권 세력이었다. 따라서 그의 비판은 당시 집권 세력에 집중된다. 특히 정약용(茶山 丁若鏞, 1762~1836)의 『목민심서(牧民心書)』까지 거론하면서 당시 지배층을 강하게 비판하였다. 『목민심서』에 수령과 아전들의 탐욕과 부정이 상세히 기록되어 있고, 군주도 그 내용을 보면 그들이 백성들을 해치고 나라에 좀이 된다는 것을 알게 될 것이라고 강조하였다.[14] 군주와 백성의 일체성을 저해하고, 체제 약화를 초래하는 장본인이 당시 집권층이고, "최근에 사대부들의 습속이 크게 무너져, 이욕(利欲)이 마치 홍수가 범람하듯이 횡류(橫流)하고 있다"[15]라고 하여 그들의 경제적 침탈에 초점을 맞추어 비판의 강도를 높였다.

한편, 기정진이 판단하는 국가의 기본 계층은 농민이었다. 사민(四民) 가운데 농민이 가장 양민(良民)이며, 국가의 근본이 바르게 되는 것도 농민에 있다고 보았다. 그리고 농민의 동요가 이와 같으면 국가의 근본이 뒤집힌다고 강조하였다.[16] 농민이 겪는 어려움과 삼정문란에 따른 국가 위기 체제의 초래 원인이 지배계급인 사대부들의 이욕

---

13 박충석·유근호, 『조선조의 정치사상』, 평화출판사, 1980, 185쪽 참조.
14 『蘆沙先生全集』 卷3, 22b, 「壬戌擬策」, "其始也, 則侵蝕盜竊者, 吏胥而已, 士大夫之爲守令監司者見其爲利寶, 從而染指焉, 奇逕別岐, 神奸鬼秘, 言不能盡, 指不勝屈, 先朝臣丁鏞牧民心書中槩言之, 殿下試取以備淸燕, 一日之覽, 則其爲瘡痏於民, 蟊賊於國者可得其實際矣."
15 『蘆沙先生全集』 卷3, 19a, 「壬戌擬策」, "近日士大夫習俗大壞, 利欲之橫流如洪水之懷襄."
16 『蘆沙先生全集』 卷3, 18b, 「壬戌擬策」, "伏惟念四民分業, 農民最良民, 惟邦本正在農民, 今農民動搖, 若此國家根本蹶矣."

때문이고, 이것은 결과적으로 국가의 근본인 농민에 대한 경제적 약탈로 이어져 체제 모순으로 드러났다고 파악하는 것이다. 그래서 그는 "전일(前日)의 탐잔(貪殘)은 오히려 전정(田政)과 군정(軍政)을 빙자하였기 때문에 세금으로 바쳐 백성들의 재산(民産)이 구멍이 났지만, 오늘의 탐잔은 아무 명색도 없이 약탈을 공행하기 때문에 그것은 소위 외구(外寇)가 쳐들어와 약탈해가는 것과 같다. 따라서 전일의 탐잔에서는 백성은 비록 피해를 당하였지만 그것은 국가 재정과 연관되어 세사(世事)에는 크게 해되지 않았던 데 반하여, 지금의 탐잔에서는 그대로 개인에게 약탈되어 탐잔의 결과가 모두 개인의 사리로 돌아가기 때문에 더욱 심각하다"[17]고 지적하였다. 과거의 백성에 대한 수취 체제의 모순은 백성에 대한 경제적 침탈에만 한정되었지만, 현재 지배계급이 취하는 전정과 군정을 통한 경제적 약탈은 백성들의 경제적 침탈은 물론 국가 재정의 피해로까지 이어지고 있다는 지적이다. 집권 세력에 대한 비판의 초점을 경제적 침탈에 따른 국가 재정의 궁핍으로 이해하고, 이는 결국 국가 체제의 약화 요인이라고 판단하고 있는 것이다. 특히 지배층의 약탈은 외구의 침탈과 다름없이 명분도 없는 약탈 그 자체라고 규정하여 비판하고 있다.

국가 위기의 원인을 경제적 위기, 즉 국가 재정은 물론 백성들의 궁핍함에 초점을 맞추어 지배계급에 대해 비판을 전개하면서, 그는 유가 전통의 양민(養民)을 거듭 강조하였다. 그리고 위민(爲民)·보민(保民)의 관점에서 백성은 어린아이와 같고, 현재의 혼란은 어린아이가 먹을 것이 없어 우는 것이라고 파악한다.[18] 그래서 그는 당시 백성들의 기의(起義)에 대해 "농민들이 먹을 젖이 없어 우는 소리(農民 失乳而啼

---

17 『蘆沙先生全集』 卷3, 19b, 「壬戌擬策」, "蓋昔時之所謂貪殘者, 猶憑籍田軍, 糶而孔穴之尙可誘以刀筆餘枝, 貪墨常情, 民雖被害, 不害爲盛世事, 今之貪殘也. 乃無名色而公行掠奪, 其所以異於外國寇亂者, 僅不掠及子女耳."
18 『蘆沙先生全集』 卷3, 26a, 「壬戌擬策」.

哭)"[19]라고 규정하는 것이다. 어린아이가 배고파서 울 때 부모된 도리는 그 우는 소리에 귀기울이고 젖을 물려줘야 한다는 절박함에서 비롯된 규정인 셈이다.

기정진은 백성들의 삶과 당시 체제 혼란의 원인 제공자로 지배계급을 지목하면서, 위기 상황을 경제적 위기와 이에 따른 체제 불안정이라는 측면에서 파악하여 구체적인 개혁론을 제시하였다. 물론 이러한 그의 개혁론은 사회 경제적 위기 극복을 통해 정치 체제의 안정화를 기하자는 의도가 깔려 있다. 그래서 그는 군주와 백성 간의 '일체적 상관성' 구축과 백성들의 '경제적 안정'을 전제하여 제시한다. 백성은 군왕의 수족(手足)이고, 복심(腹心)이고, 백성의 경제적 안정이 국가 재정의 안정화를 꾀할 수 있는 기본이라고 규정하여 백성의 삶을 도모할 것을 강조한다.[20] 그리고 세상에는 비상(非常)한 일이 있어 비상(非常)한 공이 있다고 하여 과단성 있는 개혁을 강조한다. 이것은 당시 개혁에 미온적인 지배층에 대해 비판을 가하면서 시세(時世)에 따른 현실적인 대안을 촉구하는 것이라 할 수 있다. "옛 제도를 가볍게 고칠 수는 없다는 것을 누가 모르겠는가. 그러나 요는 백성에게 의당(宜當)하면 백세(百世)토록 고쳐서는 안 되지만, 백성에게 해(害)가 되면 3년 안에라도 고쳐야 한다"고 하여 과단성 있는 개혁론의 시행을 강조하는 것이다.[21] 물론 그 개혁의 방향은 위민이고 보민이다.

한편, 기정진은 삼정(三政) 중 전정(田政)의 문란을 양전(量田)의 문제라기보다는 수령이 사람을 잘못 기용하여 전정을 잘못 수행하는 데에서 그 원인을 찾는다. 그래서 관리들을 제대로 선발할 것을 주장하였다. 그리고 군정(軍政)은 호적이 공정하지 못한 점 때문에 문제가

---

19 『蘆沙先生全集』卷3, 26a, 「壬戌擬策」.
20 『蘆沙先生全集』卷3, 27b~28a, 「壬戌擬策」.
21 『蘆沙先生全集』卷3, 28b, 「壬戌擬策」, "或有難臣者曰, 詩云不愆不忘, 率有舊章, 舊章可輕改耶? 臣答曰, 舊章之不當輕改, 人孰不知, 先賢獨不曰, 宜於百姓者, 百世不可改, 害於百姓者, 雖三年, 可改乎?"

발생한다고 지적하면서, 양반에게도 공평한 분담을 지울 것을 주장하였다. 아울러 환곡(還穀)에 대해서는 당시의 민폐(民弊)를 지적하면서 상평(常平)으로 대치할 것과 민전(民田)의 제한을 역설하였다.[22]

이어 그는 당시 국가 경제의 폐단을 다섯 가지로 나누어 비판한다. "정치를 하면서 유용(有用)한 것을 무용(無用)한 곳에 사용해버리면 가난하게 되고, 무용한 것을 유용한 곳에 사용하면 풍족하게 된다"고 전제한 그는 국가의 안위(安危)와 백성의 문제를 분배의 문제에 초점을 맞추어 당시 조선은 십중팔구가 무용한 사용을 하고 있다고 규정하여 사회 경제적 폐단을 지적한다.[23]

그가 먼저 지적하는 것은 전제(田制)의 폐단이다. 그는 '토지가 생민(生民)의 근본(田者, 生民之根帶)'이라고 규정하고, 대토지 사유화에 따른 공전제(公田制) 이념의 붕괴를 비판하였다. 사적인 토지 겸병에 따라 세수(稅收)에 폐단이 드러나고, 이것이 국가 재정의 궁핍화를 초래한다는 것이다. 국가에서 거둬들이는 세금이 10분의 1인 반면, 대토지 소유자는 소작인에게 태반의 부(賦)를 걷어 들여 농민의 궁핍화는 물론 국가 재정의 궁핍을 초래하여 대토지 소유자들만 부를 누리고 있다는 것이다. 두 번째 그가 지적하는 폐단은 군포(軍布)이다. 군포의 폐단에 대해서도 그는 군역과 군포의 불평등 문제가 심화되었고, 이에 따라 국가경용(國家經用)에 문제가 발생함을 지적한다. 세 번째로 지적되는 폐단은 서원과 이에 기생하는 유생(儒生)의 민폐 문제이다.[24]

---

22 유초하, 「조선 후기 성리학의 사회관」, 『동양학학술회의 강연초』(단국대 동양학연구소, 1994), 319쪽 참조.

23 그의 이러한 비판은 당시 조선의 사회 경제적 모순을 분배의 불공평에서 문제점을 찾고 있다고 할 수 있다. 즉 당시의 사회 경제적 모순은 재화의 부족이 아니라, 재화의 불공정한 분배, 즉 관료와 중간 관리자의 가렴주구에 의한 농민들의 착취에 기인한다고 파악하여 부의 편중 현상으로 이해하고 있는 것이다. 이러한 부의 편중 현상은 농민들의 피폐와 아울러 국가 재정의 궁핍으로 이어져 봉건 체제의 모순을 일으켰다는 것이다.

24 기정진은 당시 유생들의 행태에 대해 비판적인 태도를 취했다. 그리고 서원 철폐에

부지런히 학문을 닦고 교양을 쌓는 현송(絃誦)의 도가 무너지고 술과 고기에 젖은 기풍이 문제일 뿐만 아니라 유생들이 어부가 물고기를 잡듯이 백성의 재물을 빼앗는 재산상의 어탈(漁奪) 문제를 적시하였다. 네 번째로는 분배의 불공정과 분수에 지나친 사치인 치미(侈靡)의 기풍이다. 지나치게 겉치레하는 기풍은 물론, 재화의 한정성(限定性)에 대해서 중점적으로 지적한다. 그는 민재(民財)는 일정한 한도가 있기 때문에 동쪽이 차면 서쪽이 빌 수밖에 없다고 본다. 그래서 사치를 금(禁)하고 사방의 백성들을 균등히 만족시켜야 한다고 주장한다. 마지막으로 그는 과거제도의 모순에 따른 부패와 낭비 문제를 지적한다. 향시(鄕試)를 거치지 않고 중앙에서 일제히 시행하는 당시 과거제로 인해 허비되는 재화의 손실은 물론, 수많은 사람이 과거에만 몰려드는 것에 따른 경제적 비용에 대해 우려의 뜻을 표시한 것이다.[25]

이렇듯 기정진은 위의 다섯 가지 폐단을 '유용(有用)한 것을 무용(無用)한 데 돌리는 것'으로 지적하여 사회 경제적인 관점에서 당시의 현실을 비판하였다. 여기에서 주목되는 것은 그 대상이 모두 당시 집권 세력에 집중되어 있다는 점이고, 개혁론의 중심이 경제적인 측면에 맞추어져 있다는 것이다. 세도정치라는 비정상적 정치 체제 하에서 소수 집권 세력에 의한 정치 운영의 폐해와, 이에 따른 관료들의 가렴주구로 인해 국가 체제의 근본적인 모순이 기인하고 있음을 극명하게 제시하려는 그의 의도는 정치 체제의 모순이 사회 경제적인 측면, 특히 국가 재정의 유출과 국민 경제의 파탄으로 이어진다고 판단

대해서도 강한 의욕을 보였다. 그는 서원은 강학을 하고 선현에게 제사를 지내기 위한 곳임에도 불구하고, 당시에는 대부분 자손들이 사사로이 높여 설치 운영하고 있다고 비판하였다. 글 익는 소리는커녕 술과 고기를 먹고 노는 장소로 전락한 서원은 국가에 좀이 되고, 백성을 병들게 하는 것이기 때문에 과감히 정리해야 한다는 것이 그의 입장이었다. 그래서 대원군의 서원 철폐령이 제시되었을 때에도 그의 이러한 입장은 변화하지 않았다. 김봉곤, 「蘆沙學派의 形成과 活動」, 한국학중앙연구원 박사학위 논문, 2007. 6, 80~81쪽 참조.
25 『蘆沙先生全集』 卷3, 28a~29b, 「壬戌擬策」.

하고 있는 것이다. 따라서 그는 사회 경제적인 모순의 원인을 지배계급에게 집중하고, 그 모순은 경제적인 측면에서 국가 재정의 고갈과 백성들의 궁핍화를 해결해야 하는 방향으로 나아가야 한다고 보는 것이다. 이것은 제도적 차원에서 개혁 정책을 제안하게 되고, 결국 개혁론은 종사(宗社)의 보전(保全)이라는 체제 유지의 성격이 그 밑바탕에 깔려 있다고 할 수 있다.[26]

전통적인 성리학자인 그에게 있어 현실 개혁은 유가 전통의 민본 정치를 지향하고, 안민(安民)·보민(保民)의 관점에서 이루어지고 있다. 그렇지만 자신의 계급적 기반인 양반층에 대한 과감한 비판과 구체적인 사회 경제적 모순의 분석과 대안 제시는 종래의 사변적인 측면에서 일정 정도 벗어난 것이라 할 수 있다. 사회 경제적 개혁의 논리가 비록 근왕적(勤王的) 정치 질서의 구조적 변혁을 지향하지는 않지만, 집권 계급의 모순에 대한 비판과 백성에 대한 적극적인 개선 의지는 대내적 모순 극복을 통해 외세의 도전을 대항하고자 하는 이념적 동인(動因)으로 기능하였다고 하겠다.[27]

2. 대외적 현실 인식과 척사론의 전개

'결인심(結人心)'을 요체로 한 기정진의 내수론(內修論)은 거듭되는 농민들의 기의에 대한 조정의 구언에 응하고자 작성된 「임술의책」을 통해 처음으로 구체화되었지만, 대내적 모순에 대한 그의 비판과 대책은 일찍부터 구체화되고 있었다.[28] 그리고 이러한 그의 생각은 서

---

26 최익현은 기정진의 경세 논의에 대해 "글자마다 경륜이고 말마다 약석(藥石)이다. 우원(迂遠)해서 옛날에 빠지지 않았고, 비근(卑近)해서 세속에 젖지도 않았다"(崔益鉉, 『勉菴先生文集』 권25, 「蘆沙先生奇公神道碑銘」)고 평가하였다.

27 이택휘, 「조선 후기 척사논의의 전개와 그 의의」, 『한국정치외교사논총』, 1987, 180쪽 참조.

양 제국주의의 침략이 가시화되고, 이에 대한 대책을 제기하면서 녹아들었다.

중국이 서양 제국들의 경제적 통상 요구에 대응하면서 국가적 자존심은 물론 경제적 문화적 침탈을 당한 일련의 사건에 대해 충분히 인지하고 있었던 기정진은 조선도 머지않은 장래에 이러한 형국을 맞이할 것이라 생각하고 있었다.[29] 그리고 내정에 대한 발빠른 개혁을 통해 대외적 모순을 극복해야 한다는 생각을 구체화하기 시작하였다.

서양 제국주의의 통상 요구와 침탈이 구체화되자, 기정진은 내수를 기반으로 한 척사 의지를 강력하게 제시하였다. 따라서 그의 내정 개혁론에 해당하는 내수론은 성리학적 지배 질서 체제의 안정화와 유가적 가치의 재공고화를 통해 대외적인 도전과 침략을 타개하기 위한 방책이라 평가할 수 있다. 그래서 그는 "인심(人心)이 단결되면 일려(一旅)와 필마(匹馬)로도 가히 국가를 흥창시킬 수 있지만, 인심이 흩어지면 나라 안이 다 적국(敵國)이요, 오랑캐가 된다"[30]고 하여 대외적 통상 요구와 침략에 대응할 수 있는 대내적인 단결, 즉 '결인심'의 내수가 중요함을 역설하였다.

기정진은 병인양요(丙寅洋擾)가 일어난 직후 작성한 「병인소(丙寅疏)」

---

28 기정진은 문인들과의 문답 속에서 당대 모순에 대한 사실을 인지하고 그 대책을 제시하기도 하였다. 영남의 대표적인 문인인 조성가의 「사상일기(沙上日記)」를 검토해보면 기정진은 지배계급의 이욕에 따른 모순된 현실에 대해 강한 비판의식을 가지고 있었고, 당색과 지역에 따른 인재 차별 등 다양한 문제에 대해 비판과 대책을 제시하기도 하였다. (趙性家,『月皐先生文集』卷6,「沙上日記」참조.)

29 그는 「병인소」 첫머리에 "근자에 서양 오랑캐가 창궐하여 흉악한 계책을 수없이 꾸민 것으로 인해 급기야는 북경에서 자문(咨文)이 오게 되었다고 하였습니다. 그 자문의 내용은 매우 수상하여 반은 공갈인 듯하고 반은 조정(調停)해보려는 뜻인 듯합니다. 선척이 또한 서해를 침범하여 정박하니, 대개 이 적들이 우리나라에 대하여 흉포한 마음을 품은 것이 하루 이틀의 일이 아니었습니다"(『蘆沙先生文集』卷3, 1a,「丙寅疏」)라고 하여 오래전부터 서양 제국의 통상 압박과 개항 요구가 있을 것을 예견하고 있었음을 보여주었다.

30 『蘆沙先生全集』卷3, 7a~b,「丙寅疏」, "人心不離, 則一旅足以興夏, 匹馬可以昌唐, 人心離散, 則舟中皆敵國, 轂下皆胡越, 豈不可畏之甚哉."

를 통해 척사론을 구체화하였다. 어린 시절부터 춘추대의(春秋大義)에 대한 강한 의욕을 보이고, 중화 문화에 대한 강한 열망을 가지고 있었던 그는 잇단 서양제국의 통상 압력과 개항 요구에 맞서 쇄국으로 일관한 당시 조정의 정책에 부응하여 위정척사 의지를 강력하게 표명한 것이다.

그는 지속적으로 이루어진 서양 제국들의 통상 요구에 대해 서양인이 우리나라에 대해 낭심을 품어왔고, 신부 살해 사건의 해결에 국한되지 않고 다른 욕심이 있으니 이에 대한 응변의 도를 철저히 해야 할 것을 역설하였다. 당시의 상황을 '해구동래지조(海寇東來之兆)', 즉 바다 오랑캐가 우리나라로 쳐들어올 징조라고 규정하고, 이것은 국가의 존폐와 직결된다고 인식하였다. 그래서 그는 "저들의 만족할 줄 모르는 욕심은 우리의 국가를 자기들의 부용(附庸)으로 만들려는 것이며, 우리의 산과 바다를 자기들의 보고(寶庫)로 삼으려는 것이며, 우리의 의관(衣冠) 문물(文物)을 자기들의 노예로 만들려는 것이며, 우리의 부녀자들을 겁탈하려는 것이며, 우리의 백성을 금수로 만들려는 것입니다. 만일 교통(交通)의 길을 열면 저들의 욕심은 사사건건 뜻대로 이루어져 2, 3년 안에 전하의 백성으로서 서양에 동화되지 않을 사람이 거의 없을 것이니, 전하께서는 장차 누구와 더불어 임금 노릇을 하시렵니까?"[31]라고 하여 서양 제국은 이욕이 가득한 집단이고, 결국은 우리나라를 식민 지배하려는 숨은 야욕이 있다고 파악하였다.

특히, 그는 서양 제국의 통상 요구를 무한한 욕망으로 규정하고, 그들의 내면적인 목적을 1)정치적 주권의 문제(附庸我國家), 2)경제적 착취의 문제(帑藏我山海), 3)문화적 예속의 문제(奴僕我衣冠), 4)사회적 풍습의 파괴 문제(漁獲我少艾), 5)도덕적 추락의 문제(禽獸我生靈) 등으로 나

---

31 『蘆沙先生全集』 卷3, 2b, 「丙寅疏」, "其無厭之溪壑, 欲附庸我國家, 帑藏我山海, 奴僕我衣冠, 漁獲我少艾, 禽獸我生靈耳. 萬一開交通之路, 則彼之所營件件如意, 次第無碍不出二三季, 殿下將誰與爲君乎?"

누어 분석하였다. 그리고 그들의 통상 요구는 우리나라의 정치적 자주
(自主)를 위기로 몰아갈 것이고, 국가 경제의 손실은 물론 문화적 주체
성의 위기를 초래할 것이라고 하여 거부해야 함을 강하게 요구하였다.
이러한 그의 대외적 현실 인식은 위도적(衛道的)인 측면과 아울러 민족
의 생존과 결부된 국권(國權), 그리고 경제 문제까지 결부되어 있는 특
징적 면모를 보여준다. 윤리강상(倫理綱常)이라는 도덕적 측면에 국한
된 것이 아니라 현실의 구체적인 현상과 그것이 결과하는 사태에 대
한 구체적인 식견이 드러나는 논의라 평가할 수 있다.[32]

폭넓으면서도 구체적인 대외적 현실 인식에 바탕하여 기정진은 그
대책을 여섯 가지로 나누어 제시하였다. 그가 제시한 6개조의 대책
은 '통교금절(通交禁絶)'을 기반으로 '양물금단(洋物禁斷)'과 '내수외양
(內修外攘)'의 방향으로 전개된다. '통교금절'의 현실적 대책이 '양물금
단'으로 이어진다면, '내수외양'은 그의 위정척사론의 뼈대가 되는
것이다.

6개조의 대책 중 기정진이 가장 먼저 제시한 대책은 '묘산불가부
정(廟算不可不定)', 즉 외세의 통상과 개항 요구 등에 대한 조정의 계
책을 미리 정해야 한다는 것이다. 외침에 대해 민심의 동요를 막고,
민심의 귀일을 기하기 위해서는 먼저 조정의 정책(廟算)이 정해져야
한다는 것이다. 이 대책은 외세의 침략에 맞선 내부의 태도를 보다
강화하는 논리라 할 수 있다. 척사에 대한 군민(君民)의 합일된 결의
가 전제되어야 한다는 생각을 가졌던 기정진은 조정의 일정한 정책,
만민이 귀일하는 정신, 국론(國論)의 분열 요소 제거 등 일원적인 체
계 구성을 주장하였다.[33] 그리고 밀려오는 서양 세력에 흡입되고 동

---

32 물론 그의 척사론이 성리학적 틀을 벗어나는 것은 아니다. 다만 관념적인 수준에서
   벗어나 현실의 구체적 변화에 대해 주목하고 있어 관념적 공소성이나 일방적인
   주의 주장에 머물지 않고 있다는 것이다.
33 최창규, 『근대한국정치사상사』, 일조각, 86쪽 참조.

화될 가능성에 대해 경계하여 방책을 세워야 함을 역설하였다.

특히 그는 "최근에 와서 호화경박하게 서양 물품(洋物)을 좋아하고 서양 면포(洋布)를 탐하여 입는 폐단이 있는 것은 매우 상서롭지 못한 일로서 아마 해구(海寇)가 우리나라에 침략할 조짐일 것입니다. 그러니 서울과 지방관에 명하여 장사꾼이 거래하는 서양 물품을 수색하여 거리에서 불사르고, 이후에 거래하는 자는 외구(外寇)와 소통한 죄로 다스리면 백성의 뜻이 안정될 수 있을 것"[34]이라고 주장하였다. 그가 내수책에서 중점을 두었던 경제적 측면이 서양 제국의 침탈에 대한 방책에도 그대로 적용되어, 당시 서양 물품의 범람과 이에 따른 경제적 문제 및 문화적 사상적 해이에 대해 주목하고 있다. 구체적이고 현실적인 문제에 착안하여 대책이 수립되고 있음을 확인할 수 있다.

실제로 개항 이전임에도 불구하고 19세기 초중반에는 서양의 물품이 유입되어 있었다. 이러한 상황을 '해구동래지조(海寇東來之兆)'로 규정한 그는 서양의 물품에 동화되어가는 당시 민간의 태도를 문제삼고 있다. 서양 세력에 대한 억제라기보다는 서양의 영향으로부터 벗어날 수 있게 하는 조건이 우선이라는 인식 하에서 '양물금단론'을 제기하고 있는 것이다. 서양의 통교 요구를 경제적 침탈의 일환으로 규정하였지만, 경제적 침탈과 이에 따른 국내 경제의 왜곡에 대응하는 방편으로 양물금단을 통해 내적인 저항력을 배양하려는 것이 그 해결책이라 하여 비교적 현실적이면서도 실현 가능한 대응책을 주장하고 있는 것이다.

이어 기정진은 두 번째 대책으로 '선수사령(先修辭令)', 즉 먼저 사령(辭令)을 잘 준비할 것을 제시하였다. "두 나라가 서로 전쟁을 하게

---

34 『蘆沙先生全集』卷3, 3a, 「丙寅疏」, "近日豪華輕薄, 喜蓄洋物, 耽服洋布, 最爲不詳, 殆海寇東來之兆朕, 命中外官搜括廛人所儲洋物, 焚之通衢, 凡嗣後貿來者, 施以交通外寇之律, 亦定民志之一道."

되면 사신(使臣)이 각국의 군대 사이에 끼이게 되는데, 사신의 논리정
연한 말로써 상대를 설득하면 상대가 군사를 이끌고 물러나곤 하였
다"는 것을 전제하고, 사령의 강굴(强屈)이 싸움에서 승패의 관건이므
로 미리 그것을 준비하였다가 연해(沿海)의 관원들이 가지고 있도록
하자는 것이다.[35] 이 대책은 앞서 '양물금단'을 통해 내적인 주체성을
확보하고, 이를 바탕으로 정당성을 갖추어 서양의 세력에게 우리의
입장을 당당하게 보여주자는 것으로 이해할 수 있다. 내적인 주체성
과 정당성의 확립을 바탕으로 통상 요구 거절의 이유가 우리에게 문
제가 있어 거절하는 것이 아니라 서양 제국의 부당함에 있음을 지적
하자는 것이다.

내적인 자기 정체성 확보와 정당성 확인을 통해 서양 세력에 대해
우리의 입장을 천명하는 논리를 미리 강구하자는 그의 대책은 이어
'심지형(審地形)' '연병(鍊兵)' '구언(求言)' 등 구체적인 방안으로 이어진
다. 유사시에 대비하여 우리의 지세(地勢)를 이용하여 공격할 수 있도
록 지형을 잘 관찰해야 하고,[36] 외침에 대비하여 군적을 효율적으로
관리하고 국방력을 강화하기 위해 군대를 훈련시켜야 하며,[37] 천하
에 쓰지 못할 사람이 없듯이 이용하지 못할 방책이 없으므로 구언을
이용하여 널리 수집하고 한글로 쓴 것이라도 받아들여야 한다[38]는
그의 대책은 불가피하게 서양과의 대결이 이루어질 것에 대비하여
현실 조건과 상황 요인을 적절히 이용하자는 전략적인 체제의 중요
성을 역설한 것이라 평가할 수 있다. 그리고 현실적인 상황을 고려
한 가운데 적극적이고 공격적인 척사론의 전개라기보다는 국가적 합
일을 바탕으로 내부의 단결을 꾀한 바탕에서 서양의 물리력을 나름

35 『蘆沙先生全集』 卷3, 3a~4a, 「丙寅疏」.
36 『蘆沙先生全集』 卷3, 4a, 「丙寅疏」.
37 『蘆沙先生全集』 卷3, 4b~6b, 「丙寅疏」.
38 『蘆沙先生全集』 卷3, 6b~7a, 「丙寅疏」.

대로 효과적으로 대비하자는 수세적(守勢的) 입장의 방책이라 할 수 있다.

특기할 만한 것은 서양의 군대에 대해 수전(水戰)과 육전(陸戰)을 대비시켜 우리의 장점을 살리려는 지세의 이용을 제기하고, 치병(治兵)에 대해서도 당시 현실에 대한 날카로운 비판을 통해 구체성을 확보하고 있는 점이다. 아울러 구언에서도 한글로 쓰여진 것도 수용해야 함을 역설한 것은 당시 신분 사회 속에서도 군민 합일을 기하려는 개방적인 태도이자, 관념적인 주의 주장에서 벗어나 신분에 대한 개방적인 태도를 확인시켜주는 방책이라 할 수 있다.[39]

마지막으로 그의 「병인소」에서 제시된 척사 대책은 「임술의책」에서 보였던 '결인심'을 바탕으로 한 내수(內修)와 연관되어, 마지막 방책으로 '몰몰내수이위외양지본(沒沒內修以爲外攘之本)'을 제시한다. 내정 개혁의 과감한 수행을 통해 외양의 토대를 이뤄내는 것이 급선무이고, 이를 위해 '결인심', 즉 사람들의 마음을 결집하는 것이 중요하다고 역설하는 것이다.[40] 외양의 토대는 결국 기강 확립을 위한 '결인심'으로 요약되고, 이를 위해서는 내정 개혁이 필수적이라는 것이다.

위에서 보는 바와 같이 기정진은 대외적인 위기를 극복하기 위해 대내적 체제 안정이 전제되어야 한다고 파악하였다. 봉건 체제의 안정화에 따른 내적 질서의 안정이 척사의 전제 조건이라는 자신의 생각을 구체적인 대책을 통해 구조화한 것이다.

---

39 실제로 고종은 기정진의 「병인소」에 대해 "제의한 여러 조항의 문제들은 아주 명백하고 시원한 것으로써 능히 서양 오랑캐들의 간담을 찢어버릴 만하다"고 답하였다. (『高純宗實錄』 고종 3년 8월 16일 壬寅 참조.) 그리고 그의 이런 태도는 결국 내수론에서 보였던 '결인심'의 연장선상에서 외양(外攘)을 추구하려는 의도가 담겨 있음을 의미하는 것이라 하겠다.
40 『蘆沙先生全集』 卷3, 7a~8a, 「丙寅疏」.

3. 위정척사의 전개와 의의

위정척사의 대표적인 학자로 평가받는 기정진은 당대의 왜곡된 현실, 봉건 체제의 모순에 대해 날카로운 분석과 비판을 가하면서 내정 개혁(內修)을 통한 체제 안정화를 기하고자 하였다. 그리고 그의 목표인 봉건체제 안정화는 대내적 모순의 극복에만 국한되는 것이 아니라 대외적인 모순, 즉 서양 제국의 통상 요구와 침탈에 맞서 대응하는 외양(外攘)의 토대이자 외양을 통한 민족 모순의 극복에 있었다고 하겠다. 내수와 외양은 유기적인 관련성 속에서 대내외적 모순을 타개하는 그의 현실 개혁론인 셈이다.

특히 기정진은 1866년 병인양요가 발생하고 강화도가 함락되자 의병(義兵)을 일으켜 그 원한을 풀고자 하였다.[41] 하지만 조정에서 소모사(召募使)를 남쪽으로 보냈다는 소식을 듣고 이 계획을 그만두었다.[42] 그리고 문인인 이최선(李最善)이 의병을 일으켜 서울로 떠나려고 하자 이를 격려하는 시를 써주기도 하였고,[43] 임진왜란 당시 호남 의병의 대표 인물 중 한 사람인 고경명(高敬命)의 후손인 고중범(高仲範)이 의거(義擧)에 참여하자 크게 격려하기도 하였다.[44] 「병인소」 작성 이후 위정척사의 대표적인 학자로 중망을 얻은 후, 기정진은 신미양요(辛未

---

41 김봉곤의 연구에 따르면 기정진의 문인인 민치완(閔致完)이 흥선대원군의 총애를 받고 있었고, 기정진은 민치완의 권유를 받아 「병인소」를 작성하였다고 한다. 그리고 1865년 함평현감으로 부임한 윤종의(尹宗儀) 등을 통해 서양에 대한 정보를 자세히 알게 되었다고 한다. 이런 점에서 기정진의 척사론은 기정진 개인만의 생각과 판단이었다기보다는 당시 조정 권력과 일정한 관계 속에서 이루어졌다고 하겠다. (김봉곤, 「노사학파의 형성과 활동」, 한국학중앙연구원 박사학위 논문, 2007. 8, 82쪽 참조.)
42 의병을 일으키고자 기정진은 「소모격문(召募檄文)」을 작성하였다. 그는 이 격문을 통해 보다 명확히 서양 세력을 규탄하고, 의병 모집에 참여할 것을 종용하였다. (『蘆沙先生全集』 卷25, 「召募檄文」 ; 『蘆沙先生全集』 附錄 卷1, 25a~b, 「年譜」 참조.)
43 『蘆沙先生全集』 附錄 卷1, 24b~25a, 「年譜」 참조.
44 김봉곤, 「노사학파의 형성과 활동」, 한국학중앙연구원 박사학위논문, 2007. 8, 84쪽 참조.

洋擾) 때에 이르러 재종질이자 문인이었던 기양연(奇陽衍)에게 편지를 보내 강화도에서 서거한 어재연(魚在淵)의 죽음에 대해 통탄하고 당시 정황에 대한 자신의 입장을 제시하기도 하였다.⁴⁵

강한 척사 의식을 보여주며 실천 지향의 현실 개혁론을 제시한 그의 태도는 이후에도 호남을 비롯한 여러 지역의 문인들에게 영향을 미쳤다.⁴⁶ 특히 그의 문인들이 주축이 되어 호남의 척사 운동이 전개되었고, 한말 호남 의병 운동에 있어 중심축 중 하나는 기정진의 문인이었다. 그리고 그의 생전과 사후에 그의 문하에서 현실의 모순을 타개하고자 하는 구체적인 대책이 연이어 제출되었고, 척사 운동에 이은 의병 활동에서 유생들 중 중심인물은 기정진의 문인이었다. 그만큼 기정진이 가지는 실천적인 측면에서의 영향력도 간과할 수 없다고 하겠다.

이렇듯 실천 지향적인 그의 현실 개혁론은 그가 구축한 리기심성론과 불가분의 관계에 놓여 있다. 리를 중심으로 일원적 리기 체계를 정립한 기정진은 무너져가는 조선 사회를 성리학적 원리와 가치가 왜곡된 현실 세계의 부조리 현실로 파악했다. 비정상적인 정치 체제와 이에 따른 사회 경제적 모순은 부조리한 현실 세계 그 자체였고, 이것의 시정은 가치중립적이고 가변적인 기보다는 불변인 도덕적 가치의 총화인 리를 중심으로 시행되어야 한다고 생각하였다. 그래서 그는 리를 현실 세계에 구체화시키고 여기에 절대성을 부여하는 성리 체계를 구축하였던 것이다. 현실 세계에 있어 리는 성리학적 가치와 질서, 그리고 이에 기반한 사회 체제라고 할 수 있다. 따라서 성리학적 가치

---

45 『蘆沙先生全集』,「答問類編」卷5, 16a~b 참조.
46 화서학파의 대표적인 학자인 김평묵은 기정진에 대해 "어렸을 때부터 노사 학문의 정밀함을 듣고 배우고자 하였으나, 병인년에 노사의 어양하자는 상소를 읽고 중화와 이적, 사람과 금수의 분별을 하나의 칼로 양단하듯이 가차없이 행함을 알고 노사를 사모하는 뜻이 더욱 간절하였다"고 평가하기도 하였다. (김봉곤,「노사학파의 형성과 활동」, 한국학중앙연구원 박사학위 논문, 2007. 8, 84쪽 참조.)

질서가 올바르게 투영된 정치 체제가 그의 지향점이었고, 이것은 현실 세계의 부조리에 대한 적극적인 비판과 근본적인 개혁론으로 구체화되었다고 할 수 있다.[47]

그의 내수론에 있어 근본적인 지향점은 유가 전통의 위민(爲民)·민본(民本) 사상의 구체화이고, 그 기반은 백성이었다. 따라서 백성에 기반한 그의 개혁론은 수취 체제의 왜곡을 가져온 집권 계급에 대한 비판으로 이어지고, 정치 체제의 안정화를 위한 사회 경제적 개혁이 필수적이었던 것이다. 그는 내수의 여러 측면 중에서 경제적 안정화를 통한 민심의 안정에 주목하였다. '결인심'이라는 내적 질서 체제의 안정화를 구축하고, 이것의 현실적 실현 경로는 수취 체제의 개혁을 통한 백성들의 생활 안정화였다. 물론 국가 재정의 안정화를 동시에 추구하는 것이도 하였다. 결국 그의 사회 개혁론은 민심(民心)을 귀일(歸一)시키기 위한 구체적인 논의로 드러나게 된 것이다.

근본적인 개혁론을 전개하고 있지만 사회 현실의 비판 근거를 '유용(有用)한 것을 무용(無用)한 곳에 사용해버리면 가난하게 되고 무용한 것을 유용한 곳에 사용하면 풍족하게 된다'라고 하여 근원적인 개혁의 시행을 촉구하면서도 부(富)의 편재(偏在)에 주목하여 해결책을 도모하고 있다. 단순히 표피적이고 현상적인 접근으로는 문제를 해결할 수 없다고 하면서도, 한정된 재화의 분배 문제에 해결 방향을 귀속시키는 것은 아직 그의 현실 진단이 시대적 한계에 놓여 있음을 보여주는 것이라 할 수 있다. 비록 수취 체제의 왜곡에 따른 삼정문란(三政紊亂)으로 인해 부의 편재와 국가 재정의 고갈을 가져왔던 현상적 상황을 고려할 때, 현실 인식에 무리가 없지만, 이러한 인식은 봉

---

47 기정진의 내수론(內修論)이 근본적인 개혁을 지향하지만, 이것은 봉건 지배 질서의 정립이라는 의미를 갖는다고 하겠다. 유가의 근본적인 정치 이념의 추구를 위해 당대의 모순을 신랄하게 비판하였고, 특히 지배층에 대해 비판을 가한 것은 성리학적 질서 체제의 추구에 걸림돌로 작용한 데 대한 비판이라고 볼 수 있다.

310

건 체제의 안정화에만 개혁론의 목적이 한정되었다는 비판을 면하기
는 어려울 것이라 판단된다.[48]

한편, 대외적인 문제에 대한 개혁책으로 제기된 외양론에 있어 기
정진은 '통교금절(通交禁絶)'을 기반으로 '양물금단'과 '내수어양'을 제
시하였다. 그의 외양론의 바탕에 자리한 대(對) 서양 인식은 군사적
경제적 취약성을 인정하는 방향에서 논의되고 있다. 서양의 물품이
유입되는 가운데 그들의 경제력과 그것의 파급력을 확인하였기 때문
에 소극적으로 '양물금단'을 제기하였던 것이다. 그리고 서양의 군사
력에 대해서는 상대적 약세를 인정하면서도 우리나라의 전략적 가치
와 자기 완결적 자족성에 대해 높이 평가하는 경향을 보여주었다.[49]
이러한 전략적 가치와 자기 완결적 자족성은[50] 내수를 통해 군민(君
民) 일체성을 확보한다면 충분히 서양 세력을 방어할 수 있을 것이라
는 평가를 내리게 하였고, 특히 무형의 국력을 중시하는 방향으로
위정척사론을 전개하는 원인이 되었다. '내수외양(內修外攘)'으로 요약
되는 그의 위정척사론은 비록 구체성을 띠고 있지만 객관적인 국력
보다는 주관성이 강한 무형의 국력을 강조하는 방향, 즉 내수를 통
한 외양이 가능할 것이라는 낙관적인 견해가 기저에 깔려 있었던 것
이다.[51]

---

48 기정진이 고수하고 지향하는 가치와 질서 체계가 성리학적 지배 질서인 점을 고려
할 때 당연하다고 하겠다. 다만 경제적인 측면을 생산력과 결부짓지 못한 점을 지적
한 것이다.
49 叢成義, 「위정척사파와 개화파 지식인의 대외인식변화 비교연구」, 고려대학교 박사
학위 논문, 1994. 16쪽.
50 기정진은 당시 조선이 초강대국은 아니더라도 서양의 침략을 방어할 수 있는 국력
은 갖추고 있다고 판단한 것으로 보인다. 그는 조선이 지방은 천리이고, 인구가 수
백만에 달하여 '만승지국(萬乘之國)'의 요건을 갖추고 있는 것으로 보았다. 叢成義,
「위정척사파와 개화파 지식인의 대외인식변화 비교연구」, 고려대학교 박사학위 논
문, 1994, 16쪽 참조.
51 기정진을 비롯한 당시 위정척사론자들은 대체적으로 내수(內修)를 통해 백성들의
사기를 고무시켜 외적을 물리칠 수 있을 것으로 보았다고 하겠다.

결국 그의 현실 인식의 바탕에는 서양의 세력이 비록 물리적으로 우세할지 모르지만, 그것은 기의 현상에 불과하고, 기의 현상은 영속적이지 않고 일시적이며 가변적이라는 인식이 기저에 깔려 있었다고 이해할 수 있다.[52] 따라서 내수를 통해 성리학적 가치 질서와 체제를 확립하고 주체성을 확보하면 서양 제국주의의 도전을 물리칠 수 있다고 판단하였고, 그래서 내적 질서의 수립을 통해 응집된 군민일체로 대응하고자 하였던 것이다.[53]

그의 현실 대응책은 그가 생존했던 19세기에만 그 의미와 의의를 찾을 수 있는 것은 아니다. 20세기에 접어들어서도 호남과 영남을 중심으로 한 전국 각지에서 수많은 의병들에게 많은 영향을 미쳤고, 기정진은 이항로(李恒老)와 더불어 한말 위정척사론을 대표하는 인물로 평가받았다. 그의 문하에서 배출된 기삼연(奇參衍, 1851~1908)을 비롯한 수많은 의병장들과 기정진에게서 직간접적으로 영향을 받아 일제 강점기 하에서 활동한 항일지사들이 적지 않았다. 직전 제자인 정의림은 왕비 시해와 단발령으로 이어지는 을미의병에 호응하여 동료 문인인 기우만과 더불어 호남 의병의 한가운데에서 활약했고, 을사늑약이 체결되자 울분을 참지 못하고 "섬나라 오랑캐는 물리쳐야지 화친해서는 안 되며, 나라의 도적은 죽여야 한다"는 뜻을 남기고 울화

---

52 리주기복(理主氣僕)의 가치론적인 이해를 바탕으로 기에 대한 리의 철저한 주재를 인정하는 그의 리기 체계는 충분히 이러한 이해를 열어놓는 것이라 할 수 있다. 서양의 세력을 기, 조선의 체제를 리라고 바로 대비하여 이해하는 데에는 무리가 없지 않지만 서양의 침략적 상황 속에서 성리학적 가치 질서를 강화하는 위정척사의 논리는 충분히 이러한 이해를 가능하게 한다고 할 수 있다.

53 논란의 여지가 있는 시론적(試論的)인 논의이기는 하지만 이러한 측면에서 리기일체관을 바탕으로 기에 대한 철저한 리의 주재를 강화하여 일원적 리기 체계를 제시한 그의 성리설이 현실 개혁론에 있어서도 그대로 투영되는 것이 아닌가 판단된다. 특히 리기일체라는 그의 리기론적 바탕은 현실론에서 군민일체를 위한 결인심으로 드러나고, 성리학적 가치 질서로 서양 세력을 대응한다는 위정척사론으로 현실화되는 것이라 생각된다. 이 시론적 논의는 보다 면밀한 검토가 필요하다는 것이 필자의 생각이다.

병으로 사망하였다.[54] 기정진의 3대 제자 중 한 사람인 정재규도 최
익현과 더불어 의병을 주도하려고 시도하는 등 실천적 지향을 보여
주었고, 초기 제자인 조성가도 예외는 아니었다. 이 밖에도 수많은
호남과 영남, 그리고 충청도의 문인들이 항일 운동에 참가하여 민족
독립에 헌신하였고, 그 결과 지금도 호남과 영남에 걸쳐 기정진에 대
한 숭모와 관심은 지대하다. 이런 점에 비추어 볼 때, 기정진은 19세
기와 20세기를 지탱한 한국 근현대사의 정신사적인 주춧돌이라 평가
할 수 있을 것이다.

---

54 박학래, 「日新齋 鄭義林의 性理說 연구」, 『범한철학』 41, 2006 참조.

제8장 기정진 학문에 대한 연구 동향과 의의

1. 기정진 연구에 대한 개괄

기정진에 대한 학계의 관심과 연구는 철학, 역사학, 그리고 정치학 등 여러 분야에서 다양하게 진행되어왔다. 특히 한국학 연구자를 중심으로 그의 특징적인 성리설을 뼈대로 한 철학 사상, 실천 지향적인 위정척사 사상 및 운동, 그리고 근본 개혁을 추구한 사회 개혁론 등이 검토되었다.

한국 철학, 특히 조선 성리학 연구자들이 기정진에게 기울인 관심은 20세기 초반 기호학계의 최대 논란이 될 정도로 그의 리기심성론이 이전의 학자와 차별화되는 특징적 면모를 보였다는 점, 특히 정주학(程朱學)을 바탕으로 이이(李珥)의 학설을 비판적으로 검토하여 독자적인 영역을 개척하였다는 점에 주목한 결과였다. 그리고 한국사, 특히 사상사 연구자들을 중심으로 한 기정진에 대한 연구는 19세기 중엽 이후 호남과 영남 우도를 아우르는 거대한 문인 집단을 형성하였고, 성리설뿐만 아니라 위정척사 운동 및 이후 전개된 한말 의병에게 많은 영향력을 미쳤다는 점에 주목하여 이루어졌다. 마찬가지로 한말 의병 연구자 및 정치학 연구자들의 관심도 그의 위정척사 사상과 운동, 그리고 그의 문인들을 중심으로 전개된 호남 의병에 집중되었고, 이를 통해 한말 정치적 격동기에서 차지하는 그의 위상과 역할, 그리고 영향력 등을 검토하기에 이르렀다.

하지만 근대적인 학문이 본격화된 20세기 중반 이후 발표된 기정진에 대한 연구 성과는 동시대의 이항로 등과 비교해 볼 때, 그리 만족할 정도로 질적 양적으로 축적된 것은 아니라고 평가할 수 있다. 일제 식민 지배 체제에 편입된 원인을 조선의 통치 이데올로기였던 유학(儒學)에 두는 일반인들의 부정적 인식 등 사회 전반에 걸친 전통 사회에 대한 비판적 태도로 인해 한말 성리학에 대한 학계의 관심은 저조했고, 이로 인해 기정진을 비롯한 한말 성리학자에 대한 연구는 여타 시기의 학자들에 비해 저조하였다. 이후 19세기 말부터 20세기 초반에 이르는 역사적 전환기에 대한 학계의 관심이 높아지면서 학자들의 연구가 상대적으로 이항로 및 화서학파 문인들에게 집중되고, 기정진을 비롯한 여타 성리학자에 대한 학계의 연구는 개론 수준을 벗어나지 못한 실정이었다. 다만 몇몇 선도적인 연구자에 의해 제한적으로 일부 연구가 진행되어왔을 뿐이었다.

하지만 1980년대 이후 한국학 연구자들의 저변이 확대되고, 학계의 관심도 전(全) 시기에 걸쳐 다양화되면서 본격적으로 한말 성리학에 대한 연구 성과가 하나둘씩 발표되면서 기정진에 대한 학계 및 일반인의 관심도 제고되었다.[1] 그리고 기정진에 대한 연구 성과도 하나둘씩 축적되기 시작하였고, 1990년대 접어들어 기정진을 연구 대상으로 한 학위 논문들이 본격적으로 발표되면서 기정진에 대한 연구가 심화되어가고 있다.

근대적 의미의 학문 연구가 본격화되기 이전에도 한국 사회 전반

---

1 기정진뿐만 아니라 한말 성리학에 대한 관심을 제고시킨 저작 중 하나는 금장태 · 고 광직이 공동으로 저술한 『儒學近百年』(박영사, 1984)이었다. 상대적으로 학계나 일 반인에게 알려지지 않은 19~20세기 유학자들의 생애와 사상을 일반인이 보기에도 어렵지 않게 저술한 이 책은 일간신문에 연재한 내용을 바탕으로 내용을 보강하여 출판한 것이다. 이 책에서 저자들은 한말 성리학을 크게 기호 계열과 영남 계열로 구분하고, 세부적으로 학파의 분화를 가늠할 수 있게 화서학파, 노사학파, 간재학파 등등으로 나누어 각 학파의 종장과 대표적인 문인들을 소개하였다. 완전하지는 않지 만 이 저술을 통해 한말 성리학의 대체를 파악할 수 있게 되었고, 더구나 신문지면 을 통해 그 내용이 소개되었기 때문에 일반인들에게 보다 쉽게 한말 성리학이 소개 될 수 있었다. 이후 금장태는 추가로 미처 다루지 못한 인물들을 발굴하여 속편을 발간하기도 하였다.

에 걸쳐 기정진의 학문과 실천에 대한 학자들과 일반인의 관심은 없지 않았다. 현대의 한국 유학사에 비견될 수 있는 하겸진(晦峯 河謙鎭, 1870~1946)의 『동유학안(東儒學案)』에서 이미 기정진은 「호락학파학안(湖洛學派學案)」의 6대 인물 중 하나로 평가받았고, 그의 성리설이 호락 양파를 모두 비판한 것으로 평가된 바 있다.[2] 이건창(寧齊 李建昌, 1852~1898)도 전라도 보성(寶城)으로 유배되었을 때 『노사집』을 읽고 감탄하기를, "이것은 천하의 참된 학문이다. 동국(東國)에는 있지 않았던 것일 뿐만 아니라, 중국에서 찾더라도 원(元), 명(明)의 유학자들 중에 그 짝이 거의 없을 것이다. 마땅히 그의 성리에 관한 저작들을 뽑아서 두세 책으로 편집하여 천하에 전하고 명산에 보관해야 할 것이다"라고 하면서 언제나 기정진의 문하에 미치지 못했음을 한탄하였다고 한다.[3] 그리고 황현(梅泉 黃玹, 1855~1910)도 『매천야록(梅泉野錄)』을 통해 "기정진이 리기를 논함에 있어 전 시대 사람에게 의지하거나 아부하지 않고 스스로 자기의 견해를 터득하여 문빗장을 뽑고 자물쇠를 열어 정미한 이치를 연구하여 수준이 깊었다"고 평가하는 등 그의 학문과 경세에 대한 논의를 극찬하였다.[4] 장지연(韋庵 張志淵, 1864~1920)의 『조선유교연원(朝鮮儒敎淵源)』에서도 기정진의 학문이 비중 있게 다루어졌고, 특히 그의 주저인 「납량사의」와 「외필」을 상세하게 소개하기도 하였다.[5]

19세기 말부터 20세기 초반에 이르는 한말 사상계의 평가는 20세기 중반에도 그대로 이어졌다. 해방 이후 처음으로 저술된 본격적인 유학사인 현상윤(玄相允, 1893~?)의 『조선유학사(朝鮮儒學史)』에서 기정진은 서경덕(徐敬德)·이황(李滉)·이이(李珥)·임성주(任聖周)·이진상(李震相)과

2 『東儒學案』下編 20, 「參判奇蘆沙先生正鎭」 참조.
3 黃玹(임형택 외 역), 『역주 梅泉野錄』, 문학과지성사, 2005, 240쪽.
4 黃玹(임형택 외 역), 『역주 梅泉野錄』, 문학과지성사, 2005, 238~239쪽.
5 장지연(조수익 역), 『조선유교연원』 2, 솔출판사, 158~180쪽.

더불어 조선조 성리학의 6대가(六大家) 중 한 사람으로 평가받았고, 그의 리기론은 '유리론(唯理論)'으로 규정되었다. 그리고 현상윤은 이항로, 이진상과 더불어 기정진을 근세 유학의 중심인물 3인으로 평가하였다.[6] 이러한 현상윤의 기정진에 대한 평가와 기정진의 리기론에 대한 규정은 이후 진행된 연구의 기준으로 작용하여 대부분의 조선 유학에 대한 개설서 및 유학사 연구 논문에서 기정진의 리기론을 '유리론' 내지 '리일원론'으로 규정하는 데 큰 문제 제기 없이 적용되었다.[7]

『한국유학사』 등을 저술하는 등 조선 유학에 대한 계통적 이해를 도모하였던 배종호(裵宗鎬, 1919~1990)는 현상윤의 평가와 궤를 같이하면서 기정진의 리기론을 '주리적 경향을 초극하여 유리적(唯理的) 입장으로 초탈하였다'고 평가하고, '리일원론(理一元論)'으로 규정하였다.[8] 조선 후기 성리학에 남다른 관심을 기울였던 유명종(劉明鍾)도 기정진의 리기론을 '유리설'로 규정하면서 그의 문인인 정재규, 기우만의 학문에 대해서도 개괄하였으며,[9] 이병도도 『한국유학사략(韓國儒學史略)』에서 같은 입장을 취하였다.[10]

위의 연구들이 주로 한국 유학사, 특히 조선 성리학을 개괄하면서 대표적인 한말 성리학자 중 한 사람으로 기정진의 학문을 간략히 검토하였다면, 본격적으로 기정진만을 대상으로 연구 논문을 발표한 대표적인 학자는 안진오(安晉吾)이다. 그는 동국대 박사학위 논문인 「기노사의 리철학에 관한 연구」(1988)를 통해 임성주(鹿門 任聖周, 1711~1788)의 성리학을 '유기론(唯氣論)', 기정진의 성리학을 '유리론'으로 각각

---

6 현상윤, 『조선유학사』, 현음사, 1982, 368쪽. 영남학파의 주리론을 서술하면서 현상윤은 이항로에 앞서 기정진을 서술하여 그의 학문이 가지는 탁월성을 인정하였다.

7 기정진 리기론 평가에 대한 문제제기는 1990년대 들어 제기되었다. 상세한 내용은 후술한 내용을 참조할 것.

8 배종호, 「기노사와 임녹문의 철학 비교」, 『한국유학의 철학적 전개』 下, 연세대출판부, 1985, 152~257쪽.

9 유명종, 『조선후기성리학』, 이문출판사, 1985. 517~535쪽.

10 이병도, 『한국유학사략』, 아세아문화사, 1986.

규정한 바탕 위에서 기정진의 성리학이 조선 성리학 리기론의 마지막을 장식하는 것으로 평가하였다.[11] 그리고 기정진 철학의 근본 문제를 리일분수(理一分殊)로 규정하고, 리일분수의 논리를 기정진 철학의 기본 구조로 등식화하였다. 특히 안진오는 기정진의 철학 사상에만 한정하지 않고, 그의 리기론을 둘러싸고 벌어진 기호학계의 논쟁인 전우(田愚)와 정재규(鄭載圭)의 논쟁, 그리고 정재규의 문인인 정기(鄭琦)의 반비판의 내용을 본격적으로 검토하였다.

안진오의 연구에 이어 이상호와 김형찬에 의해 기정진의 성리설이 비중 있게 다뤄졌다. 이상호는 그의 박사학위 논문인 「조선성리학파의 성리설 분화에 관한 연구」(1993)를 통해 19세기 대표적인 성리학자인 이항로, 기정진, 이진상, 그리고 전우의 성리설을 검토하였다. 그는 주자학적 논의의 일반적인 틀 속에서 볼 때 기정진의 성리설은 이이가 제기한 명제들에 대해 비판하고 있지만 그것은 제한적 의미를 갖는다고 전제하고, 기정진의 성리설은 대체로 이이의 견해를 지지하는 형태로 이루어져 있다고 평가하였다. 특히 기정진은 리생기(理生氣)나 리선기후(理先氣後)에 대한 분명한 정리를 통해 심성정(心性情)을 리의 측면에서 일원화시키려는 모습이 뚜렷하게 드러나지 않는다고 하여 유리론으로 단정짓는 것은 오해를 불러일으킬 소지가 있다고 보았다. 그러면서 그는 리일분수설에 기초한 인성물성동이논쟁에 대한 기정진의 비판을 주자학적 이해의 탁월함을 보여주지만, 전체 이론 구조의 측면에서는 그 논리적 정합성이 떨어지는 측면이 있다고 비판적으로 이해하였다.[12] 김형찬은 그의 박사학위 논문인 「이기론의 일원론화 연구—녹문 임성주와 노사 기정진을 중심으로」(1996)를 통해 기정진의 성리학을 사단칠정론을 거쳐 인성물성논쟁에서 심화된 심

---

11 안진오, 「奇蘆沙의 理철학에 관한 연구」, 동국대 대학원 박사학위 논문, 1988.
12 이상호, 「朝鮮性理學派의 性理說 分化에 관한 연구」, 성균관대 대학원 박사학위 논문, 1993.

성론 중시의 조선 성리학을 바탕으로 전개된 것이라 전제하고, 기정
진의 리기론을 리일원론으로 규정하였다. 특히 그는 기정진의 리기론
에서 기가 근원적으로든 현상적으로든 궁극적 실체로서의 리로 환원
되지 않지만, 일원론의 특성인 '세계 또는 실재의 통일성이나 단일성'
이라는 측면에서 '리일원론화(理一元論化)라고 해도 모자람이 없다'고
평가하였다.[13] 이 두 논문은 기정진의 리기론을 기존의 평가대로 리
일원론으로 볼 수 있는가에 대한 다소 상반된 견해를 드러낸 것이라
할 수 있다.

　현상윤에게서 비롯된 유리론 내지 리일원론이라는 규정에 대한 문
제 제기는 비단 위 논문에 한정된 것은 아니었다. 최영진(崔英辰)은 인
물성동이론의 이론적 근거가 되는 리일분수에 대한 기정진의 날카로
운 지적에 대해 긍정하면서, 리기론의 호발설(互發說) 부정을 통해 현
상계를 이원적(二元的)으로 설명하는 데에서 오는 문제점을 제거하면
서, 기의 일체의 작용의 근거를 리에 둠으로써 리와 기의 관계를 바
로잡았다고 평가했다. 그러면서도 기정진의 성리설을 존재론에서는
이이(李珥)의 이론을 지지했고, 가치론에서는 이황(李滉)의 입장을 따
라 양설의 종합을 시도한 것으로 조심스럽게 규정하였다.[14] 그리고
사단칠정론을 분석하면서 리기론의 정합성에 문제가 있음을 지적하
기도 하였다.[15] 최영진의 이러한 분석에 이어 이상익(李相益)은 기존의
기정진 리기론에 대한 규정에 대해 더 비판적인 각도에서 접근하였
다. 그래서 기정진의 리기론을 유리론 내지 리일원론으로 규정할 수

13 김형찬, 「理氣論의 일원론화 연구—녹문 임성주와 노사 기정진을 중심으로」, 고려
　　대 대학원 박사학위 논문, 1996.
14 최영진, 「蘆沙 奇正鎭의 理一分殊說에 관한 고찰」, 『朝鮮朝 儒學思想의 探究』,
　　여강출판사, 1988, 132~151쪽. 최영진은 奇正鎭의 종합적이며 일원적 사유체계는
　　조선조 후기 성리학사의 한 정점이 된다고 평가했지만, 기존의 유리론이라는 평가에
　　는 적극적으로 찬동하지 않았다.
15 최영진, 「蘆沙 奇正鎭의 四端七情論에 대한 고찰」, 『사단칠정론』, 서광사, 1992.

없고, 그렇다고 이이의 이기론 테두리에서 논의할 수도 없다고 주장하였다. 그리고 기정진의 리기론을 리기일체관에 입각하여 리의 주재성과 선재성을 강조한 '존리론(尊理論)'으로 규정하면서, 현실의 악을 설명할 수 없는 이론적인 난관에 봉착하는 것으로 파악하였다.[16]

이러한 엇갈리는 평가 속에서 2000년대 들어 박학래는 그의 박사학위 논문 「노사 기정진의 철학사상 연구-성리설을 중심으로」(2001)를 통해 기정진의 리기론을 현실 세계에서 기에 대한 리의 절대성과 주재성을 동시에 확보하려는 입장에서 이황과 이이의 리기론 구도를 종합하려는 의도이고, 리기일체관을 근거로 리를 중심으로 한 체계를 구성한 것으로 파악하였다. 세계 구성의 체계만을 리 일원적 구조로 구성하고 있을 뿐이고, 리 중심의 가치론적 당위성을 천명한 것이라고 평가하였다. 그리고 그동안 간과되었던 심론(心論)과 명덕설(明德說), 그리고 선악의 문제를 구체적으로 분석하였다.[17]

이후 기정진의 성리설에 대한 논문들은 대체적으로 리일원적 입장에서 규정하여 그의 성리설을 파악하는 경향이 두드러지지만, 그 규정에 대한 이견을 완전히 해소한 것은 아니라고 하겠다.

한편, 리기론에 주목한 연구 이외에도 기정진의 학문에서 드러나는 다양한 여러 주제에 대한 다각적인 연구도 진행되어왔다. 앞서 밝힌 대로 최영진은 리일분수에 주목하여 「기노사의 리일분수에 관한 연구」(1980)를 발표하면서 인물성동이론까지 폭넓게 검토하였고, 김형찬도 리기론을 분석한 바탕 위에서 기정진의 인물성론을 검토한 「노사 기정진의 인물성론」(1994)을 발표하였다. 박학래는 「기정진의 심론과 명덕설」(2001), 「기정진 성리설에 있어서의 선악문제」(2002) 등을 발표하였고, 정병련은 「노사의 리일분수와 인물성동이론」(1995), 「노사 기

---

16 이상익, 「기정진 성리학의 재검토」, 『철학』52, 한국철학회, 1997.
17 박학래, 「노사 기정진의 철학사상 연구-성리설을 중심으로」, 고려대 박사학위 논문, 2001.

정진의 기질론 분석」(1996)을 각각 발표하였다.

기정진의 학문에 대한 다각적인 연구 방법도 적용되었다. 안종수는 「리와 기에 대한 라이프니츠와 기정진의 해석」(1999)을 통해 동서 비교철학적 관점에서 기정진의 철학 사상을 검토하였고, 동서 비교 철학적 방법은 아니지만 김형찬도 「완결된 질서로서의 리와 미완성 세계의 상제─기정진과 정약용을 중심으로」(2005)를 통해 기정진의 리기론을 정약용의 상제관과 비교 검토하였다. 이러한 비교철학적 방법은 일찍이 배종호가 기정진의 리기론을 임성주의 그것과 비교 검토했던 것의 연장선상에서 연구자들이 기정진 리기론을 이해했던 것이 그 비교 대상이 확대된 것으로 이해할 수 있다. 하지만 기정진 성리설의 형성과 특징을 보다 극명하게 확인하기 위해서는 연원적인 비교 대상의 확대와 당대 성리학자들과의 논쟁점에 대한 비교 연구 등이 더욱 필요할 것으로 판단된다.

이 밖에도 기정진의 실천적인 위정척사에 대한 관심도 적지 않았다. 유근호는 『조선조의 정치사상』(1980)을 통해 기정진의 위정척사 사상을 검토하였고, 송인창은 「노사 기정진의 철학과 현실인식」(1983), 윤사순은 「기정진 철학의 실천적 성격」(1984)을 각각 발표하였다. 박학래는 「노사 기정진의 현실인식과 사회개혁론」(2004), 김봉곤은 「노사 기정진의 사상 형성과 위정척사 운동」(2004)를 발표하여 논의를 심화하였다.

기정진의 문학에 대한 연구도 고전문학 연구자를 중심으로 이루어졌다. 이기순은 「기노사의 사상과 문학」(1991)을 통해 기정진 시에 대한 분석을 진행하였고, 이후 박현옥은 일련의 연구를 통해 기정진의 시에 대한 체계적인 분석을 시도하였다. 특히 박현옥은 기정진 문학에 대해 폭넓은 연구를 진행하여 「노사 기정진 문학에 나타난 역학적 사유」(1997), 「노사 한시에 나타난 윤리적 특성의 한 국면」(2002), 「노사 기정진의 문학을 통해 본 사회인식과 역학적 사유」(2002) 등을 발표하였고, 「노사 기정진 시 연구」(2001)로 박사학위를 취득하였다. 이 밖에도 류승훈은 기정진의 묵적을 분석한 「노사 기정진의 묵적연구」(1996)를 발표하기도 하였다.

기정진에 대한 연구가 진척되면서 그의 문인까지 검토 대상으로 한 연구도 속속 발표되고 있다. 금장태와 고광직이 신문지상에 연재한 글을 모아 간행한 『유학근백년』(1984)에서 기정진을 비롯하여 이최선(李最善), 정재규(鄭載圭), 기우만(奇宇萬), 오준선(吳駿善), 공학원, 남정우 등 여러 문인들의 학문과 행적에 대한 간략한 글을 소개한 이후, 안진오 등에 의해 노사학파 전반에 대한 연구가 본격화되었다. 안진오는 「노사학파의 유학사상」(1984)을 통해 기정진과 그의 문인들을 소개하였고, 이어 박학래도 「노사학파ㅡ리 일원론에 기초한 개혁론자들」(1996)을 통해 기정진과 기정진 문인들에 대한 개괄적인 정리를 시도하였다. 홍영기도 「노사학파의 형성과 위정척사 운동」(1999)을 발표하면서 기정진과 그의 문인들의 사상과 활동을 소개하였으며, 고영진도 「노사학파의 학통과 사상적 특성」(2001)을 통해 기정진의 성리설과 경세론을 계승한 노사학파 문인들을 개괄적으로 검토하였다. 정병련은 고산서원에 대한 글을 통해 배향된 인물 전반에 대해 간략히 그 학문 내용과 행적을 정리하기도 하였다(2001).

최근에는 김봉곤이 기정진 문인 중 영남 지역 문인들을 중심으로 형성과 전개 과정을 검토한 「영남지역 노사학파의 형성과 활동」(2000)을 발표하였고, 이를 바탕으로 본격적으로 노사학파를 집중 분석한 박사학위 논문 『노사학파의 형성과 활동』(2007)을 발표하였다. 김봉곤은 이 논문을 통해 기정진 문인들의 형성뿐만 아니라 성리설의 계승, 사회 개혁론, 위정척사와 의병 활동 등 폭넓은 범위에서 기정진 문인들의 활동을 전개하였다.[18] 기존에 검토되지 않았던 문인들의 삼정책

---

18 김봉곤, 「노사학파의 형성과 활동」, 한국학중앙연구원 박사학위 논문, 2007. 8.

을 집중적으로 검토하기도 한 이 논문은 향후 기정진 문인 연구에 밑
거름이 될 것으로 평가된다.

위의 연구가 노사학파 전체를 다룬 연구라면 노사학파의 개별 문
인들에 대한 연구도 하나둘씩 발표되었다. 한국동양철학회에서 '노사
학파의 윤리철학과 윤리적 실천양상'을 주제로 학술대회를 개최하여
기정진 개별 문인들의 학문을 발표한 이후,[19] 기정진의 직전 제자를
대상으로 한 개별 연구물들이 발표되고 있다. 이에 앞서 김정(金滇)이
기우만의 위정척사 사상을 검토한 바 있으며(1982), 유명종이 『조선후
기성리학』(1985)에서 기우만과 정재규의 학문로는 간략히 검토하였다.
기정진의 고제 중 한 사람인 이최선(李最善)에 대한 연구로는 이한기의
「蘆沙와 石田-韓末儒學의 一斷面을 照明한다」(1983), 홍영기의 「韓
末 李最善家의 民族運動」(2000), 유성한의 「石田 李最善 研究」(2001)
등이 발표되었고, 유풍연은 강인회의 문집을 분석한 「춘파유고 소고」
(2003)를 발표하기도 하였다. 박학래는 기정진의 3대 제자인 김석구
(2005), 정의림(2006), 정재규(2002)에 대한 학문과 활동을 각각 분석하였
고, 조성가(2007)에 대한 연구도 기정진과의 학문 수수와 영남 문인 형
성에 주목하여 진행하였다. 이 밖에도 독립운동가인 기삼연(奇參衍)의
항일 투쟁에 대한 연구가 강길원(1992) 등에 의해, 김유(金瀏)에 대한
연구가 홍영기(2006)에 의해 각각 진행되었다.

한편, 기정진 문인 집단의 형성 배경과 관련된 논문도 발표되었다.
노사학파 전체를 대상으로 하기보다는 영남 지역에 한정하여 분석한
논문이기는 하지만, 노사학파의 활동 영역이 호남에 한정되어 있지
않았음을 고려할 때 주목할 만한 성과라 평가할 수 있다. 그리고 노
사학파를 대상으로 하기보다는 다른 주제, 이를테면 남명학파와 연관

---

19 이 학술대회에서는 김석구, 최숙민, 정재규, 정기 등에 대한 연구 논문이 각각 발표
되었다.

된 분석에서 기정진 문인들이 검토되었지만, 노사학파의 활동 영역과 관심 내용, 그리고 활동 근거지를 보다 다각적으로 조망해 볼 수 있는 성과라 하겠다. 그 대표적인 연구로는 지승종·김준형의 「사회변동과 양반가문의 대응—산청군 단성면 강루리 안동권씨의 경우」(1996), 이상필의 「남명학파의 형성과 전개」(1998), 권오영의 「19세기 강우학자들의 학문동향」(2001), 김봉곤의 「영남지역 노사학파의 형성과 활동」(2001) 등을 손꼽을 수 있다.

기정진 문인에 대한 연구는 기정진에 대한 연구와 비교하여 볼 때 상대적으로 부진한 형편이다. 고산서원에 배향된 인물조차도 개별 연구 논문이 없을 정도로 학계의 관심이 부족한 실정이다. 하지만 최근 몇몇 연구자들이 기정진 문인에 대해 관심을 갖고 연구를 진행하고 있고, 또한 기정진 학문의 계승이라는 측면뿐만 아니라 역으로 기정진의 학문을 추적하여 검토할 수 있는 자료로 기능할 수 있다는 점에서 기정진 문인에 대한 연구는 주목된다.

2. 기정진 사상의 의의와 과제

기정진의 학문과 실천적인 삶은 19세기라는 한국사의 전환기에서 잉태된 시대의 소산이다. 누적된 조선 사회의 모순과 질곡이 해소되지 않은 채 서구 제국의 통상 압력이 가중되고, 급기야 강압적인 개항으로 이어진 굴절된 시대 상황 하에서 그는 성리학적 가치와 신념을 부지(扶持)하고 무너져가는 조선 사회를 지탱하고자 하는 열망 속에서 특징적인 성리설과 실천적인 위정척사 사상을 제기하였다.

전환기적 시대 상황에서 기정진은 조선 사회의 지배 이데올로기였던 성리학적 이념과 가치가 가장 신뢰할 수 있는 가치 체계라 믿고 있었다. 성리학적 가치 체계와 신념을 재공고화하고자 근원적인 측면에서 성리설에 대해 검토하였고, 이를 바탕으로 외부의 충격에 대해 국가와 민족의 정체성을 수호하고자 응전의 자세로 위정척사 사상을 제기하였다. 바로 그의 실천적 지향 이면에는 그것을 지탱하는 성리학에 대한 깊은 사색과 탐구가 게재되어 있었던 것이다.

그가 구축한 성리학적 체계는 국가 사회의 이념으로서 그 기능을 제대로 발휘하지 못하는 것에 대한 반성이자 재정립의 결과물이었다. 화해하지 못하고 19세기까지 논쟁이 이어져온 주요 성리학적 논쟁들에 대해 그는 근원적 성찰을 통해 독자적인 이론 체계를 정립하였고, 일관되게 목적하였던 도덕적 이상세계 구현의 이론적 근거를 마련하고자 하였다. 다시 말해 그의 삶과 사상을 관통하는 기본적인 문제의식은 성리학적 가치 질서가 온전한 사회의 재구축과 이를 위한 사상적 재정립이었던 것이다.

특히 그는 자신의 성리설의 체계를 세우면서 당대 학계의 최대 논쟁에 대한 종합과 지양, 즉 문제 중심의 성리학적 탐색을 통한 이론 체계의 구축을 시도하였다. 그래서 18세기부터 이어져온 호락논쟁을 비판적으로 극복하고자 그 이론적 근거인 리일분수에 대한 독자적인 해석을 가하였다. 호론(湖論)과 낙론(洛論) 모두에 대해 도덕적 원리의 근원적 실체(理)와 그것의 현상적 구현(分)의 분리가 문제임을 지적하여 리와 분의 일원적 구조화를 통해 논쟁점을 지양하고자 하였던 것이다. '리분원융(理分圓融)'이라는 그의 리일분수설은 인성(人性)과 물성(物性)의 같음과 다름에 대한 지양인 동시에 가치의 근원에 대한 통찰의 결과였던 것이다.

또한 그는 사단칠정론 이후 조선 성리학계의 최대 논쟁점으로 부각된 리기론에 대한 입장차에 대해서도 비판적인 각도에서 나름의 이론 체계를 구축하였다. 학계에서 일반적으로 규정하는 '유리론' 내지 '리일원론'으로 규정되는 그의 리기론은 현상세계의 궁극적 원인이자 기의 존재 및 운동 변화의 원인으로서 리를 위치짓고 기호학파에서 제시했던 기의 자발적인 운동 변화의 명제인 '기자이(機自爾)', '비유사지(非有使之)'를 철저히 부정한 바탕 위에서 기에 대한 리의 주재를 '사지(使之)'로 정리하여 리기 관계를 명령자와 명령을 받는 자로 규정한다. 이것이 그의 리 중심의 리기 체계이고, 결국 가변적인 기에 의해 주도되는 세계 구성과 이해를 부정하는 것이라 하겠다.

그의 일관된 태도는 리기를 비롯한 성리설이 현실 세계의 근원이 된다고 보았던 때문이었다. 그는 "부인이 남편의 자리를 탈취하는 것이 하나의 큰 변란(一大變)이요, 신하가 군주의 자리를 탈취하는 것이 하나의 큰 변란이며, 오랑캐가 중화의 자리를 탈취하는 것이 하나의 큰 변란이다. 만약 기가 리의 자리를 탈취한다면 세 변란은 그 다음의 일이다"[20]라고 하여 리기 관계를 모든 가치와 규범의 근본으로 규정한 것도 그의 이러한 태도를 엿볼 수 있는 대목이다. 리기론을 모든 가치와 규범을 규정하는 기본틀로 여겼고, 성리학적 지배 질서는 리기론을 통해 정립되는 것으로 평가했으며, 종국적으로 성리학적 가치의 실현을 목적하였던 것이다.[21]

철저한 리의 주재를 통해 리 중심의 이론 체계를 구성한 그의 성리설은 전대 성리학에서 드러났던 논쟁점들을 종합하고자 하는 의식적인 노력의 결과물이라는 데 그 의의가 있다. 기호 계열의 리기론은 리의 무형무위와 기의 유형유위를 근간으로 리기불상리의 원칙에 보다 충실하여 현실 세계 속에서 리의 주재성을 인정하면서도 운동 변화의 주체는 기라고 주장한 반면, 리기불상잡의 원칙에 보다 강조를 두는 영남 계열의 리기론은 리와 기의 영역을 확연히 구분하고, 본체론의 입장에서 리기론을 전개했다. 모두 기본적으로 리를 높이려는 의도가 깔려 있지만, 영남 계열은 무형무위한 리가 능동적인 동정을

---

20 『蘆沙先生全集』附錄 卷2「行狀」, "妻奪夫位, 一大變也. 臣奪君位, 一大變也. 夷奪華位, 一大變也. 若氣奪理位, 則三變次第事."
21 윤사순,「기정진철학의 실천적 성격」,『한국의 성리학과 실학』, 1987, 열음사 참조.

한다는 리동(理動)의 문제에 논리적 약점을 갖게 되고, 기호 계열은 존재론을 바탕으로 한 리기론의 전개에서 정합성을 추구하여 논리적으로는 큰 문제가 없지만 현실 세계의 주도권이 기에 주어지게 되어 리약기강의 형국이 되고 마는 난점에 직면하게 된다.

이러한 양자의 약점에 대해 기정진은 리기일체관을 바탕으로 리의 철저한 주재가 관철되는 리주기복(理主氣僕)의 관계를 통해 리를 강조하면서 동시에 호발설을 부정하여 실제적 운동은 기로 한정시킨다. 그리고 리기 관계의 논리적 구축을 통해 리약기강으로 흐르기 쉬운 난점을 리와 기의 역할과 속성을 철저히 구분함으로써 기에 대한 리의 지배력을 강화하여 비판적으로 극복하고자 한 것이다. 따라서 그의 성리설은 전대 성리학의 종합적 비판과 극복이자, 논쟁점에 대한 비판적 지양이라 할 수 있다. 물론 이러한 그의 성리설 체계에 약점이 없는 것은 아니다. 그래서 일찍부터 선악 문제 등 다양한 비판점이 제기되었다. 하지만 그는 생전부터 이러한 약점에 대해 인지하고 극복하고자 하는 이론적 검토를 진행하였다.

그가 구축한 리 중심의 성리 체계의 본래 의도는 조선 성리학이 공통적으로 지향했던 목표, 즉 인간이 도덕적 이상세계를 실현할 수 있는 능력을 가지고 있고, 또 그것을 실현해야 한다는 데 그 기초를 두고 있다. 조선 성리학을 주도했던 사단칠정논쟁이나 호락논쟁 모두 도덕적 인간관에 그 초점을 맞추어 도덕적 이상세계의 실현을 위한 인간의 위치를 정초시키고자 한 것이라 할 때 기정진의 지향점도 이와 다르지 않다고 할 수 있다. 이에 더하여 기정진은 내우외환의 혼란기를 맞아 조선 사회를 지탱했던 성리학적 가치 체계와 신분 질서가 와해의 위기에 처해 있다고 인지하고, 이것을 리를 중심으로 새롭게 성리학적 가치 체계를 재구축하려 했던 것이다.

그의 성리설과 사회 개혁론에서 두드러지는 특징 중 하나는 현상적 세계 이해가 아니라 그 이면에 감추어진 근원적 체계를 직시하려는 데 있었다. 당대 성리학 논의에서 두드러졌던 현상세계에 침잠하여 세계 구성 및 인간 이해의 근원적 체계를 간과하는 것에 대한 비판이나, 삼정문란에 따른 여러 개혁론에 대한 표피적인 현상 치유가 아니라 근원적 근본 개혁을 강조한 것도 이러한 그의 태도에 기인한 것이었다. 현상세계를 좌우하는 기의 세계가 아니라 그것의 이면에 갖추어진 구성 원리에 주목하였고, 세제 개편이나 양전(量田) 등 표면적인 행정 개선이 아니라 근본 개혁을 강조한 것이 이를 증거한다. 그리고 이러한 점에서 그의 학문과 태도가 지금에도 충분히 의의를 가질 수 있는 것이다. 거듭되는 소모적 논쟁 속에서 사회 불균형과 대립이 더욱 첨예해지는 현재의 시점에서 근원적 성찰을 통해 근본 개혁을 추구했던 기정진의 학문과 삶이 의의를 갖는 것도 바로 이 때문이고, 앞으로 더욱 연구 과제로 남게 되는 것도 마찬가지이다.

　여러차례 『노사집』이 영인되고, 학계의 관심도 서서히 증대되어 가는 가운데 최근 『노사선생전집』에 대한 한글 번역이 전남 장성군의 지원으로 2006년 출간되었다. 더구나 기정진 개인뿐만 아니라 문인에 대한 연구도 활발해지고 있고, 기정진 연구에 있어서도 성리설이나 사회 개혁론 이외에 다양한 층위에서 활발한 논의가 진행되고 있다. 따라서 앞으로 학계의 지속적인 관심과 일반인을 위한 대중화 작업이 펼쳐진다면 21세기에는 보다 풍성한 연구 결실을 거둘 것으로 기대된다. 그리고 역사적 전환기에 가졌던 기정진의 문제의식이 오늘의 문제를 해결하는 데 타산지석이 된다면 더욱 의미를 가질 수 있을 것이다.

제 **3** 부

기정진 저작선

기정진 저작선

〈기정진 저작선〉에 수록된 기정진의 저술은 「노사선생기념사업회 (蘆沙先生記念事業會)」가 간행한 『노사선생전집(蘆沙先生全集)』(보경문화사 영인본, 1983)에 실린 여러 글 중에서 기정진의 사상과 면모를 이해하는 데 도움이 될 만한 핵심적인 글을 뽑아 완역 내지 부분 번역한 것이다.

333

1. 병인소(丙寅疏)

어렴풋이 전해 들으니 일전(日前)에 서양 오랑캐가 창궐하여 흉악한 계책을 수없이 꾸민 것으로 인해 급기야는 북경(北京)에서 자문(咨文, 조선 시대, 중국과 왕복하던 외교 문서의 하나)이 오게 되었다고 하였습니다. 그 자문의 내용이 매우 수상하여 반(半)은 공갈인 듯하고 반은 조정해 보려는 뜻인 듯합니다.

伏聞日者 洋胡猖獗 凶圖狼藉 至有北京移咨之來 其辭意殊常 半涉虛喝 半涉調停

선척(船隻)이 또한 서해를 침범하여 정박하기도 했으니, 대개 이 적들이 우리나라에 대하여 흉포한 마음을 품은 것이 하루 이틀의 일이 아닙니다. 다만 뱃길이 얕은 데가 많고 바닷가의 산들이 대부분 험준

병인소

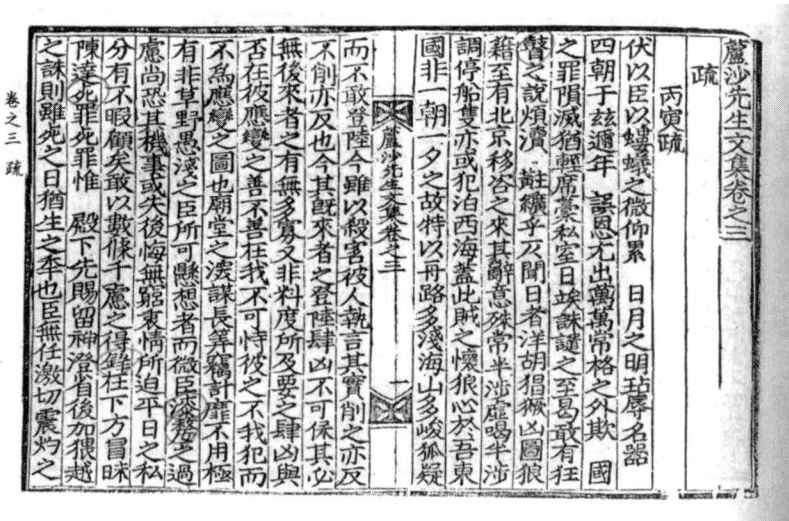

하여 저들이 의심을 가지고 감히 상륙하지 못하였던 것입니다. 지금 비록 저들의 사람들을 살해했다는 것으로 트집을 잡기는 하지만, 실제로는 죽여도 돌아오고 죽이지 않았어도 돌아올 것입니다.

船隻亦或犯泊西海 蓋此賊之懷狼心於吾東國 非一朝一夕之故 特以舟路多淺 海山多峻 狐疑而不敢登陸 今雖以殺害彼人爲執言 其實削之亦反 不削亦反也

지금 이미 온 자들이 상륙하여 흉포한 행동을 하지 않는다고 보장할 수 없으며, 후에 오는 자들이 있을지 없을지 보장할 수 없고, 그 수가 얼마나 될지 전혀 예측할 수 없습니다. 요컨대 흉포한 행동을 하는가 하지 않는가 하는 것은 저들에게 달려 있고, 그들의 변란(變亂)에 잘 대처하는가 하지 못하는가 하는 것은 우리에게 달려 있는 것입니다. 따라서 저들이 우리를 침범하지 않을 것이라고 믿고, 변고에 대처할 방법을 강구하지 않으면 안 되는 것입니다.

今其旣來者之登陸肆凶 不可保其必無 後來者之有無多寡 又非料度所及 要之肆凶與否在彼 應變之善不善在我 不可恃彼之不我犯 而不爲應變之圖也

묘당의 심오하고 장구한 계책은 더할 나위 없이 훌륭한 것이니, 초야에 묻혀 있는 어리석은 신으로서는 생각할 수 없는 것입니다. 그러나 하찮은 신의 지나친 근심에는 혹 때를 놓쳐서 후회 막급한 일을 당하지 않을까 하는 절박한 충정에서, 평소 자신의 분수를 돌아보지도 않고 감히 몇 가지 조목을 아래에 적어 어리석음을 무릅쓰고 올립니다. …

廟堂之深謀長箕 竊計靡不用極 有非草野愚淺之臣所可懸想者 而微臣漆螰之過慮 尙恐其機事之或失 後悔無窮 衷情所迫 平日之私分 有不暇顧矣 敢以

數條千慮之得 錄在下方 冒昧陳達 死罪死罪 …

첫 번째로 조정의 계책을 미리 정하지 않으면 안 됩니다. 예로부터 나라를 다스리는 사람은 반드시 바뀌지 않는 계책을 먼저 수립하였으니, 그 계책이 임금과 재상의 마음에 변함없이 정해진 뒤에야 만백성의 가지런하지 않은 정신과 마음이 그곳으로 쏠려 하나가 되어, 공(功)이 이루어지는 것입니다. 상께서 왕도(王道)를 행하고자 하시면 왕도를 행할 수 있고, 패도(覇道)를 행하고자 하시면 패도가 되는 것이고, 아래로 전쟁을 해서 이기어 공격하여 취하는 것도 모두 이러합니다. 두세 갈래로 분열되는 것이 국사(國事)의 가장 큰 병폐입니다.

其一 廟筭不可不先定 自古有國家者 必先有一定不易之筭 定於君相之心而後 萬人不齊之精神心術 始灌注歸一 功乃可成 上自圖王而王 欲覇而覇 下至戰而勝攻而取 皆是道也 三歧兩端 最事之病也

자문이 나온 이후 신(臣)은 진실로 조정의 처분이 극히 엄정하였다고 알고 있지만, 시골의 어리석은 사람들은 망령되게 서로 말하기를 북경에서 이미 행해졌던 일이 장차 우리나라에서 다시 행해지는 것을 면할 수 없을 것이라 합니다. 신과 같이 병들고 귀먹은 사람도 어렴풋이 그러한 소리를 듣고서 며칠 동안 구역질이 날 정도였습니다. 만일의 지나친 생각으로 다른 때 만약 백관(百官) 중에서 어떤 이가 이러한 말로써 많은 사람들을 의혹시킨다면, 이것은 요망한 말입니다.

咨文以後 臣固知朝廷處分 極其嚴正 而里巷至愚妄相告語 以爲北京已行之事 將不免復在吾東矣 臣之病聾 亦依俙聞之 不覺嘔噦數日 區區過慮 萬一異時百僚之中 有以此說疑亂四聰者 則臣以爲此妖言也

외국과 통상하는 일이 없을 수는 없지만, 이 오랑캐들은 바로 천지의 사이에 비상한 요기(妖氣)입니다. 천지(天地) 일월(日月)을 거짓으로 속이고, 강상(綱常) 윤리(倫理)를 끊어 없애며, 재리(財利)를 좋아하는 어리석은 백성들을 속이고 달래어 스스로 그 음욕의 사심(私心)을 이루어, 온 세상을 그들 속에 들게 하려고 생각하는 것입니다. 그 중에 비교적 깨끗한 곳이라고는 오직 우리나라뿐이니, 저 교활한 오랑캐의 심정이 이래서 이곳을 눈엣가시처럼 여기어 갖은 방법을 다하여 틈을 내고 구멍을 뚫어 기어코 통상을 이루고야 말려는 것이니, 어찌 이 밖에 무슨 다른 이유가 있겠습니까?

外國相通 非曰無之 此胡乃覆載間非常妖氣 矯誣天地日月 殘滅綱常倫理 誑誘好利之愚民 以自濟其淫慾之私 計行意得 一天之下 盡入其殼中 差爲乾淨者 獨靑邱一片耳 彼狡虜之情 以此爲眼中之釘 百方鑽穴隙 必欲交通而乃已 夫豈有他故哉

그들이 가진 끝없는 탐욕은 우리나라를 자신의 속국(附庸)으로 만들고, 우리의 산하를 자신의 곳간으로 하고, 우리나라의 백관을 자신의 노복(奴僕)으로 만들며, 우리의 젊은 소녀들을 잡아가고, 우리의 백성들을 금수(禽獸)와 같이 만들려고 할 것입니다. 만일 통상의 길이 한번 트인다면 저들이 도모하는 바가 일마다 뜻대로 되어 차례로 막힘없이 진행되어 2, 3년을 벗어나기 전에 전하의 백성으로서 서양화되지 않을 사람이 거의 없을 것이니, 전하께서는 장차 누구와 더불어 임금이 되시겠습니까? 기름을 당겨 스스로 부으면서 더럽혀지지 않기를 바라고, 호랑이를 끌어 방에 들이고 물지 않기를 바라니, 아무리 어리석은 자라도 그럴 리가 없다는 것을 알 것입니다. …

其無厭之溪壑 欲附庸我國家 帑藏我山海 奴僕我衣冠 漁獵我少艾 禽獸我生靈耳 萬一交通之路 則彼之所營 件件如意 次第無碍 不出二三年 殿下赤子

不化爲西洋者無幾 殿下將誰與爲君乎 引油自灌而望其不染 引虎入室而望其
不噬 雖至愚亦知其無是理 …

또 들어보니 이천(伊川)에서 머리 풀어헤친 것을 보고, 식자들은 그
곳이 백 년을 가지 않아 오랑캐의 땅이 될 것을 알았다고 하였는데,
근일(近日)에 호화스럽고 경박한 자들이 서양 물건을 사두기 좋아하고,
서양 옷 입기를 즐긴다고 하니, 가장 상서롭지 못한 일입니다. 이것이
아마도 해구(海寇)가 우리나라로 올 징조인가 싶습니다. 그러므로 중앙
과 지방 관리들에게 명하여 전인(廛人, 즉 가게를 내고 물건을 파는 사람)들
이 쌓아두고 있는 서양 물건들을 수색하고 압수하여 네거리에서 불태
워버리도록 하소서. 이렇게 한 후에도 계속 사들이는 자들에 대해서
는 외적과 내통한 죄로 처벌하십시오. 이것도 백성들의 뜻을 안정시
키는 한 가지의 길이 될 것입니다.

抑又聞之 伊川被髮 識者知其百年爲戎 近日豪華輕薄 喜蓄洋物 耽服洋布
最爲不祥 殆海寇東來之兆朕 命中外官 搜括廛人所儲洋物 焚之通衢 凡嗣後
貿來者 施以交通外寇之律 亦定民志之一道

두 번째, 먼저 사령(辭令)을 잘 준비하는 것입니다. 신이 들으니, 옛
날에는 두 나라가 서로 전쟁을 하게 되면 사신(使臣)이 각국의 군대
사이에 끼이게 되는데, 사신의 논리 정연한 말로써 상대를 설득하면
상대가 군사를 이끌고 물러나곤 하였습니다. 이러한 말은 지금에 있
어서 진실로 간척지무(干戚之舞, 방패를 가지고 추는 춤으로, 순임금이 이 춤
을 추자 90일 안에 적국인 삼묘가 싸우지 않고 들어와 항복하였다는 것이다. 즉
옛날의 일이라는 뜻)입니다. 그러나 저들의 선박이 와서 자기네 사람들
을 마구 죽였다고 우리에게 트집을 잡았을 때 우리의 대답이 공명정
대하고 분명하지 않으면, 묻는 사람은 기세가 등등해질 것이며, 대답

하는 사람은 기가 꺾이게 될 것이니, 기가 사느냐 꺾이느냐에 곧 승패가 결정되는 것입니다.

其二 先修辭令 臣聞古者兩國相攻 使在兵間 辭令屈則斂兵而退 此說在今日 眞是干戚之舞 然而彼船之來 以濫殺問我 而我之答辭 若不光明直截 則問者氣伸 答者氣縮 氣之伸縮 卽勝敗所決也

그 답의 대의는 마땅히 다음과 같이 말해야 합니다. "우리나라는 외국인에 대하여 대접을 본래 야박하게 하지 않아, 배가 고프다고 하면 먹을 것을 주었고, 병을 앓는다고 하면 약을 주었으며, 배가 기울고 샌다고 하면 재목을 주었다. 만약 배고프고 피곤함이 유난히 심하다고 하면 고기와 술을 주어 불쌍히 여기고 구해서 살리려는 뜻이 어찌 멀고 가까움에 따라 차별이 있겠는가? 그러나 만약 지방관에게 고하지도 않고 모습을 바꾸어 몰래 들어와 성부(城府)나 촌락 사이를 오간다면 이것은 나라의 정세를 엿보려는 간세(姦細)한 무리이거나 도적의 앞잡이인 것이다. 이에 나타나는 즉시 체포하여 형벌을 가하는 것은 세상 모든 나라들의 떳떳한 법인데 무엇을 의심하겠는가? 더구나 이들은 이미 이와 같은 죽을죄를 범하였고, 또 밤낮으로 무뢰배들을 불러모아 임금을 배반하고 아비를 저버리는 교리로써 꾀어내어 남녀의 도리를 어지럽히고 인원수에 따라 공물을 받는 등 갖은 추악한 행동을 하였으니, 이들은 우리나라의 죄인일 뿐 아니라 바로 너희 나라의 수치이기도 하다. 너희 나라가 마땅히 덮고 숨기기에 바쁠 것인데, 이제 도리어 배를 몰고 와서 따진단 말인가." 이렇게 한다면 당장 저들은 반드시 대답할 말이 없을 것입니다. …

其答大意 當云我國待外國人 本自不薄 告飢則賜食 告病則賜藥 告舟船傾漏則給材木 若或饑困特甚則有牛酒之饋 哀矜救活之意 豈有遠近之別乎 若或不告地方官 變形潛入 出沒城府閭巷間 則是乃窺覘之姦細 寇賊之先導也 隨

現捉而加刑誅 乃天下有國之恒典 何足疑乎 況此等人旣犯此一罪 又嘯聚無賴
日夜誘以畔君背父之敎 瀆亂男女 計口收貢 衆惡兼備 此非徒我國之罪人 乃
汝國之差恥 汝國人當掩諱之不暇 今乃駕船相詰耶 當場彼必無辭可答矣 …

세 번째, 지형을 잘 살피는 일입니다. 물에서 이로운 자는 땅에서
는 이롭지 못하고, 평탄한 곳에서 이로운 것은 험난한 곳에서 이롭지
못한 법입니다. 저 오랑캐가 물로써 집을 삼고 있으니 결코 물에서
다툴 수는 없습니다. … 바라옵건대, 안과 밖의 도성을 지키는 각 영
문의 장수들에게 명하시어 먼저 지형(地形)을 자세히 살피게 하여, 오
랑캐가 만약 육지에 오른다면 갈팡질팡 어쩔 줄 모르는 일이 없게 하
시옵소서.

其三 審地形 利於水者 不利於陸 利於平坦者 不利於險阻 彼胡以水爲家
決難以水爭 … 乞命中外將臣 先事審察地形 胡若登陸 庶無彷徨失措

넷째, 군사들을 훈련시키는 일입니다. 저 오랑캐들이 우리에게 분
을 품은 지 이미 오래입니다. 설사 금년에 침범하지 않고 스스로 물
러난다고 해도, 그 형세가 조만간 한 번의 싸움이 벌어짐을 면하지
못할 것 같습니다. … 이제 마땅히 백성들과 더불어 원수를 같이 대
한다는 뜻을 나라 안에 포고하여, 방방곡곡의 주호(主戶)들로 하여금
제각기 활과 화살을 준비하고, 촌민들을 거느리고 연습하여, 갑작스
러운 경우에 그 부모와 처자식을 보호할 계책으로 삼게 하고, 만약
그 중에서 무예에 출중한 자가 있으면 관에서 재주를 시험하여 그 신
포(身布) 내는 것을 면제해주십시오. 또 별도로 영(令)을 내려 이름이
병적(兵籍)에 들지 않은 자는 무과(武科)에 나갈 수 없게 하고, 유엽전
(柳葉箭)의 시험에 이중(二中)을 못한 자는 문과에도 못 나가게 하여 온
나라 수 천리에 사는 사람으로 하여금 활을 들 줄 모르는 선비가 없

게 한다면, 그 위엄이 족히 만 리 밖까지 퍼져 교활한 오랑캐가 반드시 위협을 그치고 감히 함부로 움직이지 못할 것입니다. …

其四 鍊兵 彼虜之蓄積於我已久 設使今年不犯越而自退 其勢早晩恐不免有一場交兵 … 今宜以與民同仇之意 布告域中 使坊曲主戶各各自備弓矢 率村民而肄習之 以爲倉卒保其父母妻子之計 若有武藝出等者 官爲試才而免其身布 且別爲令甲 使名不在兵籍者 不得赴武擧 非柳葉箭二中 不得赴文試 若使環海數千里 無一不知操弓之士 則其威足以折衝萬里 狡虜必聾息而不敢動矣 …

다섯 번째, 바른말을 구하는 것입니다. 대개 천하에 일찍이 쓸 만한 사람이 없는 것이 아니고, 또한 일찍이 쓸 만한 대책이 없는 것이 아닙니다. 우환은 위에 있는 자가 두루 듣고 모두 쓰지 않는 것에 있을 뿐입니다. 오늘날 사람과 대책을 반드시 멀리에서 찾을 것이 아닙니다. 신이 생각하건대, 서울을 벗어나지 않고서도 기특한 재주를 품은 선비가 있을 것이니, 바라옵건대 정부(政府)와 삼영(三營)으로 하여금 조정의 선비나 여러 백성들의 투서(投書)를 받게 하고, 서면의 격식이나 법례에 구애받지 않고, 비록 한글로 쓴 글이라도 받아서 숨어 있는 인재를 모두 등용하십시오.

其五 求言 蓋天下未嘗無可用之人 亦未嘗無可用之策 患在在上者不能徧聞而盡用耳 今日人與策不必遠求 臣竊意不出京城 必有懷奇抱才之士 乞許政府及三營受朝士軍民投書 不拘書面格例 雖諺書亦受之 以盡幽隱之材用

여섯 번째는 안으로 닦음을 서둘러 외적을 물리치는 근본을 삼아야 합니다. 신이 듣건대, 사람의 원기가 허하면 바깥의 사악함이 들어온다고 합니다. … 우리 내수(內修)의 실질을 다하면 천명(天命)과 인심(人心)이 향하고 합하여져 외사(外邪)가 스스로 물러가게 됩니다.

其六 沒沒內修 以爲外攘之本 臣聞人之元氣虛而客邪入焉 … 盡吾內修之
實 則天人翕合 外邪自退矣

　　내수의 일은 그 절목을 말하면 매우 번다하지만, 그 요점은 결인심(結人心, 인심을 결집하는 것) 세 자에 지나지 않습니다. 인심이 떠나지 않는다면 일려(一旅, 즉 500명)의 군사로도 족히 하(夏)나라를 중흥시킬 수 있고, 한 필의 말로도 당(唐)나라를 창성하게 할 수 있으나, 인심이 떠나버리면 같은 배를 타고 있는 사람이 모두 적국이고, 수레바퀴 아래에 있는 사람이 모두 오랑캐이니, 어찌 심히 두려워하지 않을 수 있겠습니까? 무릇 인군(人君)된 자로서 누가 인심을 결집시키고 싶지 않겠습니까? 하지만 인심을 끝내 결집시키지 못하는 것은 어찌하여 그렇습니까? 결집하는 바가 좌우에서 손쉽게 심부름해주는 자들의 마음이며, 궁방(宮房, 대군·왕자군·공주·옹주의 집)과 인척의 마음이며, 마음과 말을 교묘하게 하고 아첨하는 자들의 마음이기 때문입니다. 한 사람과 마음을 맺고 천만인의 마음이 떠나니, 이것이 모두가 흩어져 다시는 합하여지지 못하는 까닭입니다. 그러므로 인심을 결집시키는 일은 크게 공평하고 지극히 밝으며 천명(天命)과 천토(天討)대로 하고, 조금도 사의(私意)에 범하지 않는 자가 아니면 불가능한 것입니다. 성인의 임금이 되기 어렵다고 하신 말씀이 진실로 이것 때문입니다.

　　內修之事 言其節目則甚繁 而其要歸則不過結人心三字 人心不離則一旅足以興夏 匹馬可以昌唐 人心離散則舟中皆敵國 下皆胡越 豈不可畏之甚哉 凡爲人君者 孰不欲結人心 而人心卒不可結者 何也 所結者左右便嬖之心也 宮房戚聯之心也 巧令諂佞之心也 結一人之心 而千萬人之心離 此所以渙散而不可復合 是故結人心 非大公至明天命天討 不犯一毫私意不能 聖人爲君難之訓 良以是也 …

오늘날 많은 직무를 게을리 한 지 오래되어 기강이 풀리고 풍속이 퇴폐해져 일마다 폐단이 없는 것이 없고, 사람마다 병들지 않은 이가 없어, 가령 난리가 일어나지 않는다고 해도 어렵고 걱정스러운 일이 눈에 넘치고 있습니다. 하지만 일마다 바로잡고 사람마다 치료하려고 한다면, 날이 또한 부족할 것입니다. 오직 조정에서 사람을 쓰고 버림만 제대로 한다면, 기강이 스스로 서고, 기강이 서면 풍속이 스스로 돌아올 것이니, 인심을 결집하는 방도가 어찌 여기에서 벗어나겠습니까? 전하가 진실로 큰 전각 깊숙한 곳에서 사람을 쓰고 정사(政事)를 행하시는 즈음에 결인심이라는 세 글자를 생각에 늘 두고 버리지 않으셔서, 항상 천만인의 대동(大同)의 마음으로 마음을 삼으신다면, 여러 백성들이 크게 바라시는 뜻대로 따르게 되어, 북극성을 감싸 돌 듯하고 우편의 전달보다 빨리 번져가게 될 것이니, 또한 무슨 어려움이 있겠습니까? …

今日恬嬉日久 紀綱縱弛 風俗頹敗 無事不弊 無人不病 假使風埃不起 艱虞溢目 雖然欲事事而矯革之 人人而救藥之 則日亦不足 惟朝廷之用捨得宜 則紀綱自立, 紀綱旣立則風俗自廻 結人心之道 豈外於此哉 殿下誠於廈氈屋漏之間用人行政之際 以結人心三字 念念不舍 常以千萬人大同之心爲心 則群黎百姓 丕應徯志 北辰之拱 置郵之傳 亦何難之有哉 …

2. 임술의책(壬戌擬策)

신(臣)이 엎드려 생각하옵건대, 우리 주상전하께서는 보명(寶命)을 받으시어 먼저 비기(丕基, 즉 임금 대대로 내려오는 재산과 사업)를 맡아 정사(政事)에 임하여 다스려지기를 원하신 지 이제 13년째가 되었습니다. 날이 기울도록 일을 보시느라 더욱 애쓰시는데도 안정을 이룩하는 효과는 아직도 멀기만 하니, 견마(犬馬) 같은 마음으로 북두성을 바라보고 하늘을 우러르며, 근심하고 사랑하는 마음으로 방황하나 그 이유를 알 수 없습니다. 게다가 생각지도 않게 삼남(三南) 지방에 민변(民變)이 났으니 아주 해괴하고 망칙함이 극에 달합니다. 한 사내가 미치광이처럼 외치자 상의(相議)도 없이 모여든 자가 금방 수천만인이 되었습니다.

臣伏以我主上殿下 膺受寶命 先御丕基 臨政願治 十三年于玆 日昃之勞愈勤 底寧之效尙稽 犬馬之戀 倚斗瞻天 憂愛彷徨 未達其由 乃者不意 三南民變 極其駭悖 匹夫狂叫 不謀而應者 輒數千萬人

신이 가만히 생각하기에 사민(四民)이 업(業)을 달리하는데, 농민이 가장 착하며, 백성은 나라의 근본인데, 바로 이것이 농민에게 있거늘 이제 농민이 이렇게 동요하니 국가의 근본이 망가졌습니다. 어리석은

임술의책 초안

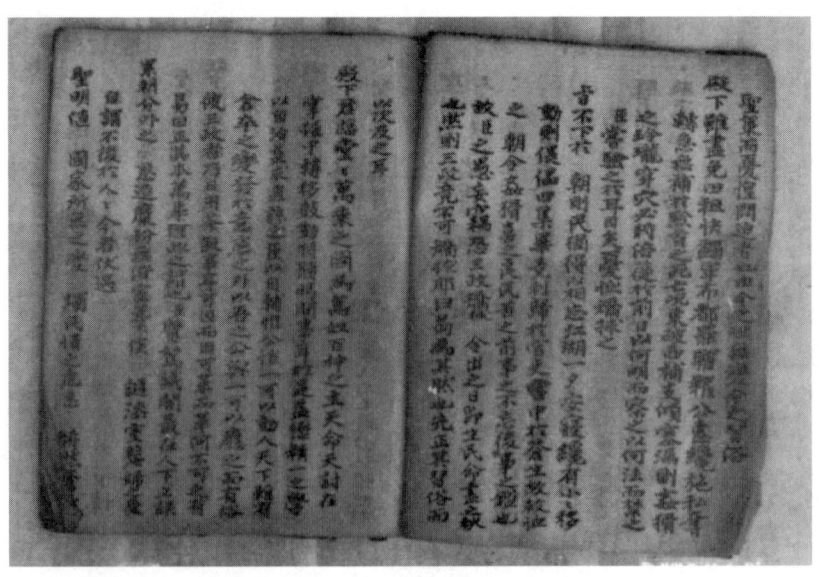

부녀자 같은 사람의 걱정도 이렇게 깊은데, 하물며 국가의 안위를 맡은 대신(大臣)과 중신(重臣)들이겠습니까? 하물며 천년의 종묘사직을 지키시는 우리 전하이시겠습니까?

臣竊伏惟念四民分業 農民最良 民惟邦本 正在農民 今農民動搖若此 國家根本蹶矣 漆室之憂 於斯爲深 況任國家安危之大臣重臣乎 況守千年宗祧之我殿下乎

'정치에 절도가 없었는지', '백성이 직분을 잃었는지', '전정(田政)과 군정(軍政)과 환곡〔還穀, 즉 양곡 대여. 본문에서는 적(糴)으로 표현〕의 세 가지 큰 정사(政事)에 혹시 적폐(積弊)가 있었는지?' 하고 측연해 하고 불쌍히 여기는 생각을 하여 바로잡아 구하기를 생각하는 것이 바로 천지(天地)의 호생(互生)하는 덕(德)이고, 성책(聖策)으로 하문(下問)을 하시어 팔도(八道)가 놀라고 감동을 하니, 이는 종묘사직과 생민(生民)의 복(福)입니다.

政不節歟 民失職歟 田軍糴三大政 意者有積弊歟 惻然慈念 思有以矯捄之者 乃天地好生之德也 聖策下詢 八域聳動 此宗社生靈之福也

하지만 신의 어리석은 생각으로는 이를 바로잡는다는 일에 대하여 도리어 걱정스럽고 민망하여 마음을 안정시킬 수 없으니, 무엇 때문입니까? 오늘날 생민들이 하루를 보장할 수 없음과 나라의 형세가 위태로운 지경에 놓인 것에 모두가 삼정(三政, 즉 전정, 군정, 환곡)의 쌓인 폐단이 그렇게 만든 것이고, 다른 망가진 징후에 급한 증세가 없다고 보십니까? 그 실제에 있어서는 망가진 징후와 급한 증세는 따로 있고, 삼정의 폐는 거기에 들지 않는 것입니다.

雖然臣之狂愚 於矯捄一事 反有所憂惶悶迫而不能定情者 何者 今日生靈

344

之所以不保朝夕 國勢之所以阽於危蹙 皆三政積弊使之然 而他無壞證急候耶 其實壞證急候別有所在 而三政之弊不與焉

　신은 개미같이 미천한 몸이니 허술하고 천함을 혐의하여 아는 바를 말하지 않아도 괜찮지만, 만약 말을 하면서 사실대로 하지 않으면 이는 하늘의 태양을 우러러 속임이니 신에게 죄가 있습니다. 근일(近日) 사대부(士大夫)의 습속이 크게 무너져 이욕(利欲)의 흐름이 마치 홍수가 넘실대는 것과 같아 나라를 맡은 자가 한 지경을 마치 닭이나 돼지를 기르는 우리처럼 생각하고, 지방을 맡은 자는 오직 한 가지 길로 고기잡고 사냥하는 자리로 생각하여, 서울에 있는 관아에 바치는 것도 한도를 범하는 것도 어렵지 않게 여기니, 서민들을 파산시키는 것을 어찌 꺼려하여 하지 않겠습니까? 작년에 농사지은 것이 금년에 절단 나고, 어제의 베틀이 오늘은 비어버리고 맙니다.

臣螻蟻微命 怵於疎賤 知而不敢言猶可也 若言而不以實 則是仰欺天日 臣則有罪 近日士大夫習俗大壞 利欲之橫流 如洪水之懷襄 典郡國者 以一境爲雞豚之圈 任方岳者 以一路爲漁獲之場 京司經納 無難犯越 庶民破産 何憚不爲 去季之田業 今季碎矣 昨日之杼柚 今日空矣

　가난하거나 부자인 자 모두 들끓고, 산과 바다도 모두 마르며, 살아서 이별하고 죽어서 이별하고, 자식을 팔고 목을 매달아 별의별 일이 안 벌어지는 일이 없으며, 그렇지 않은 곳이 없으니, 백성들도 몹쓸 본을 따서 들고 일어나 서로 훔치고 빼앗는 바람이 일어나고 있습니다. 대개 옛날의 이른바 탐잔(貪殘, 탐내고 잔혹함)이라는 것은 오히려 전군적(田軍糴, 즉 삼정)을 빙자하여 구멍을 뚫은 것이었으니, 오히려 아전들의 하는 짓이고 탐욕을 부리는 것이 상정(常情)이라 하여 백성이 비록 피해를 당해도 그런대로 성세(盛世)의 일이라고 여겼습니다.

하지만 지금의 탐잔은 아무런 명색(名色)도 없이 공공연하게 약탈을 감행하고 있으니, 이것이 외국에서 침입해온 적과 다른 점은 겨우 자녀들을 잡아가지 않는 것뿐입니다.

貧富齊沸 山海俱竭 生離死別 子鬻身經 靡事不有 無處不然 百姓效尤成風起相攘奪 蓋昔時之所謂貪殘者 猶憑藉田軍糴而孔穴之 尙可諉以刀筆餘技 貪墨常情 民雖被害 不害爲盛世事 今之貪殘也 乃無名色而公行掠奪 其所以異於外國寇亂者 僅不掠及子女耳

세상에 치세(治世)만 있고 난세(亂世)가 없을 수 없는 것이고, 나라에도 편안하기만 하고 위태로움이 없을 수 없는 것입니다. 치란(治亂)과 안위(安危)는 공평하게 말하면 실로 나라를 지니고 있는 자의 떳떳한 일이니, 비록 반드시 매우 괴이한 일은 아니라고 할 수 있을 것이지만, 그러나 하늘이 변하지 않은 이상 사람의 떳떳한 법도와 심성도 변하지 않은 것이기 때문에 비록 쇠란한 시대라도 청탁(淸濁)이 서로 끼어 있고, 이욕(理欲)이 서로 어울려 있는 것입니다. 이제 청렴(淸廉)하고 근신함은 없어지고, 탐욕이 하늘에 닿아 가히 별과 달이 감춰져 어두워지고 천지가 꽉 막혀버렸다고 할 수 있으니, 지난 역사를 더듬어본다고 해도 실로 보지 못했던 바입니다. 대개 민생이 도탄에 빠진 것은 매번 임금이 도리를 잃어, 혹 누각을 높이 짓고 담장을 장식하고 금을 낭비하고 옥으로 장식하거나, 혹은 사방의 오랑캐를 정벌하여 바닷가까지 물품을 수송하여 백성의 힘이 다해짐으로 말미암아 생기는 것이었는데, 우리 성조(聖朝)는 500년 동안 백성을 아끼신 인덕(仁德)이 사방에 이르러 오늘까지 본보기가 되고 있으며, 주상의 덕은 높고 후하신데 하민(下民)들의 군색(窘塞)함이 수화(水火)보다도 급하니 참으로 통곡하여 눈물을 흘리고 뒤이어 피를 쏟을 일입니다.

世不能有治而無亂 國不能有安而無危 治亂安危者 公言之則固亦有國之常
事 雖謂不必深怪可也 而天不變 彝性亦不變 故雖衰亂之世 大抵淸濁相間 理
欲相參 今也廉謹掃地 饕餮滔天 可謂星月晦盲 天地否塞 求之往牒 實所未覩
抑民生塗炭 每由時君失道 或峻宇雕墻 靡金餙玉 或征伐四夷 轉輸負海 民力
始屈者有之 我聖朝五百季如傷之仁 達于四方 式于今 日休上德軼於高厚 而
下窘急於水火 眞可謂痛哭流涕 繼之以血者矣

공자께서 말씀하시기를 예로부터 모두 죽음은 있는 것이지만 백성
의 신(信)이 없으면 설 수 없다고 하셨으니, 대저 일에는 진실로 죽음
보다도 큰 것이 있습니다. 삼정의 폐단을 고치지 못하면 죽기는 죽어
도 사람의 도리는 오히려 남아 있습니다. 그러나 지금의 세상대로 하
여 지금의 습속이 변하지 않는다면 사람의 도리가 없어지고 말 것입
니다. 사람의 도리가 없어지고도 백성이 백성이 되고, 나라가 나라가
된다는 것을 전하는 들으셨습니까? 그렇다면 오늘날 세상이 무너지
는 급한 징후는 여기에 있고 저기에 있는 것이 결코 아닙니다. 전하
께서는 이것을 걱정하시지 않고 삼정을 바로잡을 것만을 급하게 여
기시니, 혹시 대궐이 깊고 멀어 습속의 망가짐이 모두 상달되지 않아
서 그런 것입니까?

孔子曰 自古皆有死 民無信不立 蓋事固有重於死者 三政之弊不矯 死則死
耳 人理尙在也 由今之世 無變今之習俗 人理泯絶矣 人理泯絶 而民可以爲民
國可以爲國者 殿下聞之乎 然則今日之壞證急候 在此而不在彼決矣 殿下不
此之憂 而三政之矯捄是急 意者九門深嚴 習俗之壞 未盡上達而然歟

천하의 환란 중에서 나라 사람들은 모두 알고 있는데 임금만 알지
못하는 것보다 큰 것이 없습니다. 이것이 신이 성책(聖策)을 읽고 걱
정하고 황망하여 답답해하는 것입니다. 지금의 세상에 따르고, 지금

의 습속에 변함이 없으면, 전하가 비록 전조(田租, 농업에 매기는 세금)를 모조리 면제해주고, 군포를 통쾌하게 없애주고, 곡식을 들이고 넘을 모조리 파한다고 하더라도, 공적인 혜택을 막 베풀고 나면 사사로운 빼앗음이 더욱 급박해져 백성들의 죽는 문제에 아무런 도움도 되지 않을 것입니다. 하물며 동쪽이 깨지면 서쪽에서 메우고, 기울어지면 받치고, 새면 막고 하다보면 간사하고 교활한 자들이 영리하게 구멍 뚫기를 반드시 전보다 훨씬 더할 것이니, 무슨 재주로 살피고 무슨 법으로 금한단 말입니까?

天下之患 莫大於國人皆知而人君不知 此臣之所爲讀聖策而憂惶悶迫者也 由今之世 無變今之習俗 殿下雖盡免田租 快蠲軍布 都罷糴糶 公惠纔施 私奪 轉急 無補於黔首之死亡 況東破西補 支傾塞漏 則奸猾之玲瓏穿穴 必將倍蓰 於前日 以何明而察之 以何法而禁之

신이 일찍이 귀로 듣고 눈으로 보아 증험하건데, 백성을 걱정하시는 말씀이 조정에서 내리지 않으면, 백성들이 오히려 강호(江湖)에서 서로 모든 것을 잊고 살면서 하룻밤이라도 편히 자지만, 이제 조금만 이동이 있으면 허수아비들이 사방에서 모여들어 필경 이로움은 관리에게 돌아가고 피해는 창생(蒼生, 즉 백성)에게 돌아갑니다. 그래서 구휼(救恤)한다는 조정의 영(令)을 간사하고 교활한 자들은 좋아하지만, 양민들은 괴로워하는 것입니다. 지난 일을 잊지 않는 것은 그것이 뒷 날의 일의 거울이기 때문입니다. 그래서 신의 어리석은 소견에는 아마도 삼정(三政)을 바로잡겠다는 영(令)이 나오는 날이 바로 생민(生民)의 목숨이 끊어지는 때가 되지 않을까 싶습니다.

臣嘗驗之於耳目矣 憂恤之旨 不下於朝 則民猶得以相忘江湖 一夕安寢 纔 有小小移動 則傀儡四集 畢竟利歸於宦吏 害中於蒼生 故救恤之朝令 奸猾喜 之 良民苦之 前事之不忘 後事之鑑也 故臣之愚妄 竊恐三政矯捄令出之日 卽

生民命盡之秋也

　그렇다면 삼정은 결국 바로잡을 수 없다는 것인가라고 하시겠지만, 어찌 그렇겠습니까? 먼저 그 습속을 바르게 하고 다음으로 그것에 미치게 할 뿐입니다. 전하께서 당당한 만승(萬乘)의 나라에 군림하시어 만백성과 온갖 신의 주인이 되셨으니 천명(天命) 천토(天討)가 주먹 속에 쥐어져 있으니, 선으로 옮겨가게 하고 고무하여 움직이게 하는 것은 단지 눈 한 번 깜작할 사이에 할 수 있습니다. 이제 더욱 정일(精一)의 학문을 힘써 자신을 다스리시고, 더욱 바르고 곧고 성실한 신하를 구하여 자신을 돕게 하시옵소서.

　然則三政竟不可矯捄耶 曰曷爲其然也 先正其習俗而以次及之耳 殿下君臨堂堂萬乘之國 爲萬百姓神之主 天命天討 在掌握中 轉移鼓動 特顧晌間事耳 於是益懋精一之學以自治 益求直諒之臣以自補

　오직 공평(公平)하고 오직 전일(專一)하여야 사람을 움직일 수 있습니다. 천하에 비록 창졸간의 변란이 뜻밖에 생길지라도 나의 공평함과 전일함으로 응한다면 가히 넉넉히 대응할 수 있는 것입니다. 저 삼정이란 그냥 날마다 쓰는 다반사이니 그대로 둘 것은 두고 고칠 것은 고쳐도 무엇이 불가(不可)하겠습니까? 전(傳)에 이르기를, 그 근본을 바로잡으면 만사가 다스려진다고 하였으니, 이것을 말한 것입니다. …

　惟公惟一 可以動人 天下雖有倉卒之變 發於意慮之外 以吾之公與一 可以應之而有裕 彼三政者 乃日用茶飯事 可因而因 可革而革 何不可之有 傳曰正其本 萬事理 此之謂也 …

경(經)에 이르기를, "덕(德)은 오직 선정(善政)을 해야 하고, 정치는 백성을 기르는 데 있다"고 했습니다. 이와 같으면 정치의 뜻을 가히 알 수 있습니다. 정치를 하면서 백성을 기르는 뜻을 잃었다면 정치라고 할 수 있겠습니까? 이제 삼대정(三大政)으로 말하면, 전부(田賦)라는 것은 군자(君子)와 야인(野人)이 일을 서로 바꾸어 해주어, 서로 살리고 서로 도와주는 일이니, 백성을 기르는 것 중에 이것이 본령(本領)이 되는 것입니다. 군적(軍籍)이란 무사(武事)를 강습하여 불의의 사태에 대비하는 것이니, 이 또한 백성을 기르는 것입니다. 국가의 저축이란 기근에 대비하여 진휼(賑恤)할 곡식을 갖추는 것이니, 그 또한 백성을 기르는 것입니다. 애석하게도 개국(開國)의 초기에 위로는 요순(堯舜) 같은 성군(聖君)이 계셨지만, 아래에 이윤(伊尹) 고요(皐陶) 같은 신하가 없어 법도를 만들어 시행할 때에 뒷사람이 해결할 수 없는 의심스러운 점을 남겨두었던 것이니, 군적(軍籍)과 환곡(還穀) 두 가지가 그것입니다.

經曰德惟善政 政在養民 若是則政之爲義可知也, 政而失養民之義 政乎哉 今以三大政言之 則田賦者君子野人之所以通工易事 相生相養 養民之中 斯 爲本領 軍籍者所以講武事備不虞 亦養民也 國儲者所以禦凶荒備賑卹 亦養 民也 惜乎開國之初 上有堯舜之君 而下不得伊皐之臣 設施經紀之際 未免有 貽後人不決之疑者 軍籍還穀二事是也

대개 군(軍)이 있으면 반드시 적(籍, 장부)이 있어야 하니, 군에 장부가 있는 것을 누가 불가하다고 하겠습니까? 그런데 수포(收布)의 예가 한번 서게 되자, 이 장부라는 것이 일부의 평준서(平準書, 평준이라는 것은 고르게 균형되게 한다는 것이고, 이때 준은 수평을 맞추는 도구이다. 따라서 평준서란 상업 유통에 관한 기록을 의미한다. 기정진은 군적이 군대에 관한 것이 아니라 아예 경제 유통으로 변한 것을 비판하고 있는 것이다)가 되어버리고 군적이 아닌 것입니다. 하물며 우리나라의 풍속이 문벌을 숭상하여 한

번 군적에 들기만 하면 사족(士族)으로 치지 않습니다. 그러다보니 이
제 그 군에 들기도 바라고 겸하여 재물을 내라고 하니 군적이 허문서
가 되는 것은 당연한 형세입니다. 병부(兵部)의 적이 비록 원래의 수
가 정해져 있지만, 영읍(營邑)에서 잡색(雜色)을 두어 정해진 수 이외에
수효를 더하고 있습니다. 어제의 부족한 것은 채우지도 못하고, 새로
등록한 자는 날로 불어나니 고기비늘처럼 겹치고 쌓여 정리할 수 없
게 되어 있습니다. 황천에서도 원한을 품고 갓난아이도 죽기를 바라
니(즉 병적에 죽은 자의 이름이 기재되어 있고, 심지어 어린아이까지 이름이 올라
있다는 뜻) 불의의 사태에 대비한 뜻이 어디에 있습니까? 이것은 군적
이 백성을 기르는 뜻을 잃은 것입니다.

蓋有軍則必有籍 軍之有籍 夫誰曰不可 而不幸收布之例一立 則籍也乃一
部平準書 非軍籍也 況我國俗尙門地 一入軍籍 則不齒士族 今也旣欲其軍 兼
責其財 尺籍之虛 固其勢也 兵部之籍 雖有原總 營邑雜色 額外加增 昨闕未
塡 新簽又滋 魚鱗襲積 莫可爬櫛 黃壤抱寃 赤子祝死 備不虞之意安在 此軍
籍失養民之義者也

환곡(還穀)은 비록 본래 백성을 구휼하려는 뜻이었으나, 그 출납(出
納)이 색(色)을 바꾸어 한씨(漢氏)의 상평(常平) 방식을 따르지 않고 송인
(宋人)의 청묘전(靑苗錢, 지세·호세의 부가세적인 당나라 중기의 세목. 곡물이
수확되기 전에 과세했기 때문에 붙여진 명칭이다) 방식을 따랐으니, 청묘전
의 법이 백성에게 해가 되었다는 것은 송인이 자세하게 말하였습니
다. 그 말들이 착착 오늘날 우리나라 환곡의 폐단을 직접 본 것과 같
습니다. 대개 서리(胥吏)란 지극히 간교하고 교활하고, 또 성사(城社, 즉
배경)를 의지한 세력이고, 백성이란 지극히 어리석고 지극히 약하며
또 개미만큼의 후원도 없는데, 서리와 백성으로 하여금 해마다 달마
다 서로 손으로 전곡(錢穀)의 사이에서 주고받게 하니, 문서와 장부의

장난질함을 누가 밝힐 수 있으며, 두량(斗量)의 감축(減縮)함을 누가 따질 수 있으며, 실한 곡식이 겨 껍데기로 둔갑함을 누가 책망할 수 있겠습니까? 비유하자면 강아지로 하여금 굶주린 늑대와 같은 도마 위의 고기를 같이 먹게 하는 꼴이니, 강아지의 입에 어찌 고기가 들어가겠습니까?

還穀雖本是憂岈之意 其出納改色 不遵漢氏之常平 乃踵宋人之青苗 青苗之爲民害 宋人言之詳矣 其言鑿鑿如親見今日東方還穀之弊者 蓋吏者至黠 又挾城社之勢 民者至愚至弱 又無蚍蜉之援 使吏與民 逐季逐月 交手取與於錢穀之間 文簿之變幻 孰能辨之 斗量之減縮 孰能詰之 實穀之化爲糠粃 孰能責之 臂如使兒犬與饑狼 共一俎之肉 兒犬之口 豈有肉乎

그 처음에는 침범하고 도둑질하는 자가 아전들뿐이었는데, 사대부로 수령(守令)과 감사(監司)가 된 자도 그것이 재리(財利)의 구멍이 된 것을 알고는 뒤따라 손을 내밀어 이상하고 별스러운 방식으로 귀신도 모르게 실속을 챙기는 것을 말로 다할 수 없으며, 손가락으로 모두 셀 수도 없습니다. 선조(先祖)의 신하 정약용(丁若鏞)의 『목민심서(牧民心書)』 속에 대강 말하였으니, 전하께서 취하여 한가하실 때 하루쯤 보신다면 그것이 백성에게 상처를 주고 국가에 좀벌레가 되고 있다는 사실을 아시게 될 것입니다. 지금은 정약용의 때보다 훨씬 더합니다. 순영(巡營)으로 곡식을 이송할 때에는 산과 연못이 뒤집히듯 하여, 하동(河東)의 백성은 한 섬에 돈 300영(零)을 내는 데, 하내(河內)의 백성이 한 섬에 받는 바는 겨우 6, 70잎이어서 아전이 사사로이 써버린 것이 수만에 이르고, 창고의 곡식은 한 톨도 없으니, 이로 인해 생긴 독해(毒害)가 백성에게 돌아가지 않고 어디로 가겠습니까? 이로써 나라를 경영하는 것은 곧 물을 거슬러 올라가며 배를 저어가는 것과 같으며, 이로써 백성에게 독이 되는 것은 순풍에 배를 놔둔 것과 같은

352

것입니다.

其始也 則侵蝕盜竊者吏胥而已 士大夫之爲守令監司者 見其爲利竇 從而
染指焉 奇逕別岐 神奸鬼秘 言不能盡 指不勝屈 先朝臣丁鏞牧民書中縷言之
殿下試取以備淸燕一日之覽 則其爲瘡痏於民 蠹賊於國者 可得其實際矣 今
之時距丁鏞之時 又加遠矣 巡營移粟 山澤爲之翻到 河東之民一石出錢三百
零 而河內之民一石所受 纔六七葉 吏逋之至累萬 倉穀之無一粒 半從此中生
毒不民歸而將焉徍 以此經國則如逆水行船 以此毒民則如順風放舟

신이 살고 있는 고을은 바로 장성(長城)입니다. 장성의 곡식 장부(즉
환곡에 관한 장부)의 허실에 대해서는 부사(府使)가 있으니 신이 감히 알
바 아니지만, 들은 바 각 고을의 사실을 말하면, 아직도 남아 있는 곡
식이 있는 곳은 모두가 곡식 장부가 가볍고 수월하다고 합니다. 수만
석의 대부(大簿) 내지 십만 석 이상의 대부(大簿)인 고을은 대개 종이
위에 기록해둔 것은 헛된 문서로서 장부는 비고 실제 곡식은 다 소모
되어 백성에게 해독이 될 뿐이라고 합니다. 그러니 흉년에 대비하는
뜻이 어디에 있습니까? 이것은 국가의 저축이 백성을 기르는 뜻을 잃
고 있는 것입니다. 법을 가볍게 만들어놓아도 그 폐단은 오히려 탐욕
을 부리게 되는 것인데, 하물며 이 두 가지 큰 정사(政事)는 입법(立法)
을 하는 초기에 외정(外廷)의 논의가 이미 멀리까지 생각하는 것을 잃
었으니, 그 뒤가 침체되는 것을 이상하게 여길 것이 없습니다. …

臣所居之邑 卽長城也 長城之穀簿虛實 有府使在 臣不敢知 以所聞列邑言
之 其尙有殘穀處 皆穀簿輕歇之地 自數萬大簿 以至十萬以上 大抵紙上虛簿
簿虛耗實 毒民而已 備凶荒之意安 此國儲失養民之義者也 作法於凉 其弊
猶貪 況此二大政立法之初 外廷之議 已失遠慮 無怪其下梢之墊溺也 …

전부(田賦)의 제도는 우리 조정의 제도 중에서 가장 세밀하게 된 것이니, 이것은 대성인(大聖人)의 통활한 규모와 신통한 계산으로 미쳐진 것입니다. 전량(田量) 연분(年分)의 법은 실로 삼대(三代)의 공조철(貢助徹)과 길은 달라도 결과는 같게 되는 것입니다. 다만 그 병통이 너무 세밀하여 혹시 옛날에는 맞아도 오늘날에는 맞지 않을 수 있어, 계산하는 방법으로 측량하다보니 6등급의 전척(田尺)이 폐해지고, 옛 장부를 가지고 결지를 조사하다 보니 20분으로 측량한 새 측량술이 행해지지 않아, 원래의 수량으로 납세를 하게 하다보니 해마다 다르게 내는 옛 법규가 느슨해졌으니, 이것이 혹 민폐(民弊)에 크게 관계되는 바가 아니겠습니까? 혹 실결(實結)을 숨겨 없는 것으로 하고, 백지(白地, 즉 쓸모 없는 땅)가 세금의 징수를 면하지 못하는 수가 있어 점점 폐단이 되는 수가 있는데, 이는 양전(量田)을 오랫동안 하지 않은 탓이 아니라 아전들의 농간을 수령들이 용납해줘서 그런 것입니다.

田賦之制 在我朝制度中 最爲纖密 此大聖人活規神筭所及 田量年分之法 實與三代貢助徹 殊塗同歸 但其患在於太纖太密 或將宜於古而不宜於今 以 筭術折量 而六等之田尺廢 以舊帳考結 而二十之新量停 以原總納稅 而季分 之舊規弛者 或非民瘼之所大段關係耶 若乃實結歸於隱沒 白地不免徵稅浸以 成弊者 非量田久停之罪 乃吏胥之奸 守令容之而然也

아전의 농간을 용납해주는 것은 이익을 추구하는 데서 나오며, 이익을 추구하는 것은 습속으로 말미암은 것이니, 습속을 바로잡지 않고 그 간교한 기만을 금하려 한다면, 신의 생각에는 더욱 측량을 할수록 더욱 복잡해지기만 할 것입니다. 비록 그러하지만 양전(量田)을 한 지 이제 100년이 넘었습니다. 산과 연못이 모양을 바꾸고 숨고 없어진 것도 많으니, 이를 다시 측량하지 않는다면, 인정(仁政)이 경계를 바로잡는 것으로부터 비롯한다고 할 수 있겠습니까?

容奸出於騙利 騙利由於習俗 不矯習俗而欲禁其奸欺 則臣恐其愈量而愈棼也 雖然量田今過百秊 山澤易形 隱沒多端 此而不改量 則可謂仁政自經界始乎

신이 옛 법의 병통이 세밀한 데 있다고 하였지만, 오늘날 다시 측량을 해서 안 된다는 것은 아닙니다. 오위(五衛, 조선 문종 원년에 정립된 군제. 중위에 의흥위, 좌위에 용야위, 우위에 호분위, 전위에 충좌위, 후위에 총무위를 두었고, 위마다 다섯 부가 있으며, 부 밑에 네 통이 있어서 전국의 군사가 모두 여기에 부속되었다)를 설치할 때는 본래 농사(農事)에 군사를 둔다는 뜻이었습니다. 예로부터 병제(兵制)를 논하는 자가 모두 당(唐)의 부병(府兵)제도가 좋다고 하지 않음이 없습니다. 오위도 또한 어찌 부병이 아니겠습니까? 그러나 부병의 법은 당나라 때도 능히 오래 행하지 못하여, 확기(彍騎, 활을 가진 기병, 즉 당나라 때 숙위병)라는 것이 나왔습니다. 우리나라는 임진왜란 뒤에 오위병을 불렀으나, 역시 힘을 얻지 못해서 점점 삼영(三營, 조선 때의 훈련도감, 금위영, 어영청을 총칭하는 말)을 설치하였으니, 이는 부병을 잘 쓰지 못한 소치였지, 부병의 법제가 좋지 않아서 그런 것이 아닙니다.

臣之以舊法爲患在纖密者 非以爲今日不當改量也 五衛之設 本是藏兵於農之義 自古論兵制者 莫不以唐之府兵爲善 五衛豈非府兵乎 然府兵之法 在唐亦不能久行 而彍騎出矣 壬亂後懲五衛之不得力 漸設三營 不能善用府兵之致 非府兵法制有未善而然也

비록 그렇지만 오늘의 사세(事勢)를 가지고 말하면, 삼영을 행할 수 있어도 오위를 행할 수는 없습니다. 왜 그러합니까? 부(府)를 세우고 위(衛)를 설치하여 번(番)을 나누어 번갈아 쉬게 하여 장차 조병에 돌아가고, 부로 흩어지게 하는 것은 반드시 백성에게 여력이 있어 병적에 들어간 자는 모두 의뢰하는 바가 있으며, 평소에 가르치고 훈련하는 바가 있은 후에 비로소 의논할 수 있는 것입니다.

雖然以今日事勢言之 三營可行而五衛不可行 何者 立府置衛 分番迭休 將歸
於朝兵散於府者 必民有餘力 入兵籍者 皆有所倚賴 敎練有素而後始可議也

이제 병적(兵籍)에 들어 있는 자들은 모두가 생계가 형편없고 삐쩍
말라 손으로 활과 화살을 다룰 줄 모르고, 눈으로 깃발과 북이 무엇
인 줄도 모르는 자들뿐이니, 비록 번을 나누고 위에 들게 하려고 해
도 되지 않습니다. 그리고 경영병(京營兵, 서울을 수비하는 군)에게 포를
거두는 일도 번을 들어갈 날을 방번해준 날로부터 시작해야 하는 데,
각색(各色)의 군(각색의 군은 평소에는 군인의 의무를 하지 않다가 유사시에 군
의 임무를 맡는 군인)에게 포를 거두기를 이미 군에 등록되는 날부터 하
고 있습니다. 신은 들으니 군사를 양성하는 것은 외모(外侮)를 막기
위함이지, 수포(收布)를 하기 위하여 군을 등록시킨다는 말은 듣지 못
하였습니다. 이것은 원래 중묘조(中廟朝) 때 건의한 신하가 일시 국계
(國計)의 편의만을 취하고 군에게 수포를 해서는 안 된다는 것은 생각
하지를 못한 것입니다. …

今兵籍中人 皆生涯懸罄 人立鵠面 手不知弓矢 目不知旗鼓 雖欲使之分番
入衛 不可得也 京營兵收布 固始番之日 而各色軍收布 已自簽軍之初 臣聞養
兵以禦侮矣 未聞爲收布而簽軍也 此蓋中廟朝建請之臣 取便於一時國計 而
不思軍之不可以收布也 …

신이 들으니 하늘은 능히 이 백성을 낳기는 하나 다스리고 가르치
지는 못하여, 임금에게 맡겼다고 합니다. 대개 백성은 어린아이와 같
고, 임금은 유모(乳母)와 같습니다. 어린애가 젖을 잃으면 단지 울기만
하고, 젖꼭지를 당겨 스스로 빨지 못하니, 유모가 반드시 그 굶주림

을 살펴 젖을 먹여 기른 연후에 그 생명을 보전할 수 있습니다. 금년 삼남(三南) 지역의 민변(民變)은 비록 농민들이 아무것도 모르고 망동을 하여 스스로 죄벌에 빠진 것이지만, 그러나 그 실상은 젖꼭지를 잃고 우는 것입니다. 전하께서 이미 그 우는 소리를 들으시고 어린아이가 위급하다는 것을 알았으니, 급히 구하시기를 마땅히 불에서 구하고 물에서 건지듯 하셔야지, 조금만 늦추면 구할 수 없게 될 것입니다. 그렇다면 신이 말씀드린 '삼정을 바로잡는 것을 뒤로 미룰 수 있다'는 것이 어찌 진실로 뒤로 미룰 수 있다는 것이겠습니까? 인심이 함닉된 것이 이와 같음을 가슴 아프게 생각하고, 백성을 구한다는 것이 도리어 백성을 괴롭히는 것이 될까봐 드린 말입니다.

臣聞天能生此民 而不能治而教之 付之人君 蓋民如嬰兒 君如乳母 嬰兒失乳 但能啼哭 不能引乳自哺 必乳母察其飢飽而乳養之然後 可保其生也 今年三南之變 雖農民無知妄作 自陷罪辟 然其實則失乳而啼哭也 殿下旣聞其啼哭而知嬰兒之危急 救之當如救焚拯溺 小緩則不及矣 然則臣之所謂三政之矯捄可後者 豈眞以爲可後哉 痛人心之陷溺若此 懼救民之翻成厲民也

그렇다면 삼정(三政)을 바로잡는 것은 어떻게 해야 합니까? 전결(田結)의 개량(改量)은 그 어려움이 개량에 있지 않고, 수령다운 사람을 얻는 데 있습니다. 한 고을의 수령으로 마땅한 사람을 얻으면, 다른 고을에서 사람을 빌릴 것이 없고, 경계를 넘어 재물을 마련할 것 없이 한 고을의 전(田)을 측량할 수 있습니다. 온 나라의 수령에 모두 마땅한 사람을 얻으면 다른 시대에 가서 사람을 빌리지 아니하고 전 시대에 가서 자료를 찾지 않고도 온 나라의 전(田)을 측량할 수 있습니다. 근심되는 것은 사람을 위하여 관직을 선택하고 사정(私情)으로 일을 처리하면 한 물건도 운용이 되지 않고 일보도 행할 수 없는 것이니, 어찌 양전(量田)뿐이겠습니까? …

然則三政之矯　如之何其可也　田結改量　其難不在於改量　而在於守宰之得人　一邑之守宰得人　則不借人於他邑　不討財於越境　而一邑之田可量矣　四境之守宰皆得　則不借人於異代　不索於前世　而四境之田可量矣　患在爲人擇官私情用事　則一物不可運　一步不可行　豈徒量田哉? …

대개 군폐(軍弊)를 논하는 자는 반드시 수색해서 찾아내야 한다고 하는데, 수색해서 찾아낸다면 의례히 고기를 놓아주거나 그물에서 빠져나가는 것을 면할 수 없습니다. 아침에 수(數)를 채워놓으면 저녁에는 빠져버리니, 얻어진 바는 소동(騷動) 뿐입니다. 적(糴)의 폐단을 말하는 자는 간혹 탕감을 해주어 백성들의 힘을 풀어줘야 한다고 말하지만, 탕감해주는 법이 다만 원숭이를 가르쳐 나무에 오르게 하는 결과밖에 되지 않습니다. 그래서 아전은 노래를 하게 되고 백성은 울부짖게 되니, 잃어버린 것은 곡부(穀簿)뿐인 것입니다. 이것으로 백성의 급함을 구한다는 것은 바로 술을 마구 마시면서 취한 것을 깨게 하려는 것과 같고, 섶을 보태면서 불을 끄려는 것이나 마찬가지이니, 엄한 법으로도 능히 금할 수 있는 바가 아니고, 임금의 인(仁)으로도 능히 변화할 수 있는 것이 아닙니다. 그러니 군포(軍布)를 전과 같이 거둔다면 척적(尺籍, 군령을 기록하는 널빤지)을 바로잡을 수 없을 것이고, 환상(還上, 춘궁기에 빌려주고 추수기에 이자를 붙여 받아들이는 것)의 법이 그대로 있다면 민폐를 그치게 할 수 없을 것입니다. 꼭 말하고자 하는 것은 오직 군포를 파하여 거두지 말고, 환곡을 돌려 상평(常平)으로 만드는 것이 아니겠습니까? 군포를 파하고 또 넉넉히 대우를 해준다면 실병(實兵)을 이로부터 얻을 수 있을 것이요, 실적(實籍)도 이로부터 세울 수 있을 것이요, 음우(陰雨, 오랫동안 내리는 비, 즉 폐습)를 이로부터 대비할 수 있을 것입니다. …

蓋論軍弊者必曰探括　而探括之擧　例不免縱魚漏網　故朝塡而暮闕　所得者

騷動而已 語輯弊者或主蠲紓 而蠲紓之典 只歸於敎猱升木 故吏歌而民咷 所失者穀薄而已 以此救民之急 乃縱酒解醒 助薪救火 嚴法所不能禁 上仁所不能化 故軍布之收如前 則尺籍不可得正 還上之法依舊 則民弊無由可息矣 必欲言之 則其惟罷軍布而不收 轉還穀爲常平乎 軍布旣罷 又有以優假之 則實兵自此可得 實籍自此可立 陰雨自此可備也 …

백성과 임금은 겉으로는 먼 사이인 듯하지만, 그 실상은 손과 발이고 복심(腹心)이어서 일체로서 서로 연관되는 것이니, 백성이 풍족한데도 국가 예산이 부족하다는 것을 신은 듣지 못하였습니다. 우리나라가 지역이 비록 작지만, 긴 곳을 잘라 짧은 곳에 보충한다면 천리는 넘고 인구 호수(戶數)도 아마 수백만이 될 것이니, 곧 옛날 이른바 땅이 사방 천리에 병거(兵車) 만승(萬乘)이 나오는 나라는 됩니다. 어찌 만승의 나라가 가난함을 걱정한단 말입니까? 원하옵건대 전하는 성심(聖心)으로 결단을 하시어 의심하지 말고 행하소서. 그러면 동방 천리가 고무(鼓舞)되어 환성(歡聲)이 넘칠 것이며, 종묘사직에 억만년 끝없는 경사가 될 것입니다. …

百姓與君 外若疎遠 而其實則手足腹心 一體相關 百姓足而國計不足 臣未之聞也 我國幅員雖小 長短絶補 過於千里 人戶將數百萬 卽古所謂地方千里出兵車萬乘者也 豈有萬乘之國而患貧者乎 願殿下斷自聖心 行之勿疑 扶桑千里 鼓舞洋溢 宗社億萬年無疆之休 …

신이 듣기로는 당(唐)의 조용조(租庸調, 조는 토지를 대상으로 하는 부과하는 세, 용은 노역 대신에 피륙으로 내는 세, 조는 가구를 대상으로 하는 각지의 특산물을 바치는 것)가 후세 백성에게 부세(賦稅) 받는 법으로는 가장 자세한 것이라고 하니, 엎드려 원하옵건대 전하께서는 대신과 중신들에게 토론하고 윤색(潤色)하라 명하시고 들어서 행하십시오. 이 법이 행해진다면 우리나라의 양반이란 자들이 반드시 많은 다른 소리를 하고 나설 것입니다. 그러나 이것은 한마디 말로 해결할 수 있습니다. 개국(開國)을 한 초기에 몇 해 동안 호구(戶口)를 계산하여 수포(收布)를 하였는데, 그때에 그의 선조들이 일찍이 그것을 바쳤는데, 저들은 홀로 어떤 사람들입니까? 당(唐)의 호조(戶調, 일종의 호포제)도 사족(士族)만 면제되었다는 말을 듣지 못했으니, 면세를 허가해서는 안 됩니다. 혹자는 신에게 따지기를 '시(詩)에 말하기를 허물도 없고 잊어버리지도 않으니 옛 법도에 말미암아 따랐기 때문이다'라고 하였는데, 신이 대답하기를 '옛 법을 함부로 고쳐서 안 된다는 것을 누가 모르겠는가? 선현이 오직 말하지 않았던가? 백성에게 마땅한 것은 백세까지라도 고쳐서는 안 되지만, 백성에게 해로운 것은 비록 3년 안에라도 고칠 수 있다고. …

臣聞之 唐之租庸調 在後世賦民 最爲詳審 伏願殿下命大臣重臣 討論而潤色之 擧而行之 此法之行 東國之名兩班者必多異說 然而此有片言可折者 定鼎之初 幾歲幾年 計戶收布 酒家先祖父固嘗供之 彼獨何人哉 唐之戶調 未聞士族獨免 不可許也 或有難臣者曰 詩云不愆不忘 率由舊章 舊章可輕改耶 臣答曰 舊章之不當輕改之 人孰不知 先賢獨不曰 宜於百姓者 百世不可改 害於百姓者 雖三年可改乎 …

하늘은 만물을 생하면서 항상 고르게 하는 것이니, 천하의 재물은 본래 천하의 쓰임에 족한 것입니다. 다만 남의 윗사람이 된 자가 정령(政令)의 득실에 있어 유용(有用)한 것을 무용(無用)한 곳으로 돌아가게 하면 가난해지고, 무용한 것을 유용한 곳으로 돌아가게 하면 풍족해지는 것이니, 나라의 안위(安危)와 백성의 고락(苦樂)이 오직 이 두 가지입니다. 우리나라의 재물은 십중팔구가 모두 무용으로 돌아가고 있습니다. 그 가장 큰 것을 말하면, 전(田)이란 생민의 뿌리로서 옛날

성왕(聖王)이 정전(井田)을 그어 민산(民産)을 제정한 것입니다. 고금(古今)의 형편이 달라서 정전은 비록 회복시킬 수 없지만, 한절(限節)을 하는 것조차 할 수 없다는 말입니까? 그래서 동중서(董仲舒)와 사단(師丹)이 건의한 뒤로 역대가 모두 한절함이 있었으니, 고려(高麗) 조정만 해도 그랬습니다. 그런데 우리 조정에 와서 전혀 한제(限制)가 없어 호세(豪勢)들의 겸병에 맡겨둬버리니 서울의 유명한 귀족들과 큰 장사꾼으로부터 향곡(鄕曲)의 호반(豪班)에 이르기까지 농지를 차지함이 한계가 없어졌으니, 이른바 땅은 다함이 있으나 진(秦)나라의 요구는 한계가 없는 법입니다. 이에 나라에서는 십 분의 일에 해당하는 세를 거두는데, 사문(私門)에서는 거의 절반의 수를 받아가니, 농민은 1년 동안 부지런히 애써서 일을 하고도 수확을 하는 날에 양식 그릇이 이미 동이 나는 것입니다.

天之生物 常均停 天下之財 本足以濟天下之用 但爲人上者政令有得失 使有用歸於無用則貧 使無用歸於有用則足 國之安危 民之苦樂 惟此二途 我國之財 十之八九 皆歸於無用 言其最大者 則田者生民之根蔕 古聖王之所畫井而制産者也 古今殊宜 井田雖不可復 獨不可爲之限節乎 是以自董仲舒師丹建言之後 歷代皆署有限節 雖麗朝亦然 而我朝全無限制 一任豪勢之兼並 自都下名貴大賈 以至鄕曲豪擧 占田無有限極 所謂地有盡秦之求無已 於是國收十一之稅 而私門取太半之賦 農民一年勤苦 收穫之日 甕罌已空矣

저 겸병(兼倂)을 한 집은 곳간과 노적이 나라가 저장하는 것보다 많으니, 결국 어디에 쓰겠습니까? 불과 자손으로 하여금 음탕하고 사치하여 스스로 죄에 빠져들게 하고, 짐짐이 실어서 도성으로 들여보내 권귀 요직인들에게 구멍을 뚫어 나라의 기강이나 망가뜨리고 어지럽힐 뿐입니다. 이것이 유용(有用)이 무용(無用)으로 돌아가는 첫 번째 일입니다.

彼兼並之家 困廩富於國儲 究亦何用哉 不過敎子孫淫侈 自速罪罟 輦載而
入城闥鑽貴要 以壞亂國綱耳 此有用歸於無用之一事也

군포(軍布)와 조적(糶糴, 즉 환곡)도 백성의 큰 함정이 되어, 뇌물을 받
은 관리나 교활한 서리(胥吏)가 이것으로 농락하고 거간꾼이 되어 이
익이 국가의 경용(經用)에 드는 것은 정해진 계산이 있을 뿐 고혈(膏血)
이 뇌물을 받은 관리나 교활한 서리(胥吏)에게로 들어간 것이 한량없
습니다. 그 결과는 또한 이 금전으로 스스로 죄에 빠져들어 나라의
기강을 망가뜨리고 어지럽힐 뿐입니다. 이것이 유용이 무용으로 돌아
가는 두 번째 일입니다.

軍布糶糴 爲民大穽 贓吏猾胥 以此籠絡而駔儈之 利之入於國家經用者有
筭 而膏血之入於贓猾囊槖者無窮 其究也亦不過以此金錢 自速罪罟 壞亂國
綱 此有用歸於無用之二事也

서원(書院)의 유자(儒者)도 오늘날의 큰 걱정거리가 되고 있으니, 현
송(絃誦, 거문고를 타며 시를 읊는다는 뜻으로 학문을 쌓는다는 말)의 도(道)는
이미 없어지고, 주육(酒肉)의 기풍이 또 고질병이 되어 고운 옷 입고
말을 달리며 멋대로 침탈을 일삼아 마을 길에 치닫고 다니며 널리 한
없는 욕구를 채울 길을 열고 있으니, 이것이 유용이 무용으로 돌아가
는 세 번째 일입니다.

書院之儒 爲今日巨患 絃誦道旣喪 酒肉風又痼 鮮衣怒馬恣行漁奪 絡繹馳
逐於閭里 廣開尾閭之壑 此有用歸於無用之三事也

사치의 풍조가 서울로부터 일어나 사방을 변화시키고 있으니, 가
만히 듣기에 서울의 내외에 나는 듯한 정자와 커다란 집과 구름에 닿

고 햇빛에 번쩍이는 집에서 한번 잔치가 열리면 기름과 꿀 냄새가 온 성 안에 꽉 찬다고 합니다. 백성의 재물이란 다만 일정한 수량이 있을 뿐인데, 동(東)에서 너무 쓰면 서(西)쪽이 비는 것이 마치 달이 차고 기우는 것과 조수(潮水)가 나아가고 물러나는 것과 같은 것입니다. 천지도 두 쪽을 다 채워주지 못하는 것인데 하물며 백성의 재물이겠습니까? 설사 외국인이 와서 엿본다면 이를 보고 사방의 백성이 어렵다는 것을 어찌 모르겠습니까? 이것이 유용이 무용으로 돌아가는 네 번째 일입니다.

侈靡之風 自京洛起 四方化之 竊聞漢城內外 飛亭傑構 架雲耀日 一開宴席 油蜜之臭滿城 民財只有此數 東溢則西虛 如月之盈縮 潮之進退 天地亦不能以兩盈 況於民財乎 設使外國人來覘 則觀於此而豈不知四方之民困乎 此有用歸於無用之四事也.

과거(科擧)는 반드시 먼저 향거(鄕擧) 이선(里選, 향리에서 천거하여 보내는 것)이 있는 뒤에 시험을 봐야 합니다. 그런데 우리나라의 과거는 품팔이꾼, 나무꾼, 노예, 도적들까지도 달려가서 입장을 하고, 한 사람이 입장을 하는 비용이 적어도 천전(千錢) 이상 드니 만인(萬人)이 입장을 하면 천전을 쓰는 자가 만(萬)이 될 것이고, 2만 3만에서 10만에 이르고 보면 그 비율이 그와 같이 올라갈 것이니, 비단 민간의 재물을 헛되이 소비할 뿐 아니라 국가에서도 이런 사람들을 선출하여 장차 어디에다 쓰겠습니까? 이것이 유용이 무용으로 돌아가는 다섯 번째의 일입니다.

科擧必先有鄕擧里選而後試之可也 而我國科擧 傭人樵夫 奴隸盜賊 駿奔入場 一人入場之費 小不下千錢 萬人入場 則爲千錢者一萬矣 二萬三萬 以至十萬 則其率如之 非但虛費民財 國家選此人 將安用之 此有用歸於無用之五事也

조목(條目)을 들자면 아주 많지만, 다섯 가지 일이 가장 큽니다. 주상께서 이미 군과 적(군정과 환곡) 두 가지 일에 대해서는 넓고 큰 덕을 행하시어 백성을 수화(水火)의 속에서 구해주셨으니, 그 밖의 네 가지 일도 또한 통쾌하게 개혁을 하시고 잡아 지켜 흔들리지 않으시면, 해마(害馬, 해를 끼는 것)가 떠날 것입니다. 이렇게 된다면 백성이 어찌 부족함이 있겠습니까? 백성이 진실로 풍족하게 되면 해마다 약간의 견(絹, 비단, 즉 재물)을 내고 약간의 돈을 내게 하여 상경(常經)이 되게 드러내어 군국(軍國)의 급한 곳을 돕게 한다면 백성이 어찌 원망하는 자가 있겠습니까? 이는 무용을 유용으로 전용하는 것이니, 취렴(聚斂, 즉 세금을 과도하게 거두는 것)에 비할 바가 아닙니다.

其目猥多而五事最大 主上旣於軍糴二事 行廣蕩之德 出民於水火之中 其餘四事 亦痛革之 持之不撓 則害馬者去矣 若是而民豈有不足乎 民苟足矣 則歲出若干絹 或若干錢 著爲常經 以佐軍國之急 民豈有怨之者乎 此轉無用爲有用也 非聚斂之比也

3. 리통설(理通說)

'리통기국(理通氣局)'은 선현(先賢, 즉 율곡을 가리킴)이 대개 이러한 말을 하였는데, 나의 친구 권신원(權信元, ?~1860, 자는 字仁)의 리를 논한 설에서 '리통'이란 두 글자를 처음부터 끝까지 떠받들고 있으니, 가히 선현을 독실하게 믿는다고 할 수 있다. 다만 염려스러운 것은 권신원이 이르는 '통'이 선현이 말한 통의 본지(本旨)가 아니라는 것이다. 청하건대 천박한 견해를 진술하여 밝은 사람이 혹 나중에 취사선택하기를 기다린다.

理通氣局 先賢蓋有此語 而吾友信元論理之說 理通二字 終始頭戴 可謂篤

信先賢矣 但恐信元之所謂通 非先賢所言理通之本旨耳 請陳膚淺之見 以竢
明者之或有時而裁擇焉

대저 사물(事物)은 동정(動靜)이 있으나 리(理)는 동정이 없고, 사물은
다과(多寡)가 있으나 리는 다과가 없고, 사물은 생사(生死)가 있으나 리
는 생사가 없는 것이니, 동정이 있고 다과가 있고 생사가 있는 것을
'국(局)'이라고 하고, 동정도 다과도 생사도 없는 것을 '통(通)'이라고
한다. 범론(泛論, 데면데면하게 들띄워놓고 하는 말이라는 뜻)하여 이렇게 말
할 때에는 권신원의 소견도 또한 나와 크게 다르지 않은 것으로 생각
된다. 다만 모든 '무(無)' 자가 특히 그 일이 없다는 것(無其事)만을 말
한 것인지 아니면 그 '묘(妙)'도 없다(無其妙)는 것을 말하는 것인지 알
지 못하겠다. 만약 그 일이 없다고 해서 드디어 그 묘도 없다고 한다
면, 천하에 어찌 근원이 없는 끝이 있고, 뿌리 없는 가지가 있으며,
체 없는 용이 있겠는가? 그러면 삼라만상이 그대로 유(有)일 것이니,
어디에 그 리통의 이치가 있겠는가? 아! 내가 말하는 진짜 '리통'은
바로 여기에 있는 것이니, 권신원이 말하는 '통'과는 같지 않다.

大抵物有動靜而理無動靜 物有多寡而理無多寡 物有生死而理無生死 有動
靜 有多寡 有生死者 謂之局 無動靜 無多寡 無生死者 謂之通 泛論若此時
信元之見 恐亦無以大異於我也 但未知諸般無字 特言無其事耶 抑曰無其妙
耶 若以無其事 而遂曰無其妙 則天下豈有無源之委 無根之支 無體之用也 然
則森羅萬象 依舊是有 烏在其理之通也 嗚呼 吾所謂眞理通 乃在此處 非若信
元之所謂通也

동(動)은 정(靜)의 반대이지만, 리의 묘는 간격이 없는 것이니 동을
떠나지 않으면서도 이른바 정이 온축(蘊蓄)되어 있고, 정을 떠나지 않
으면서도 이른바 동이 간직되어 있는 것이다. 이것은 사물의 동정이

각각 한 때의 시간을 차지하는 것과 같지 않으니, 이것이 동정이 통하는 것이다. 다(多)는 과(寡)의 상대이지만, 리의 묘는 피차(彼此)가 없어 일(一)에서 떠나지 않으면서도 이른바 만(萬)이 갖추어져 있고, 만에서 떠나지 않으면서도 이른바 일(一)이 있는 것이다. 이것은 사물의 다과가 각각 하나씩 형태를 가지고 있음과 같지 않으니, 이것이 다과가 통하는 것이다. 사(死)란 생(生)의 변함이지만, 리의 묘는 선후(先後)가 없으니 처음에서 떠나지 않으면서도 이른바 끝이 정해져 있고, 끝을 떠나지 않으면서도 처음이 완정(完定)한 것이다. 이것은 사물의 사생이 각각 그 정을 하나로 하는 것과 같지 않으니, 이것이 이른바 삶과 죽음이 통하는 것이다.

動者 靜之反也 理之妙無間隔 不離乎動而所謂靜者蘊焉 不離乎靜而所謂動者藏焉 非如物之動靜各一其時 此動靜通也 多者 寡之對也 理之妙無彼此不離乎一而所謂萬者具焉 不離乎萬而所謂一者在焉 非如物之多寡各一其形 此多寡通也 死者 生之變也 理之妙無先後 不離乎始而所謂終者定焉 不離乎終而所謂始者完焉 非如物之生死各一其情 此生死通也

서로 반대되는 것이 이와 같으니 서로 원인이 되는 것 또한 알 수 있다. 이와 같기 때문에 '통(通)'이라 하는 것이고, 통하기 때문에 '묘(妙)'라고 하는 것이며, 묘하기 때문에 '리(理)'라고 하는 것이다. 이것이 바로 상천(上天)의 일이고, 본연(本然)의 체(體)이므로 사람의 힘으로 더하고 덜할 수 있는 것이 아니고, 세월을 따라 차거나 줄어드는 것이 아니다. 그러므로 모든 조화가 이것으로 말미암아 생기는 것이고, 낮이나 밤이 그치지 않아 비록 틈이 없는 작은 것도 전체가 아님이 없는 것이다.

相反者若是 相因者 又可知矣 若是故謂之通 通故謂之妙 妙故謂之理 此乃上天之載本然之體 不以人力有加損 歲月有盈縮 故萬化由此而生 不舍晝

夜 雖無間之微 莫非全體者也

　　권신원이 '리통'이라고 하는 것은 이것과 다르다. 그의 설에서 말하기를 '단지 리만 말하면 일리(一理)만 있고 만리(萬理)가 없다. 그러므로 만물의 리는 모두 본연이 완전히 갖추어진 것이 아니고, 반드시 기로써 가미(加味)하고 첨재(添材)해야 하니, 이른바 리는 (기를) 타고 변화를 한 뒤에 바야흐로 만리가 된다. 하나의 사물이 생생(生生)하면 하나의 리가 비로소 생생하고, 하나의 사물이 소멸하면 하나의 리도 따라서 소멸한다'라 하였다. 진실로 권신원의 말과 같다면, 동과 정이 서로 시기하고, 만(萬)과 일(一)이 서로 질투하며, 생과 사가 서로 원수가 되는 것이니, 그 통하지 못함이 심하다. 특히 그 '능히 기를 타고 변화하여 원통(圓通)하고 구애되지 않으니 통(通)이라고 한다'는 말은 근본부터 잘못되고 틀렸는데, 혀가 닳도록 말을 해주어도 듣지 않으니, 놔두고 다시 말하지 않고자 한다.

　　信元之爲理通 異於此矣 其爲說曰 單言理則有一理 無萬理 故萬物之理皆非本然完具 必以氣加味添材 所謂理者乘之變化然後 方成萬理 一物生生則一理方始生生 一物消滅則一理隨以消滅 信如信元之言 則動靜相猜 萬一相妬 生死相仇 其不通甚矣 特以其能乘氣變化圓通不拘 而謂之通 其頭腦之醜差 舌弊而不見聽 實之勿復道

　　잠시 사세(事勢)와 어맥(語脈)으로 말하면, 본체(本體)의 통하지 않음이 이와 같으면 어떻게 능히 발용(發用)에서 원통(圓通)할 수 있겠는가? 가령 원통한다고 하더라도 그 위의 반이 원통하지 않음을 족히 보상할 수 없으니, 이미 명하여 리통이라고 말하여도 이름과 실질이 서로 맞지 않은 것이다. 하물며 리에 이미 본연의 바꿀 수 없는 묘가 없게 되어 기가 있으면 함께 있고, 기가 없어지면 함께 없어지는 것에 불과하니, 그렇다면 이른바 변화한다는 것은 곧 기가 변화하면 리도 또한 기와 더불어 변화하는 것이니, 이른바 '원통'이라는 것도 곧 기가 원통하여 리도 또한 기와 더불어 원통한 것이니, 이것은 곧 기통(氣通)이지 리통(理通)이 아니다.

姑以事勢語脈言之 本體之不通若是 何以能圓通於發用 藉使圓通 未足以償其上一半之不圓不通 槩而命之曰理通 未爲名實相稱也 況理旣無本然不可易之妙 不過氣存與存 氣亡與亡 則所謂變化者 乃氣變化而理亦與之變化 所謂圓通者 乃氣圓通而理亦與之圓通 是乃氣通也 非理通也

'통(通)'을 빼앗아 리에게 돌려주고, '국(局)'으로써 기에 명명하는 것이 기를 위해 원통(寃痛)한 것이 아니겠는가? 선현(先賢)의 뜻이 결코 권신원의 말과 같지 않음을 알아야 한다. 권신원이 일찍이 시를 지어 말하기를, '리통이란 한 말씀이 자세하여 능히 천고(千古)의 취함을 깨운다'라고 하였으니, 그 뜻이 어찌 훌륭하지 않을까만은 불행하게도 식견이 잘못 들어가 장차 선현의 한 구절 말로 하여금 오히려 권신원을 취하게 하는구나. 오호라! 애석하도다.

奪通歸理 以局命氣 爲氣者不亦寃乎 先賢之意 決知其不如信元之言也 信元嘗有詩曰 理通一語精 能醒千古醉 其意思豈不偉然 而不幸知見誤入 將使先賢一句語 反醉一權信元 嗚呼 惜哉

4. 답인문 제1(答人問 第一, 어떤 사람의 질문에 답하다 1)

어떤 사람이 물었다. "대개 듣건대 '리는 본래 하나(一)인데, 기로 인하여 가지런하지 않게 되니, (기를) 타고 변화함에 비로소 만리(萬

理)가 생한다'는 것은 믿을 만합니까?" (기정진이) 대답하기를, "자네의 말은 비슷하다. 다만 이른바 하나라고 하는 것이 과연 어떠한 것인지 알지 못하고 있다. 삼가 일찍이 들으니, 리라고 하는 것은 영축(盈縮, 남음과 모자람)도 없고, 선후(先後)도 없는 것이다. 하나의 리이지만 적은 것이 되지 않고, 만 가지 리이지만 많은 것이 되지 않으니 이것을 일러 영축이 없다는 것이요, 이 사물이 있다고 하여 존재하는 것도 아니고 이 사물이 없다고 하여 없어지는 것도 아니니 이른바 선후가 없다는 것이다. 여기에서 본 것이 있으면 이른바 하나라고 하는 것을 분명히 깨달을 수 있을 것이다. (비유하면) 사람은 하나이나, 근육·뼈·모발·피부를 각각 갖추고 난 이후 바야흐로 하나의 사람이 된다. 나무는 하나이나, 뿌리·줄기·가지·잎을 각각 갖추고 난 이후에 바야흐로 하나의 나무가 된다. 저 형기(形器)라는 것도 오히려 이러한데, 하물며 형체가 없는 것에 거하여 만유의 본령(本領)이 되는 것에 있어서랴? 그러므로 말하기를, '아득하여 아무 조짐이 없는 가운데 만 가지 상이 삼연(森然)하게 이미 갖추어져 있다(沖漠無朕 萬象森然已具)'고 하니, 그 생겨난 만 가지 상은 그대로 하나의 본상을 이룬다. 그래서 만물이 하나의 태극이라고 하는 것이니, 묘하지 않은가?

有問者曰 蓋聞理本一 因氣有不齊 乘之變化 始生萬理 信乎 曰子之言似矣 但未知所謂一者竟何如耳 竊嘗聞之 理也者 無盈縮無先後 一理未爲寡 萬理未爲多 是之謂無盈縮 不以有是物而存 不以無是物而亡 是之謂無先後 有見乎此 則所謂一者 可領會矣 人一也 筋骸髮膚 各各具足而後 方成一人 木一也 根幹枝葉 各各具足而後 方成一木 彼形器者猶然 矧居於無形而爲萬有之本領者乎 故曰沖漠無朕 萬象森然已具 及其生出萬象 依舊成就一箇本相 故曰萬物一太極 妙矣乎

5. 답인문 제2(答人問 第二, 어떤 사람의 질문에 답하다 2)

(어떤 사람이 말하기를) "그렇다면 기를 타고 변화한다는 설은 폐지해야 합니까?" (기정진이 대답하여 말하기를) "아니다. 만약 근원으로부터(從源頭) 논하자면 일리(一理)의 처음에 만물이 이미 갖추어져 있으니, 이것은 씨가 땅에 닿으면 싹이 생겨나지 않을 수 없는 것과 같다. 그러므로 만물의 기는 이것으로부터 생겨난다. 만약 만물의 유행(流行)에 나아가 보면(流行看), 하나의 사물이 있으면 바야흐로 하나의 리가 있고, 만 가지 상(象)이 있으면 바야흐로 만 가지 리가 있다. 만일 기를 타고 변화하여 두루두루 생겨난다고 할 경우, 바르게 보는 사람이 그 유행하는 측면에서 말한 것임을 알고 말에 집착하여 뜻을 잃지 않는다면 괜찮다. 만일 그 뜻을 그릇되게 이해하여 리는 본래 기준이 없고 동서남북에 오로지 기를 따를 뿐이라고 생각한다면, 이것은 리가 기의 주인이 되지 못하고 도리어 명령을 듣게 되는 것이니, 잘못된 것이 아닌가? 천하에 근원이 없이 생겨나는 것은 없다. 리여! 리여! 만물의 종자(種子)가 아닌가?"

然則乘氣變化之說 可廢乎 曰否 若從源頭論 一理之初 萬有已足 如種著土 不得不生 故萬有之氣 由此而生 若就流行看 有一物方有一理 有萬象方有萬理 有若乘氣變化而旋旋生出 善觀者知其爲流行邊說話 不執言迷旨則可矣 若迷厥旨 以爲理本無準則 東西南北 惟氣之從 是理不爲氣之主 反聽命焉 不亦左乎 天下未有無種而生者 理乎理乎 其萬有之種子歟

6. 답인문 제3(答人問 第三, 어떤 사람의 질문에 답하다 3)

(어떤 사람이 말하기를) "만유(萬有)가 리에 근본한다는 것은 이미 들었습니다. 감히 묻건대, 인사(人事)의 선하지 못함도 리에 근원을 두

고 생겨난 것입니까?" (기정진이 대답하여 말하기를) "좋은 질문이다. 불선(不善)이라는 것은 선(善)이 곧게 성취되지 못한 것이다. 불선에 어찌 따로 근원이 있겠는가? 선이 곧게 성취되지 못하여, 혹 가리어 막히고 격하게 움직이거나 흔들리는 것이 있게 된 것이다. 천물(天物)이 가리어 막히고 격하게 움직이고 흔들리면 일찍 죽는 것이 또한 많아진다. 상천(上天)은 마음이 없으나 그 재능으로 말미암아 독실한 것이다. 그러므로 이 리를 곧게 따르지 않음이 없다. 그러나 인사는 그렇지 못하다. 일신(一身)의 사사로움으로 천물을 증감하기 때문에 여기에서 리가 곧게 성취되지 못하는 것이 비로소 많아지게 된다. 인(仁)이 곧게 성취되지 못하면 인색(貪吝)하게 되고, 의(義)가 곧게 성취되지 못하면 잔인(殘忍)하게 되며, 예(禮)가 곧게 성취되지 못하면 아첨(諂佞)하게 되고, 지(知)가 곧게 성취되지 못하면 거짓으로 속이게 되니(邪譎), 그것이 선을 해치게 되므로 가히 선(善)의 원수(仇敵)라 부를 만하다. 그것이 선에 근본하고 있으므로 그것을 선의 서손(孼孫)이라 하는 것은 옳지만, 이것이 과연 리 밖에 따로 근저가 있겠는가?" (어떤 사람이) 묻기를, "리의 근본은 곧게 성취될 수 있으나, 그러나 곧게 성취되지 못한 것이 있으면 기의 명령을 듣게 되는 것은 분명합니다." (기정진이 답하여) 말하기를, "이것은 리를 제대로 알지 못한 잘못이다. 리라는 것은 종자(種子)이다. 다만 필연(必然)의 묘(妙)가 있을 뿐 능연(能然)한 힘(力)은 있지 아니하다. 그 필연의 묘가 있기 때문에 가히 바로 성취할 수 있는 것이고, 그 능연한 힘이 있지 않기 때문에 혹 바로 성취되지 못하는 것이 있는 것이니 리 아님이 없는 것이요, 그 본연은 항상 있는 것이다. 오직 성인(聖人)만이 필연에 주(主)하여 그 능연을 이르게 한 이후에 본연을 얻을 수 있는 것이다. 이를 일컬어 하늘이 하지 못하는 바를 잇는다고 하는 것이니, 깊도다."

萬有之根於理 旣聞命矣 敢問人事之不善 亦根於理而生乎 曰善乎其問之

也 不善者 善之不直遂者也 不善亦安有別根乎 善之不直遂 有或掩閉激盪震
撼者矣 天物之以掩閉激盪震撼而夭閼者亦多矣 上天無心 因其材而篤焉 故
此理無不直者 人事不然 以一己之私 增減天物 於是理之不直遂者始多矣 仁
不直遂而爲貪吝 義不直遂而爲殘忍 禮不直遂而爲諂佞 知不直遂而爲邪譎
以其害於善而謂善之仇敵可也 以其本於善而謂善之孼孫亦可也 是果外此理
而別有根柢乎 曰理本可直遂 而有不直遂則聽命於氣固也 曰此不知理之過也
理者 種子也 但有必然之妙 非有能然之力 以其有必然也 故可直遂 以其非有
能然也 故或不直遂 莫非理也 其本然則有在矣 惟聖人主於必然 以致其能然
而後 本然者得矣 是之謂繼天之所不能 深哉

7. 납량사의(納凉私議, 더운 여름을 피해 서늘한 기운을 느끼며 사사로이 의론함)

여러 사람들이 말한 사람과 사물의 성(性)에 관한 것은 그 귀결점은
다르지만 가만히 생각해보면 그 잘못은 한 가지이다. 어째서 잘못이
한 가지라고 말하는가? 잘못은 '리(理)'와 '분(分)'을 서로 나누는 데 있
다. 어째서 리와 분을 서로 나눈다고 말하는가? 여러 사람들의 생각
을 살펴보면, 한결같이 리를 분이 없는 존재라 하고, 분을 기(氣)로 인
하여 존재하는 것이라 하여 리일(理一)을 형기(形氣)로부터 분리된 곳
에 한정시켜놓고, 분수(分殊)는 형기에 떨어진 다음으로 국한시킨다.
이에 리는 스스로 리고, 분은 스스로 분이 되어, 성(性)과 명(命)이 횡
으로 나누어지게 되었다. 성과 명을 횡으로 나누자 성을 논함에 비로
소 천하가 갈라지기 시작하였다.

諸家言人物之性 其歸雖殊 竊意其所蔽一也 曷言蔽之一 蔽在理分相離 曷
言理分相離 詳諸家之意 一是皆理爲無分之物 分爲因氣而有 限理一於離形

372

氣之地 局分殊於墮形氣之後 於是理自理分自分 而性命橫決矣 性命橫決 而
論性始爲天下裂矣

　　나의 얕은 견문으로 듣건대, 분(分)이란 리일(理一) 가운데의 세조리
(細條理)이므로 리와 분 사이에는 층절이 용납되지 않는다. 분은 리의
상대가 아니요, 분수라는 두 글자는 일(一)에 상대가 되는 것이다. 리
는 만수(萬殊)를 함유하므로 일(一)이라고 하니, 그 실은 일물(一物)이라
고 하는 것과 같다. 다르다(殊)는 것은 진실로 다른 것(眞殊)이 아니므
로 분수라고 하니, 다르다(殊)라는 것은 다만 그 분한(分限)일 뿐이다.
한 구절과 두 말(一句兩語)은 서로 기다려서 뜻을 이루는 것이므로, 하
나를 제거할 수 없다. 그러므로 리일을 말할 때 벌써 분이 함유됨을
알아야 하고, 분수를 말할 때 이미 일이 자재해 있음을 보아야 한다.
애초에 리를 따라 내려가 한 가지 재료를 첨가하여 바야흐로 분을 이
루고, 분을 거슬러 올라가 한 걸음을 뛰어넘어 바야흐로 리라고 칭하
는 것이 아니다.

　　以膚淺所聞 分也者理一中細條理 理分不容有層節 分非理之對 分殊二字
乃對一者也 理涵萬殊故曰一 猶言其實一物也 殊非眞殊故曰分殊 言所殊者
特其分限耳 一句兩語相須爲義 除一箇不得 故說理一時 可知分之已涵 說分
殊時 已見一之自在 初非沿理而下 添一料而方成分 泝分而上 超一步而方稱
理之謂也

　　주자(朱子)의 다음 두 구절은 가장 분명하고 이해하기 쉽다. 말하기
를 '태극이란 그 상(象)과 수(數)가 아직 모습으로 드러나지 않았으면
서도 그 리는 이미 갖추어져 있음을 일컫는 것이요(주자의 「태극도해(太
極圖解)」에서 충막무짐(沖漠無朕)하지만 그 동정·음양의 리는 그 안에 다 갖추어
져 있다는 것), 형기가 이미 갖추어져 있으면서도 그 리는 조짐이 없음

을 가리킨 것'(「태극도해」에서 동과 정이 시간을 달리하고 음과 양이 위치를 달리하지만 태극은 존재하지 않음이 없다는 것)이라 하였으니, 상과 수가 아직 모습으로 드러나지 않았다는 것은 아직 나누어지지 않은 일(一)이라는 것이요, 그 리가 이미 갖추어져 있다(其理已具)는 것은 분이 이미 그 안에 함유되어 있다는 것이 아닌가? 형기가 이미 갖추어져 있다(形器已具)는 것은 이미 정해진 분이요, 그 리에 조짐이 없는 것(其理無朕)이란 일(一)이 이미 자재함이 아닌가? 형기와 떨어질 수 없으면서 형기에 섞이지 않은 것이다. 선관자, 즉 잘 보는 사람은 그 형기에 나아가 얻을 수 있는 것에 방해되지 않으니, 이것이 이른바 태극의 본체이다. 여기에서 본 바가 있으면 곧 리와 분은 서로 대치하여 방해되는 물건이 아니요, 이기(二氣)·오행(五行)·남녀(男女)·만물(萬物)이 각각 그 성을 하나로 하는 것이 바로 태극의 본색이니 분변하여 설명하지 않아도 스스로 밝혀질 것이다.

有朱子兩句語 最分明易曉 曰太極者 象數未形而其理已具之稱(卽圖解所謂沖漠無朕 而動靜陰陽之理 悉具於其中者) 形器已具而其理無朕之目(卽圖解所謂動靜不同時 陰陽不同位 而太極無不在焉者) 夫象數未形則未破之一矣 而其理已具則非分之已涵乎 形器已具則旣定之分矣 而其理無朕 則非一之自在乎 非有以離乎形器 而其不雜乎形器者 善觀者不妨其卽形氣而得之也 此所謂太極之本體 有見乎此則理分非對峙相礙之物 而二氣五行男女萬物之各一其性 玆乃一太極之本色者 不待辨說而自明矣

진실로 리와 분을 나누어 두 가지로 만들면 일(一)과 수(殊)가 서로 상반됨이 마치 빙탄(氷炭)과 같고, 그 멀리 떨어짐이 하늘과 연못과 같아, 층급(層級)이 횡으로 생겨 각각 한 지위를 점령하여 본연이라 여기니 서로 같은가 다른가의 논의가 분분하게 일어나게 되는 것이다. 진실로 이러한 뜻이라면 내가 두려워하는 것은 일은 텅비어 물

374

(物)이 없어서 일원이 될 수 없는 것이고, 분 또한 그때그때 안배하여 정해져서 본분이 될 수 없다는 것이니, 그렇게 되면 같은가 다른가 하는 것은 오히려 둘째 문제이고, 그 실체에 있어서 어떠하겠는가? 이것이 바로 여러 학자들이 성(性)을 논한 것을 하나하나 추구해보면 끝내 따르기 어려운 것이 많은 것이다. '상과 수가 아직 드러나지 않았다(象數未形)'는 한 구절은 미(微)를 말한 것이고, '형기가 이미 갖추어져 있다(形氣已具)'는 한 구절은 현(顯)을 말한 것이니, 두 개의 층절이 있는 것 같지만, 물은 스스로 시종이 있고, 리는 본래 성괴(成壞)가 없는 것이요, 실은 두 가지 일이 있는 것이 아니다.

苟以理分爲兩截事 則一與殊之相反若氷炭 其遼絶若天淵 層級橫生 各占一位 以爲本然, 而同異之論 紛然而起 信斯義也 吾懼一是儱侗無物而不足爲一原 分亦臨時排定而不得爲本分 同異猶屬第二件事 其於實體何如也 此所以諸家論性 節節推去 終多難從者也 象數未形一句 以言乎微也 形氣已具一句 以言乎顯也 若有兩節矣 然物自有始終 理本無成壞 實非有兩事也

천하에 기를 떠나 독립된 리는 없으니 분수(分殊) 밖에 어찌 일찍이 별달리 이른바 리일(理一)이라는 것이 있겠는가? 모름지기 이 분수가 바로 리일처(理一處)임을 알아야 하니, 분수가 일리로 되는 것 또한 그다지 알기 어려운 것이 아니다. 마치 한 손을 굽히고 펴고 엎어지고 뒤집는 것과 같고, 한 몸이 가고 머물며 앉고 눕는 것과 같다. 굽히고 펼 때의 것이 한 손이요, 엎어지고 뒤집고 할 때 또 다른 손이 있어 두 손이 있다고 하면 옳겠는가? 가고 머무는 것이 한 몸이고, 앉고 눕는 것이 또 다른 한 몸이 있어, 두 몸이 있다고 하면 옳겠는가?

天下無離氣獨立之理 分殊之外 曷嘗別有所謂理一者也 須知祇此分殊便是理一處 分殊之爲一理 亦無甚難曉者 如屈伸飜覆一手也 行住坐臥一身也 屈伸時一手 飜覆時又一手 而謂有兩手可乎 行住處一身 坐臥處又一身 而謂有

兩身可乎

리일이 분수를 벗어나 있지 않음이 진실로 그러하니, 분수가 일찍부터 리일에 포함되어 있다는 것 역시 여기에 말미암아 한번 뒤집어본 것에 불과하다. 설사 이 물건이 처음부터 있기 전에 반드시 먼저 이 물건의 리가 있다고 하더라도, 만물이 있기 전에도 일물(一物)과 같고, 만리(萬理)가 반드시 먼저 있는 것도 일리(一理)와 같으니, 이것은 반드시 한 손이 있어서 굽히고 펴고 엎어지고 뒤집는 것이고, 한 몸이 있어서 가고 오며 앉고 눕는 것을 하는 것이다. 만약 그렇지 않다고 하면 정자(程子)의 이른바 '아득히 텅 빈 것 같지만, 만상이 이미 갖추어져 있다(沖漠萬象)'는 말과 주자(朱子)의 이른바 '이미 갖추어져 있다(已具)', '먼저 있다(先有)'는 등의 말한 곳이 한두 번에 그치지 않았으니, 이는 모두 무엇을 말한 것이겠는가? 이 또한 원두의 일리가 분이 없지 않음을 여기서 볼 수 있다.

理一之不外於分殊者然也 分殊之早涵於理一 亦不過由此而一飜看耳 設言此物之未始有 而必先有此物之理 萬物之未始有 如一物也 萬理之必先有 如一理也 是必有一手而藏屈伸飜覆者矣 一身而含行住坐臥者矣 如曰不然 則程子所謂沖漠萬象 朱子所言已具先有處 不止一再 是皆何謂耶 此又可見源頭一理 非無分之謂也

다시 한 가지 평범한 일을 가지고 비유하면, 지금 한 덩어리의 동철(銅鐵)이 있으니, 이는 일태극(一太極)이요, 그릇을 만들 수 있고 칼을 만들 수 있음은 바로 분수가 일에 함유된 것이니, 이른바 찬연(粲然)한 것은 동쪽에서 그릇을 만들 수 있고, 서쪽에서 칼을 만들 수 있는 것이 아니니, 혼연(渾然)하나 그릇을 만드는 용광로에 들어가면 그릇이 되고, 칼을 만드는 용광로에 들어가면 칼이 되어 각각 그 본분의 일로(一爐)를 얻었으니, 이것이 기화가 각각 그 일분을 얻는 것이고, 이것이 각일기성의 분수이니, 이 분은 때에 따라 안배하여 정해진 것이 아니다. 이 본연이 비록 그릇이 되고 칼이 되나 옛날의 동철을 벗어날 수 없으니, 동철의 기량은 그대로 자재한 것이니, 이것이 분수 중의 리일이요, 애초에 그릇과 칼 외에 따로 한 덩어리의 동철이 있는 것이 아니니 이것이 일태극이 다만 분수 중에 있는 것이다. 오직 리만은 상대(相對)가 없으니 어찌 꼭 들어맞는 비유가 있겠는가? 다만 그 일(一)과 수(殊)가 일찍이 서로 떨어지지 않는 것이 대개 이와 같아서, 일이지만 일찍이 분수가 없지 않아 일이 되는 것을 해치지 않으니, 그 묘함이 대개 이와 같다. 어찌 분이 없는 일이 먼저 존재하고, 뒤에 기로 인한 나눔이 생겨서 리는 스스로 리이고 분은 스스로 분이 되어 여러 학자들이 주장하는 뜻과 같겠는가?

請復以一淺事喩之 今有一塊銅鐵 是一太極 可以爲盤盂 可以爲刀劍 是分殊之涵於一 所謂粲然者 非東邊可爲盤盂 西邊可爲刀劍 則渾然 及其入盤盂爐而爲盤盂 入刀劍爐爲刀劍 各得其本分之一爐 是氣化各得其一分 是各一其性之分殊 是分也非臨時排定 是本然雖爲盤盂刀劍 而脫不得舊時銅鐵 銅鐵伎倆 依舊自在 是分殊中理一 初非盤盂刀劍之外 別有一塊銅鐵 是一太極祗在分殊中也 惟理無對 豈有切譬 但其一與殊未嘗相離大槪如此 一而未嘗無分殊而不害於一 其妙蓋如此 是豈先有無分之一 後生因氣之分 理自理分自分 如諸家之意耶

공자가 말하기를, '백성은 날마다 쓰면서도 알지 못한다(百姓日用而不知)'고 하였다. 대개 날마다 쓰는 형기(形器)는 이 리가 깃들지 않은 곳이 없지만, 백성들은 생각하는 것이 거칠고 얕아 눈으로 단지 형기만 볼 뿐이고, 형기의 위에 또 일단(一段)의 일이 있음을 보지 못하는 것이다. 성인(聖人)이 이것을 근심하여 상하(上下)를 분별하여 사람들에게 보게 하셨으니, 도(道)와 기(器)라는 말이 여기에서 일어난 것이다. 그러나 상(上)의 도(道)와 하(下)의 기(器)를 모두 형이(形而)로서 말하였으니 일형(一形)과 일리(一理)가 곧 이른바 분수인 것이다. 만수와 일리의 설을 성인이 처음에 대단스럽게 말하지 않은 것은 어째서인가? 그것은 리라는 것은 일을 기약하지 않아도 스스로 일이 되지 않음이 없다. 다만 만수처(萬殊處)에서 도와 기를 분명하게 나누어 자를 수 있으면, 리가 일이 되지 못하는 것은 근심할 바가 아니다. 그러므로 학자가 평생 동안 널리 글을 배우고 예로써 요약하는 것(博文約禮)은 모두 분수상의 공부이고, 리일처에 이르러서는 '하나로 꿰었다(一以貫之)'라는 한 구절로도 충분하다. 『주역』에서 괘효(卦爻)와 단상(彖象)은 모두 분수상에서 말한 것이고, 리일처에 이르러서는 '태극이 양의를 생한다(太極生兩儀)'라는 한마디로 이미 넉넉한 것이다. 후세에 이르러서 사람들의 식견과 사려가 더욱 아래로 내려가자 후현(後賢)들의 사람을 위하는 뜻이 더욱 간절하여 반드시 분수가 밝아지기를 기다려 리가 스스로 일이 되게 하려 하니 대개 아득하여 한도가 없다.

孔子曰 百姓日用而不知 蓋日用形器 莫非此理之所寓 而百姓識慮粗淺 眼中但見形器 殊不見形器上面有一段事 聖人有憂之 分別箇上下與人看 道器之說 於是興焉 然上道下器 皆以形而言之 一形一理 即所謂分殊者 萬殊一理之說 聖人初不數數然 何則 理也者不期一而自無不一者也 但能於萬殊處 截斷得道器分明 則理之不一 非所憂也 是以學者平生博文約禮 皆是分殊上工夫 而至於理一處 一以貫之一句已是多 易之卦爻象象 皆是分殊上說話 而至於理一處 太極生兩儀一語已是多 及至後世人之識慮益下 而後賢爲人之意轉緊 必待分殊明而理自一 則蓋邈乎無有限極矣

또 뜻은 원만한데 말은 막히고, 뜻은 넓은데 말이 협착(狹窄)되어 그 형세가 어느 한 구절을 가지고 양단을 충분히 다 설명할 수 없게

378

되었다. 이에 부득이 리일과 분수를 취하여 항상 쌍관(雙關, 즉 대가 되는 구절로 한 편 또는 한 단의 골자를 삼는 것. 여기서는 두 갈래로 나누어 설명하는 것을 가리킴)으로 설명하여 나아가 혹은 리기를 쌍관으로 나누고, 혹은 천명(天命)과 품수(稟受)를 쌍관으로 나누며, 혹은 일원(一原)과 이체(異體)를 쌍관으로 나누어 매번 동일한 하나의 변(邊)은 위의 한 단에 분속시키고, 상이한 하나의 변은 하래의 한 단에 분속시켰다. 대개 위의 일단은 바로 공자의 태극(太極)·일관(一貫)의 뜻이고, 아래 일단은 바로 공자의 형이상하(形而上下)의 말이다. 공자가 두 곳에서 말한 것을 후세의 현인들이 일시에 아울러 들어서 말한 것은 아마도 학자들로 하여금 그 근원과 내력을 알고 피차가 서로 형(形)이 되어 가고 또 가고, 오고 또 오는 속에 본체가 생동함을 알게 하고자 한 것이다. 그럼에도 불구하고 후학(後學)들은 도리어 두루 포괄하지 못하고, 말에만 얽매어 본지(本旨)를 미혹시킴으로써 때때로 리를 두각(頭脚)이 없어 착락할 곳이 없는 일물로서 어둡고 막막한 허공에 매달려 있다가 중도에 어떤 힘 있는 자에게 구사되어 창졸간에 배정되어 만수로 나오게 되는 것이라 하니, 또한 잘못이 아니겠는가? 근세의 현유(賢儒)들이 성(性)을 논한 것도 또한 이에 가깝다고 할 수 있지 않겠는가?

且意圓而語滯 意闊而語窄 勢不可以當句 竭盡兩端 乃取理一分殊 常常雙關說去 或以理氣分雙關 或以天命稟受分雙關 或以一原異體分雙關 每同一邊 屬之上一段 異一邊 屬之下一段 蓋上一段 乃夫子太極一貫之旨也 下一段 卽夫子形而上下之說也 夫子之所兩處言之者 後賢一時幷擧 蓋欲學者識其原委彼此相形 去去來來 本體躍如也 後學乃反包羅不周 執言迷旨 往往以理爲無頭脚沒著落之一物 懸在冥漠之間 而中道被有力者驅使 倉卒排定成出萬殊來 不亦誤哉 不謂近世賢儒之論性 亦復近於此也

대개 이미 분이 없는 것으로 일(一)을 삼는다면 별도로 한 층의 본연을 본연의 위에 세워 만물의 일원으로 삼은 것도 괴이할 것이 없고, (남당 한원진은 형기를 범하지 않고 단지 그 리만을 지적하여 제1층의 본연으로 삼았다.) 인의예지(仁義禮智)를 기에 따라 생긴 것으로 보아 그 성을 가리켜 인간과 사물의 성이 다르다는 이론(異論)이 있게 되는 것도 이상할 것이 없다. (남당 한원진이 말하기를 '천명은 형기를 초월하여 말한 것이고, 오상은 기품에 근거하여 말한 것'이라 하였다.) 이미 분을 가지고 기로 인하여 있는 것이라고 하였으니, 그 인간과 사물이 오상(五常)을 한 가지로 타고난 것을 가지고 본연의 성을 삼고, 편전의 성은 본연이 아니라고 하여, 인간과 사물의 성이 같다는 의논이 있게 된 것도 괴이할 것이 없다. 〔한천(寒泉), 즉 도암(陶菴) 이재(李縡)의 시에서 말하기를, 대개 듣건데 심과 성 사이에서 기가 나누어지는 경계를 잘못 보았으니, 편전으로 본연을 삼고 기질이 심체에 해당된다고 운운하였다.〕

蓋旣以無分爲一 則無怪其別立一層本然於本然之上 以爲萬物之一原(南塘以不犯形氣 單指其理爲第一層本然) 無怪其以仁義禮智爲因氣 各指之性而有人物性異之論(南塘曰 天命超形器而稱之 五常因氣裏而名之) 旣以分爲因氣而有 則無怪其以人物同五常爲本然之性 而偏全之性爲非本然 有人物性同之論(寒泉詩曰 蓋聞心性間 過占氣分界 偏全作本然 氣質當心體云云)

아! '성(性)이 다르다(性異)'고 하는 것을 내가 옳지 않다고 말하는 것은 아니다. (나와) 다른 것은 바로 오상(五常)이 기를 띠고 있다는 것이니, 대본(大本)에 밝지 못한 바가 있는 것이다. 부득불하여 따로 일원(一原)을 세우게 되면 이것은 리 밖에 분이 있게 되는 것이다. 그리하여 드디어 다른 것을 주로 삼고 같은 것을 폐해버리니, '성은 곧 리(性卽理)'라는 한 구절은 허망한 말이 된다. '성이 같다(性同)'고 하는 것을 내가 그렇지 않다고 말하는 것은 아니나, 편전(偏全)의 성을 본

연의 성이 아닌 것으로 삼으면 바로 이것은 분 밖에 리가 있는 것이
되어서, 마침내 같은 것을 주로 삼아 다른 것을 폐해버리게 되니, 성
이 체(體)만 있고 용(用)이 없는 불필요한 물건(長物)이 되고 만다.

噫 性異者吾非曰不可 而異處乃在五常之帶氣 則大本有所不明矣 不得不
別立一原 則是理外有分也 遂主異以廢同 則性卽理也一句爲虛語矣 性同者
吾不曰不然 而以偏全之性爲非本然 則是分外有理也 遂主同而廢異 則性爲
有體無用之長物矣

리라는 것은 하나이지만, 실제로는 만분(萬分)이니, 다르면 다를수
록 더욱 같아지는 것이다. 일(一)이면서 분(分)이니, 실제로 다른 것(實
異)이 아니요, 다르면서도 같으니 참으로 같은 것(眞同)이다. 양가(兩家,
즉 호론과 낙론)에서 같고 다름을 말함에 같음과 다름으로써 서로 용납
할 수 없음이 이와 같으니, 대개 다르다고 말한 것은 실제로 다른 것
이고, 같다고 한 것은 참으로 같은 것이 아니다.

理者一實萬分 愈異而愈同者也 一而分 非實異也 異而同 乃眞同也 兩家
之言同異 同異不相容若此 蓋其所言異者是實異 而同者非眞同也

청하건대 다시 자세히 말하겠다. 양층(兩層, 즉 본연 위에 또 다른 본연
을 세우는 것) 본연의 말은 원래 「태극도(太極圖)」를 모방하다가 잘못된
것이다. 그 뜻은 대개 제1층의 본연으로써 도(圖)의 제1권에 해당시키
고, 제2층의 본연으로 이오(二五, 음양과 오행) 이하의 모든 권(圈)에 해
당시키는 것이니, 매우 비슷하지 않은 것은 아니지만, 그 실은 옳지
않은 것이다. 도상(圖象)은 조화의 변(邊)을 따라 말하였기 때문에 이기
(二氣), 오행(五行), 만물(萬物), 산수(散殊)의 가운데에 나아가 도출할 수
없는 것을 도출하여 공공(公共)의 하나의 본령을 삼은 것이니, 이하(以

下)의 모든 권(圈)은 바로 그 본색(本色)이며 실체(實體)이지, 제1권과 다른 여러 권이 차별이 있다는 것은 아니다. 이에 성(性)을 논하는 것은 사람과 사물의 일이기 때문에 흡사 태극이 도출(挑出)되기 전에 나에게 있어서는 내가 도리어 일원(一原)이 되고, 너에게 있어서는 네가 도리어 일원(一原)이어서, 사람의 힘을 빌릴 것 없이 하나하나가 원만하고 족한 듯하지만, 그 실은 또한 나와 너의 경계가 있는 것이 아니다. 무엇 때문에 일이 없는 가운데 일을 만들어 굳이 한 층을 도출한 이후에 만물의 일원(一原)이라고 해야 하는가?

請試夐詳之 兩層本然之說 蓋倣太極圖而差者也 其意蓋以第一層本然 當圈之第一圈 第二層本然 當二五以下諸圈 非不酷似矣 其實有不可者 圖象從造化邊說去 故就二氣五行萬物散殊之中 挑出其不可挑出者 以爲公共一箇本領 以下諸圈 卽其本色實體 非謂第一圈與諸圈有差別也 乃若論性是人物邊事 恰是太極未挑出時 在我則我底却是一原 在內你則你底却是一原 不假人力箇箇圓足 其實又非有此疆你界也 何故無事中生事 必曰挑出一層然後 爲萬物之一原乎

전성(前聖)이 도리(道理)에 대해 비록 형기(形器)와 섞어 말하지 않았지만, 또한 형기와 분리하여 말하지도 않았다. 『시경』에 말하기를, "물(物)이 있으면 법칙이 있다(有物有則)"고 했고, 『주역』에 말하기를, "한번 음(陰)하고 한번 양(陽)하는 것을 도(道)라고 한다(一陰一陽之謂道)"고 한 것이 모두 이것이다. 지금 '각기 그 성을 하나씩 가졌다(各一其性)'고 했으니, 이미 섞이지 않은 것(不雜)이다. 다시 그 윗면에 나아가 한 층의 섞이지 않은 것을 골라내려고 한다면, 〔도(道)와 기(器)가〕 떨어지게 되지 않겠는가? 그러므로 사물(物)과 분리된 뒤에 법칙(則)이 있고, 음양과 분리된 뒤에 도(道)가 있는 것이니, 어찌 전성(前聖)의 말씀과 서로 같다고 하겠는가? 이것은 반드시 '각일기성'을 이미 분수에 떨어지고, 이미 형기를 범한 것으로 족히 일원(一原)이 될 수 없다고 여긴 것이니, 이것이 '성이 다르다(性異)'고 한 것의 근본이다.

前聖之於道理 雖不雜形器而言之 亦不離形器而言之 詩言有物有則 易言一陰一陽之謂道皆是也 今言各一其性 則旣不雜矣 復欲就其上面 揀出一層不雜者 則不幾於離矣乎 然則離物而後有則 離陰陽而後有道 何其與前聖之意 不相似也 是必以爲各一其性 已落分殊 已犯形氣 不足以爲一原 此性異之根柢

이른바 리 밖에 분이 있다는 이 한 가지가 가장 사람을 괴롭게 하니, 분이 가지런하지 않은 것(不齊)이 리일(理一)에 무슨 해로움이 있겠는가? 분이 같은 것 때문에 그 리가 같지 않다고 의심하는 것은 곧 손을 엎음(飜)이 손을 뒤집음(覆)이 아니라는 말이다. 오직 그 분이 있기 때문에 일이 되는 것이니, 이미 일찍이 분하지 않지도 않고, 또 분에 국한되지도 않는 것이니, 리일이 바로 여기에 있는 것이다. 진실로 이 분을 떠나버리면 별달리 리일을 찾을 곳이 없는 것이다. 원사(原思)에게 곡식 9백을 준 것[『논어』에 나오는 말. 공자가 노나라의 사법장관으로 있을 때 공자의 가신(家臣)인 원사에게 녹(祿)으로 속구백(粟九百)을 주었는데, 원사는 욕심 없고 깨끗한 사람이어서 속구백은 너무 많다고 사양하였다. 이때 공자는 "사양하지 말라. 남으면 이웃 마을 사람들에게 나누어 주면 되지 않는가"라고 하였다]이나, 공서화(公西華)에게 곡식 1부(釜)를 준 것이나 곧 한 가지의 마음이니, 진실로 이 분을 떠나서는 따로 한 가지 마음이 있는 곳을 찾을 수 없는 것이다.

所謂理外有分此一項 最令人苦苦 分之不齊 於理一也何害 以分不同而嫌其理不同者 卽飜手非覆手之說也 惟其有分 乃所以一 旣未嘗不分 又不局於分 理一正在此處 苟離了此分 無別尋理一處矣 原思之粟九百 公西華之粟一釜 是乃一心 苟離了此分 無別討一心處矣

주자(朱子)가 말하기를, "리를 들어 드러내면 전혀 모자라고 빠짐이 없는 것이니, 인(仁)을 드러내 말하면 모두가 인에 있고, 성(誠)을 드러내 말하면 모두가 성에 있고, 충서(忠恕)를 드러내 말하면 모두가 충서에 있다"고 하였으니, 이것은 활례(活例, 변통이 있는 예)이다. 이것으로써 예를 들면, 하나의 마른나무의 리를 말하면 리는 곧 모두 거기에 있고, 하나의 작은 먼지를 말하면, 리가 곧 거기에 있다는 것을 또한 가히 알 수 있다. 그렇다면 고목(枯木)과 작은 먼지의 리가 바로 양의(兩儀), 사상(四象), 팔괘(八卦)의 종조(宗祖)이니 무엇 때문에 굳이 분수에서 벗어난 뒤에 바야흐로 일원이 되겠는가? 분이 형기를 따라 각기 바르게(各正) 된 것은 도출해서 말한 것이니, 형기를 벗어난 것을 용납할 수 있지만, 분이 당초부터 일리(一理) 속에 함재되어 있는 것은 끝내 벗어날 수 있는 리가 없으니, 도출하는 것이 또한 무슨 이익이 있겠는가?

朱子曰 理擧著 都無欠闕 言著仁 都在仁上 言著誠 都在誠上 言底忠恕 都在忠恕上 此活例也 以此例之 則言著一槁木之理 理便都在這上 言著一微塵之理 理便都在那上 又可知矣 然則槁木微塵之理 便是兩儀四象八卦之宗祖 何故必擺脫分殊而後 方成一原乎 分之隨形器而各正者 挑出而言之 容可擺脫 分之早涵於一理者 終無可擺脫之理 挑出亦何益矣

대개 이미 본연이 일원이 되기에 부족하다 하여 따로 상층의 본연을 세웠으니, 양층의 본연은 차별이 뚜렷하다. 이것이 과연 도상(圖象, 즉 「태극도설」)의 뜻과 같은 것인가? 리일이 이미 분이 없는 것을 일컫는 것이라고 하면, 오상이 내려가 기로 인한 성(性)이 되는 것도 또한 차례가 있는 일이다. 이 원통함을 언제 가히 씻을 수 있겠는가? 무릇 이 기가 있어야 바야흐로 이 리가 있다는 것은 불과 유행(流行)의 한 측면을 말한 것일 뿐이다. 만약 실리(實理)의 본연을 논하면, 또한 과

연 기로써 유무(有無)가 있다고 하겠는가?

夫旣以本然之不足於一原 而別立上層本然 則兩層本然 差別顯然矣 是果與圖象之意同乎哉 理一旣是無分之謂 則五常降爲因氣之性 亦次第事 此寃何時可雪 凡有是氣方有是理者 不過說得流行一邊耳 若論實理之本然 則亦果以氣爲有無乎

비(費)하면서도 은(隱)하다는 '은'과 미(微)한 것이 현(顯)하다는 '미'와 무극(無極)의 '무'는 모두 그 귀와 눈으로 듣고 보는 것이 미치지 않는 것을 말한 것이지, 진실로 없다는 것이 아니다. 귀와 눈이 미치지 못하는 바는 가히 마음으로 알아야 하는 것이니, 마음이 만약 끝내 그 것이 어떤 것인지 알 수 없고, 입이 만약 끝내 그것이 어떤 물건인지 말할 수 없다면, 참으로 없는 것과 무슨 다름이 있겠는가?

費而隱之隱 微之顯之微 無極之無 皆言其非耳目見聞之所及 非謂眞無也 耳目之所不及 可會之以心 心若終不能識其何狀 口若終不能說其何物 則與眞無奚擇哉

오상(五常)이 사람에게 있는 것도 또한 일찍이 어찌 형상(形象)과 성취(聲臭)가 있겠는가? 용(用)에 인(因)하여 미루어 나가는 것에 불과할 따름이다. 그것이 천지(天地)에 있는 것만 유독 용(用)으로 인(因)하여 미루어 나갈 수 없겠는가? 그러므로 태극의 본연은 성취(聲臭)가 없는 묘이어서, 깊이 탐구하여 말하면 오상(五常)의 리에 불과하다. 태극이 오상의 리인데, 오상이 도리어 기로 인하여 성이 된다고 하면 가(可)하겠는가? 본연이라고 말하는 것은 지금 비로소 그러하다는 것에 상대되는 말이니, 오상의 덕(德)은 지금 이렇게 지금과 같은 것이 아니고 본래 이미 그러한 것이니, 그래서 '본연(本然)'이라고 말하는 것이다. 만약 분이 없는 일이 먼저 있고, 뒤에 기로 인하여 분이 생(生)한 다고 하면, 이는 바로 본래는 그렇지 않던 것이 이제 와서 그런 것이 다. 그런데도 오히려 오상을 본연으로 삼는 것은 왜인가? 천명을 본 연으로 삼고, 오상을 기질로 삼는 것〔수암(遂菴) 권상하(權尙夏)가 운운한 것에 남당 한원진이 말하기를, 이것은 저의 삼층(三層)의 설과 같다고 하였다.〕 또 한 일관되게 주장되어왔다. 하늘이 인간과 사물에게 명한 것은 오상 이외에 다른 것이 없는데, 오상이 기질에 점령되고 말면 천명(天命)이 란 빈껍데기가 되니, 비록 본연이라는 미칭(美稱)을 더한다고 하더라 도 결국 이것은 어떤 물건이겠는가?

　五常之在人　亦何嘗有形象聲臭　不過因用而推之耳　其在天地　獨不可因用 而推之乎　是故太極之本然　無聲臭之妙　深探而究言之　則不過五常之理也　太 極是五常之理　而五常反爲因氣之性可乎　本然云者　對今始然之辭　五常之德 匪今斯今　本來已然　故謂之本然　若先有無分之一　後生因氣之分　則乃本不然 而今然者也　猶復以五常爲本然者何也　天命爲本然　而五常爲氣質(遂菴曰云云 南塘曰　此與元震三層之說同)　亦一串貫來說不去處　天之所以命人物　五常之 外無佗焉　五常被氣質所占　則天命乃虛殼子也　雖加以本然之美稱　畢竟果是 何物乎

천명에 근거하지 않고 성이라 하였기 때문에 부득이 기질에 떨어 지지 않을 수 없게 되는 것이니, 이것은 갑변(甲邊, 호론)의 의론을 따 르기 어려운 소이이다. 을변(乙邊)은 오상을 한 가지로 하여 본연이라 말하는데, 이것은 확실히 일원에 부착한 것이어서 갑변에서 오상을 초월하여 일원을 공허한 자리에 세우는 것과 비교되지 않는다. 그러 므로 끝에 가서 층절의 분잡한 모양이 갑변처럼 심한 것에 이르지는 않았지만, 다만 편전은 본연이 아니라고 하는 말로 보면, 도리어 오 상(五常)을 한 가지로 한다는 '동(同)' 자는 이미 스스로 변통을 띠고 있다. 무엇을 같다고 말하는가? 단지 오상이 곧 동처(同處)인 것이다.

天命不可據以爲性 故所占不得不落在氣質 此甲邊議論 所以難從也 至若
乙邊同五常而說本然 是著實的一原 不比甲邊超五常而立一原空蕩蕩地 故下
梢層節之猥穰 不至如甲邊之甚 而但以偏全非本然之說觀之 却恐同五常之同
字 已自帶病了 曷謂之同 秖五常便是同處

　오상이 물에 따라 편전(偏全)하는 것은 바로 이 리의 본분이니, 어
찌 같을 수 있겠는가? 편전이 같지 않은데도 오히려 같다고 하는 것
은, 비유하건대 그릇이나 칼이 다 같이 동철(銅鐵)이 되는 점에 있어
서 같은 것이고, 그릇과 칼의 구별 없이 혼동하여 같다고 말한 것은
아니다. 편전의 성은 본연이 아니라고 하는 것은 그릇이나 칼을 떠나
서 동철을 구하는 말이다. '편전은 형이하의 것'이고, '편전의 성은
형이상의 것'인데, 형이상의 것을 본연으로 삼을 수 없다고 한다면,
공자(孔子)가 말한 형이상의 도는 다만 기질 한 쪽만을 말한 것이라고
하겠는가? 그러므로 하나의 성이지만, 그 분이 일에 해가 되지 않는
것에서 그것을 일러 오상을 한 가지로 한다고 하는 것은 옳으며, 그
일이 분에서 벗어나지 않는다는 것에서 편전의 성이라고 하는 것 또
한 옳다.

五常之隨物而偏全 乃此理之本分 何可同也 偏全不同而猶謂之同者 如盤
盂刀劍爲銅鐵則同之同 非以混同無盤盂刀劍而謂之同也 偏全之性非本然 離
盤盂刀劍而求銅鐵之說也 偏全 形而下者 偏全之性 形而上者 形而上者 不得
爲本然 則夫子所言形上之道 秖說得氣質一邊也 故一箇性也 自其分之不害
於一 而謂之同五常可也 自其一之不外於分 而謂之偏全之性亦可也

　비록 이름 붙여 말하는 사이에 억양(抑揚)하는 기세가 있는 것 같지

만, 실은 한 폭의 포백(布帛) 가운데 어떤 것은 날줄이 되고 어떤 것은 씨줄이 되며, 한 사람의 신상(身上)에 이름이 있고 자가 있는 것과 같으니, 다시 편전(偏全)의 위에 다시 오상을 한 가지로 하는 하나의 지위가 있는 것은 아니다. 지금 저것은 본연이 되고, 이것은 기질이 된다고 한다면, 이것은 날줄은 포백이라고 하고 씨줄은 관괴(菅蒯, 새끼를 꼴 수 있는 풀의 이름, 사마에 비하여 천하여서 비천한 것의 비유로 쓴 말)가 되며, 이름은 귀인(貴人)이라 부르고 자는 하인이라고 하는 것이니, 가(可)하겠는가?

雖其名言之間 若有抑揚之勢 而實如一幅布中 或經或緯 一人身上 有名有字 初非偏全之上 叏有同五常之一位也 今曰彼爲本然而此爲氣質 則是經稱布帛而緯可菅蒯 名呼貴人而字曰皁隸也 叏可哉

천하의 성은 온전하지 않으면 편벽된 것이니, 진실로 온전하지도 않고 또 편벽되지도 않은 성은 있지 않다. 편전이 모두 본연이 아니라면 그것은 바로 천하에 어떠한 한 물건도 능히 그 본연의 성을 성으로 삼을 수 없게 되어, 본연의 성은 영원히 공중에 뜬 허망한 지위가 되고 말 것이니, 장차 어디에 저 성을 쓰겠는가? 이에 질문하지 않을 수 없으니, "본연의 성이 어찌 명덕(明德)이 갖추고 있는 바이겠는가?"[최숙고(崔叔固), 즉 최석(崔祏)의 설] 이같은 도리는 참으로 칠성[七聖, 중국 고대의 7명의 성인. 황제(黃帝), 원녀(元女), 문왕(文王), 주공(周公), 공자, 천로(天老), 동중서(董仲舒)를 말함.]도 모두 미혹되는 곳이라 하겠다. 정통(正通)을 존귀하게 여기는 것은 본연의 바름을 얻었기 때문이다. 만약 편색(偏塞)한 것과 더불어 똑같이 그 본연이 아닌 것으로 하기를 장곡(臧穀)이 양(羊)을 잃은 것처럼 한다면, (즉 동기는 다르지만 똑같이 나쁜 결과를 초래하니) 어찌 정통이 귀한 것이 될 수 있겠는가? 대개 분수가 없는 것으로 일을 삼으면 그 폐단이 반드시 여기에 이르게 된다.

그 각정(各正)의 성을 분수에 떨어지고 형기를 범한 것이라고 하여 일원으로 삼기에 부족하다고 한다면 갑변의 논의와 다름이 없을까 염려되니, 이 역시 따르기 어려운 것이다. 총론하자면 리와 분을 서로 나눈 폐단이 아니겠는가?

　天下之性 不全則偏 固未有不全 又不偏之性也 偏全皆非本然 則天下無一物能性其本然之性者 而本然之性 永爲懸空之虛位 卽將安用彼性矣 於是不得不質言之 曰本然之性 豈明德之所具也(崔叔固說) 似此道理 眞七聖皆迷之地 所貴乎正通者 以其得本然之正也 若與偏塞者 均之爲非其本然 如臧穀之亡羊 則何正通之足貴乎 蓋以無分爲一 其弊必至於此 其以各正之性 爲落分殊犯形器 不足以爲一原 與甲邊之議 恐無異同 玆又難從者也 總而言之 豈非理分相離之弊耶

　편전은 선일변(善一邊)만을 가리켜 말한 것이다. 선일변이란 것은 구멍에 대소가 있어도 달빛은 동일하고, 주발에 방원이 있어도 물(水)의 성질이 동일한 것과 같은 것이다. 이와 같은 것이 어찌 본연이 아니겠는가? 기질은 선악을 겸하여 말한 것이다. 선악을 겸한다는 것은 진흙물이 탁하고 맑은 것이 백층이나 되고 격창(隔窓)의 달이 명암이 다반(多般)한 것과도 같은 것이다. 그러니 편전(偏全)을 기질(氣質)이라 하면, 어찌 편전에 빠지는 데 이르지 않겠는가? 기질지성을 군자는 성(본성)이 아니라고 했지만, 사람과 사물의 편전의 성도 군자가 역시 성(본성)이 아니라고 하겠는가?

　偏全指善一邊而言 善一邊也者 如孔隙雖有大小而月光自若 盤盂雖有方圓而水性無恙 若此者豈不是本然 氣質是兼善惡而言 兼善惡也者 如和泥之水稠淸百層 隔窓之月明暗多般 以偏全爲氣質 豈不低陷了偏全 氣質之性 君子有不性者焉 人物偏全之性 君子亦有不性焉者乎

주자(朱子)가 서자융(徐子融)에게 답한 편지에서 말하기를, "기질의 성도 다만 이 성이 기질 가운데에 떨어져 기질을 따라 스스로 하나의 성이 된 것이니, 바로 주자〔周子, 주돈이(周敦頤)를 가리킴〕가 말한 각기 그 성을 하나씩 가졌다는 것이다"라고 하였다. 삼가 살피건대 성이 기의 속에 떨어져 스스로 하나의 성을 이룬다는 것은 분명 '성을 말하자마자 성이 아니다'라는 뜻이니 곧 기질지성의 바른 해석인데, 도리어 「태극도설」의 '각일기성'에 해당시켰으니, 바른 뜻이 아닌 듯하다. 혹 스스로 일설(一說)하여 글을 끊어 뜻을 취했는가 싶다. 만약 이 말을 근거삼아 각일기성이 본연이 아니라고 한다면, 그 가(可)함을 알 수 없다.

朱子答徐子融書曰 氣質之性 祗是此性墮在氣質之中 隨氣質而自爲一性 正周子所謂各一其性者 謹按性墮氣中 自爲一性之云 分明是纔說性 不是性之義 乃氣質之性之正釋 而却以圖說各一其性當之 恐非正義 或自是一說 斷文取義 若執據此語 以各一之性爲非本然 則未知其可也

주자(朱子)가 또 말하기를, "기질의 성은 이기(二氣)가 서로 운행하여 일본(一本)의 만수(萬殊)를 낳은 것"이라고 하였으니, 이 단락은 의심할 것이 없다. 이른바 유행의 측면으로부터 한 말이니 아래 단락에서 말한 기질지성이란 네 글자와 쌍관하여 비록 정자(程子)와 장자(張子)의 본의와는 같지 않지만, 스스로 하나의 설을 이루니 방해되지 않는다. 서자융에게 답한 편지의 본의도 또한 이것으로 살필 수 있다.

朱子又曰 氣質之性 二氣交運而生一本之萬殊也 此段却無可疑 所謂流行邊說話 雙關之下段 氣質之性四字 雖與程張本意不同 不妨是自成一說 答徐書之本意 亦可以此傍照矣

390

어떤 사람이 비난하여 말하기를, "강문(江門)의 학자들이 분수를 논하면서 기로 인하여 각각 가리킨다고 한 이래로, 여러 선생들의 논설이 오히려 혹 갈라져서 서로 합하지 못하고 있다. 이제 그대가 바로 일원(一原) 가운데 이미 분수(分殊)를 내함하고 있다고 하니 이른바 깊은 물을 더욱 깊게 하는 것이다. 어찌하여 이런 말을 가지고서 오히려 구론(舊論)을 의심하겠는가? 반드시 죄를 얻음이 많을 것이다"라고 하였다.

或有難之者曰 江門論分殊 自因氣各指以下 諸先生之論 猶或岐而不合 今子乃言一原之中 已涵分殊 所謂水益深 何乃以是而反疑舊論哉 其得罪也必多矣

(내가) 말하기를, 일(一)이면서 일찍이 분(分)이 없지 않고, 수(殊)라면서 일에 해 되지 않는 것은 바로 '리의 자연(自然)'이다. 천명이 쉼이 없는 까닭과 성(誠)이 빠뜨림이 없는 까닭은 나의 한때의 말로 바꿀 수 있는 것이 아니다. 죄가 됨을 안다는 한 항목은 내가 감히 알 바 아니거니와, 나의 망령된 의론이 구론과 서로 반대되는 것은 어지러움을 더욱 깊게 한 것이 아니다.

曰一而未嘗無分 殊而不害於一者 乃理之自然 命之所以不息 而誠之所以不遺 非吾之一時頰舌所能移易也 知罪一款 非吾敢知 若所妄論 其於舊論 乃相反非益深也

나의 설은 '리분원융(理分圓融)'이다. 이것은 이른바 '체용일원(體用一原)'·'현미무간(顯微無間)'이니 같은 것 가운데 다름이 있고, 다른 것 가운데 같음이 있어서 같음과 다름은 더 이상 논의를 할 필요가 없다. 구론(舊論)의 뜻은 리일과 분수가 서로 막히고 단절된 것이니, 이

는 체용(體用)이 이본(二本)이고, 현미(顯微)에 간격이 있어서, 같은 것은
스스로 같고 다른 것은 스스로 달라 끝내 회통할 기약이 없는 것이
다. 각지(各指)·단지(單指)라는 한 마디의 말에 힘입어 겨우 리일과 분
수의 그 층절을 배정한 것이니, 각지·단지에 이 리가 없는 것이 아
니다. 또한 이것은 속이 없이 겉으로만 한 설(說)인데, 이는 곧 주석가
(註釋家)들이 앞사람이 이루어놓은 말을 자세히 분석한 하나의 방법인
것이다. 예컨대 천지의 성은 오로지 리로써 말한 것이고, 기질의 성
은 리와 기를 섞어서 말한 것이라고 한 것이 이것이다. 만약 이면(裏
面)에 이 리의 실체가 붙어 있다는 점에 있어서는 각가(各家)들이 의논
하기 이전의 일이다. 그 같음과 다름이 반드시 자연스러운 체단(體段)
이 있는데 어찌 반드시 다른 사람이 지적한 것을 따라서 높이고 낮추
겠는가? 참람한 말이 이에 이르니 더욱 죄를 피할 바가 없다.

如吾之說 則理分圓融 所謂體用一原 顯微無間者 同中有異 異中有同 同
異不須論也 如舊論之意 則理分隔斷 乃是體用二本 顯微有間 同者自同 異者
自異 終無會通之期矣 賴各指單指一話頭 厪得排定其層節 各指單指 非無此
理 亦是皮面說 玆乃註釋家分疏前人見成說話之法 如曰天地之性 專以理言
氣質之性 理與氣雜而言之是也 至若裏面一著 此理之實體 乃各家議論以前
事 其同其異 必有天然自有之體段 豈必隨人指頭而爲之低仰乎 僭論至此 尤
無所逃罪也

(혹자가 말하기를) 주자(朱子)가 말하기를, "리와 기를 정이천(程伊川)
이 잘 말했으니 리일분수(理一分殊)이다"라고 하였다. 이것은 기(氣)로
써 분이 있는 곳(分處)을 말한 것이 아닌 것인가? (기정진이) 말하기를,
주자의 글에 기를 분이라고 말한 곳도 있지만 그것은 다른 곳에 있
고, 이 대목에서 말하는 분이나, 「태극도해」에서 나타난 분이 일정하
여 옮겨지지 않는다는 이러한 분의 글자는 그렇지 않은 듯하다. 주자

가 만약 분수란 두 글자를 곧바로 기가 다른 것으로 보았다면, '리는 한가지(같고)이고 기는 다르다(理一氣異)' 함을 사람마다 말할 수 있으니, 어찌하여 정이천이 잘 말했다고 했겠는가?

朱子曰 理與氣 伊川說得好 曰理一分殊 此非以氣言分耶 曰朱子書謂氣爲 分處亦有之 而乃在別處 若此段所言及圖解 分之所以一定而不移 此等分字 恐不然矣 朱子若將分殊二字 直作氣異看 則理一氣異 人人皆能說得 何以云 伊川說得好

또한 하물며 '리는 한 가지이고 기는 다르다(理一氣異)'고 하는 것을 비록 말했다고 하더라도 또한 좋은 말이 아니다. 어찌하여 그러한가? 리를 이미 만사(萬事)의 본령(本領)이라고 했으니, 기는 어떤 물건이기에 홀로 너는 한 가지이고, 나는 다르다고 하여 서로 배치(背馳)된다는 것인가? 이 때문에 '리일기이(理一氣異)'를 비록 말했을지라도 좋은 말이 아니라는 것이다. 근세의 여러 선생들이 모두 리분을 벌려 나누어서 대개 모두 '너는 한 가지이고 나는 다르다(你一我殊)'는 의론을 하고 있으니, 그 폐가 기가 리에게서 명령을 듣는 것이 아니라, 리가 도리어 기의 제재를 받는 결과가 되고 있다. 그래서 '하늘이 명한 것을 성이라고 한다(天命之謂性)'는 것이 한낱 헛된 말이 되고 말았다.

且況理一氣異 縱然說得 亦非好語 何以故 理旣云萬事本領 氣是甚樣物事 乃獨你一我殊背馳去 玆故理一氣異 縱然說得 亦非好語 近世諸先生坼開理 分 大抵皆你一我殊之論 其蔽也 氣無聽命於理 理反取裁於氣 天命之謂性 徒 虛語耳

그러나 정이천의 뜻은 그렇지 않다. 리는 일(一)로 끝나는 것이 아니라, 그 속에 세밀한 곡절이 있다. 이러한 근저가 있으니, 만화(萬化)

의 기가 어찌 생기지 않을 수 있겠는가? 그래서 이 간요한 한 마디의 말이 리기(理氣)의 정상(精狀)과 맥락(脈絡)에 대해 이른바 총괄하기를 극진히 하였다고 하는 것이다. 잘 말했다는 뜻이 대개 이것과 같은 것이다.

乃伊川之意不然 理不一了便休 乃其中有纖悉委折 有玆般樣根柢 萬化之氣 安得不生 故玆簡寥一句語 於理氣精狀脈絡 可謂括盡矣 說得好之意蓋如此

분이라는 말은 '리는 실하나, 이름은 허한 것(理實而名虛)'이니, 다만 각기 정해진 한도가 있어 서로 넘지 않는다는 것을 가리키는 것이지, 본래 리의 이름도 아니고 기의 명칭도 아니다. 그 일(一)에 내함되어 있는 것으로부터 말하면, 진실로 지극히 은미한 리(至微之理)이고, 그 각자 정(定)해진 것으로부터 말하면, 반드시 모름지기 기가 지반이 되기 때문에 주자(朱子)도 기를 분(分)이라고 한 곳이 또한 있다. 「태극도해」에서 분(分) 자가 가리킨 곳을 깊이 음미해보면 또한 알 수 있으니, 여기서는 다시 말하지 않겠다.

分之爲言 理實而名虛 秖是各有定限 不相踰越之謂 本非理之名 亦非氣之 稱也 自其涵於一者而言之 則固至微之理 自其定於各者而言之 則必須氣爲 之地盤 故朱子謂氣爲分處亦有之 圖解分字所指深味之 亦自可見 玆不復言

(혹자가 말하기를) 오상(五常)의 덕(德)은 사람과 사물이 같은가 다른가 하는 것은 필경 어떻게 결정되어야 하는가? (기정진이 말하기를) 이것은 선각(先覺)의 말로 정해져야 한다. 대개 도리(道理)는 미묘하니, 반드시 마음에서 얻어야지, 명물형적(名物形迹)처럼 거친 것에 비유하여 언어나 문견(聞見)으로서 갑자기 지정할 수 있는 것이 아니다. 그러나 마음으로 얻은 도리도 또한 금방 말을 버려두고 다른 방도로 구

할 수 없으니, 반드시 선각자가 이미 정해놓은 논의에 나아가서 생각
해보고 참고해보아야지, 가볍게 자기의 소견을 세워서는 안 된다. 전
인(前人)의 말을 좇아 그 말을 따르다가 오랜 뒤에 마음이 편해지고
리가 순해져 반드시 그렇다는 것을 믿게 된 뒤에 이것이 참으로 마음
에 얻어진 것이다.

五常之德 人物同異 畢竟惡乎定 曰定於先覺之言 蓋道理微妙 必須得之於
心 不比名物形迹之粗 可以言語聞見卒乍指定也 然心得之道 又不可徑舍言
語而佗求 必就先覺已定之論 思惟參驗 勿輕立己見 驅率前言以從之 久而心
安理順 信其必然而後 是眞心得也

주자(朱子)가 사람과 사물의 성에 대하여 논한 것이 진실로 많지만,
그 사서(四書)의 주(註)에 나타난 것은 손수 써서 다듬은 것이어서, 기
록하다가 와전되기 쉬운 것이나 급하게 쓴 편지나 소(疏)와는 비교할
것이 아니다. (사서의 주석에서) 사람과 사물의 오상을 말한 것이 무
릇 세 곳이 있다. '사람과 사물이 생함에 반드시 이 리를 얻은 연후에
건순(健順) 인의예지(仁義禮智)의 성이 될 수 있다'고 말한 것은 『대학
혹문(大學或問)』에 있는 말이고, '사람과 사물이 생함에 각각 그 품부
한 리를 얻어서 건순(健順) 오상(五常)의 덕으로 삼는다'고 한 것은 『중
용(中庸)』 장구(章句)에 있는 것이다. 이 두 조목은 모두 사람과 사물을
구분하지 않고 일례로 설명하였으니, 조금만 문리를 아는 사람이면
애초에 분변하기 어려운 것이 아니다. 또 '얻어서 성으로 삼는다'거
나 '얻어서 덕으로 삼는다'고 한 것은 모두 성성(成性) 이하에 속하고,
계선(繼善) 이상의 일이 아니므로 주자의 뜻이 인물의 성은 다 같이
이 오상을 갖추고 있는 것이라고 한 것이 분명하다. 어찌 다시 다른
설이 있겠는가?

朱子之論人物性固多矣 其見於四子註說者 則手筆稱停 非記錄易訛書疏倉

卒之比 其言人物五常 凡有三處 曰人物之生 必得是理然後 有以爲健順仁義
禮智之性者 大學或問也 人物之生 各得其所賦之理 以爲健順五常之德者 中
庸章句也 此二條皆不區分人物 一例說去 粗通文理者 初不難辨 且得以爲性
得以爲德之云 皆屬成性以下 而非繼善以上事 則朱子之意 明以人物之性 爲
同此五常矣 豈復有佗說哉

　오직 (주자가) 『맹자(孟子)』의 「생지위성(生之謂性)」 장(章)의 주(註)에
서는 말하기를 '리로서 말하면 인의예지(仁義禮智)의 순수한 것을 어
찌 물이 온전히 얻었다(得全) 할 수 있겠는가?'라고 하였으니, 이것은
사람과 사물을 구별한 곳이다. 그러나 (주자가) 다만 말하기를 '물이
어찌 온전히 얻었다고 할 수 있겠는가?'라 한 것이지 '물은 얻지 않았
다'고 말한 것이 아니니, 이것도 또 사람과 사물이 오상을 같이 가진
다는 설이다. 생각건대 본래 옛사람들이 말을 처음 만들어서 물건에
이름을 붙일 때는 각각 본지(本旨)가 있으니, 인의예지 네 글자의 본
지는 분명히 사람으로 인해서 이름한 것이다. 예를 들면, 사람의 도
를 세워 인(仁)과 의(義)라 한다고 하고, 인(仁)이라는 것은 인(人)이라
하여 인(仁)은 사람의 마음(人心)이요, 의(義)는 사람이 걸어야 할 길이
라고 하였으니, 이러한 인(人) 자를 만약 만물이란 글자로 대치한다면
제격에 딱 들어맞지 않으니, 이에 네 글자의 본지는 사람으로 인하여
이름 붙여진 것임을 알 수 있다.

　獨於孟子生之謂性章集註 以理言之則仁義禮智粹然者 豈物之所得以全哉
此爲區分人物處 然而秪曰物豈得全 不言物莫得與 則此亦人物同五常之說也
竊嘗思之 古人之剙語命物 各有本旨 仁義禮智四字本旨 分明是因人而名 如
立人之道曰仁與義 仁也者人也 仁人心也 義人路也 此等人字 若代以萬物字
則便不襯貼 此可見四字本旨因人而名也

『주역』 건괘(乾卦)의 문언(文言)과 무망괘(无妄卦)의 대상(大象)과 『중용』의 진성(盡性) 장과 같은 것에서는 모두 사물과 사람이 한 리라는 뜻을 볼 수 있다. 그러나 오히려 물성에 있어서는 일찍이 네 가지로 쪼개어 입설하지는 않았으니, 이것은 이 리가 없다고 하는 것이 아니라 사람에 대해서는 자세히 하고, 사물은 간략하게 다룬 것이니, 그 분이 진실로 그렇기 때문이다.

若乾卦文言 无妄大象 中庸盡性一章 皆可見物我一理之意 而猶於物性 未嘗四破立說 非謂無此理也 詳人略物 其分固爾

「태극도설」의 이오묘합(二五妙合)이라는 한 단락에 이르러서 비로소 그 단서를 조금 발하였고, 정자(程子)의 '무독유대(無獨有對)'라는 말과 소강절(邵康節)의 '사편관물(四片觀物)'의 법에 미쳐서 감춰졌던 것이 완전히 드러났으며, 주자(朱子)에 이르러서 비로소 오상을 가지고 분명히 말하였으니, 주자가 이렇게 말한 것이 어찌 새로운 말을 지어내기를 좋아하여 인도(人道)를 물과 같다고 하였겠는가? 대개 성현의 안중(眼中)에는 하나의 도리를 의심할 바 없이 정확하게 보아 고금과 상하에 통하니 이 리 이외에 다시 다른 리가 없어 천지 사이에 도망할 곳이 없어, 인(仁)한 자가 보면 인(仁)이라고 하고, 지(知)한 자가 보면 지(知)라고 하니, 모두가 이러한 것일 뿐이다. 그러므로 위로 성현(聖賢)으로부터 사람의 성이라는 글자를 넷으로 쪼개고 만물은 한가지로 하여 관통하여도 혐의로 삼지 않았다. 비록 그러하지만 일(一)일 뿐 분이 없으면 내가 이르는 일(一)이라는 것이 아니다. 그렇기 때문에 『중용』과 『대학혹문』에서 곧바로 말하기를 '조수(鳥獸) 초목(草木)이 생함에 있어서는 겨우 형기의 편벽됨을 얻고 전체를 통관할 수 없으니, 저 천하여 만물이 된 것들은 형기의 편벽되고 막힌 데에 얽매여서 그 본체의 온전함을 확충하지 못한다'고 하였다. 이것은 사람과 사물의 성이 비록 이 일리(一理)를 한가지로 가지고 있다고 하더라도, 리 가운데 다시 그 분한(分限)이 없을 수 없는 것임을 말한 것이다. 기는 이 리를 싣고 있는 것이므로 비록 형기를 떠나서 분을 말하지 못한다 하더라도, 일에는 일찍이 분이 없을 수 없음을 이것으로 알 수 있다.

至圖說二五妙合一段 始微發其端 及乎程子無獨有對之語 康節四片觀物之法 而窩藏畢露矣 至朱夫子 始以五常明言之 朱子之爲此說 豈喜爲刱新之論 以同人道於庶類哉 蓋聖賢眼中 的見一箇道理 亘古亘今 直上直下 此理之外 夐無佗理 無所逃於天地之間 仁者見之 謂之仁 知者見之 謂之知 都是此箇物事 是以直以從上聖賢 四破人性的字 一萬物而貫之 不以爲嫌也 雖然一而無分 非吾所謂一也 故庸學或問 卽言鳥獸草木之生 厓得形氣之偏 而不能有以通貫乎全體 彼賤而爲物者 梏於形氣之偏塞 而無以充其本體之全 此言人物之性 雖同此一理 而理中之分限不能無也 氣所以乘載此理 故雖不離形氣而言分而一之未嘗無分 於此因可見矣

이 상하의 글 뜻을 합하여 보면 그『맹자』의 생지위성(生之謂性) 장의 집주와 더불어 또한 다른 뜻이 있는 것이 아니다. 여기에 그 수말(首末)이 분명히 갖추어져 있으니, 어찌 넘어지고 쳐도 깨지지 않을 말이 아니겠는가? 후세의 독자가 각기 위와 아래의 절반씩을 가지고 올리고 내리고 하고 있으니, 어찌 주자가 일찍이 헤아릴 수 있었던 바이겠는가?

合此上下文義而觀之 其與生之謂性章集註 亦非有異義也 此其首末明備 豈不擱撲不破乎 後世讀者各占上下一半 就生軒輊 豈朱子之所能預料哉

이로써 알 수 있는 것은 물아(物我)가 오상을 균등하게 가지고 있는 것은 리의 일(一)이고, 오상에 편전이 있는 것은 일(一) 가운데의 분(分)

인 것이다. 대개 통체일태극(統體一太極)으로부터 일과 분이 원용하여 사이가 없기 때문에 그 만물에 있어서 성(性)을 이루는 것도 이와 같다. 그러므로 선각자들이 성을 논함에 리동(理同)을 말한 이도 있고, 리부동(理不同)을 말한 이도 있지만, 이는 서로 어긋난 것이 아니라 주로 삼아 말한 바가 같지 않을 뿐이다. 무엇 때문에 그 주로 삼은 바가 같지 않은 것이 있는가? 공공(公共)하게 그 묘를 논하면 도출해서 말하는 것이 되고, 진적(眞的)으로 그 체(體)를 지적하면 기에 나아가서 밝힌 것이 된다. 도출하면 리는 본래 하나이기 때문에 리일이 주가 되어 만수를 그 가운데에 포함하게 되고, 기에 나아가면 기가 이미 나누어진 것이므로 분수가 주가 되고 리일이 그 사이에 있게 된다. 이로부터 말이 두 가지로 달라진 것이니, 어찌 성(性)에 층절이 많아서 그렇겠는가?

是知物我均五常者 理之一也 五常有偏全者 一中之分也 蓋自統體一極 理分圓融而無間 故其成性於萬物者又如此 是故先覺論性 有言理同者 有言理不同者 非相戾也 所主而言之者不同 曷爲有此所主之不同 共公以論其妙則挑出而言之 眞的以指其體則卽氣而明之 挑出則理本一 故理一爲主而萬殊涵於其中 卽氣則氣已分 故分殊爲主而理一存乎其間 自是話有兩般 何曾性有多層

여러 학자들이 선각자들의 성을 논한 것에 대해 자세히 강론하지 않은 것이 아니나, 다만 리와 분이 일체가 되는 곳에 착안하지 못함으로 인해 리와 기가 서로 싫어하고 같음과 다름이 서로 빼앗는 데 이르렀으니, 다름을 말하면 오상(五常)을 혼자서만 차지하려 하고, 같음을 말하면 이에 편전을 낮추어보는 데 이르게 되니, 털끝만큼의 차이가 천리나 어긋나게 된다는 것이 믿을 만하지 않은가?

諸家於先覺論性處 非不講貫詳密 而特緣理分一體處 未甚著眼 以致理氣

妬 同異相攘 說異則欲獨擅五常 說同則乃低視偏全 差之毫釐 謬以千里 豈不
信哉

    일리(一理)가 있으면 곧 오리(五理)가 있기 때문에, 일기(一氣)가 있으
면 곧 오기(五氣)가 있게 되는 것이다. '일'은 총체를 말한 것이고, '오'
는 그 속에 온축된 것을 말한 것이니, 옛날에는 '일'이었던 것이 지금
와서 '오'가 된 것이 아니다. '일'만 있고 '오'가 없으면, 사지백체(四肢
百體)가 없어도 사람은 있다는 말이니, 오상을 혼자만 차지하려면 가
하겠는가? '일'로써 '오'를 보면 '오'라는 것은 동일하고, '오'로써 서
로 보면 분이 이에 있으니, 비록 산수(散殊)가 무궁하다 하여도 모두
본분 가운데의 일이니, 편전을 낮추어보려고 한들 가능하겠는가? 『주
역』이라는 책은 바로 이러한 이치를 그려낸 것이다. 세상에 어찌 혼
돈의 한 덩어리가 있어 조화의 추뉴(樞紐)가 되고 만물의 근저(根柢)가
되겠는가?

    有一理 便有五理 故有一氣 便有五氣 一言乎其總也 五言乎其蘊也 非昔
一今五之謂也 有一而無五 則無四支百體而有人之說也 欲獨擅五常可乎 以
一視五 五者同一 以五相視 分於是存 雖散殊之無窮 皆本分中事 欲低視偏全
可乎 一部易 正是畫出此理 世豈有顜突一塊 可以樞紐造化 根柢品彙者乎

    (혹자가) 말하기를, "참으로 그대의 말대로라면 분수도 또한 리일
가운데의 일인데, 『중용』과 『대학혹문』에 물성(物性)의 편함을 말하면
서 어찌하여 굳이 형기로 말하였겠는가?"라고 하였다. (기정진이) 말
하기를, 이것이 근세 의론(議論)이 일어난 원인이지만, 또한 본문을 자
세히 간파하지 못한 탓이라고 여겨진다. 도(道)는 형이상이나, 성인은
형기(形氣)를 떠나지 않고 말하였으니, 『대학혹문』의 뜻도 또한 이와
같을 뿐이다. 그러므로 이미 음양오행(陰陽五行)의 설을 좇아 말을 하

면서 그 대강의 리가 같음을 말하고, 이어서 음양오행의 편전(偏全)으로써 그 조건이 같지 않음을 말하여, 일시의 일을 앞뒤로 말하였으니, 무슨 의심할 단서가 있겠는가?

日審如子言 分殊亦理一中事矣 庸學或問 言物性之偏 何故必以形氣言之耶 日此近世議論之所由興 亦恐於本文看得 欠消詳也 道是形而上者 聖人不離形氣而言之 或問之意 亦如是而已 故旣從陰陽五行說來 言其綱理之一般繼以陰陽五行之偏全 言其條件之不同 一時事而先後言之 有何可疑之端乎

(혹자가) 말하기를, "본체를 확충할 수 없다고 하니, 본체가 성분(性分)이 되는가? 무이충(無以充)이라는 세 글자에 이르러 비로소 '성분'이 되는가? 전체를 능히 통관하지 못한다고 하니 전체가 '성분'이 되는가? 불능관통(不能通貫, 능히 전체를 통관하지 못함)이라는 네 글자에 이른 뒤에 비로소 '성분'이 되는가? 아니면 마땅히 강문(江門)의 말을 따라 전체로써 사람의 전체를 삼아야 하는가?〔수암 권상하가 말하기를, 사물은 겨우 형기의 일편(一偏)을 얻었기 때문에 능히 사람의 온전한 덕을 관통하지 못한다고 하였다.〕 또 겨우 얻었다는 근(僅) 자와 형기에 국한되었다는 곡(梏) 자에서 모두 리가 기에 구애되어 그 본분을 잃었다는 뜻을 볼 수 있는데, 이제 물성(物性)의 편함도 또한 본분이라고 함은 무슨 까닭인가?"라고 하였다.

日本體而云無以充 本體爲性分耶 至無以充三字 始爲性分耶 全體而云不能通貫 全體爲性分耶 至不能通貫四字 始爲性分耶 抑當從江門以全體爲人之全體耶(遂菴日 物則僅得形氣之一偏 故不能存以貫通乎人之全德) 又僅得之僅字 梏於形氣之梏字 皆可見理拘於氣 失其本分之義 而今乃以物性之偏 亦謂之本分何也

(이에 기정진이) 말하기를, 이것 역시 이미 지나온 길이다. 본체(本體)나 전체(全體)는 바로 '성분' 가운데 '리일처'이다. 충(充)할 수 없고 관(貫)할 수 없는 것은 바로 그 '성분' 중의 분수처(分殊處)이다. 두 가지의 일은 있으면 모두 있는 것인데, 지금 굳이 둘로 갈라서 논하려 하니 틀린 것이다. 또 이른바 '전체'라는 것은 바로 일태극의 본연이고, 만물의 일원이니, 애초에 사물과 내가 사사롭게 할 수 없는 바이고, 또한 사물과 내가 공유한 것이 아닌 것도 아니다. 만약 반드시 사람의 전체를 사물이 통관할 수 없는 것이라고 말한다면, 또한 도낏자루를 깎으면서 곁눈질을 해야만 하는 노고가 있지 않겠는가? 그리고 근(僅)이니 곡(梏)이니 하는 말은 대개 바야흐로 동(同)을 주로 하면서 그 이(異)를 말한 것이니, 어세(語勢)상 빈주(賓主)의 구분이 있어 그럴 수밖에 없는 것이다. 만약 이것으로써 그 본분을 잃었다고 하면, 이것은 분이 없는 일이 되는 것이니, 어찌 리라고 하겠는가?

曰此亦已踏之蹊也 本體全體 卽其性分中理一處也 無以充不能貫者 卽其性分中分殊處也 兩項事理有則俱有 今必欲二而論之謬矣 且所謂全體者 乃一太極之本然而萬物之一原也 初非物與我之所得私 而亦未嘗非物與我之所共有也 若必曰人之全體 物不能通貫 則無亦有伐柯睨視之勢乎 曰僅曰梏 蓋方主於同而說其異 語勢賓主之分 不得不爾 若以此爲失其本分 則是無分之一 豈理也哉

리로써 말하면 만물이 일원이어서 진실로 인물에 귀천의 다름이 없다는 이 하나의 구절은 이른바 도출하여 그 묘(妙)를 말한 것이니, 리일이 주가 되는 것이다. 기로써 말하면 그 바르고 통함을 얻은 자가 사람이 되고, 그 편벽되고 막힘을 얻은 자가 사물이 된다는 이 하나의 구절은 이른바 기에 나아가 그 실을 가리킨 것이니, 분수가 주가 된 것이다. 그렇다면 기를 말하는 것은 곧 가리키는 것은 리의 편전(偏全)에 있는 것이다. 선유(先儒) 가운데 리일변(理一邊)을 주장한 자가 사람과 사물의 구분이 오로지 기에 있다고 말하였는데(여러 공들의 말이 모두 그러하다), 무릇 기를 말하면서 리를 주로 하지 않으면, 말한 바 정통(正通) 편색(偏塞)이란 것이 모두 하나의 빈껍데기에 불과하니, 어찌 족히 사람과 사물의 귀천이 되겠는가?

以理言之則萬物一原 固無人物貴賤之殊 此一節所謂挑出以言其妙 理一爲主者也 以氣言之則得其正且通者爲人 得其偏且塞者爲物 此一節所謂卽氣以指其實 分殊爲主者也 然則所言乎氣者 乃所指則在乎理之偏全也 先儒之主理一邊者 乃謂人物之辨 專在於氣(諸公之論皆然) 夫言氣而不以理爲主 則所言正通偏塞者 皆不過一箇空殼 何足以爲人物之貴賤乎

심(心)을 논하는 것 또한 마찬가지이다. 심이 비록 기가 나누어진 것(氣分事)이지만, 이에 갖추고 있는 것은 성(性)이다. 심이 성을 갖추고 있으니, 나의 심과 성인의 심이 같다. 심이 성을 다하지 못하면(不能盡性), 나의 심과 성인의 심이 서로 다르게 된다. 그 같음이나 그 다름은 모두 그 중한 바가 성에 있다. 무릇 그 체단(體段, 즉 구조)은 동일한데 작용(즉 마음을 쓰는 것)이 상이함은 원래 기품(氣稟)의 미악(美惡)이 그 사이에 용사(用事)하기 때문이다. 그러나 성인은 여기에 대하여 항상 그 같음을 주로 하고 그 다름을 출척하여 기품을 큰 일로 보지 아니한다. 그러므로 비록 우매하나 반드시 밝아지며, 비록 유약하나 반드시 강건해질 것이라 말하며, 미친 사람도 사념을 다스려 이기면 성인이 될 수 있다고 말하였다.

論心亦然 心雖氣分事 而乃所具則性也 心具性 吾之心與聖人之心同 心不能盡性 吾之心與聖人之心異 其同其異 皆所重在性也 夫其體段則同 而作用則異者 固緣氣稟之美惡 用事於其間 然聖人之於此 常主其同者 絀其異者 不把氣稟作大事看 故曰雖愚必明 雖柔必强 曰惟狂克念作聖

남당(南塘)은 그 같은 것을 망각하고 그 다른 것만을 주장하여 성인과 범인의 마음이 다르다는 설만을 법문(法門)으로 삼았으니, 또한 성인의 뜻에 모순되었다. 남당과 더불어 논변을 한 사람들 또한 그 주로 한 바가 있음은 말하지 않고, 구구하게 광명한 분수만을 비교하여 이로써 성인과 범인의 심이 같다고 하여 요점에는 도달하지 못하였다. 또한 혹 천지(天地)의 묘용(妙用)과 양능(良能)이 사람에게 내려 심이 된 것이고, 사람의 기질이 한번 정해진 뒤에 비로소 취합(聚合)하여 심이 된 것은 아니라고 한 말[역천(櫟泉), 즉 송명흠(宋明欽)의 설]은 더욱 오활하다. 심은 본래 선하다는 말에 이르러서는 담일(湛一)은 기의 본연이라는 것과 희노애락(喜怒哀樂)이 아직 발하지 않았을 때 어찌 불선하겠는가? 하는 등의 말을 가지고 판단하면 참된 말이다. 다만 남당이 반드시 선악[善惡, 여기서는 숙특(淑慝)으로 표현]의 종자(種子)가 미발한 즈음에도 간직되고 있는 것으로 생각하여, 장차 발한 뒤의 근저로 삼으려고 하니 역시 어떨지 모르겠다.

南塘乃忘却其同者 主張其異者 以聖凡異心說爲法門 其亦矛盾於聖人之意矣 與南塘辨者 亦不言其所重之有在 區區較其光明之分數 欲以此爲同聖凡之心 未爲箚著痛處 而又或以爲天地之妙用良能 降於人而爲心 非人生氣質一定後 始聚而爲心者(櫟泉說) 尤迂遠矣 至若心本善之說 以湛一氣之本 喜怒哀樂未發 何嘗不善等語斷之 便自眞的 但南塘必欲藏淑慝種子於未發 以爲發後之根柢 則亦末如之何矣

천하에 두 가지 종자가 있을 수 없는 것이니, 비록 사특함(慝)일지라도 또한 선함(淑)에 근본하여 생기는 것이다. 마치 하나의 이삭에서 빈 쭉정이와 절반의 여물만 들어 있는 것이 있는 것과 같으니, 어찌 따로 종자가 있어서 그러하겠는가? 기품의 미악(美惡)은 종자를 심은 토력(土力)이 같지 않은 것이다. 토력이 어울릴 적에 종자가 실로 제대로 이룩되지 못한 것이 있지만, 종자는 원초의 종자 그대로인 것이니, 그러므로 다만 미발을 '중(中)'이라고 하니, 중은 곧 지선(至善)이다. (그런데) 지금 발하기 전에 숙특(淑慝)의 종자가 있다고 하고, 다시 '미발의 중을 말한 것이 아니다'라고 하니, 이렇다면 두 가지 미발이 있다는 말인가? 기질의 성도 태어남을 따라 함께 생기는 것이니, 때를 따라서 있고 없고 하는 것이 아니다(수암 권상하의 설)라 하니 범론하면 그렇지 않다고 할 수 없다. 다만 이른바 본연(本然)이란 것을 어디서 볼 수 있는지 알 수 없다. 다만 기질이 법도를 따라 어지럽지 않은 곳이 이것이니, 그렇다면 기질이 아름답지 못한 중인(衆人)은 바로 어둡지 않으면 어지러워 맑게 미발한 때가 없으니, 진실로 미발의 때를 본다면 이것이 본연(本然)이 아니고 무엇이겠는가? 이미 본연인데 다시 아름답지 않은 종자가 한편에 엎드려 있다고 하면, 천하에 끝내 대본(大本)이란 것은 없는 것이 된다.

　天下不容有兩種子 雖慝亦根於淑而生者也 如一穗之間 得虛秕半粟者 豈別有種子而然歟 氣稟之美惡 下種之土力有不齊也 土力之所溱合 種子固有不得直遂者 而種子却是元初種子 故秖未發謂之中 中便是至善 今云未發 有淑慝種子 而復云非未發之中之謂 則是有雙未發耶 氣質之性與生俱生 非可隨時有無者(遂菴說) 汎論之 不可謂不然矣 第未知所謂本然者於何見得 秖氣質之循軌不亂處是也 然則衆人氣質不美 正當於不昏則亂 無澄然未發時 見之苟未發矣 則是乃氣質之偶然循軌者也 非本然而何哉 旣本然矣 而復有不美之種子伏在一邊 則天下終無大本矣

　위의 호락(湖洛)의 여러 학자들의 논변은 알 수 없는 것이 많아, 매번 스스로 그 가리움과 고질이 심한 것을 한스럽게 여겨 풀지 못하였다. 병중(病中)에 조금 서늘한 틈을 타서 대충 의심나는 것을 기록한다. 대개 상고하고 열람하여 부족함을 구하고자 준비한 것이고, 겨우 일설(一說)을 얻었다고 해서 종신토록 고치지 않으려는 것은 아니며, 또 감히 당세(當世)의 전문가들과 더불어 논쟁하려는 것도 아니다. 이 밖에도 오히려 의문될 만한 것이 많지만, 심력이 도저히 미치지 못한다. 진실로 뜻이 같은 자가 있으면 사양하지 않고 그와 더불어 함께 의논하려 한다. 파지(碎紙) 중에서 녹문(鹿門) 임씨(임성주)의 한 의논을 얻었는데, (거기에 이르기를) '진실로 다름을 말하면 비단 성(性)만이 다른 것이 아니라 명(命) 또한 다르고, 진실로 같음을 말한다면 비단 성만 같은 것이 아니라 도(道) 또한 같다'고 하였다. 이 말이 외면만 얼른 보기에는 사슴 옆에 있는 것이 노루이고, 노루 옆에 있는 것이 사슴이라는 것 같으나, 그 실은 도리(道理)의 원두(原頭)를 조금도 물샐틈없이 말한 것이다. 이천(伊川)의 '리일분수(理一分殊)'란 네 글자가 이 공(公)에 힘입어서 일맥(一脈)이 우리나라에서 떨어지지 않은 것이 아니겠는가? 그 전서(全書)를 얻어 상고하고 열람해보지 못한 것이 한스럽다.

右湖洛諸賢之論　多有不可曉者　每自恨其蔽痼之甚而莫之解也　病中納涼略草所疑　蓋備攷閱以求闕　非欲纔得一說　終身不改也　又非敢與當世專門爭是非也　此外尙有不勝其可疑者　而心力有所不能及焉　苟有同志者　不辭與之屋下商確云　碎紙中得鹿門任氏一段議論　苟言異則非但性異　命亦異也　苟言同則非但性同　道亦同也　此言驟看外面　殆若鹿邊者獐　獐邊者鹿　而其實說得道理原頭　無有滲漏　伊川理一分殊四字　賴此公而一脈不墮於東方歟　恨不得其全書而攷閱也

8. 우기(偶記, 뜻하지 않게 쓴 글)

사단(四端)과 칠정(七情)은 두 가지 정(情)이 아니고, 리(理)와 기(氣)는 서로 발(發)하지 않는다는 것은 여러 선생님들께서 논하신 바가 분명하여 의심할 것이 없다. 다만 이것을 근거로 『주자어류(朱子語類)』의 리발(理發) 기발(氣發) 두 구절을 곧바로 기록의 오류라고 한다면(율곡의 말이다. 고봉으로부터 이미 이 뜻이 있었다.) 과오를 범하는 것이 무거운 것이다. 지금 사람이 말을 타고 가는 설로써 추론한다면, 말이 사람의 뜻을 잘 이해하여 궤도를 따라 나가는 것은 '사람이 나간다'고 할 수 있으니, 반드시 사람이 자신의 발로 걸어 나간 뒤에야 '사람이 나간다'고 할 필요는 없다. 말이 혹시 통제를 받지 않고 제멋대로 비껴나가는 것을 '말이 달아난다'고 할 수는 있는 것이니, 사람이 말 위에 있다고 해서 '말이 달아난다'고 할 수 없는 것은 아니다. 대개 사단을 도출하여 이르면 '리발'이라고 하니, 곧 이것을 제외하고 칠정은 곧 '정이 달아나는 것'이기 때문에 기발이라고 말하는 것이 가하지 않음이 없다. 만약 혹시 리발과 기발의 설에 근거하여 사단과 칠정이 원래 두 가지 근본이 있다고 의심하면, 이것이 어찌 주자(朱子)의 본의이겠는가?

四七非兩情 理氣無互發 諸先生所論的然不可疑 但緣此而幷以語類理發氣發二句 直謂記錄之誤(栗谷說 自高峯已有此意) 則或涉過重矣 今以人騎馬之說推之 馬之曉解人意思 循軌而出者 謂之人出可也 不必以人脚行謂之人出也 其或不受箝制而橫逸便出者 謂之馬奔可也 不得以人在馬上 不謂之馬奔也 蓋旣挑出四端而謂之理發 則外此七情 乃是情之奔逸者 故謂之氣發無不可 若或執據理氣發之說 疑四七之原有二本 則是豈朱子之本意哉

9. 외필(猥筆, 외람되이 적은 글)

양(陽)이 움직이고(動) 음(陰)이 고요한 것(靜)을 겉모습만 얼핏 보면 과연 스스로 가고 스스로 멈추는 것 같다. 만약 그 실질을 궁구해보

自己以上來人己本也兩字標也但無人己則兩字
無著處矣一原之不可分人己既略言之而其實體
當求之於心未易以口古明也大抵道本一體而人
有各身與道難一職此之由是以學者之事或威推已
以及人或因人必及己期於割破藩籬打成一塊六
經千言萬半是兩邊說話至於上面苦苦說已非徒
性即我即性而已至却上面峴德非自定也卻萬邦不定
蹉失定字本旨窈過尚尺昨又相和萬邦不定
人也惟其本旨窈過聖人之德不相似也李生鳳
愛既以此有㪍於昨猶

天蘆沙先生文集卷之天

二十

之篠鬱自恨其所以語之者猶欠真觀故設爲問答
如右以竢更詩末知能不歸於亂道否

擭筆

陽動陰靜驟看皮面果似自行自止若深原其實則
壹是天命使之然也天命然故不得不然此之謂所以
然非天命之外別有所以然也今曰其機自爾自爾
自爾雖不竢勉強之謂而己含由己不他由之意又
申言之曰非有使之者說自爾時語猶虛到非有使
之語意牢確眞若陰陽無所關由而自行自止者伴
此兩句淺見已不可曉一陰一陽之謂道一曰無陰

三六九

외필

면 한결같이 천명(天命)이 그렇게 시키는 것(使之)이니, 천명이 그러한 까닭에 그렇게 하지 않을 수 없는 것이다. 이것을 일러 소이연(所以然)이라고 하니, 천명 외에 따로 소이연이 있는 것이 아니다. 지금 '기자이(機自爾, 그 기틀이 스스로 그러할 뿐)'라고 말한다면 '자이(自爾, 스스로 그러할 뿐)'는 비록 힘써 하는 것을 기다리지 않음을 말하는 것이지만, 이미 자기로 말미암고 다른 것으로 말미암지 않는다는 뜻을 포함하고 있다. 또 거듭해서 말하기를 '비유사지(非有使之, 그것을 시키는 것이 있는 것이 아니다)'라 하니, '자이'라고 말할 때는 말이 아직 분명하지 않았지만, '비유사지'라고 하는 말의 의미는 확실하다. 정말로 음양(陰陽)이 말미암는 바가 없이 스스로 가고 스스로 멈추는 것이라면 단지 이 두 구절은 내 생각으로는 이미 알 수가 없다.

陽動陰靜 驟看皮面 果似自行自止 若深原其實 則壹是天命使之然也 天命然 故不得不然 此之謂所以然 非天命之外 別有所以然也 今曰其機自爾 自爾雖不竢勉強之謂 而己含由己不他由之意 又申言之曰非有使之者 說自爾時

語猶虛到 非有使之 語意牢確 眞若陰陽無所關由 而自行自止者 只此兩句 淺
見己不可曉

　'한 번 음하고 한 번 양하는 것을 도라고 한다(一陰一陽之謂道)'고 하
였으니, 하루라도 음양이 없으면 천명이 베풀어질 바가 없고, '불성
무물(不誠無物)'이라고 하였으니, 천명이 하루라도 쉰다면 음양도 없는
것이다. 껍데기가 없다면 무슨 물건이 가히 동정하겠는가? '시키는
것이 있는 것이 아니다'라는 하나의 구절 안에 천명이 이미 멈추었
다. 천명이 멈추어도 음양이 여전하다는 것은 실로 듣지 못한 바이다.
천명은 만사(萬事)의 본령(本領)이니, 지금 스스로 가고, 스스로 멈추어
천명과 상관하지 않은 것이 있다고 한다면, 이는 천명 이외에 또 하
나의 본령이 있는 것이다. 두 개의 본령이 각자 추뉴(樞紐)가 된다고
하면, 조화에는 반드시 이러한 일은 없을 것이다. 또한 리(理)가 약하
고 기(氣)가 강하게 되니, 나는 기가 리의 자리를 빼앗을까 두렵다.

　一陰一陽之謂道 一日無陰陽則天命無所施 不誠無物 天命一日或息則無陰
陽矣 皮之不存 何物可以動靜也 非有使之一句內 天命旣息矣 天命息而陰陽
因舊 實所未聞 天命爲萬事本領 今有自行自止 不關由天命者 則天命以外
又一本領也 兩箇本領 各自樞紐 則造化必無此事 又理弱氣强 吾懼夫氣奪理
位也

　오직 이것만이 아니다. '스스로 그러하다'고 말하고, '시킨 것이 있
는 것이 아니다'라고 말할 때에 그 그렇게 되지 않을 수밖에 없는 까
닭은 이미 기분(氣分)이 차지하게 된다. 그렇게 되지 않을 수 없는 까
닭은 곧 소이연(所以然)이다. 천지만물이 소이연을 말하는 데 이르면
바로 근원을 다 찾아올라간 것이고, 다시 여지가 없는 것인데, 오히
려 이어서 말하기를 '소이연인 것은 리'라고 하면, 소이연을 가설(架

設한 위에다가 다시 무슨 소이연을 둔다는 말인가? 어찌 허명(虛名)만 있고 실사(實事)가 없는 것이 아니겠는가?

非惟此也 曰自爾 曰非使時 其不得不然之故 已被氣分占取 不得不然之故 卽所以然也 天地萬物 說到所以然 卽是窮源 更無餘地 猶夫繼之曰所以然者 理 則架出所以然之上 復有何所以然也 豈非有虛名而無實事者歟

어리석은 소견으로 말하면, '자이'라는 두 글자와 '소이연'이라는 세 글자가 흡사 대적(對敵)을 한 듯하니, '자이'를 주장하면, '소이연' 은 부득불 물러나 움츠러들 수밖에 없다. 이제 두 가지를 모두 함께 쓰려 한다면, 그 모양이 자못 위연〔魏延, 촉(蜀)의 장수〕과 양의(楊儀, 촉의 문신. 위연과 서로 원수 간이었음.)가 함께 승상부(丞相府)에 있는 것과 같으 니, 어찌 마침내 어그러짐을 면할 수 있겠는가? 이 또한 사세(事勢)가 반드시 행해질 수 없는 것이다.

論以愚見 自爾二字與所以然三字 恰是對敵 自爾爲主張 則所以然不得不 退縮 今欲兩存而幷用 其貌樣頗似魏延楊儀同在丞相府 安能免畢竟乖張乎 此又事勢之必不可行者也

움직이고 고요한 것은 기이고, 움직이게 하고 고요하게 하는 것은 리이니, 움직이게 하고 고요하게 하는 것이 시켜서 그러한 것(使之)이 아니고 무엇이겠는가? 귀인(貴人)이 나가는 데 수레와 말과 하인 없지 않으나, 그것을 보는 사람들은 다만 '귀인이 나간다'고 하지, 대개 '그 수레와 말과 하인이 나간다'고 말하지 않는다. 이것으로 말미암 아 말하면, 태극(太極)의 동정(動靜)은 본래 평탄한 말이나 주자(朱子)가 후세를 위해 용의주도하게 해석을 붙여놓았다. 배우는 사람이 '태극 동정(太極動靜)의 설'을 보고 형이상하(形而上下)의 구분에 어두워서 태극이 기기(氣機)를 기다리지 않고 스스로 움직이고 스스로 고요하다고 잘못 여길까 염려하여 주해(註解) 가운데에 '소승지기(所乘之機)'라는 네 글자를 적어놓았다. 대개 한번 리라고 이름하면 바로 타는(乘) 바가 있게 되나, '승'은 추호도 기력(氣力)을 범하는 글자가 아니다. 오늘날 사람들이 '소승(所乘)' 자(字)를 보는 것은 이와 달라서 마치 태극이 만연히 주장함이 없다가 문득 마필(馬匹)이 앞에 있음을 보고 재빨리 올라타는 모양처럼 여기니 그렇게 되면 이 말은 결국 새옹(塞翁)이 우연히 말을 얻는 것과 같고, 자기가 원래 타고 있던 바가 아니니 올라탄 뒤의 일은 또 가히 알 만하다. 형세가 반드시 이리저리 쏠림에 오직 말 머리만 보는 것이니, 아! 위태하도다.

動者靜者 氣也 動之靜之者 理也 動之靜之 非使之然而何 貴人之出 非無車馬騶從 而見之者但以爲貴人出 未嘗言其車馬騶從出也 由此言之 太極動靜 本是平坦語 而朱子之爲後世慮周矣 却怕學者見太極動靜之說 昧形而上下之分 誤以爲太極不待氣機而自動自靜也 故於註解中 著所乘之機四字 蓋一名爲理便有所乘 乘非絲毫犯氣力字 而今人看所乘字與此異 有若太極漫無主張 忽見馬匹當前趫捷而騰上樣 然則是馬也 終是塞翁之得 非自家元來所乘 騰上後事 又可知矣 勢必之東之西 惟馬首是瞻 嗚呼危哉

기가 리에 따라(順) 발(發)하는 것은 '기발(氣發)'이니, 곧 '리발(理發)'이요, 리를 쫓아(循) 행(行)하는 것은 '기행(氣行)'이니 곧 '리행(理行)'이다. 리는 조작하거나 스스로 꿈틀거리며 움직이지 않으니, 발(發)하고 행(行)하는 것은 분명히 기가 하는데, '리발(理發)' '리행(理行)'이라고 하는 것은 무엇 때문인가? 기의 발(發)과 행(行)은 실제로 리에게서 명령을 받은 것이니, 명령하는 자는 주인이 되고 명령을 받는 자는 종(僕)이 된다. 종은 그 노역을 담당하고 주인은 그 공로를 차지하는 것은 하늘의 경(經)이고 땅의 의(義), 즉 천지의 상도(常道)이다. 그러므로 '서

자여사(逝者如斯, 흘러가는 것이 이와 같다. 공자의 말)'라고 말할 때에 곧바로 '서자(逝者, 즉 흘러간다)'라고 말하고, '승기여사(乘氣如斯, 기를 타고 흘러간다)'라고 말하지 않았고, '건도변화(乾道變化, 『주역』「계사」에 나오는 말)'를 말할 때, 곧바로 '건도'라고 말하고 '승기변화(乘氣變化, 기를 타고 변화한다)'라고 말하지 않았으며, '태극생양의(太極生兩儀, 『주역』「계사」에 나오는 말)'를 말할 때에도 역시 그러하며, '성자물지종시(誠者物之終始, 『중용』에 나오는 말)'를 말할 때에도 그렇다. 염계(濂溪) 주돈이(周惇頤)의 「태극도설(太極圖說)」은 여기에서 법을 전하였기 때문에 첫머리에 '태극이 움직여 양(陽)을 생하고, 고요하여 음(陰)을 생한다'고 말하였으니, 하나의 기(氣) 자도 보이지 않는 것은 기기(氣機)를 빠뜨린 것이 아니다. 주인이 가는 곳에 종이 따라가지 않을 수 있겠는가? 그 말은 이처럼 밝고 환하고 곧바로 헤아려 판단하여 의심할 것이 없다. 그러나, 과불급(過不及)한 곳에 이르러서는 부득이 기를 말할 때가 있으니, '궐자추자기야(蹶者趨者氣也, 『맹자』에 나오는 말로 넘어지고 달리는 것은 기라는 말)'가 이것이다. 대개 과불급이 비록 리에 근본한 것이지만, 말류에 가서는 리에 해로운 것이어서 구별이 없을 수 없는 것이다.

氣之順理而發者 氣發卽理發也 循理而行者 氣行卽理行也 理非有造作自蠢動 其發其行 明是氣爲 而謂之理發理行何歟 氣之發與行 實受命於理 命者爲主而受命爲僕 僕任其勞而主居其功 天之經 地之義 是以言逝者如斯時 直言逝者 未嘗言乘氣如斯 言乾道變化時 直言乾道 未嘗言乘氣變化 言太極生兩儀亦然 言誠者物之終始時亦然 濂溪圖說 傳法於此 故劈頭言太極動而生陽靜而生陰 不見一氣字 非遺却氣機也 主之所向 僕豈有不逮者乎 其言光明直截 無可疑貳 而到過不及處 不得已而有說氣時 蹶者趨者氣也是也 蓋過不及 雖亦本於理 而末流害於理 則不可無區別耳

우리나라 근세(近世)에 리를 말하고 기를 말하는 것이 어찌하여 이처럼 막힌 것인가? 그 말이 대개 적막(즉 가부)도 없고 주장하는 것도 없는 혼돈 상태의 한 덩어리를 리로 여기기 때문에 '리발(理發)'이라는 두 글자는 오늘날 학자들이 크게 금기하여 피하는 말이 되었다. 그래서 단락이 있고 변화를 행하며 조리를 이루는 것을 보자마자 바로 '기'라고 말한다. '무엇이 이것(즉 기)을 주장하는가?'라고 물으면, '기가 스스로 그러할 뿐 그렇게 되도록 시키는 것은 있지 않다'고 하고, '이른바 리라는 것은 어느 곳에 떨어져 있는 것인가'라고 물으면, '타고 있다'라고 말한다. 처음에도 이미 그렇게 시키는 묘(妙)도 없고, 끝에도 조종하는 힘이 있지 않으면서 그저 붙어서 탈 뿐이니 무슨 일을 하겠는가? 있어도 도움될 것이 없고, 없어도 부족한 것이 없으니 살에 붙은 혹이나 천리마에 붙어 다니는 파리 따위에 불과하니, 아! 가련하다. 그 까닭을 따져보면 탄다라는 '승(乘)' 자가 그 본래의 뜻을 잃어버린 데 근원하여 점차로 리는 가볍고 기는 무거운 것으로 도달하여 곧장 기가 리의 자리를 빼앗아서 만사(萬事)의 본령(本領)이 된 이후에 그만두게 된 것이다. 한 글자의 본 뜻을 잃은 화가 마침내 이것에 이르게 되었는가?

我東方近世說理說氣 何其滯也 其言大槪以混淪一塊 無適莫汲主張者爲理 故理發二字 爲今日學士家一大禁避語 而纔見有段落行變化成條理者則曰氣 也 問孰主張是 則曰其機自爾 非有使之者 問所謂理者落在何方 則曰乘之矣 初旣無使之然之妙 末又非有操縱之力 寄寓來乘 做得甚事 有之無所補 無之 靡所關 不過爲附肉之疣 隨驥之蠅 嗚呼 可憐矣 究厥端由 原於乘字失其本旨 駸駸致得理輕而氣重 直至氣奪理位 爲萬事本領而後已 一字之失其本旨 其 禍乃至於此乎

'승(乘)' 자를 원래부터 타고 있다는 뜻으로 보지 않고, 경우에 따라 문득 타는 것으로 보면, 비단 주인을 객으로 삼을 뿐만 아니라, 리는 준동(蠢動)함이 없다는 뜻이 어디 있겠는가? 큰 의미를 이미 잃었다. 또한 '승' 자는 스스로 내력이 있으니, 대개 형이상하(形而上下)의 상하(上下) 두 자로부터 곱씹어 나온 것이니, 분개(分開)할 수 없는 곳을 분개한 말이다. 지금 사람들이 경우에 따라 문득 타는 것으로 보는 것은 본래 이체(二體)인 것을 하나로 합치는 말이어서 본뜻과는 연(燕)나라와 월(越)나라처럼 거리가 멀다.

乘字不作元來所乘看 而作隨遇輒乘看 不惟認主爲客 安在其理無蠢動乎 大旨已失 且乘字自有來歷 蓋自形而上下之上下二字 咀嚼出來 乃不可分開處 分開底說話 今人作隨遇輒乘看 則乃本是二體而合一底說話 於本旨燕越矣.

기와 리를 함께 거론하여 '리기(理氣)'라고 부른 것은 언제 시작되었는가? 내 생각으로는 이것은 성인(聖人)의 말이 아닐 것이다. 왜 그렇게 말하는가? 리의 존귀함은 상대가 없으니 기가 어떻게 리와 상대되는 짝(對偶)이 될 수 있겠는가? 그 광활함에는 상대가 없다. 기 역시 리 가운데의 일(理中事)이니, 이것은 리가 유행하는 손과 발(理流行之手脚)이다. 리에는 본래 대적(對敵)이 없어, 짝(偶)도 아니요, 적(敵)도 아닌데 어찌 상대하여 거론(對擧)할 수 있겠는가?

把氣與理對擧 喚作理氣 始於何時 愚意此必非聖人之言 何以言之 理之尊無對 氣何可與之對偶 其闊無對 氣亦理中事 乃此理流行之手脚 其於理本無對敵 非偶非敵 而對擧之何哉

본원을 말한 사람으로는 당연히 공자 같은 분이 없고, 공자가 본원을 말한 것으로는 마땅히 『주역』과 같은 것이 없다. 리를 말할 때면 반드시 리로서 기를 거느리고, 기를 말할 때면 바로 거기에 나아가 리를 밝혔다. '한 번 음이 되고, 한 번 양이 되게 하는 것을 도라고 한다(一陰一陽之謂道)'라 하고, '태극이 양의를 생한다(太極生兩儀)'고 하니, 십분 합당하여 빠뜨림이 없으니, 어찌 일찍이 한 곳에 대치시켜 둘을 같이 거론한 것을 보겠는가? '형이상과 형이하는 대거(對擧)가 아닌가?'라고 하겠지만, 말하기를 이 구절은 주안점이 상(上)과 하(下)라는 글자에 있으니, 상하(上下)는 바로 적대(的對)한 것이다. 천만세를 위하여 도기(道器)의 문호를 열어 분별하려 하였으므로 그 말이 부득이 그렇게 된 것 뿐이다. 비록 그러나 이상(而上)과 이하(而下)에 형(形) 자로써 첫머리로 삼아 분개할 수 없다는 뜻이 그 속에 담겨 있다. 어찌 일찍이 지금처럼 각각 소굴을 세우고 각자 두뇌가 되는 것과 같겠는가? 지금 사람들은 리(理) 자를 보자마자 반드시 기(氣) 자를 찾아내어 짝(對偶)을 만든다. 이에 리가 유행하는 하나의 큰 일을 모두 기(氣) 자에게 붙여버리니 남은 것은 단지 '혼륜(混淪)하다' '충막(沖漠)하다'는 것뿐이다. 이것이 두 개의 본령의 첫 단초이니, 슬프도다.

說本原 宜莫如孔子 孔子之說本原 宜莫如大易 言理時 必理以率氣 說氣時 便卽以明理 曰一陰一陽之謂道 曰太極生兩儀是也 十分停當 罔有滲漏 曷嘗見一處對峙而雙擧者乎 形而上下 非對擧乎 曰此節眼在上下字 上下乃的對也 欲爲千萬世 開分別道器之門戶 其言不得不爾 雖然而上而下 以形字爲冒頭 不可分開之意自在 何嘗如今各立窠窟 各自頭腦耶 今人纔見理字 必覓氣來作對偶 於是理之流行一大事 盡被氣字帶去作家計 所餘者 秖混淪也 沖漠也 此雙本領之履霜也 悲夫

무릇 이 말한 것이 혹 선현(先賢)의 말을 침범함이 있어, 극히 옳지 않은 줄 알지만, 가만히 생각하건대 전성(前聖)께서 온 마음과 지극한 정성을 다하여 세상에 교훈을 세워 드리운 본 뜻은 하나의 '도(道)' 자 이외에 다른 것이 없다. 옛날의 이른 바 도(道)는 지금의 이른바 '리(理)'이다. 성인은 유행(流行)하고 발현(發見)하고 변화하고 환히 나타나는 것이 모두 이 도가 아님이 없다는 것을 분명하게 보았기 때문에 그래서 말하기를 '인(仁)한 자가 보면 인(仁)이라고 하고, 지(知)한 자가 보면 지(知)라 한다'고 하였으며, 비록 사물의 거친 형적과 구름이 지나가고 비가 내리고, 솔개가 날고 고기가 뛰는 것일지라도, 말만 하면 바로 도(道)를 밝히는 것이었다. 지금 사람은 도리(道理)라는 두 글자를 아득하여 생각도 논의도 할 수 없는 데다 몰아내버리고, 조금만 발현하고 드러나는 것이 있으면, 한결같이 기에 속하게 한다. 그리고 이러한 사람은 리기(理氣)를 아는 사람이 되고, 이렇지 않은 사람은 리기를 모르는 사람이 된다.

凡此所言 或干犯先賢語句 極知不韙 竊以前聖苦心血誠 垂世立敎之旨 一道字之外無佗 古所謂道 今所謂理也 聖人的見流行發見變化昭著 莫非此道之爲 故曰仁者見之謂之仁 知者見之謂之知 雖事物粗迹 雲行雨施 鳶飛魚躍 纔說著時 便所以明道 今人驅道理二字於冥漠不可思議之地 而纔有發見昭著 一屬之氣 如此者爲識理氣 不如此者爲不識理氣

비록 헛된 이름과 과거의 말로 도(道)를 말하고 리(理)를 말하지만, 그 실질은 기가 리의 자리를 빼앗아 만사(萬事)의 본령이 되고 만 것이다. 이와 같다면 천하에 다시는 피음사둔(詖淫邪遁, 치우치고 어지럽고 간사하고 교활한 것)한 말이 없을 것이다. 그렇게 되면 전도(顚倒)되고 창피(昌披, 즉 방자(放恣))하여 어떤 일인들 있지 않겠는가? 설사 약간의 힘으로 바로잡아 구하려 한다면 저들이 반드시 말하기를 '전현(前賢)도 또한 일찍이 그렇게 말하였다'고 하니, 아이들이며 배우는 자들도 한결같이 나를 이길 수 있을 것인데, 하물며 전현을 머리에 이고 확고한 증거로 삼으니, 다투어 변론해도 반드시 좋은 결과는 없을 것이다. 그래서 속으로만 담고 80년을 생각하고 감히 입에서 분명하게 말하지 않았다.

雖以虛名過去說 說道說理 而其實則氣奪理位 爲萬事本領而已 若是則天
下豈無詖淫邪遁矣 顚倒昌披 何事不有 設欲以瑣力矯捄 則彼必曰前賢亦嘗
云爾 童行學子 一能勝余 況頭戴前賢 以爲確證 爭辨必無幸矣 是以內抱耿耿
八十季 不敢發口明言

지금 비록 산을 내려가는 해가 되어 모든 생각이 재처럼 식어버렸
지만, 이 한 가지 일에 대해서는 늘 걱정이 되어 아직도 잊지 않고
있다. 가만히 생각하건대 전현의 말씀이 혹여 너무나 명쾌하게 나와
말폐(末弊)가 여기에 이를 것을 생각하지 못했을지도 모른다. 전현이
계신다면 여쭈어보고 싶지만, 이미 그럴 수 없으니 물어볼 수 있는
자는 후현(後賢)뿐이다. 물어보아 나의 의심하는 것이 망령된 것이라
면 다행이지만, 진실로 혹 망령된 것이 아니라면 동방의 리기(理氣)를
어찌하는가?

今雖下山之日 萬念灰冷 於此一事 耿耿猶存 竊意前賢之論 或發之太恔
末弊之至斯 容有未之細思也 前賢尙在 實有奉質之願 而旣不可得 則所可質
者後賢而已 質之而吾所疑者妄則幸矣 苟或不妄 奈東方理氣何

조직교(趙直教, 즉 기정진의 제자인 조성가)의 편지로 인하여 마음에 용단
을 내어 이를 썼으나, 황공하여 감히 부치지 못한다. 조직교에게도 오
히려 부치지 못하는데 하물며 다른 사람의 눈에 걸치게 할 수 있겠는
가? 그러면 후세에 비록 현자(賢者)가 나타난다고 하더라도 누가 이를
받들어 질문할 수 있겠는가? 또다시 길게 한 번 탄식만 하는 바이다.

因趙直教書 銳意寫此 皇恐不敢寄直教 直教猶不敢寄 則況敢掛他人眼乎
然則雖有賢者出 誰當奉以質者 又爲之曠然一欷也

10. 이승적권학문(李承迪勸學文, 이승적에게 주는 권학문)

학문은 왜 하는가? 장차 어리석음을 깨뜨리자는 것이다. 배워서 스스로 그 어리석음을 깨뜨리는 것은 마치 먹고 마셔 스스로 그 배고프고 목마름을 구함과 같으니, 어찌 다른 사람이 권하기를 기다리겠는가?

學奚爲哉 將以破愚也 學以自破其愚 若食飮以自救其飢渴 豈待人勸

비록 그렇지만 먹고 마시는 것을 권하는 것도 또한 때가 있으니, 한열(寒熱)이 폐부(肺腑)를 공격하고, 구설(口舌)이 그 떳떳한 기능을 잃은 뒤에 권해서 먹게 하고 마시게 하는 것이다. 권한 뒤에 배우는 자는 반드시 그 방촌(方寸, 즉 마음)에 한열이 있는 것이다.

雖然食飮之勸 亦有時 寒熱攻肺腑 口舌失其恒守然後 有勸而食飮焉 勸而後學者 必有寒熱乎其方寸者矣

이생(李生, 즉 이승적)이 권학문을 구하니, 이생은 스스로 돌이켜보았는가? 학문이 내 마음을 기쁘게 하는 것이 마치 먹고 마시는 것이 배고프고 목마른 입에 하듯이 한다면, 어찌 문(文)이 필요하겠는가?

李生求勸學文 生其自反哉 學之說我心 若食飮之說於飢渴之口 則何用文爲

진실로 혹 그렇지 못하다면, 먼저 그 방촌 속의 한열부터 다스려야 하니, 대승기(大承氣)와 대건중(大建中)이 한 생각 속에서 나오니, 이는 또 음식처럼 권할 수도 없는 것이다. 청하건대 이 글을 써서 권학문을 삼으려 하노라.

苟或不然 先治其方寸之寒熱 大承氣大建中在生一念間 又非若食飮之可勸
也 請書此 以爲勸學之文

11. 노사설(蘆沙說)

내가 평생에 별호(別號)를 좋아하지 않았다. 간혹 그 이유를 묻는
자가 있으면, 대답하기를, "나는 이름이 있고, 자(字)가 있으니, 나에게
어른이 되는 사람은 이름으로 나를 부르고, 나와 대등한 사람은 자
(字)로 나를 부르고, 나보다 낮고 어린 자는 자 밑에 씨(氏)를 붙여 부
르면 된다. 나에게 있는 하나의 이름과 하나의 자도 오히려 제대로
감당하기 힘겨운데, 다시 어찌 무엇을 짊어져야 하는가?"라고 하였다.

吾平生不喜別號 或有問其說 答曰 吾有名有字 長於我者名呼我 敵於我
者字呼我 卑幼於我者 字下加氏以呼足矣 吾有一名一字 尙擔不起 復安用添
負爲

(그런데) 중년에 서울에 들어갔을 때 옛 관인(舘人)이 몇 줄의 글을
청하였다. 이미 사양할 수 없어 붓 가는 대로 써내려갔는데, 연월(年
月)의 아래까지 내려가서 뭐라고 쓰기가 옹색하여 창졸간에 적당하
게 '잠수(潛叟)'라고 하였다. 대개 그 이름을 감추는 것을 의미하는 것
이었고, 별달리 취한 바가 있는 것이 아니었다. 그 뒤에 문장을 지을
일이 있어 또 한 번 썼다. 쓰기는 두세 차례에 불과했는데, 원근에서
나를 '잠수'라고 부르는 자가 있어 이를 듣고는 부끄럽기도 하고 또
한 놀라기도 하였다. 부끄러운 것은 그것이 본 심정이 아니었기에
부끄러운 것이고, 놀란 것은 어디에서 그것을 들을 수 있는지에 놀
란 것이다.

中年入京 有舊館人請數行文 旣不容辭 信筆寫去 寫到年月下頗窘 倉卒杜
撰曰潛叟 蓋潛其名之謂 非別有所取也 其後有文字事 又一用焉 用不過再三
而還近有呼我潛叟者 聞之愧且駭 愧愧非其本情 駭駭其從何得聞也

그 뒤로는 비록 이름을 드러내지 않을 문자를 쓰더라도 '잠수'란
자(字)는 피하여 쓰지 않고, 혹 '노하병부(盧下病夫)', '공동자(倥侗子)',
'무명와인(無名窩人)'이라고 자칭하였다. 그러나 감히 가볍게 쓰거나
연이어 쓰지도 않았으며, 남들이 이것으로 나를 부르는 것을 두려워
하였다.

自後雖有不露名文字避不用潛叟字 或稱盧下病夫倥侗子無名窩人 然而不
敢輕用疊用 怕人之以此呼我也

그런데 어쩔 수 없이 세월이 냇물처럼 흘러 나이가 80에 임박하니
관(棺)에 들어가는 것이 조석(朝夕) 간의 일이다. 이에 가만히 헤아려보
니 전일의 생각과 달라진 바가 생겼다. 무엇 때문인가? 남의 재물을
도둑질해도 오히려 도둑이라 하는데, 내가 명을 받은 것은 얼마나 허
위(虛僞)인가? 시골의 실지도 없는 허명이 위로 사총(四聰)을 속임에 이
르러 국가의 명기(名器)를 도둑질하여 한 몸을 두렵고 부끄러운 지역
에 둔 지 이제 오조(五朝, 즉 정조로부터 고종에 이르는 시기)가 되었다. 살
아서 이미 죄를 지었으니 죽어도 또한 부끄러움을 안게 되었다. 어찌
하겠는가?

回耐歲月川流 年迫八十 就木朝夕事耳 於是閒商量 與曩時心異 何者 竊
人之財 猶謂之盜 吾之賦命 一何虛僞也 閭巷無實之名 至於上欺四聰 盜竊國
家名器 置一身於憂懼羞赧之域者 五朝於此矣 生旣負罪 死亦包羞 奈之何哉

비록 그러하나 눈을 감는 것은 오히려 조금 쉬는 곳일 뿐이다. 만약 다시 외람된 품직을 척이촌(尺二寸)의 밤나무 판 위에 쓰게 된다면, 그 흰 칠을 한 표면에 결단코 부끄러운 빛이 나타나리니, 이 일은 결코 후사자(後死者)가 맘대로 할 수 있는 것이 아니다. 불가불(不可不) 내가 스스로 조처를 해야 한다. 그것은 오직 두 자로 된 하나의 호를 쓰되, 모거사(某居士)라고 하면 아마도 산 사람이나 죽은 사람이나 모두 활발하리라.

雖然暝目尙是少歇泊處 若復以叨濫品職 題於尺二寸栗板上 則粉面決然頳發 此事有非後死所得任意 不可不自我區處 惟有占兩字一號 題曰某居士 庶乎生死皆活潑哉

내가 사는 구묘(丘墓, 무덤을 가리키는 말)의 마을은 바로 노산(蘆山) 아래의 마을의 강가에 있어 이름은 하사(下沙)이니, 노사(蘆沙)란 두 글자는 실지를 기록한 것이다. 수년 간 친구들과 왕복한 편지의 겉봉에 허다히 노사(蘆沙)라고 썼으니, 대개 앞일을 근심하는 것은 붕우들에게 미리 알아두게 하려는 것이었다. 노사(蘆沙)란 말이 모두 창랑(滄浪, 큰 바다의 푸른 물결이라는 뜻으로 굴원의 「어부사」에 나온다. 기정진은 도가적 색채가 있음을 염려하는 것이다.)의 기색이 있으니 뒷날 혹 나를 어옹(漁翁)으로 인정할 수 있겠다. 이 호가 또한 실이 없는 이름에 가깝지만, 그러나 동인(東人)의 시구(詩句)에 "달을 사랑한다는 것이 미혹함이 아니고, 산을 탐낸다고 해서 염치(廉恥)에 해가 되지 않는다"고 하였으니, 어옹의 이름을 도둑질한 것은 또한 도둑 가운데 맑은 자이니 어찌 거리낌이 있겠는가?

所居丘墓鄕 直蘆山之下里濱江 名曰下沙 蘆沙兩字紀實也 數年間朋友逝還書封 多言蘆沙 蓋先事之慮 欲朋友預知也 蘆沙皆滄浪氣色 後人或有認我

爲漁翁者 此號亦近無實之名 然東人詩句 有曰愛月非關惑 貪山不害廉 盜漁
翁之名 亦盜之淸者 何妨矣

12. 산서잡록서(山西雜錄序)[1]

유서경〔柳西坰, 1549~1627, 이름은 근(根)〕이 말하기를, "사서(史書)에는
매우 감분(感憤)할 곳이 많다"고 하였는데, 이것은 그림자의 말일 뿐이
다. 천년의 흥망(興亡)에도 오히려 불평을 하게 되는데, 하물며 몸소 직
접 겪은 바와 귀와 눈으로 보고 기억하고 있는 바는 그 감분의 절실함
이 또 어찌 사서에 비하겠는가? 그러면 산서〔山西, 즉『산서잡록』의 저자인
조선 중기의 무신인 조경남(趙慶男)을 가리킴. 1570~1641〕의 이 기록에서 옹(翁)
의 심정을 볼 수 있다. 그 글은 널리 기록하고 갖추어 말하여 마치 좌
씨(左氏)가 경(經)에 전을 낸 것과 같이 하였으니, 이는 사가(史家)의 일체
이고, 그 의로움은 천년의 평안하지 아니한 남은 분(憤)이다.

柳西坰言史書苦多感憤 此影子語也 千載興亡 尙爲之不平 況身親經歷 耳
目之所睹記 其感憤之親切 又豈史書比耶 然則山西此錄 翁之心可見已 其文
則廣記備言 若左氏傳經之爲 乃史家之一體 其義則千載不平之餘憤

---

1 『산서잡록』은 조선 중기의 무인인 조경남(趙慶男, 1570~1641)의 저작이다. 남원 출
  신인 조경남은 조선 중기 무인으로 본관은 한양이고, 자는 선술(善述), 호는 산서(山
  西)·산서병옹(山西病翁)·주몽당주인(晝夢堂主人)이다. 18세 때 조헌(趙憲)의 문하
  에 들어가 의리와 도덕을 터득하였고, 전란 속에서 전라도 병마절도사 이광악(李光
  岳) 막하에서 명나라 군대와 합세하여 금산·함양 등지의 왜군을 무찔렀다. 광해군
  의 어지러운 정치를 비난하며 벼슬하지 않다가 인조반정 후에 진사에 등과하였으나
  세상과 인연을 끊고 세상에 나오지 않았다. 1582년에서 1639년까지 58년간의 사적을
  일기체로 기술한『난중잡록(亂中雜錄)』, 즉『산서잡록』은 의병 활동의 생생한 기술
  과 명·청과의 외교 활동의 객관적 기술로 사료적 가치가 매우 높다고 평가받고 있
  다. 기정진이 후손들의 요청에 따라 이 일기체 자료에 서문을 지은 것이다.

아! 슬프도다. 대개 우리 선조(宣祖)와 인조(仁祖)의 사이에 천하에
일이 많아 크게는 천지가 번복(飜覆)하고 윤리가 끊어졌으며, 작게는
생민(生民)들이 짓뭉개어지고 혈육(血肉)으로 땅에 칠하였으니, 백성들
을 인애하는 하늘이 어찌하여 불상(不祥)함을 이렇게까지 내렸단 말인
가? 대저 사람이라면 모두 그것 때문에 통곡하고 눈물을 흘릴 일이
다. 그러나 이것은 특히 그 기왕의 일이다. 저 군자(君子)가 사태에 앞
서 분을 느낌이야 어찌 기왕의 일만을 두고 말함이겠는가? 산서(山西)
의 시사(時事)에 감분한 것이 몇 가지 대목인 줄을 알 수 없으나, 탄식
하고 비분강개함이 일시 사대부(士大夫)의 붕당(朋黨)을 나누고, 서로
당을 지키려는 대목에서 누차 나타나고 있으니, 청하건대 이 한 대목
으로써 공(公, 즉 조경남)의 뜻을 밝혀보고자 한다.

嗚呼 欷矣 蓋我宣仁之際 天下多事 大者天地飜覆 彝倫斁絶 小者生靈糜
爛 血肉塗地 天乎仁愛下民 胡爲崇降不祥 至此極也 夫人而皆爲之痛哭流涕
然此特其已然處 若夫君子先事之感憤 豈已然之謂乎 山西之所感於時事者
未知其有幾件節拍 而歎息悲慨 累發於一時士夫分朋護黨 請姑以此一節 明
公之意焉

당시 천하의 대세(大勢)가 점차 외적에게 침입을 당할 상황으로 달려
가고 있었는데, 우리 동방이 마침 인의(仁義)의 나라로서 대세의 인후
(咽喉, 즉 중요한 대목)에 당하여 있었으니, 진실로 우리 동방의 사람들이
멀리 내다보고 일찌감치 도모하여, 대소(大小)가 마음을 합하고 밤낮으
로 노력했다면, 천리의 땅을 가지고 남을 두려워하는 자가 없는 것이
니, 다만 자기 나라만 구하고 자기만 벗어날 뿐만 아니라, 천하로 하여
금 오랑캐가 됨을 면하게 할 기회가 우리나라에 있지 않았겠는가?

當時天下大勢駸駸然趨於陸沈 而吾東適以仁義之邦 據大勢之咽喉 苟使吾
東之人 遠見而早爲之圖 大小協心 夙夜自强 則千里未聞畏人 不惟可以自救

自拔 使天下免於被髮左袵 其在吾邦歟

저 사대부들의 동서남북(東西南北)으로 갈림은 과연 어떠한 명목이었던가? 창칼은 오랑캐를 죽이는 데 쓰는 것이거늘, 우리 동방에서 창칼을 가는 것은 같은 당과 다른 당을 따지는 데 쓰려는 것이었고, 책략이란 적을 제압하고자 하는 것이거늘, 우리 동방에서는 공이 있는 자와 재능이 있는 자를 방해하는 데에 책략을 썼다. 충언과 심모가 현(賢)이 되지 않는 것은 그것이 자기의 당에서 나오지 않았기 때문이고, 백성을 해치고 나라를 병들게 해도 죄가 되지 않는 것은 그것이 자기의 당에서 나왔기 때문이었다.

彼士大夫之東西南北 果何名目也 戈矛所以殲胡也 吾東礪戈矛於黨同代異 籌策所以制敵也 吾東運籌策於妨功害能 忠言深謀未爲賢 以其不出吾黨也 戕民病國未爲罪 以其出吾黨也

보통 사물의 실정(實情)은 합해지면 강하고, 나누어지면 약해진다. 지금의 국론은 사분오열됨이 이러하니, 험윤(獫狁, 흉노족의 옛 명칭)이 침범하기 전에 중국이 이미 싸움에 피폐해져 있었던 것이다. 하물며 원기가 이미 허해지면 외사(外邪)가 침범하는 것은 또한 당연한 순서이다. 그러므로 동인(東人) 서인(西人)이 나누어지자 해구(海寇, 즉 왜구)가 닥쳐왔고, 여러 북인(北人)이 다투게 되자 북방의 경계가 급하게 되었던 것이다.

恒物之情 合則强 分則弱 今國論之四分五裂如此 不待獫狁之匪茹 而中國 已疲於兵革矣 況元氣旣虛 則外邪之橫侵 亦次第事 是以東西歧而海寇至 羣 北鬪而朔警急

모든 일은 미리 대비하면 서게 되고, 미리 대비하지 않으면 폐(廢)하게 되는 것이다. 창졸간에 일이 급하게 되면 관중과 제갈량도 손을 쓸 수 없는 것이니, 한갓 충신·의사와 죄 없는 백성들만 간뇌(肝腦)가 들녘 풀 위에 덮이고, 나라가 빈터가 될 것이니, 왕이보[王夷甫, 진(晉)나라 왕건(王愆)을 가리킴] 등 여러 사람이 어찌 그 책임을 면할 수 있겠는가?

豫則立 不豫則廢 倉卒事急 管葛束手 徒使忠臣義士無罪之元元 肝腦蔭野草 神州丘墟 王夷甫諸人 安得辭其責乎

아! 큰 간신과 무섭게 사특한 자는 늘 있는 것이 아니지만, 조정을 떠들썩하게 발언하는 자는 일찍이 문장(文章)도 할 줄 알고, 고금(古今)에도 통한 사람들이다. 그들의 초심(初心)이야 어찌 나라를 그르치게 하려고 스스로 기약했겠는가? 나와 같은 자가 반드시 모두 군자가 아니고, 나와 다른 자가 반드시 모두 소인이 아니라는 것은 어찌 알지 못했겠는가? 또 어찌 백성과 나라가 편하면 자신의 몸과 집안도 편하고, 편하지 않으면 이와 반대가 된다는 것도 알지 못했겠는가? 명철한 사람까지 어리석지 않은 자가 없어 똑같이 빠져 들어간 꼴이 되고 말았으니, 그 병근(病根)이 어디에 있는가? 가히 탄식할 괴이한 일이다.

嗚呼 巨奸夔慝不常有 發言盈庭者 固嘗業文章通古今 初心豈遽以誤國自期 豈不知同我者未必皆君子 異我者未必皆小人 豈不知民國安則身家亦安 不安則反是 靡哲不愚 載胥及溺 其病根安在 可謂咄咄怪事矣

공(公)은 산야(山野)에 평민으로 살면서 이미 국론(國論)에 참여하지도 못했으면서도 시대를 슬퍼하고 세속을 안타까워함이 본래부터 쌓여 있다가 정유(丁酉)년의 변란에 무리들을 불러모아 몽둥이를 휘두르고 덫을 설치하고 기회를 타 오히려 여러 번 적의 머리를 부술 수 있었다. 그것이 크게 펼쳐지지는 못했지만 기의(氣義)가 부족하여 그런 것이 아니었다. 이로부터 시사가 날로 그릇되니 근심하고 분함이 심하였으나 호소할 길이 없었다. 그래서 이 기록을 기술하였는데, 선조 임오(壬午)로부터 시작하여 인묘 신사(辛巳)까지 60년에 이르고 있다.

公布衣山野 旣不得參涉國論 傷時悶俗 蓄積有素 丁酉之變 唱徒奮挺 設機乘便 猶足以累碎賊首 其不克大有所伸 非氣義不足而然也嗣是以往 時事日非 憂憤激烈 控訴靡階 乃述此錄 起宣祖壬午 止仁廟辛巳六十年間

(기록한 기간 동안) 천재(天災)와 사물의 재앙(物妖)과 조정의 모습(朝象)과 백성의 풍속(民風)과 난중(亂中)의 격문이나 통문, 그리고 변경 바깥의 기밀 등을 모두 수집하고 모았다. 비록 소루한 곳이 있지만 그것은 문견(聞見)이 미치지 못한 것이고, 고의로 생략한 것이 아니다. 공의 창자와 피를 여기에 다하였다. 정진(正鎭)이 약관의 나이 때 오충열〔吳忠烈, 병자호란 때 삼학사(三學士)의 한 사람인 오달제(吳達濟)를 가리킴〕의 유고를 열람했는데, 거기에 후록(後錄) 일단(一段)이 있었고, '조산서(趙山西)의 대방기문(帶方記聞)'이란 말이 나와 비로소 이 글이 있다는 것을 알았으나 보지 못하였더니, 그 뒤 30년 만에 산서의 후손 조군(趙君) 재옥(載玉)이 반부(半部)를 보여주었고, 이제 다시 전질(全帙)을 얻어 보게 되었다. 예전부터 원하던 것을 비로소 시원하게 이룩한 것이다.

天菑物妖 朝象民風 亂中文移尺檄 以及邊外機事 俱蒐併畜 其有疎漏處 聞見之未周 非故欲畧之也 公之腔血盡此矣 正鎭弱冠歲 閱吳忠烈遺稿 有後錄一段語 出趙山西帶方記聞 始知有此書而未之見 後三十年 蒙山西後孫趙君載玉示以半部 今又獲全帙焉 夙願始快愜矣

내가 어찌 감히 책에 서문을 쓸 수 있겠는가? 하지만 조군의 선대
인(先大人)이 잘못 알고 부탁하는 편지를 보낸 적이 있었는데, 군(君)이
또 전에 하던 청을 거듭한다. 아! 양세(兩世, 즉 조재옥 부자)가 말을 하
는데 어찌 차마 사양할 수 있겠는가? 그대는 힘쓸지어다. 천년 이후
우리와 심정을 같이 한 자가 있으리니, 이 책이 전해지면 반드시 책
을 덮고 누차 탄식하는 자가 있으리라.

弁卷吾豈敢 趙君先大人誤以書見託 君又申前請 噫 兩世矣 何忍辭 君勉
乎哉 千載在後 與我同情 是書之傳 必有掩卷而累欷者矣

부록

서기	제왕 연대	나이	기정진의 사적
1798년	정조 22	1	○ 6월 3일(이하 일자는 음력) 유시(酉時, 오후 5시~7시)에 전북 순창군 조동(현재 전북 순창군 복흥면 동산리)에서 부친 참판공 기재우(奇在祐)와 모친 안동(安東) 권씨(權氏) 사이에서 출생하였다. ○ 행주 기씨(奇氏) 가문으로, 태몽에 금면대인(金面大人)이 남자 아이를 주는 꿈을 꾸었다고 하여 어려서 자(字)를 금사(金賜)라 하였다. 이후에 자를 대중(大中), 대중(大仲)으로 바꾸었다. 호는 잠수(潛叟)·지리수(支離叟)·공동자(倥侗子)·무명와(無名窩)·노하병부(蘆下病夫) 등을 사용하였고, 말년에 노사(蘆沙)라고 자호하였다.
1800년	성종 24	3	○ 영오장중(穎悟莊重)하여 거인의 기상이 있었다.
1801년	순조 원년	4	○ 말을 배우면서 이미 능히 문자를 알았고, 이때에 이르러 학문하기를 청하였으나, 부친이 병이 많음을 염려하여 허락하지 않았다.
1802년	순조 2년	5	○ 학문을 시작하였다. ○『효경』,『격몽요결』등 여러 책을 읽었고, 한번 읽으면 잊지 않았으며, 문리(文理)가 일취하여 능히 문장을 지었다. ○ 12월부터 홍역을 앓기 시작하였다.
1803년	순조 3년	6	○ 6월부터 천연두(痘疾)를 앓았다. 증세가 심하여 왼쪽 눈을 실명하는 데까지 이르렀다. 이때 한쪽 눈을 실명하였으나 부모를 안심시킬 정도로 생각이 깊었다. ○ 기정진이 지은 글을 보고 종조부인 기태검이 "용모와 재량이 진정 하늘이 내었다. 우리 집안의 경사에 머무르지 않고, 장차 일세의 인물이 될 운명이다"라고 극찬하였다.
1804년	순조 4년	7	○『소학』을 통하고 경사(經史)에 이르렀다.
1805년	순조 5년	8	○ 1월에『강목(綱目)』을 보기 시작하여 6월에 마쳤다. 이때부터 경사를 비롯한 제자서를 읽으면서 어렵고 의심나는 곳이 없어 오히려 주변의 장로(長老)들이 질의할 정도였다. ○ 9월에 여러 장로를 따라 내장산에 올랐다.

서기	제왕 연대	나이	기정진의 사적
1806년	순조 6년	9	○『춘추사전(春秋四傳)』을 보아 반년 만에 마쳤다. ○ 6월에 부친이 병을 얻어 눕게 되자 수개월 동안 곁에서 보살펴 주위의 감탄을 자아냈다.
1807년	순조 7년	10	○『대학연의(大學衍義)』를 보았다. ○ 이때부터 본격적으로 성현의 책에 전심하여, 고요한 거처나 산방을 찾아 먹을 것을 잊고 잠자리에 들지 않을 정도였다고 한다. 글 읽는 소리가 밖으로 나가지 않아 그 깊이를 헤아릴 수 없었지만, 오직 종숙부인 기재선(奇在善)만이 "이 사람은 바야흐로 오묘하게 합치하는 기관이 있다"고 평가하였다.
1808년	순조 8년	11	○ 순창군수 이광헌(李光憲)의 만남 제의에 정중히 거절하는 편지를 보내고, 위정자의 자세를 적시하였다. ○「춘추정기(春秋亭記)」를 지어 춘추 정신과 존왕양이의 뜻을 밝혔다. 춘추정은 전남 창평(昌平)의 인암(麟巖)에 있는 정자이다.
1809년	순조 9년	12	○ 장성 열리곡(悅理谷)에 있는 기정익의 유지(遺址)인 송암(松巖)을 제재로 시를 지었다.
1810년	순조 10년	13	○ 3월에『백암사(白巖寺, 현재 백양사)』에서 경자(經子)의 여러 책을 읽었다.
1811년	순조 11년	14	○ 울산(蔚山) 김씨(金氏) 김의휴(金宜休)의 딸과 혼인하였다. 하서 김인후의 후손이자 장성의 유력 가문과 통혼한 것이다.
1815년	순조 15년	18	○ 5월 15일 부친 기재우가 사망하였다. ○ 이어 5월 17일 모친 안동 권씨가 사망하였다. 모친 안동 권씨는 남원의 사족인 권덕언(權德彦)의 딸이고, 사망 당시 47세였다. ○ 9월에 순창군 조동에 합장하였다. ○ 10월에 부친의 유명을 받들어 장성의 하남(河南)으로 이거하였다.
1817년	순조 17년	20	○ 8월에 처가 근처인 장성 맥동(麥洞)으로 이거하였다.

서기	제왕 연대	나이	기정진의 사적
1818년	순조 18년	21	○ 어려서부터 잦은 병치레를 하였던 기정진은 이 무렵 과도한 독서로 눈병을 앓는 등 병고에 시달렸다. ○ 윤오영(尹五榮)이 그의 아들 윤육(尹堉, 1803~?)을 데리고 내방하였다.
1819년	순조 19년	22	○ 5월 장자 만연(晩衍)이 태어났다.
1820년	순조 20년	23	○ 영취산(靈鷲山) 북쪽에 있는 문수사(文殊寺)의 남암(南庵)에서 독서를 하였다.
1821년	순조 21년	24	○ 가을에 영취산 남쪽에 있는 관불암(觀佛庵)에서 독서를 하였다.
1822년	순조 22년	25	○ 봄에 월출(月出)을 유람하였다.
1823년	순조 23년	26	○ 종숙부 기재선이 당시 규장각(奎章閣) 부제학(直提學)이었던 조종영(趙鍾永)에게 기정진을 추천하였다.
1825년	순조 25년	28	○ 서울에 갔다. 9세조인 금강공(錦江公) 기효간(奇孝諫)의 묘를 배알하였다. ○ 서울에서 김매순(金邁淳, 1776~1840)을 만났다. 이후 김매순은 다른 사람에게 "지금 선비들은 많으나, 체(體)가 있으면 용(用)이 없다. 체용이 구비된 것을 나는 기정진에게서 보았다"라고 기정진을 극찬하였다. ○ 충청도 회덕(懷德) 오촌(鰲村)에 들러 당시 노론계 산림(山林)이었던 송시열의 8세손 송치규(宋穉圭)를 배알하였다. 이때 송치규는 "성명(聲名)을 들은 지 오래"라고 말하고, 문장(文章)의 학(學)과 성명(性命)의 학을 하는 지를 물었다. 이에 기정진은 두 가지 모두 도달한 바가 있지 않다고 겸손해 하면서도 "일찍이 들어본 바로는 문장의 학문과 성명의 학문이 다르지 않습니다"라고 자신의 견해를 당당하게 밝혔다. 이에 기정진이 나가려 하자 배웅하면서 "남방의 선비가 그 의귀(依歸)한 바가 있다"고 칭찬하였다.
1826년	순조 26년	29	○ 가을에 관불암에서 독서를 하였다. 이때 재종제(再從弟) 기봉진(奇鳳鎭)이 함께하였다.

서기	제왕 연대	나이	기정진의 사적
1827년	순조 27년	30	○ 봄에 두류(頭流)를 유람하였다.
1828년	순조 28년	31	○ 매곡으로 이거하였다. ○ 가을에 부친의 유지를 받들어 향시(鄕試)에 응시하여 급제하였다.
1830년	순조 30년	33	○ 가을에 향시에 응시하여 급제하였다. ○ 겨울에 등창(癰)을 앓아 위험에 처하기도 하였다.
1831년	순조 31년	34	○ 봄에 사마시(司馬試)에 응시하여 1등으로 급제하였다. 이때 시험을 주관한 홍석주(洪奭周)는 "기정진의 문장은 리학(理學)에서 나왔다. 중간에 여러 단(段)의 말과 설(說)은 옛사람들이 일찍이 말한 바가 없는 것이다. 과거를 통해 인재를 얻었으니 나는 부끄러움이 없다"고 말하였다.
1832년	순조 32년	35	○ 강릉(康陵) 참봉에 제수되었으나 나아가지 않았다. 처음 내려진 벼슬을 받기 위해 서울에 올라갔으나, 이 일을 맡아본 이조(吏曹)에서 교지(敎旨)에 기정진의 현조(顯祖) 이름을 잘못 기록하고, 또 이름과 자(字)를 틀리게 쓰자, '이렇게 두 가지나 틀린 교지는 의리상 받을 수 없다'고 거절하였고, 이조에서 재빠르게 정정하였지만 끝내 사은숙배(謝恩肅拜)하지 않았다.
1833년	순조 33년	36	○ 증광(增廣) 동당시(東堂試)에 참가하였다.
1834년	순조 34년	37	○ 하남(河南)으로 다시 이거하였다. ○ 11월에 순조가 승하하였다.
1835년	헌종 1년	38	○ 다시 현릉(顯陵) 참봉에 제수되었으나 취임하지 않았다. ○ 가을에 선운(禪雲), 불갑(佛甲) 등지를 유람하였다.
1837년	헌종 3년	40	○ 유일(遺逸)로 천거되었다. ○ 사옹원 주부(司饔院主簿)에 제수되었으나 취임하지 않았다. ○ 봄에 오지리(梧枝里)로 이거하였다. ○ 8월에 종숙부 입제공 기재선이 사망하였다.

서기	제왕 연대	나이	기정진의 사적
1838년	헌종 4년	41	○ 10월에 고비(考妣)의 묘를 북이면(北二面)으로 이장하였다. ○ 11월에 요사스럽고 독한 기운(沴)을 앓았다. 점치는 자가 기정진에게 "빌어야 한다. 빌지 않으면 위태롭다"라고 말하자, "어찌 빌 수 있겠는가?"라고 말하고 병환 중에도 점을 치지 않을 따름이라고 하였다.
1841년	헌종 7년	44	○ 봄에 영남으로 유람하였다. 덕유산, 가야산, 지리산을 돌아보고 삼가현에서 병(病)으로 인해 3일 간 유숙(留宿)하게 되었다. 이때 영남의 선비들이 기정진을 존모하여 시를 짓고 모임을 가졌다. ○ 10월에 고비의 묘를 광주(光州) 서석(瑞石)으로 이장하였다.
1842년	헌종 8년	45	○ 전설사 별제(典設司別提)에 제수되었다. 여러 번 나라의 은명(恩命)을 사양하는 것을 미안하게 여겨 나아갔지만, 겨우 6일째 되던 날 당시의 재상(宰相)이 밤에 사람을 시켜 만나기를 요구하자 기정진은 대답도 하지 않고 다음 날 병가(病暇)를 올렸다. 재상은 후회하여 곧 말을 재촉하여 관사까지 달려갔지만, 이미 기정진은 성문을 나간 뒤였다고 한다. ○ 탁곡(卓谷)으로 이거하였다. ○ 평안도(平安道) 도사(都事)에 제수되었으나 취임하지 않았다.
1843년	헌종 9년	46	○ 여름에 남암으로 피서가 「납량사의(納凉私議)」를 지었다. ○ 정읍의 「고암서원중수기(考巖書院重修記)」를 지었다.
1845년	헌종 11년	48	○ 이봉섭(李鳳燮)의 태극도설에 대한 질문에 답하면서 「정자설(定字說)」을 저술하였다. ○ 「우기(偶記)」를 통해 사단칠정에 대해 변론하였다.
1847년	헌종 13년	50	○ 참판 이응진(李應辰)의 인물성동이(人物性同異)와 심기체질(心氣體質)에 대한 서신에 답장하였다.
1848년	헌종 14년	51	○ 중동(中洞)으로 이거하였다.

서기	제왕 연대	나이	기정진의 사적
1849년	헌종 15년	52	○ 6월에 헌종이 승하하였다. ○ 정여창(鄭汝昌)을 종향한 「남계서원 풍영루 중수기(藍溪書院諷詠樓重修記)」를 지었다
1851년	철종 2년	54	○ 8월에 부인 울산 김씨가 사망하였다. 나주(羅州) 봉산(鳳山)에 장례하였다.
1852년	철종 3년	55	○ 권신원(權信元)의 편지에 답하면서 리기에 대해 논하였다.
1853년	철종 4년	56	○ 「리통설(理通說)」을 저술하였다. ○ 12월에 하사(下沙)로 이거하였다. 이미 가을에 하사에 집을 지었으나 기정진이 병환을 앓아 수개월이 지나 이거한 것이다.
1854년	철종 5년	57	○ 당시 정승(政丞)이 조정에 천거하였다. 정승이 영부사였던 정우용(鄭愚容)에게 천거할 선비에 대해 묻자, 그가 "남쪽 지방의 높은 선비이자 우리나라의 진유(眞儒)인 사람을 만나보았다. 다만 그가 임하(林下)에 뜻이 있어 출사할지 염려된다"고 하여 정승이 조정에 천거하기에 이른 것이다.
1856년	철종 7년	59	○ 「산서잡록서(山西雜錄序)」를 지었다.
1857년	철종 8년	60	○ 3월 무장현감(茂長縣監)에 제수되었으나 취임하지 않았다. ○ 8월 순원왕후가 승하하였다. ○ 「복제설(服制說)」을 지어 당시 승지(承旨)로 있던 재종제(再從弟) 기문현(奇文鉉, 1811~?)에게 보였다.
1859년	철종 10년	62	○ 봄에 금마(金馬) 등을 유력(遊歷)하였다. 이때 5, 6인이 따랐다.
1861년	철종 12년	64	○ 3월에 사헌부(司憲府) 장령(掌令)에 제수되었으나 나아가지 않았다. ○ 갈전(葛田)으로 이거하였다.

서기	제왕 연대	나이	기정진의 사적
1862년	철종 13년	65	○ 2월에 옛집인 하사(下沙)로 돌아왔다. ○ 「삼정책(三政策)」, 즉 「임술의책(壬戌擬策)」을 작성하였으나 올리지 않았다. 삼남(三南)에 민요(民擾)가 있어 임금이 구언책을 구하자 전정, 군정, 환곡에 대한 개혁책을 작성하였으나, 당시 대책은 말미(末尾)에 이름을 쓰도록 되어 있자 과거시험을 보는 사람이 시권(試券)에 쓰는 전례와 같다고 하여 그 초고(草稿)를 불사르게 하였다. 하지만 아들 기만연(奇晚衍)이 그것을 태우지 않고 보관하여 전해지게 되었다.
1863년	철종 14년	66	○ 여름에 남암으로 피서를 갔다. ○ 겨울에 침수정(枕漱亭)에 기거하였다. ○ 12월에 철종이 승하하였다.
1864년	고종 1년	67	○ 2월 장령(掌令)에 제수되었다. ○ 여름에 침수정으로 피서를 갔다. 이때 문인 수십 인이 따랐다. ○ 6월에 군자감(軍資監) 정(正)에 제수되었다. 사헌부 지평(持平)에 선배(旋拜)되었다. ○ 9월에 지평(持平)에 다시 제배(除拜)되었다. ○ 12월에 사헌부(司憲府) 집의(執義)에 제수되었으나, 취임하지 않았다.
1866년	고종 3년	69	○ 6월에 집의(執義)에 제수되었다. ○ 7월에 「육조소(六條疏)」, 즉 「병인소(丙寅疏)」를 올렸다. ○ 동부승지(同副承旨)에 제배되었다. ○ 문인 이최선(李最善)이 거의하자 시를 지어 격려하였다. ○ 의병을 일으키고자 하였으나, 소모사(召募使)가 내려온다는 소식을 듣고 중지하였다. ○ 8월에 호조(戶曹) 참의(參議)에 제수되었다. ○ 가선대부(嘉善大夫)의 품계와 함께 동지돈녕부사(同知敦寧府事)가 내려졌으나 취임하지 않았고, 동지돈녕부사를 사직하면서 두 번째 소(疏)를 올렸다. ○ 공조(工曹) 참판(參判)과 경연특진관(經筵特進官)에 제수되었다.

서기	제왕 연대	나이	기정진의 사적
1867년	고종 4년	70	○ 2월 고비(考妣)의 묘를 국내(局內) 동변(東邊)으로 이장하고, 천표(阡表)를 지었다. ○ 군직반록(軍職頒祿)을 받지 않았다. ○ 문인들이 초상화를 그리고자 하였으나 허락하지 않았다. 선생은 키가 7척 반에 이르고, 상체가 긴 대인의 풍모를 가지고 있었다.
1868년	고종 5년	71	○ 겨울에 관불암에 기거하였다.
1869년	고종 6년	72	○ 봄에 관불암에 기거하고 여름에 침수정에서 피서를 하였다.
1871년	고종 8년	74	○ 재종질인 교리(校理) 기양연(奇陽衍)에게 편지를 보내 신미양요로 강화도에서 전사한 어재연(魚在淵)의 죽음을 애도하였다.
1873년	고종 10년	76	○ 봄에 민주현(閔冑顯)의 편지에 답장하면서 중화(中和)에 대해 논하였다. ○ 윤종의(尹宗儀)의 편지에 답장하였다. ○ 박형수(朴瑩壽)의 편지에 답하면서 명덕(明德)을 단지 기(氣)로 보는 설을 공박하였다. ○ 정의림(鄭義林)이 형질(形質)과 기질(氣質)에 대해 누차 질문한 것에 대해 「형질기질설(形質氣質說)」을 지어 그에게 보여주었다. ○ 민기용(閔璣容)의 복제(服制)에 대해 문의하는 편지에 대해 답하였다.
1874년	고종 11년	77	○ 46세 때 저술한 「납량사의」의 여러 단락을 수정하였다. ○ 「노사설(蘆沙說)」을 지어 자신의 아호(雅號)에 대한 입장을 보였다.
1876년	고종 13년	79	○ 1월에 장자 기만연이 사망하였다. ○ 2월 호조 참판에 제수되었다. ○ 풍사(風邪)로 인하여 생기는 현기증인 풍현(風眩)을 앓았으나 수개월 뒤 나았다.

서기	제왕 연대	나이	기정진의 사적
1876년	고종 13년	79	○ 조정에서 새로이 일본과 수호조약(修好條約)을 체결했다는 연락 보고 문서인 저보(邸報)가 이르자 깊은 생각에 잠긴 뒤 붓과 벼루를 대문 밖으로 내던져버리라고 명하였다. 주변에 있던 문인이 의아하게 여겨 묻자 기정진은 "나는 외람되게 나라의 은혜를 입은 지가 지금 4대 왕조인데 나라 꼴이 이렇게 되었어도 말 한마디 못하니, 이러고 다시 무슨 문자를 짓는다고 하겠느냐?"라고 하였다.
1877년	고종 14년	80	○ 우로(優老)의 은전을 입어 가의대부(嘉義大夫)에 승급되었다. ○ 여름에 오래된 설사병(宿痢)과 풍현으로 고생하였다. ○ 9월에 하리(下里) 월송(月松)으로 이거하였다.
1878년	고종 15년	81	○ 5월에 철인왕후가 승하하였다. ○ 8월에 문인들과 함께 서헌동(逝軒洞)에 갔다. 삼성산 서쪽에 있는 서헌동은 김응두(金應斗)의 유지이다. ○ 「외필(猥筆)」을 지어 문인 조성가(趙性家)에게 보여주었다. 조성가가 태극동정(太極動靜), 소승지기(所乘之機)와 기자이(機自爾), 비유사지(非有使之)에 대해 묻자 80년 동안 마음속에 담아온 것을 글로 적었다. 이 「외필」에 대해 김평묵(金平默)이 극찬하였다. ○ 진원에 정사(精舍)를 짓고 무등산에 있는 부친의 산소를 바라볼 수 있어 매우 기뻐하여 담대헌(澹對軒)이라 이름을 지었다.
1879년	고종 16년	82	○ 1월부터 병세가 악화되기 시작하였다. ○ 김석구(金錫龜)·정재규(鄭載圭)·정의림(鄭義林)을 불러 「납량사의」와 「외필」을 보여주었다. 이 자리에서 "이 글에 대해 들은 적이 있는가?"라고 물었고, 제자들은 "들은 적이 있지만, 읽은 적은 없다"고 대답하자, 글을 보여주고 읽게 하였다. 글 읽기를 마친 후 그들의 뜻을 물었고, 제자들은 한결같이 "원컨대 독실하게 믿겠다"고 대답하였다. ○ 여름에 문인 박해량(朴海量)에게 「용학차의(庸學箚疑)」 수천 언을 손수 적어 답하였다.

서기	제왕 연대	나이	기정진의 사적
1879년	고종 16년	82	○ 겨울에 고인(故人) 이규형(李奎亨)의 묘표를 지었다. 이규형은 선생이 어려서부터 절친했던 친구였다. ○ 『주역(周易)』을 보았다. ○ 12월 21일 다시 병을 얻어 자리에 눕게 되었다. ○ 12월 29일 세상을 떠났다. ○ 선생의 부음(訃音)이 조정에 알려지자 관목(棺木) 등 장례물품으로 포(布)와 유지(油紙) 등을 보내왔다.
1881년	고종 17년	83	○ 2월 25일 문인 100여 명이 참석한 가운데 장례가 치러졌다. 유명(遺命)에 따라 영광(靈光) 봉산(鳳山)의 갑좌원(甲坐原)에 부인과 합봉(合封)하였다. ○ 4월 조정에서는 관원을 보내 치제(致祭)하였다.
1892년	고종 29년	-	○ 「행장(行狀)」이 완성되었다. 문인 조성가가 찬(撰)하였다.
1901년	고종 38년	-	○ 「신도비명」이 완성되었다. 최익현(崔益鉉)이 찬하였다.
1902년	고종 39년	-	○ 문집과 『답문류편(答問類編)』이 완성되었다. 이전 활자본을 목판본으로 재간(再刊)하여 담대헌에 두었다. 영남 단성 신안정사에서 판각하였다.
1906년	고종 43년	-	○ 「묘갈명(墓碣銘)」이 완성되었다. 문인 정재규가 찬하였다.
1910년	순종 4년	-	○ 내부대신(內部大臣)이 증직되고 문간(文簡)이라는 시호가 내려졌다.
1927년		-	○ 고산서원(高山書院)이 건립되어 그 사우에 조성가(趙性家)·이최선(李最善)·김록휴(金錄休)·조의곤(曹毅坤)·정재규(鄭載圭)·기우만(奇宇萬) 등 문인 6인과 함께 봉안되었다.
1960년		-	○ 『노사선생연원록(蘆沙先生淵源錄)』이 발간되었다.
1968년		-	○ 『고산서원지(高山書院誌)』가 간행되었다

서기	제왕 연대	나이	기정진의 사적
1978년		–	○ 고산서원의 장판각(藏板閣)이 준공되었다.
1979년		–	○ 서거 101년을 기하여 기념사업회가 만들어지고, 학술회의, 기념강연회, 추모비 건립 등이 진행되었다.
2006년		–	○ 전남 장성군에서 『(국역)노사선생전집(蘆沙先生全集)』 상권을 간행하였다.

■ 原典

기정진, 『蘆沙先生全集－附答問類編』, 保景文化社, 1983.

기정진(이백순·최한선 譯), 『국역 蘆沙先生全集』上, 전남 장성군, 2006.

이 이, 『栗谷全書』, 성균관대 대동문화연구원, 1992.

조성가, 『月皐先生文集』, 경인문화사, 1993.

정재규, 『老柏軒先生文集』, 경인문화사, 1993.

전 우, 『艮齋先生文集』, 보경문화사, 1984.

정의림, 『日新齋集』, 경인문화사, 1999.

■ 단행본

고려대학교 민족문화연구원 한국사상연구소 편, 『자료와 해설 한국의 철학사
    상』, 예문서원, 2002.

권오영, 『조선후기유림의 사상과 활동』, 돌베개, 2003.

권정안 外, 『朝鮮朝儒學思想의 探究』, 여강출판사, 1987.

금장태, 『韓國近代의 儒敎思想』, 서울大出版部, 1990.

금장태·고광직, 『儒學近百年』, 博英社, 1984.

민족과사상연구회, 『四端七情論』, 서광사, 1992.

박충석, 유근호, 『조선조의 정치사상』, 평화출판사, 1980.

박학래, 『奇正鎭 哲學思想 硏究』, 고려대학교 민족문화연구원, 2003.

배종호, 『韓國儒學史』, 연세대출판부, 1974.

배종호, 『韓國儒學의 哲學的 展開』상·중·하, 연세대출판부, 1985.

안진오, 『湖南儒學의 探究』, 이회, 1996.

유명종, 『韓國後期性理學』, 이문출판사, 1985.

윤사순, 『韓國의 性理學과 實學』, 삼인, 1998.

이병도, 『韓國儒學史』, 亞細亞文化社, 1987.

이택휘, 『조선후기정치사상연구』, 서울대학교, 1987.

정옥자, 『조선후기 조선중화사상 연구』, 일지사, 1998.

정진석·정성철·김창원,『조선철학사』상(사회과학원연구소, 1961), 이성과
　　　현실사, 1988.

진덕규 외, 『19世紀 韓國 傳統社會의 變貌와 民衆意識』, 고려대 민족문화
　　　연구소, 1982.

최창규, 『近代韓國政治思想史』, 일조각, 1981.

충남대학교유학연구소 편저, 『기호학파의 철학사상』, 예문서원, 1995.

한국사상사연구회 편저, 『조선 유학의 학파들』, 예문서원, 1996.

한국사상사연구회, 『인성물성론』, 한길사, 1994.

한국사상사연구회, 『조선유학의 개념들』, 예문서원, 2002.

현상윤, 『朝鮮儒學史』, 현음사, 1982.

홍영기, 『대한제국기 호남의병연구』, 일조각, 2004.

■ 학위논문

김상곤, 「蘆沙 奇正鎭 硏究」, 원광대학교 석사학위 논문, 1993.

김형찬, 「理氣論의 一元論化 연구」, 고려대학교 박사학위 논문, 1996.

김봉곤, 「노사학파의 형성과 활동」, 한국학중앙연구원 박사학위 논문, 2007.

류승훈, 「蘆沙 奇正鎭의 墨蹟 硏究」, 원광대학교 석사학위 논문, 1997.

박규영, 「蘆沙 奇正鎭의 理一分殊 硏究」, 연세대학교 대학원 석사학위 논
　　　문, 1993.

박택열, 「蘆沙 奇正鎭의 理學 硏究」, 전남대학교 석사학위 논문, 1993.

박학래, 「蘆沙 奇正鎭 哲學思想 硏究-性理說을 中心으로-」, 고려대학교
　　　박사학위 논문, 2001.

박학래, 「蘆沙 奇正鎭의 性理說 硏究」, 고려대학교 석사학위 논문, 1991.

박현옥, 「蘆沙 奇正鎭 詩 硏究」, 단국대학교 박사학위 논문, 2001.

안진오, 『奇蘆沙의 理哲學에 관한 硏究』, 동국대 대학원 박사학위 논문, 1988.

이노사, 「蘆沙 奇正鎭의 教育哲學에 관한 硏究」, 전남대학교 교육대학원 석
사학위 논문, 1999.

이상호, 「조선성리학파의 성리설 분화에 관한 연구」, 성균관대 박사학위 논문,
1993.

총성의, 「위정척사파와 개화파 지식인의 대외인식변화 비교연구」, 고려대 박
사학위 논문, 1994.

■ **연구논문**

강길원, 「省齋 奇參衍의 抗日鬪爭」, 『박영석교수화갑기념 － 한국독립운동사
논총』, 탐구당, 1992.

강지한, 「衛正斥邪思想과 開化思想의 갈등」, 『평화연구』 10－1, 1985.

고영진, 「蘆沙學派의 學統과 사상적 특성」, 『大東文化硏究』 39, 2001.

고창석·양진건, 「濟州島 有配에서의 勉庵 崔益鉉의 教學活動硏究」, 『耽羅
文化』 9, 1989.

김 정, 「松沙 奇宇萬의 衛正斥邪思想」, 『光州教大論文集』 22, 1982.

김명숙, 「雲石 趙寅永의 政治運營論」, 『朝鮮時代史學報』 11, 1999.

금장태, 「韓末道學의 思想史的 照明」, 『유승국화갑기념논문집』, 1983.

김충렬, 「溪南 崔淑民의 학문경향과 心性論」, 『蘆沙學派의 唯理철학과 윤리
적 실천성향』(한국동양철학회 동계학술대회보), 1998.

김형찬, 「蘆沙 奇正鎭의 人物性論」, 『인성물성론』, 한길사, 1994.

김봉곤, 「노사 기정진의 교유관계와 인맥」, 『조선시대의 사상과 문화』(『李成茂
教授停年紀念論叢』4), 집문당, 2003.

김봉곤, 「蘆沙 奇正鎭의 思想의 形成과 衛正斥邪運動」, 『朝鮮時代史學報』
30, 2004.

김봉곤, 「嶺南地域 蘆沙學派의 形成과 活動」, 『淸溪史學』 15, 2000.

김상기, 「호서지역 화서학파의 형성과 민족운동」, 『대동문화연구』 35, 1999.

김형찬, 「완결된 질서로서의 理와 미완성 세계의 상제 – 기정진과 정약용을 중심으로」, 『철학연구』 30, 2005.

노대환, 「조선후기 서양세력의 접근과 海洋觀의 변화」, 『한국사연구』 123, 2003.

류풍연, 「春坡遺稿 小考」, 『漢字漢文敎育』 11, 2003.

리상곤, 「蘆沙 奇正鎭의 理一分殊觀」, 『원불교사상』 10·11합본호, 1987.

문소정, 「위정척사운동에 관한 지식사회학적 연구(상)」, 『한국학보』 제36집, 일지사, 1984.

문소정, 「위정척사운동에 관한 지식사회학적 연구(하)」, 『한국학보』 제37집, 일지사, 1984.

박경목, 「宋秉璿의 學脈과 民族運動」, 『大東文化硏究』 39, 2001.

박석무, 「학문의 이치를 밝힌 거유 – 노사 기정진론」, 『다산기행』, 한길사, 1988.

박학래, 「奇正鎭 性理說에 있어서의 善惡問題」, 『民族文化硏究』 36, 2002.

박학래, 「奇正鎭의 심론과 명덕설」, 『韓國思想史學』 16, 2001.

박학래, 「노사기정진의 현실인식과 사회개혁론」, 『동양철학연구』 36, 2003.

박학래, 「노사학파 – 理 일원론에 기초한 개혁론자들」, 『조선유학의 학파들』, 1996.

박학래, 「蘆沙學派의 理氣論 – 田愚의 노사설 비판에 대한 鄭載圭의 반비판을 중심으로」, 『한국사상사학』 제19집, 2002.

박학래, 「大谷 金錫龜의 性理說 硏究」, 『민족문화연구』 43, 2005.

박학래, 「日新齋 鄭義林의 性理說硏究」, 『범한철학』 41, 2006.

박학래, 「월고 조성가의 생애와 학문 – 영남지역 노사문인 확산과 기정진과의 학문수수를 중심으로」, 『동양학』 42, 2007.

박현옥, 「노사 기정진 연구」, 『漢文學論集』 15, 1997.

박현옥, 「노사 기정진의 문학을 통해 본 사회인식과 역학적 사유 – '부패' '태패'를 중심으로」, 『연민학지』 8, 2000.

박현옥, 「蘆沙 漢詩에 나타난 倫理的 특성의 한 국면」, 『釜山漢文學硏究』 16, 2002.

박현옥, 「蘆抄 奇正鎭 文學에 나타난 易學的 思惟」, 『洌上古典硏究』 10, 1997.

박홍식, 「明德理氣論辯」, 『東洋哲學硏究』 20, 1999.

배종호, 「奇蘆沙와 任鹿門의 철학비교」, 『한국유학의 과제와 전개』, 범학사, 1980.

송인창, 「蘆沙 奇正鎭의 철학과 現實認識」, 『대전대 논문집』 2, 1983.

신규수, 「韓國 開化期 爲政斥邪論의 性格과 時代的 推移에 관한 硏究」, 『論文集』 29, 1995.

안종수, 「理와 氣에 대한 라이프니츠와 奇正鎭의 해석」, 『哲學硏究』 72, 1999.

안진오, 「奇蘆沙의 理의 哲學」, 『東洋思想의 만남』, 螢雪出版社, 1982.

안진오, 「蘆沙의 性理說」, 『유학연구』 제3집, 충남대 유학연구소, 1995.

안진오, 「蘆沙學派의 儒學思想」, 『崇山朴佶眞博士古稀記念 韓國近代宗敎思想史』, 圓光大出版局, 1984.

유성한, 「石田 李最善 硏究」, 조선대학교대학원석사논문, 2001.

유승훈, 「蘆沙奇正鎭의 墨蹟硏究」, 圓光大學校 漢文學科 碩士學位論文, 1996.

윤사순, 「기정진철학의 실천적 성격」, 『한국의 성리학과 실학』, 열음사, 1987.

윤사순, 「朝鮮末期 主理派 사상」, 『퇴계학보』 제42집, 1984.

이상곤, 「蘆沙 奇正鎭의 唯理哲學」, 圓光大學校, 1985.

이상곤, 「蘆沙 奇正鎭의 理一分殊觀」, 『圓佛敎思想』 10-11, 1987.

이상식, 「韓末의 民族運動 − 長城地方의 義兵活動을 중심으로」, 『人文科學』 2, 목포대학교, 1985.

이상익, 「奇正鎭 性理學의 재검토」, 『철학』 52, 1997.

이상익, 「畿湖성리학에 있어서의 理의 主宰 문제」, 『철학』 55, 1998.

이상호, 「노사 기정진의 성리설에 관한 재검토」, 『유교사상연구』 7, 1994.

이장희, 「조선 후기 성리학에서의 한 경향성 − 塵門 任聖周의 一元的 철학」, 『동양철학』 21, 2004.

이한기,「蘆沙와 石田－韓末儒學의 一斷面을 照明한다」,『亞細亞學報』17, 1883.

이향배·김선기,「근현대 대전·충남지역 漢學家의 학맥연구」,『한국사상과 문화』23집, 2003.

장병한,「鄭泰元의 學問과 思想에 대한 一考察」,『南冥學研究』17, 2004.

정병련,「고산서원」,『서원, 한국사상의 숨결을 찾아서』, 2000.

정병련,「蘆沙 奇正鎭의 기질론 분석」,『汎韓哲學』12, 1996.

정병련,「蘆沙의 理一分殊와 人物性同異論」,『東洋哲學』6, 韓國東洋哲學會, 1995.

정병련,「田艮齊의「納京私議」비판과 奇蘆沙 문하의 防護論」,『퇴계학보』91, 1996.

정원재,「이이, 임성주, 기정진의 본체론」,『철학연구』57, 2002.

조남국,「蘆沙의 성리학에 있어서 윤리사상의 의미」,『퇴계학보』103, 1999.

차기진,「尹宗儀의 斥邪論과 海防論 認識에 관한 研究」,『尹炳奭敎授華甲紀念 韓國近代史論叢』, 知識産業社, 1990.

최복희,「奇正鎭의 이일원론 사상」,『한국철학논집』17, 한국철학사연구회, 2005.

최영진,「蘆沙 奇正鎭의 사단칠정론에 대한 고찰」,『사단칠정론』, 서광사, 1992.

최영진,「蘆沙 奇正鎭의 理一分殊說에 관한 고찰」,『조선조유학사상의 탐구』, 여강출판사, 1987.

최영진,「蘆沙 理氣論의 根本問題」,『근대의 유교학맥과 민족운동(Ⅳ, Ⅴ)』, 成均館大學校大同文化研究院, 2000.

한국동양철학회,『蘆沙學派의 唯理철학과 윤리적 실천성향』, 한국동양철학회 동계학술대회보, 1998.

홍순권,「한말 호남지역 의병투쟁의 한 양상」,『전남문화재』3, 1990.

홍순창,「쇄국양이와 衛正斥邪思想」,『영남사학』5·6호, 1976.

홍순창,「衛正斥邪사상과 민족의식」,『영남사학』1, 1971.

445

홍영기, 「구한말 호남창의회맹소에 대한 일고찰」, 제13회 한민족독립운동사
　　　연구세미나 발표요지, 국사편찬위원회, 1990.
홍영기, 「蘆沙學派의 대외인식 – 金瀏의 『橘隱齋文集』을 중심으로」, 『역사학
　　　연구』 26, 2006.
홍영기, 「蘆沙學派의 형성과 衛正斥邪運動」, 『한국근현대사연구』 10, 1999.
홍영기, 「韓末 李最善家의 民族運動」, 『近代의 儒教學脈과 民族運動』(Ⅳ·
　　　Ⅴ), 성균관대학교대동문화연구원, 2000.
홍정근, 「鹿門과 蘆沙의 理一分殊說에 대한 이해」, 『동양철학연구』 제18집,
　　　동양철학연구회, 1998.

찾아보기

지은이 | **박학래**(朴鶴來)

　　　고려대학교 철학과 졸업
　　　고려대학교 대학원 철학과(철학박사)
　　　공군사관학교 전임강사
　　　고려대학교 민족문화연구원 연구교수
　　　현재 국립 군산대학교 철학과 교수

저서 『기정진 철학사상 연구』
　　　『조선유학의 학파들』(공저)
　　　『자료와 해설 한국의 철학사상』(공저)
　　　『조선 유학의 개념들』(공저) 外

한말 성리학의 거유

기정진

초판 1쇄 인쇄 2008년 1월 25일
초판 1쇄 발행 2008년 1월 31일

지은이 박학래
표지제자 路石 이준호
펴낸이 서정돈 **펴낸곳** 성균관대학교 출판부
편　집 신철호 · 현상철 **디자인** 최세진
마케팅 김종우 **관리** 손호종 · 김지현

등록 1975년 5월 21일　제 1975-9호
주소 110-745 서울특별시 종로구 명륜동 3가 53
전화 02)760-1252~4　**팩스** 02)762-7452
홈페이지 press.skku.edu

ⓒ2008, 박학래

ISBN　978-89-7986-728-2 04150
　　　978-89-7986-481-6(세트)

✱ 잘못된 책은 구입한 곳에서 교환해 드립니다.
✱ 값은 뒤표지에 있습니다.